# 倒産法

杉本和士・北島典子・髙井章光

YUHIKAKU

## はしがき

　本書は，倒産法（倒産処理法）とよばれる法分野に関する概説書である。主な読者として，倒産法を本格的に学習しようとする学部・法科大学院等の学生や司法試験・司法試験予備試験の「倒産法」科目選択受験者のほか，実務の現場で倒産法の知識を必要とする法曹や法務担当者等を想定している。

　倒産法で扱われる領域は，破産法，民事再生法，会社更生法，そして会社法上の特別清算といった倒産四法を中心とする。さらに今日では，これら倒産四法に基づく裁判手続としての法的倒産手続（法的整理）だけでなく，裁判所が原則として関与しない，いわゆる私的整理とよばれる倒産処理手法が重要な役割を果たしており，その多様化も進んでいる。

　倒産法は，特に学生にとって，他の法分野と比べて難しく勉強しにくいという印象があるようである。その一因として，倒産事件が「法律問題の坩堝」であるとも称されるように，そこには個別具体的な事件毎に多種多様な法律問題が存在しているという点が挙げられよう。また，倒産事件とは，そこに経済的破綻に喘ぐ企業とそれを取り巻く数多くの利害関係人が存在し，あるいは経済的窮境に陥った生身の個人債務者が存在するものであるから，法律上の規律を機械的かつ抽象的に適用すれば単純に解決をするという性格のものではない。そのため，倒産実務で倒産法の知識を活かすためには，倒産法を横断的に駆使することができるだけの広い知識と深い理解が求められるが，このことも倒産法が難解であると捉えられる原因であろう。

　以上を踏まえて，本書は，第1章から第3章では，破産法および民事再生法の基本概念や条文上の各規律を中心に扱い，第4章から第6章では，会社更生法，特別清算および私的整理について，特に実務的な視点を多く取り込みながら各手続の規律や実際の活用方法を解説し，第7章では，倒産手続の選択という観点から，あらためて倒産法制全体を概観している。また，基本事項の解説のほか，応用的な論点や判例，実務的な課題についても，適宜，Columnにおいて検討を行っている。

　ただし，法曹を志望する学生も含めて，少なくとも最初の学習段階において

は，まずは倒産法の基本概念と条文に則した規律の習得を心掛けることが肝要である。いたずらに「流行」にばかり目を奪われることなく，「不易」である基本的な概念や規律について，必ず条文と関連付けながら理解を深めてもらいたい。また，倒産法では，民事再生法や会社更生法が破産法の規定を準用するほか，破産法，民事再生法および会社更生法においてそれぞれ類似の規律が置かれていたり，名称は同じであるものの異なる趣旨の制度が存在したりする。そのため，学習を進めるに際して，それぞれを比較検討することが有用であり，この点を考慮して，本書では関連事項の参照を丁寧に行うように心掛けている。さらに，判例の学習については，本書と併せて倒産判例百選〔第6版〕を用いて学習することができるよう，本書の掲載判例のうち，百選に掲載のあるものは，その旨を表記している。以上のように，本書を通じて，倒産法の基本概念や各規律を把握し，各制度の特徴や実際の活用方法を理解することで，倒産法を駆使する実力が身に付くことが期待される。

　本書の執筆依頼を受けて企画が立ち上げられたのは，ちょうど新型コロナウイルス禍が世界中で深刻化し始めた2020年4月であった。そこから執筆者3名と担当編集者による会合が，当初はオンラインによって，2023年頃からは対面によって，最終校正段階に至るまで幾度も開催された。本書の特徴は，倒産法の基本的な概念や規律を説明しながら，倒産制度が実際に用いられる場面を意識した記述を行っている点にある。研究者と実務家の立場において，それぞれが持ち寄った原稿をたたき台として検討を行い，そこで出た意見を基に記述のブラッシュアップを図った。意見交換の場においてなされた実務に関する質疑応答の様子をいくらかでも読者に伝えるべく，適宜，Column ではインタビュー形式によって実務の現場を紹介する内容も盛り込んでいる。

　本書の刊行に当たっては，担当編集者としてわれわれ執筆者と並走し，適宜，適切なフォローとともに叱咤激励をしてくださった有斐閣法律編集局学習書編集部の渡邉和哲氏に大変お世話になった。心よりお礼を申し上げたい。

2024年10月

著　者　一　同

# 目　次

## 第1章　総論 ……………………………………………………………… 1

### 第1節　倒産法の意義 …………………………………………………… 1
1. 倒産法とは　*1*
2. 倒産法の全体像　*3*

### 第2節　倒産法の果たす役割 …………………………………………… 5
1. 倒産状態を放置することによる弊害　*5*
2. 倒産処理制度の基本構造　*6*

## 第2章　破産法 …………………………………………………………… 10

### 第1節　破産法の概観 …………………………………………………… 10
1. 破産法の意義・目的　*10*
2. 破産手続の概要　*11*

### 第2節　破産手続の開始 ………………………………………………… 13
1. 破産手続開始の申立て　*13*
2. 破産手続開始の要件とその審理　*18*
3. 破産手続開始前の保全措置　*24*
4. 破産手続開始の決定と効果　*26*

### 第3節　破産手続の機関 ………………………………………………… 32
1. 破産管財人　*32*
2. 保全管理人　*39*
3. 裁判所　*39*
4. 債権者集会・債権者委員会・代理委員　*40*

## 第4節　破産財団・自由財産 …………………………………………… 43
1. 破産財団の意義・範囲　*43*
2. 自由財産の意義・範囲　*45*

## 第5節　破産財団の管理・換価 …………………………………………… 47
1. 総　　説　*47*
2. 破産財団の管理　*49*
3. 破産財団の換価　*50*

## 第6節　破産債権 ………………………………………………………… 51
1. 意義・要件　*51*
2. 破産債権の等質化　*54*
3. 破産債権の順位　*55*
4. 複数債務者関係の処遇　*59*

## 第7節　破産債権の届出・調査・確定 …………………………………… 64
1. 破産債権の届出　*64*
2. 破産債権の調査　*66*
3. 破産債権の確定　*69*

## 第8節　財団債権 ………………………………………………………… 74
1. 意　　義　*74*
2. 範　　囲　*74*
3. 財団債権の弁済　*77*
4. 租税等の請求権に関する処遇　*80*
5. 給料等の請求権に関する処遇　*81*

## 第9節　取戻権 …………………………………………………………… 83
1. 意　　義　*83*
2. 一般の取戻権　*84*

**3** 特別の取戻権　*86*

## 第10節　別　除　権 …………………………………………………*88*
　　**1** 意義・範囲　*88*
　　**2** 別除権の行使　*90*
　　**3** 別除権行使に対する対処　*92*

## 第11節　相　殺　権 …………………………………………………*99*
　　**1** 総　説　*99*
　　**2** 相殺権行使の要件　*100*
　　**3** 相殺禁止の規律　*103*
　　**4** 相殺権行使の方法・行使時期　*112*
　　**5** 破産管財人からの確答催告・相殺　*113*
　　**6** 破産法上の規整対象外の相殺　*114*

## 第12節　契約関係の処遇 ……………………………………………*116*
　　**1** 破産手続における双務契約の処遇に関する一般原則　*116*
　　**2** 各種契約の処遇　*121*

## 第13節　係属中の手続関係の処遇 …………………………………*133*
　　**1** 係属中の訴訟手続の処理　*133*
　　**2** 係属中の執行手続等の処理　*137*

## 第14節　破産手続開始後の法律行為等の効力 ……………………*138*
　　**1** 破産手続開始後の破産者による法律行為の効力　*138*
　　**2** 破産手続開始後の破産者の法律行為によらない権利取得　*139*
　　**3** 善意取引の保護　*140*

## 第15節　否　認　権 …………………………………………………*142*
　　**1** 意　義　*142*
　　**2** 一般的要件　*144*

### 3 詐害行為否認 *146*
### 4 偏頗行為否認 *151*
### 5 否認の特殊類型 *156*
### 6 否認権の行使主体・行使方法等 *160*
### 7 否認権行使の効果 *163*

## 第16節 法人の役員の責任追及 …………………………… *169*
### 1 総 説 *169*
### 2 法人の役員の責任追及のための保全処分・査定手続 *170*

## 第17節 配 当 ……………………………………………………… *171*
### 1 総 説 *171*
### 2 最後配当 *172*
### 3 簡易配当・同意配当 *176*
### 4 中間配当 *177*
### 5 追加配当 *181*

## 第18節 破産手続の終了 ……………………………………… *183*
### 1 破産手続の終了事由 *183*
### 2 配当による破産手続終結 *183*
### 3 破産手続廃止 *184*

## 第19節 免 責 …………………………………………………… *186*
### 1 総 説 *186*
### 2 免責手続 *187*

## 第20節 復 権 …………………………………………………… *196*
### 1 意 義 *196*
### 2 当然復権 *197*
### 3 裁判による復権 *197*

## 第3章　民事再生法 ―――― 198

### 第1節　民事再生法の概観 …… 198
1. 民事再生法の目的・位置付け　*198*
2. 再生手続の概要　*199*

### 第2節　再生手続の開始 …… 202
1. 再生手続開始の要件　*202*
2. 再生手続開始の申立て　*205*
3. 再生手続開始の申立てに対する審理と裁判　*209*
4. 再生手続開始前の保全措置　*210*
5. 再生手続開始の決定と効果　*214*

### 第3節　再生手続の機関 …… 216
1. 総　説　*216*
2. 再生債務者　*216*
3. 監督委員　*219*
4. 再生管財人　*223*
5. 保全管理人　*225*
6. 調査委員　*226*
7. 裁判所　*227*
8. 債権者集会，債権者委員会，代理委員　*228*

### 第4節　再生債務者財産 …… 230
1. 再生債務者財産の意義・範囲　*230*
2. 財産評定　*230*
3. 営業等の譲渡　*233*
4. 法人の役員の責任追及　*237*

### 第5節　再生債権 …… 239

1 意義・要件　*239*
　　　2 手続上の取扱い　*240*
　　　3 再生債権の順位　*243*
　第 6 節　再生債権の届出・調査・確定 ……………………………*244*
　　　1 再生債権の届出　*244*
　　　2 再生債権の調査　*245*
　　　3 再生債権の確定　*248*
　第 7 節　共益債権・一般優先債権 ……………………………*249*
　　　1 共益債権　*249*
　　　2 一般優先債権　*252*
　　　3 開始後債権　*253*
　第 8 節　別　除　権 …………………………………………………*254*
　　　1 意義・範囲　*254*
　　　2 別除権の行使　*256*
　　　3 担保権の実行手続の中止命令　*259*
　　　4 担保権消滅許可制度　*263*
　第 9 節　取戻権・相殺権・否認権 …………………………*267*
　　　1 取　戻　権　*267*
　　　2 相　殺　権　*267*
　　　3 否　認　権　*271*
　第 10 節　再生手続開始後の法律行為等の効力 …………*275*
　　　1 再生手続開始後の再生債務者による法律行為の効力　*275*
　　　2 再生手続開始後の再生債務者の行為によらない権利取得　*275*
　　　3 善意取引の保護　*276*
　第 11 節　契約関係の処遇 ………………………………………*277*

1　再生手続における双務契約の処遇に関する一般原則　*277*
　　2　各種契約の処遇　*278*

## 第 12 節　係属中の手続関係の処遇 …………………… *282*
　　1　係属中の訴訟手続の処理　*282*
　　2　係属中の執行手続等の処理　*285*

## 第 13 節　再生計画案の作成・提出 …………………… *286*
　　1　再生計画の意義　*286*
　　2　再生計画の条項　*286*
　　3　再生計画案の作成・提出　*293*

## 第 14 節　再生計画の成立 ……………………………… *296*
　　1　決議に付する旨の決定　*296*
　　2　再生計画案の決議　*297*
　　3　再生計画の認可または不認可　*301*
　　4　再生計画の効力　*303*
　　5　再生計画不認可の決定の確定　*307*

## 第 15 節　再生計画認可後の手続 ……………………… *309*
　　1　再生計画の遂行　*309*
　　2　再生計画の変更　*310*
　　3　再生計画の取消し　*311*

## 第 16 節　再生手続の終了 ……………………………… *314*
　　1　再生手続の終結　*314*
　　2　再生手続の廃止　*315*
　　3　破産手続への移行　*318*

## 第 17 節　個人再生 ……………………………………… *321*
　　1　総　　説　*321*

- **2** 小規模個人再生　*322*
- **3** 給与所得者等再生　*331*
- **4** 住宅資金貸付債権に関する特則　*334*

# 第4章　会社更生法 —————— *339*

## 第1節　会社更生法の概観 ……………… *339*
- **1** 手続の全体像　*339*
- **2** 再生手続との比較　*342*

## 第2節　更生手続の開始 ……………… *346*
- **1** 更生手続開始の申立て　*346*
- **2** 保全措置　*349*
- **3** 更生手続開始の条件　*353*
- **4** 更生手続開始の決定と効果　*354*

## 第3節　更生手続の機関 ……………… *356*
- **1** 総　論　*356*
- **2** 裁 判 所　*357*
- **3** 保全管理人と監督委員　*358*
- **4** 更生管財人　*359*
- **5** 調査委員　*362*
- **6** 関係人集会・更生債権者委員会等・代理委員　*362*

## 第4節　更生会社財産 ……………… *363*
- **1** 更生会社財産の意義と範囲　*363*
- **2** 84条報告書と財産状況報告のための関係人集会　*364*
- **3** 財産評定　*365*
- **4** 事業譲渡　*367*

目　次

## 第5節　更生債権・更生担保権 …………………………………368
1. 総　説　*368*
2. 更生債権　*369*
3. 更生担保権　*372*
4. 複数債務者関係の取扱い　*376*

## 第6節　更生債権および更生担保権の届出・調査・確定 ………*376*
1. 更生債権等の届出　*376*
2. 更生債権等の調査・確定　*376*

## 第7節　共益債権・開始後債権・株主の権利 ……………………*378*
1. 共益債権　*378*
2. 開始後債権　*378*
3. 株主の権利　*379*

## 第8節　更生会社の事業運営・法律関係 …………………………*380*
1. 更生会社の経営体制　*380*
2. 第三者との取引・契約の取扱い　*382*
3. 取戻権・相殺権・否認権　*384*
4. 法人の役員の責任追及　*385*

## 第9節　会社再建策の構築 …………………………………………*385*
1. 事業の再建　*385*
2. スポンサー支援による再建　*386*

## 第10節　更生計画の成立 …………………………………………*388*
1. 更生計画案の作成・提出　*388*
2. 更生計画案の内容　*389*
3. 更生計画案の決議　*392*
4. 更生計画の認可・不認可　*394*

## 第11節 更生計画認可後の手続・更生手続の終了 ……………… 396

- **1** 更生計画の遂行・変更　*396*
- **2** 更生手続の終了　*398*
- **3** 破産手続への移行　*399*
- **4** 再生手続への移行　*400*

# 第5章 特別清算 ——————————————— *401*

## 第1節 特別清算手続の概観 ……………………………… *401*

- **1** 特別清算手続の意義　*401*
- **2** 法的整理と私的整理の両面性　*401*

## 第2節 特別清算開始の申立てまでの手続 …………………… *403*

- **1** 解　散　*403*
- **2** 清　算　人　*404*
- **3** 債権者の取扱い　*404*

## 第3節 特別清算開始の申立て ……………………………… *405*

- **1** 特別清算能力　*405*
- **2** 特別清算開始の原因　*405*
- **3** 申立権者　*406*
- **4** 管轄裁判所　*406*
- **5** 予納金と債権者の同意　*406*
- **6** 保全処分　*407*

## 第4節 特別清算開始の決定 ……………………………… *407*

- **1** 手続開始の条件　*407*
- **2** 開始決定の効力　*407*
- **3** 裁判所による監督および調査　*409*

4 清　算　人　*409*
　　　5 債権者集会　*410*

## 第5節　和解・協定 ……………………………………………… *410*
　　　1 和　　解　*410*
　　　2 協　　定　*411*

## 第6節　特別清算手続の終了 …………………………………… *412*
　　　1 特別清算手続終結の決定　*412*
　　　2 破産手続への移行　*412*

# 第6章　私的整理 ──────────────── *414*

## 第1節　私的整理の意義 ………………………………………… *414*
　　　1 私的整理の概要　*414*
　　　2 債権者からみた私的整理　*416*
　　　3 私的整理による事業価値維持の効果　*417*
　　　4 私的整理の高度化（発展）　*417*
　　　5 法的整理との違い　*419*

## 第2節　準則型私的整理の特徴 ………………………………… *420*
　　　1 手続の透明性と公平性を確保するための手続機関　*420*
　　　2 債権者間の平等を担保する一時停止　*420*
　　　3 準則型私的整理の手続の概要　*421*

## 第3節　各手続の概要 …………………………………………… *422*
　　　1 純粋私的整理　*422*
　　　2 私的整理ガイドライン　*422*
　　　3 事業再生ADR　*422*
　　　4 中小企業活性化協議会　*423*

- 5 特定調停 *424*
- 6 中小企業の事業再生等に関するガイドライン *425*
- 7 経営者保証に関するガイドライン *425*

## 第7章 倒産処理手続の選択 — *427*

### 第1節 多様化する倒産処理手続 — *427*
- 1 倒産処理手続の多様化傾向 *427*
- 2 手続選択の重要性 *428*
- 3 私的整理第一選択主義 *428*

### 第2節 企業が再建をめざす場合の手続選択基準 — *430*
- 1 再建型倒産手続 *430*
- 2 再建型私的整理の選択基準 *431*
- 3 再建型法的整理の選択基準 *433*

### 第3節 企業が廃業・清算をめざす場合の手続選択基準 — *433*
- 1 清算型倒産手続 *433*
- 2 清算型私的整理の選択基準 *434*
- 3 清算型法的整理 *434*

### 第4節 個人の倒産手続 — *435*
- 1 個人の私的整理と破産手続 *435*
- 2 保証債務の整理 *436*

## 第8章 倒産犯罪 — *437*

### 第1節 総　説 — *437*
### 第2節 各種倒産犯罪 — *437*

事項索引　*439*
判例索引　*450*

Column

**第1章**

1-1-1　倒産処理法制の変遷　*2*
1-1-2　個人債務者の経済生活の再生のための倒産手続の比較　*4*
1-2-1　倒産手続のIT化　*7*
1-2-2　国際倒産への対処　*8*

**第2章**

2-2-1　破産手続開始の申立てにおける申立代理人の役割と義務　*15*
2-2-2　支払不能，支払停止および債務超過の倒産手続上の機能　*19*
2-2-3　破産手続と再生手続・更生手続との競合　*23*
2-3-1　破産管財人の職務の様子　*38*
2-3-2　債権者集会の様子　*42*
2-4-1　破産手続における退職金債権の処遇　*46*
2-5-1　破産手続における営業・事業譲渡　*48*
2-5-2　破産財団からの財産放棄に関する問題　*49*
2-6-1　解釈による内部者債権の劣後的処遇の可否　*58*
2-6-2　開始時現存額主義（非控除準則）の下での超過配当への対処──最決平成29・9・12民集71巻7号1073頁　*63*
2-9-1　離婚による財産分与請求権の破産手続における処遇　*85*
2-11-1　破産法67条2項後段の倒産法上の位置付け　*103*
2-11-2　相殺禁止除外事由の「前に生じた原因」と合理的相殺期待　*111*
2-12-1　賃借人破産における賃貸人の原状回復請求権（原状回復費用請求権）の処遇　*125*
2-12-2　賃借人破産における賃貸借契約解除を理由とする違約金条項等の適用の有無　*125*
2-15-1　否認権と詐害行為取消権の比較　*143*
2-15-2　破産法162条3項かっこ書と同法166条の関係　*154*
2-17-1　配当における破産管財人としての心構え　*175*
2-17-2　破産手続終結後に発見された新財産に関する追加配当の要否　*182*

xv

- 2-19-1 破産免責制度導入の経緯と利用状況 *186*
- 2-19-2 免責手続における申立代理人・破産管財人の職務 *193*

## 第3章
- 3-1-1 再生手続を利用する企業 *199*
- 3-2-1 手続開始の申立てまでの道 *209*
- 3-2-2 保全処分の実情──東京地方裁判所民事第20部（倒産部）の場合 *213*
- 3-3-1 再生債務者代理人（申立代理人）の役割と義務 *218*
- 3-3-2 再生実務における監督委員の位置付け *222*
- 3-4-1 財産評定の時期と清算価値保障原則の基準時 *232*
- 3-4-2 スポンサーと営業等の譲渡 *233*
- 3-7-1 DIPファイナンスと共益債権 *250*
- 3-8-1 担保法改正と民事再生法 *256*
- 3-8-2 別除権協定の実際 *259*
- 3-8-3 非典型担保への担保権の実行手続の中止命令の適用と担保法改正 *262*
- 3-8-4 非典型担保と担保権消滅許可制度 *264*
- 3-9-1 再生手続における否認権行使 *274*
- 3-11-1 敷金返還請求権の再生計画による権利変更の範囲 *281*
- 3-13-1 再生計画案の作成 *295*
- 3-14-1 再生計画案が複数提出された場合の処理 *300*
- 3-14-2 簡易再生・同意再生 *307*
- 3-15-1 再生計画が遂行されない場合の対応 *313*
- 3-16-1 再生計画の取消しと再生手続の廃止 *317*
- 3-17-1 通常再生手続，小規模個人再生，給与所得者等再生の関係 *322*

## 第4章
- 4-1-1 更生手続を利用する企業 *340*
- 4-2-1 申立書の記載事項・添付書類の意義 *348*
- 4-2-2 保全管理人の業務 *350*
- 4-2-3 再生手続中の会社に対して更生手続開始の申立てがなされた場合 *353*
- 4-3-1 更生手続における裁判所による積極関与 *357*
- 4-3-2 法律家管財人の初期業務 *360*
- 4-3-3 DIP型更生手続 *361*

- **4-5-1** 事業継続に必要な少額債権への弁済　*372*
- **4-5-2** 更生担保権の「時価」　*373*
- **4-5-3** 預金担保変換と担保権消滅許可制度　*375*
- **4-6-1** 争いのある更生債権等の取扱い　*377*
- **4-7-1** 上場企業における上場維持の可否　*379*
- **4-8-1** 建造物建設請負契約における履行請求の判断　*383*
- **4-9-1** スポンサー選定方法の議論　*387*
- **4-10-1** 更生担保権の弁済方法としての処分連動方式　*391*

### 第 5 章
- **5-1-1** 第二会社方式での再建案件における特別清算手続の利用　*402*

### 第 6 章
- **6-1-1** 個人の債務者に対する私的整理　*415*
- **6-1-2** 私的整理の歴史　*418*

### 第 7 章
- **7-1-1** 過大な公租公課が存在する場合の事業譲渡手続　*430*

# 著者紹介

杉本和士（すぎもと・かずし）

　法政大学法学部教授

　「倒産手続における債権の優先性決定の〈授権〉構造」中島弘雅先生古稀祝賀『民事手続法と民商法の現代的潮流』（弘文堂，2024年），「動産・債権担保法制と倒産手続」田髙寛貴編著『担保法の現代的課題──新たな担保法制の構想に向けて』（商事法務，2021年）

　**《第1章，第2章，第8章》**


北島典子（きたじま・のりこ）

　成蹊大学法学部教授

　「レシーバーシップ再考」中島弘雅先生古稀祝賀『民事手続法と民商法の現代的潮流』（弘文堂，2024年），「民事再生法と事業の再生（1）（2・完）」民商法雑誌156巻3号・同巻4号（2020年）

　**《第3章》**


髙井章光（たかい・あきみつ）

　弁護士（髙井総合法律事務所）・一橋大学大学院法学研究科客員教授，東京大学法科大学院非常勤講師

　「倒産局面における詐害行為取消権と否認権の役割」中島弘雅ほか編『民法と倒産法の交錯──債権法改正の及ぼす影響』（商事法務，2023年），「事業譲渡に対する否認権行使」加藤哲夫先生古稀祝賀『民事手続法の発展』（成文堂，2020年）

　**《第4章，第5章，第6章，第7章》**


※《　》は執筆分担を表す。コラムの執筆分担は，執筆担当以外の章で掲載する場合には，各コラムの末に **S**，**K** または **T** とイニシャルを付した。

# 凡　例

## 1　法令名の略記

本文中では，破産法，民事再生法，会社更生法と表記し，（　）内では，破，民再，会更と表記した。また，各手続については，破産手続，再生手続，更生手続とした。

以上のほか，本文中（　）内の法令名は，原則として，有斐閣『六法全書』巻末の「法令名略語」によったほか，一般的に通有している表記によった場合がある。

## 2　判例・雑誌名等の略記

■　判例の略記

＊最判平成 23・1・14 民集 65 巻 1 号 1 頁〔百選 18〕

　　→最高裁判所平成 23 年 1 月 14 日判決，最高裁判所民事判例集 65 巻 1 号 1 頁登載，倒産判例百選〔第 6 版〕18 事件として掲載

■　判例集・雑誌名の略記

民集：大審院民事判例集または　　　金商：金融・商事判例
　　　最高裁判所民事判例集　　　　金法：金融法務事情
高民：高等裁判所民事判例集　　　　自正：自由と正義
下民：下級裁判所民事裁判例集　　　ジュリ：ジュリスト
判時：判例時報　　　　　　　　　　曹時：法曹時報
判タ：判例タイムズ

## 3　判例解説・書籍名等の略記

＊百選：松下淳一＝菱田雄郷編『倒産判例百選〔第 6 版〕』（有斐閣・2021）

＊重判平（令）○：『平成（令和）○年度重要判例解説』（ジュリスト臨時増刊号）

# 第1章 総論

第1節 倒産法の意義
第2節 倒産法の果たす役割

## 第1節　倒産法の意義

### 1 倒産法とは

**倒産**とは，債務者が経済的に破綻し，自主・自律的にその活動を続行できない事態に陥ったこと，またはそのおそれが生じていることをいう。これは，経済社会における必然的な現象のひとつであり，企業の経営破綻や資金繰りの失敗などの内在的原因によって発生する場合もあれば，いわゆる連鎖倒産，不慮の取引事故，風評被害，原材料の価格高騰などの外在的原因によってもたらされる場合もあり得る。そして，本書が扱う**倒産法**とは，広く，このような倒産状態にある債務者につき，その債権者をはじめとする利害関係人との間の利害関係や権利関係を調整する規律を対象とする，講学上の法分野である（各倒産法規の目的規定である破産法1条，民事再生法1条，会社更生法1条を参照）。

倒産法とその規律対象とする倒産手続には，主として，①**破産法**とその規律対象である**破産手続**，②**民事再生法**とその規律対象である**再生手続**，③**会社更生法**とその規律対象である**更生手続**，そして④**会社法の特別清算**（第2編第9章第2節等）とその規律対象である**特別清算手続**が含まれる。これらは**法的整理**と呼ばれ，そこでの手続を**法的倒産手続**と呼ぶことがある。そして，この法的整理を規律する法律群（倒産法規）を**倒産四法**と呼ぶ。この倒産四法とは，現行

法上，①平成16（2004）年成立の破産法，②平成11（1999）年成立の民事再生法（その後，翌平成12〔2000〕年に，いわゆる個人再生手続〔小規模個人再生，給与所得者等再生，住宅資金貸付債権に関する特則〕を新設する改正法が成立），③平成14（2002）年成立の会社更生法および④平成17（2005）年成立の会社法中の特別清算（会社法第2編第9章第2節）から成り立っている（わが国における倒産処理法制の変遷については，⇨ Column 1-1-1 参照）。その他，各手続に関する最高裁判所規則として，破産規則，民事再生規則および会社更生規則がある。

　他方で，これらの法的倒産手続によらずに，原則として裁判所が関与することなく，私的自治に基づき，債務者と債権者との間の交渉と合意によって倒産処理を行う**私的整理**（任意整理・内整理）も，広義における倒産法に含められる。実務上，多数の倒産事件が，この私的整理によって処理されている。また，近年，法的整理に準じる形で，予め定められた手続ルール（準則）に則り実施される**準則型私的整理**（「制度化された私的整理」とも呼ばれる）が整備されるとともに，その種類も多様化している（⇨第6章参照）。

　以上のように法的整理と私的整理は，①倒産処理が倒産法規の規律に依拠するか否か，また，②裁判所の主宰する裁判手続として実施されるか否かといった違いがあるほか，これらの点を反映して③強制力の有無という点で異なる。すなわち，後述するように，法的整理においては，裁判所が債務者について手続開始の決定を行うと，法律上当然に債務者に対する財産の拘束が生じるとともに，債権者に対しては個別的な権利行使が禁止されるなどの強制的な効果が生じるという点で（⇨第2節❷参照），私的整理におけるのとは根本的に異なる。そこで，法的整理と私的整理は，倒産処理の手法として，それぞれの特徴を活かすべく事案に応じた使い分けがされるとともに，私的整理が成立しなかった場合に法的整理に移行する形態が見られるなど，近時は両者の連動した活用が模索されている（⇨第7章参照）。このような実務の運用を踏まえて，倒産法学において，両者一体としての倒産処理の体系化が図られていく必要がある。

┃┃ Column 1-1-1　**倒産処理法制の変遷**
　わが国の倒産処理法制の歴史における近代法としての倒産処理法制は，明治23（1890）年成立の旧々商法（明治商法。法律第32号）の第3編「破産」が最初のものとなる（明治26〔1893〕年に施行）。その後，大正11（1922）年に（旧）**破**

産法（法律第71号）と（旧）**和議法**（法律第72号）が制定されることで（ともに大正12〔1923〕年1月1日施行），ようやく本格的な倒産処理法制を備えるに至る。また，昭和13（1938）年の商法改正（法律第72号）において，株式会社に関する（旧）**会社整理**および（旧）**特別清算**の規定が新設され，さらに，第二次世界大戦後の昭和27（1952）年，（旧）破産法に破産免責制度が導入されるとともに（旧）**会社更生法**が成立した（法律第172号。同年8月1日施行。その後，昭和42〔1967〕年に改正〔法律第88号〕）。これらの5つの法制度は「**倒産五法**」と称され，わが国の倒産処理法制は長らくこの倒産五法をもって規律されてきた。

ところが，平成2（1990）年頃を境にいわゆるバブル経済の崩壊が発生し，さらに平成9（1997）年に金融危機を迎えたことから，平成10（1998）年以降，倒産法制の大改正が行われることとなった。具体的には，平成11（1999）年に民事再生法（法律第225号）が（旧）和議法に代わるものとして制定されたのを皮切りに（翌平成12〔2000〕年4月1日の民事再生法の施行とともに〔旧〕和議法は廃止された），平成14（2002）年に会社更生法の全面改正（法律第154号），平成16（2004）年に破産法の全面改正が行われ（法律第75号），平成17（2005）年成立の会社法（法律第86号）において特別清算の規定が全面改正されたことで（なお，旧商法に規定されていた会社整理手続は，新会社法の制定に伴い廃止された），一連の倒産法改正作業は幕を閉じ，今日の「**倒産四法**」の時代へと至る。

〔参考文献〕杉本和士「戦後企業倒産処理法制の変遷」比較法学51巻2号163頁（2017年）

## 2 倒産法の全体像

倒産法について，その債務者の属性に応じて，以下のように企業倒産と個人倒産という分類がされる。

### (1) 企業倒産法制の分類と目的——清算型・再建型の区分

債務者企業（法人）の倒産に関しては，さらにその目的に応じて，**清算型手続**と**再建型（再生型）手続**が用意されている。法的整理において，破産手続および特別清算手続が清算型として，再生手続および更生手続が再建型として，それぞれ区分されている。特別清算手続および更生手続では，株式会社のみが適用対象とされている（会更1条・17条，会社510条。なお，更生手続の対象については，金融機関等の更生手続の特例等に関する法律〔更生特例法〕による例外がある）。

以上のように清算型手続と再建型手続という類型化を行った場合，両者の理念的な相違点は，以下のとおりである。まず清算型手続では，①債務者の従前の事業活動を原則として停止・解体するとともに，②その総財産を換価し，その換価代金をもって債権者に対する公平な配当を行うことが目的とされ（破1条参照），③最終的に債務者法人格の消滅が予定される。これに対して，再建型手続では，①債務者の事業活動を継続することを前提とし，②その事業活動の継続に必要な債務者財産を維持しつつ，事業および財務の再構築（リストラクチャリング）を行うことで獲得される将来の事業収益を財源として，弁済計画に基づき債権者に対して公平な割合的弁済を行うことが目的とされる（民再1条，会更1条参照）。そして，将来にわたって債務者が事業を継続する限り，③債務者法人格の存続が予定される（再生手続と更生手続の比較については，⇨第3章第1節❷，第4章第1節❷を参照）。

　もっとも，機能的な観点に基づき，債務者企業の下で営まれている有機的一体としての事業に着目し，この**事業の再生**（民再1条参照）を目的として捉えれば，事業再生は清算型と再建型のいずれの手続においても実現可能である。典型的には，清算型であれ再建型であれ，倒産手続において債務者企業から事業が譲渡されることで，その譲渡先において当該事業の再生を図ることが可能となる（⇨ Column 2-5-1 参照）。このような観点からは，清算型と再建型という類型による区分は相対的なものにすぎないこととなろう。

### (2) 個人（自然人）倒産法制の分類と目的

　債務者が個人（自然人）である場合には，法的整理として，破産法に基づく破産手続・免責手続・復権と，民事再生法に基づく再生手続（通常再生）・その特則としての個人再生手続（小規模個人再生・給与所得者等再生）というメニューが用意されている。ただし，個人債務者については，その者が事業者であれ非事業者であれ，清算型・再建型の区分は当てはまらず，その目的はもっぱら**債務者の経済生活の再生**に求められる（破1条，民再1条参照。⇨ Column 1-1-2 参照）。

> **Column 1-1-2　個人債務者の経済生活の再生のための倒産手続の比較**
> 　経済的破綻に陥った個人債務者（自然人）は，破産手続開始の原因である支払不能（破15条1項）の状態にあれば（なお，同条2項参照），破産手続開始お

よび免責許可の申立てをすることができる（破18条1項・248条1項。同条4項参照）。他方で，再生計画において再生債権につき権利変更（債務の減免および期限の猶予）を受けたうえ，将来の収入に基づき残債務の分割弁済を行う見込みがあれば，再生手続の利用を選択することも可能である（民再21条1項・25条参照）。逆に言えば，将来の収入の見込みのある債務者であっても，支払不能の状態にあると認められ，破産手続開始の要件さえ充足していれば，その選択により破産手続および免責手続・復権を利用することが可能である。

　債務者は，破産手続の利用を選択すれば，破産者として免責手続において免責許可の決定を得ることで従前の債務負担から解放される（破253条1項柱書本文）とともに，破産手続開始の決定後に取得した新得財産（例えば，破産手続開始後に得られる給料など）を，破産債権者に対する配当の引当てとなる破産財団から除外された自由財産として，自らの経済生活の再生に利用することが認められる。このように，破産手続を選択するメリットは債務者にとって大きいものの，他方で，一定の差押禁止財産を除いて（破34条3項），破産者が破産手続開始時において有する一切の財産は，破産財団として破産債権者に対する配当の引当てとされなければならない（同条1項）。したがって，例えば，差押禁止財産に該当しない住宅建物・土地といった不動産や自動車など，債務者の日常生活に必要な財産であっても，これらを維持することは認められない。これに対して，再生手続（特に個人再生手続）を利用する場合には，再生計画に基づく割合的弁済を前提とするものの，上記の財産，特に住宅を維持することも可能となり得るというメリットがある（⇨第3章**第17節**参照）。債務者本人がいずれの手続を選択すべきかは，債務者自身の置かれている状況に応じて判断されることになろう（⇨第7章参照）。

## 第2節　倒産法の果たす役割

### 1 倒産状態を放置することによる弊害

　前述したように，倒産は，経済社会における不可避の事象であるがゆえに，これに対処する一種のインフラストラクチャーとしての倒産処理制度が不可欠である。仮に債務者の倒産状態をそのまま放置しておくと，以下のような弊害が発生する可能性が高く，また，債務者の窮境状況において，債権者に対し，できるかぎり多くの，そして公平な満足を一定の秩序に基づき実現することが極めて困難になってしまう。

まず，債務者が倒産状態にあるにもかかわらず，従前どおり取引を継続すると，これにより，その取引先の被る損失の程度がますます悪化するという弊害が懸念される。また，債務者が残された財産を隠匿するなどの危険も生じる。さらに，特定の債権者に対してのみ弁済を行い（偏頗〔不平等な〕弁済），債権者間の平等が守られなくなる事態も危惧される。

　他方で，債権者の側においては，もし他の債権者に先駆けて倒産状態にある債務者から弁済を受けることができるとすれば，その債権者だけが保護される結果となってしまう。言い換えれば，債権者間における「早い者勝ち」の状況が生じることで，債権者間での不平等や不公平が生じる。

　その他，債務者の不十分な責任財産を債権者が奪い合うことによって，無用な混乱や無秩序の状態が生じ得る。さらに，債務者に対して過酷な取立てが行われるとすれば，とりわけ個人債務者倒産の場合，その者の健全な社会生活を営む権利が奪われてしまう。

## 2 倒産処理制度の基本構造

　以上のような倒産状態を放置することによる弊害を防止し，債権者に対して秩序ある満足を与えるためには，以下のような構造を備えた倒産処理制度が要請される。

　第1に，債務者自身による財産の管理および処分行為を禁止することである。そのためには，債務者から財産の管理処分権限を剥奪し（**債務者に対する財産的拘束**），その代わりに，この管理処分権を中立・公平な第三者（管財人）に委ねることが必要となる。なお，再生手続においては，管理命令発令により再生管財人が選任されない限り，原則として再生債務者自身に業務遂行権とともに管理処分権が委ねられている（民再38条1項）。ただし，再生手続開始の決定を受けた後，再生債務者は債権者に対して公平誠実義務（同条2項）を負う手続機関として再生手続の目的（民再1条）を果たす役割を担うという点において，従前の財産管理処分に対して制限を受けるため，いわば広義の財産的拘束を受けているとみることができる（⇨第3章**第3節2**参照）。

　第2に，債権者による個別の権利行使を禁止することで，債権者間で「早い者勝ち」となる事態を防止するとともに（**債権者による個別的権利行使の禁止**），そ

の代わりに,債権者に対しては集団的な権利行使のための手続を用意する必要がある。具体的には,破産手続をはじめとする各倒産手続において,債権者は自己の債権を個別に行使するのではなく,これを破産債権等として裁判所に届出を行い,調査・確定を経て,その満足を受けることとなる。平時においては債権者が原告として訴えを提起することにより民事訴訟手続が開始され,債権者は口頭弁論での主張立証に基づく審理を経て判決の言渡しを受け,さらに,その確定判決を債務名義として強制執行手続を通じてその満足を得るというプロセスが行われるのに対し,倒産手続においては,いわば権利判定手続と権利実現手続が一括されるとともに,すべての債権者に対して集団的かつ簡略に行われるという特徴がある。

以上のような要請に応えるために,倒産法の規律する倒産手続が用意されている。

> **Column 1-2-1** 倒産手続のIT化
>
> 近年,社会全体におけるIT化の急速な進展を背景にその対応を図るべく,また,諸外国での司法のIT化動向からの立ち遅れを取り戻すべく,令和4(2022)年,主として民事訴訟手続のIT化に関する「民事訴訟法等の一部を改正する法律」が成立し(法律第48号。以下「令和4年改正」という。先行して施行されている一部を除き,原則として公布日〔同年5月25日〕から4年以内の政令で定める日に施行),これに次いで,令和5(2023)年,その他の民事裁判手続として民事執行・民事保全・倒産および家事事件等に関する手続のIT化に関する「民事関係手続等における情報通信技術の活用等の推進を図るための関係法律の整備に関する法律」が成立した(法律第53号。以下「令和5年改正」という。原則として公布日〔同年6月14日〕から5年以内の政令で定める日に施行)。これらの改正法の施行に伴い,本書のテーマである倒産手続(破産手続,再生手続,更生手続および特別清算手続)についても,主として次のような規律が導入されることとなる。
>
> **(1) オンライン申立て等**
>
> 破産法等の倒産法は,それぞれ特別の定めがある場合を除き,民事訴訟法の規定を包括的に準用する(包括準用規定。破13条,民再18条,会更13条,承認援助法15条など。以下,準用規定の引用は省略)。そこで,令和4年改正および令和5年改正により,倒産手続において,オンラインで書面等を提出することによる申立て等(オンライン申立て等)が可能となるとともに(民訴132条の10の準用),原則として委任を受けた代理人等に対してオンライン申立て等が義務化され,併せて,倒産手続において裁判所により選任される手続機関(破

産手続における破産管財人や保全管理人等，再生手続における再生管財人，保全管理人，監督委員，調査委員や個人再生委員等，更生手続における更生管財人，保全管理人，監督委員や調査委員等，特別清算手続における監督委員および調査委員）もオンライン申立て等の義務を課される対象とされる（民訴132条の11の準用）。

(2) 事件記録の電子化

書面等によって申立て等が行われたときは，裁判所書記官は，原則として当該書面等に記載された事項をファイルに記録しなければならない（民訴132条の12第1項の準用。ただし，当該事項をファイルに記録することにつき困難な事情があるときは，この限りでない）。また，裁判所または裁判所書記官の作成する裁判書，調書，破産債権者表等（令和5年改正後の破115条，民再99条，会更144条）や配当表等（令和5年改正後の破191条，民再153条）は電子文書として作成され，電磁的事件記録として事件管理システムに記録される。

(3) 期日におけるウェブ会議等の利用

令和4年改正（公布日〔同年5月25日〕から4年以内の政令で定める日に施行）および令和5年改正により，裁判所は，相当と認めるときは，当事者の意見を聴いて，ウェブ会議等によって口頭弁論期日および審尋期日における手続を行うことができる（民訴87条の2・民訴187条3項4項の準用）。また，裁判所は，相当と認めるときは，破産手続における債権調査期日について，裁判所ならびに破産者，破産管財人および届出破産債権者がウェブ会議等に参加することによって一般調査期日における手続を行うことができる（令和5年改正後の破121条の2）ほか，各倒産手続における債権者集会期日または関係人集会期日についても同様に，ウェブ会議などによって手続を行うことができる（令和5年改正後の破136条の2，民再115条の2，会更115条の2）。

(4) 送 達

令和5年改正により，電磁的記録の送達（システム送達）および公示送達については，民事訴訟法の規定が包括的に準用される（民訴109条〜109条の4・111条）。

> **Column 1-2-2** 国際倒産への対処

**国際倒産**とは，債務者の事業や資産が国外に所在したり，あるいは債務者を取り巻く法律関係や債権債務関係が債務者所在国以外の国にも及んでいたりするなど，広く渉外的要素のある倒産事件をいう。今日，経済活動のグローバル化の進展に伴いクロスボーダーの取引などが日常化し，特に企業倒産事件においては，何らかの形で国際倒産が関わることが少なくない。そのため，国際倒産事件の処理は国際的な協調の下で行われる必要性が高い。そこで，平成12(2000)年，**外国倒産処理手続の承認援助に関する法律**および同規則が制定され（翌年4月施行），外国倒産処理手続に対し日本国内において援助の処分をすることができる基礎としての承認（**外国倒産処理手続の承認**）の制度が定められ，

この承認の申立てについての裁判や債務者の日本国内における業務・財産に関して外国倒産処理手続を援助するための処分をする手続（**承認援助手続**）が設けられるとともに，国際倒産管轄（直接管轄）などに関する破産法・民事再生法・会社更生法における国際倒産関連規定が整備された。これにより，外国の倒産処理手続は日本に一切効力を及ぼさず，また，日本の倒産処理手続は外国に一切効力を及ぼさないとする，かつての厳格な属地主義の立場は改められた。

〔参考文献〕杉本和士「国際倒産法制概説」預金保険研究 26 号 1 頁（2024 年）

# 第2章 破産法

第1節　破産法の概観
第2節　破産手続の開始
第3節　破産手続の機関
第4節　破産財団・自由財産
第5節　破産財団の管理・換価
第6節　破産債権
第7節　破産債権の届出・調査・確定
第8節　財団債権
第9節　取戻権
第10節　別除権
第11節　相殺権
第12節　契約関係の処遇
第13節　係属中の手続関係の処遇
第14節　破産手続開始後の法律行為等の効力
第15節　否認権
第16節　法人の役員の責任追及
第17節　配当
第18節　破産手続の終了
第19節　免責
第20節　復権

## 第1節　破産法の概観

### 1 破産法の意義・目的

**破産法**は，支払不能または債務超過にある債務者の財産等の清算に関する手続を定めること等により，①債権者その他の利害関係人の利害および債務者と債権者との間の権利関係を適切に調整し，もって②債務者の財産等の適正かつ公平な清算を図るとともに，③債務者について経済生活の再生の機会の確保を図ることを目的とする（破1条）。このように，破産法は，支払不能または債務超過の状態（これを破産手続開始の原因という。破15条・16条。⇨**第2節2**(2)参照）にある債務者の財産等の清算に関する手続である**破産手続**を規律する。ここで

いう債務者として，法人と自然人その他が含まれる（⇨**第2節2**(1)参照）。

以上のように，破産手続は，債務者財産（破産手続において破産財団を構成する。⇨**第4節1**参照）の適正かつ公平な清算を目的としていることから，特に法人である債務者に関しては，民事再生法の規律する再生手続（⇨第3章）や会社更生法の規律する更生手続（⇨第4章）といった再建型手続との対比において**清算型手続**の一種とされている（⇨第1章**第1節2**(1)参照）。例えば，株式会社などの企業法人の破産手続に関して言えば，清算型手続は，競争力のない企業を解体させ，その残余財産を換価し，その換価代金を債権者間で適正かつ公平に分配するとともに，破産者となった当該企業につき最終的に法人格を消滅させて経済社会からの退場を促すという機能を有している。

他方で，自然人である債務者（「個人である債務者」ともいうため，ここでは**個人債務者**という。破248条1項参照）については，**「債務者について経済生活の再生の機会の確保を図ること」**も併せて破産法の目的とされている。個人債務者の破産手続では，破産手続が開始した時点で破産財団を構成すべき財産がほとんど存在していないのが実情である。したがって，個人債務者にとっては，破産手続とともに，同じく破産法の規律する**免責手続**および**復権**（破産法第12章）を通じて，その経済生活を再生させることが主な目的であるといえよう（⇨**第19節・第20節**参照）。

## 2 破産手続の概要

### (1) 破産手続の開始

破産手続は，原則として債権者または債務者が**破産手続開始の申立て**を裁判所に対して行い，債務者につき**破産手続開始の原因**（**支払不能**または**債務超過**）などの要件を満たす場合に，裁判所が**破産手続開始の決定**をすることをもって開始される（ここまでの手続を**破産手続開始決定手続**と呼ぶことがある。これに対して，例外的に裁判所の職権をもって開始される**牽連破産**もある。⇨第3章**第16節3**，第4章**第11節3**参照）。なお，破産手続開始の申立てから裁判所による決定までの間に一定のタイムラグが生じる可能性があり，その間に財産が散逸してしまうことを防止するため，後に開始される破産手続に備えて，各種の**保全措置**が設けられている。

## (2) 破産財団の管理・換価

次に，破産手続が開始されると，債務者の財産関係を処理することとなる。破産手続においては，債権者（債権者は**破産債権者**として破産手続に参加する）に満足を与えるため，債務者（破産手続では**破産者**と呼ばれる）は自己の財産（破産手続において，この財産は**破産財団**に帰属する）に対する**管理処分権**を失い，この管理処分権は，開始決定時に裁判所によって選任される**破産管財人**に専属する（破78条1項）。そして，破産管財人は破産財団に帰属する財産を適切に管理しつつ，これを換価して破産債権に対して配当することができるように準備する。この一連の手続を**破産財団の管理・換価**という。

## (3) 破産債権の届出・調査・確定

以上の破産財団の管理・換価と並行して，破産手続において配当を受けることのできる**破産債権**（その存否，額および順位）が確定されなければならない。具体的には，破産手続開始の決定がされた後は，たとえ債権者といえども自己の債権を個別に行使することが原則として禁止されるため（**個別的権利行使の禁止**。破100条1項・42条1項2項本文），債権者は自己の債権を破産債権として裁判所へ届け出る必要があり（**破産債権の届出**。破111条1項），当該債権は，**調査**を経たうえで，配当を受けることができる破産債権として実体的に**確定**される。これを**破産債権の届出・調査・確定**という。

## (4) 破産債権への最後配当の実施・破産手続終結の決定

最後に，以上の手続を経たうえで，破産債権者への**最後配当**（破195条1項）が実施され，破産手続が終結する。具体的には，破産管財人が，破産財団に属する財産を換価した代金（⇨(2)）を，調査を経て確定した破産債権（⇨(3)）に対して配当を行う。そして，この配当が完了すると，裁判所が**破産手続終結の決定**を行い，破産手続は終結する。

もっとも，破産財団が不足し，破産管財人の報酬をはじめとする手続費用さえ負担することができないため，上記の配当に至るまでの手続を経ずに，破産手続開始の決定と同時に破産手続が廃止される**同時廃止**（破216条1項）となる事例や，破産手続が開始した後で，やはり破産財団が手続費用を支弁するのに

不足すると判明したため，破産手続が廃止される**異時廃止**（破217条1項）となる事例が，特に個人債務者（自然人）破産において，実務上，多く見られる。

### (5) 免責手続・復権

個人債務者（自然人）破産に関しては，破産手続とは別個の手続として（破3条参照），**免責手続**（破248条以下）および**復権**（破255条・256条）が用意されている。これらの手続は，上記のように清算を目的とする破産手続とは別に，個人債務者の経済生活再生の機会を確保するという破産法の目的（破1条）を果たしている。

## 第2節　破産手続の開始

### 1 破産手続開始の申立て

#### (1) 申立権者

破産手続は，原則として，債権者または債務者による申立て（**破産手続開始の申立て**）とこれに対する裁判所の決定（**破産手続開始の決定**。⇨**4**参照）によって開始される。この例外として，再生手続や更生手続の廃止などによる**牽連破産**の場合には，裁判所の職権によって破産手続が開始される（民再250条，会更252条。⇨第3章**第16節3**，第4章**第11節3**参照）。

##### (a) 債権者・債務者

破産手続開始の申立権者は，原則として債権者または債務者である（破18条1項。自己の債権に質権を設定した者〔債権質権設定者〕は，質権者の同意がある等の特段の事情のない限り，申立権が認められない〔最決平成11・4・16民集53巻4号740頁（百選10）〕）。実際には，債務者本人による申立て（いわゆる**自己破産**）の例が大半を占めている（⇨ Column 2-2-1 参照）。

以上のように，債務者本人と債権者による申立てが認められている趣旨は，次のような破産手続の目的（破1条参照）に求められる。すなわち，債務者については，裁判所の関与する破産手続を利用し，自己の財産に関する適切な清算を図り，さらに債務者が自然人である場合には免責手続（破248条以下。⇨**第**

19節参照）・復権（破255条・256条。⇨第20節参照）の利用も含めて，経済生活の再生を図る機会を与えるという目的に基づく。債権者については，破産手続がいわば包括執行手続としての性格を持ち，強制執行手続と同様に配当手続を通じて債権者の可及的な権利実現を可能とし，また，債権者間の「早い者勝ち」を回避し，総債権者に平等な満足を得る機会を保障するという目的に基づく。特に多数の消費者被害が生じているような事例においては，被害者間の公正かつ公平な救済を図るため，被害者が自ら債権者として破産手続開始の申立てを行うことが考えられる。

なお，債権者または債務者による破産手続開始申立権の事前放棄（破産手続開始申立権放棄条項の有効性）については，申立権が総債権者の共同利益のために認められた権利であるという側面を重視すれば，債権者・債務者のいずれに関しても事前放棄は否定すべきだと考えられる（東京高決昭和57・11・30判時1063号184頁〔百選6〕，仙台高決平成30・12・11金法2139号88頁参照）。

債権者申立ての場合，その申立てに関する適法要件として，債権者は，①自己の有する債権の存在および②破産手続開始の原因となる事実を疎明しなければならない（破18条2項。申立人の債権は，破産手続開始の決定の時に存在することを要する。債務名義〔民執22条各号〕は不要である）。これは，無益または有害な申立てを防止するためである。これに対して，債務者申立ての場合には，上記のような疎明は不要である。債務者自身が破産手続開始の申立てを行っていること（自己破産の申立て）自体が，破産手続開始の原因の存在を事実上推定させるからである。なお，開始原因に関して疎明義務を負う申立人の範囲につき，破産法では以上のとおり債権者に限定されている（破18条2項）のに対して，民事再生法や会社更生法ではすべての申立人に疎明義務が課されている（民再23条1項，会更20条1項。⇨第3章第2節**2**(2)(b)，第4章第2節**1**(1)(c)参照）。

(b) 準自己破産

法人破産については，原則としては債務者の意思決定として申立てを行うこととなるが（取締役会設置会社においては，取締役会での決議に関する議事録を添付して申立てを行う），その例外として，法人の理事や取締役等も単独で申立てをすることができる（破19条1項2項）。これを**準自己破産**という。その趣旨は，会社内部において内紛がある場合などにおいて，少数派の取締役が個人の判断

として申立てをするのを可能とし，これにより債権者間の公正かつ公平な満足を確保させることにある。ただし，濫用申立てを防止する観点から，この場合，法人の理事や取締役等の全員が申立てをするときを除き，破産手続開始の原因の事実を疎明しなければならない（同条3項）。

> **Column 2-2-1** 破産手続開始の申立てにおける申立代理人の役割と義務
>
> 　債務者が破産手続の開始を裁判所に申し立てようとする際（いわゆる自己破産の申立て），通常，まず弁護士に相談をし，その弁護士が受任をすることで**申立代理人**となる（弁護士代理の原則につき，破13条，民訴54条1項本文）。弁護士は誠実かつ公正に職務を行う義務（公平誠実義務）を負っており（弁護1条2項・30条の2第2項，弁護士職務基本規程5条参照），申立代理人として受任した弁護士は，「適正かつ公平な清算」を図る（破1条）という破産手続の目的を達成すべく，債務者の財産保全に努めつつ，適時に破産手続開始の申立てを行い（弁護士職務基本規程35条参照），債務者の責任財産を損なうことなく破産管財人に引き継ぐことが要請される（なお，申立代理人の財産散逸防止義務違反が問題となった事案として，東京地判平成21・2・13判時2036号43頁〔百選11〕参照）。具体的には，申立代理人は申立てに必要な書類を準備したうえで破産手続開始の申立てを行い，また，破産手続開始の決定がされた後も，破産財団の管理処分を行う破産管財人に対し，説明，資料提出および情報提供の義務を負う（破40条1項2号2項，破規26条2項）。なお，免責手続との関係については，⇨Column 2-19-2 参照。
>
> 〔参考文献〕全国倒産処理弁護士ネットワーク編『破産申立代理人の地位と責任』（金融財政事情研究会，2017年）　　　　　　　　　　　　　　　　　　　　　　　*T/S*

## (2) 予納金

　破産手続開始の決定の前後における諸費用，開始決定後の破産管財人による破産財団の管理・換価や破産管財人の報酬等に要する費用の一時的な財源として，申立人の属性を問わず一律に，破産手続費用の**予納義務**が課されている（破22条1項）。費用の予納に関する決定に対しては，即時抗告をすることができる（同条2項）。この予納がないときには，裁判所は破産手続開始の申立てを却下することができる（破30条1項1号。⇨**2**(3)(a)参照）。

　以上の例外として，裁判所が，申立人の資力，破産財団となるべき財産の状況その他の事情を考慮して，申立人および利害関係人の利益の保護のため特に必要と認めるときには，破産手続の費用を仮に国庫から支弁することができるという**国庫仮支弁制度**が設けられている（破23条1項前段。職権による開始決定の

場合も同様である。同条項後段)。これにより破産手続費用を仮に国庫から支弁する場合には，申立人に対して予納義務(破22条1項)は課されない(破23条2項)。費用の仮支弁が認められた場合には，国庫の支弁金返還請求権は財団債権として扱われる(破148条1項1号。⇨第8節**2**(1)参照)。

(3) **破産手続開始の申立ての手続**

　破産手続開始の申立ては，管轄が認められる裁判所に対して(⇨(4))，書面でしなければならない(破20条1項，破規1条1項。**破産手続開始申立書**〔以下「申立書」という〕)。申立書には，申立人の氏名等，債務者の氏名等，申立ての趣旨および破産手続開始の原因となる事実といった必要的記載事項(破規13条1項各号)のほか，債務者の収入・支出の状況および資産・負債(債権者の数を含む)の状況，破産手続開始の原因となる事実が生ずるに至った事情など(同条2項各号)が記載される。必要的記載事項を欠く場合には，裁判所書記官の補正処分の対象となり，申立人が補正に応じなかった場合には，裁判長による申立書却下命令の対象となる(破21条1項6項)。また，債権者以外の者による申立て(自己破産または準自己破産)の場合には，原則として申立てと同時に，**債権者一覧表**を提出しなければならない(破20条2項。記載事項につき破規14条1項。ただし，実務上，債権者申立ての場合にも，債権者一覧表の提出が原則として求められている〔同条2項〕。その他，申立書の添付書類につき，同条3項参照)。

　さらに，破産手続開始の申立てに際して，手続費用に関する予納金の納付(⇨(2)参照)とは別に，申立手数料の納付が必要である(民訴費3条1項・別表第一の12の項・16の項。なお，同17の項参照。破21条1項後段参照。申立書の貼付収入印紙額として，個人自己破産および免責の申立てにつき1500円，法人自己破産の申立てにつき1000円，債権者申立てにつき2万円となっている)。

(4) **管轄・移送**

　破産事件(破2条2項)の職分管轄は，地方裁判所に認められる(破5条，裁25条参照)。破産事件の管轄は，いずれも専属管轄(民訴13条参照)である(破6条)。管轄違いの裁判所に破産手続開始の申立てがされた場合には，却下ではなく，移送が認められる(破13条，民訴16条。なお，裁量移送につき，⇨(d)参照)。

## 第2節　破産手続の開始

(a) 原則的土地管轄

債務者が営業者であるときは、主たる営業所の所在地、主たる営業所が外国にあるときは、日本における主たる営業所の所在地を管轄する地方裁判所が管轄裁判所となる（破5条1項。なお、日本の国際破産管轄〔直接管轄〕につき、破4条1項参照）。また、債務者が営業者でないとき、または営業所がないときは、その普通裁判籍（民訴4条）の所在地を管轄する地方裁判所が管轄する（破5条1項）。

(b) 補充的土地管轄

上記の原則的土地管轄に従って管轄裁判所が決定されないときには、財産の所在地を管轄する地方裁判所が管轄する（破5条2項）。

(c) 管轄の特例

その他、管轄の特例として、①親子会社の場合（破5条3項4項。連結親子会社につき同条5項）、②法人とその代表者の場合（同条6項）、③個人の連帯債務者間、個人の主債務者・保証人間、夫婦間の場合（同条7項）、④大規模事件の特則（同条8項9項）が定められている。このうち④の大規模事件に関して、債権者500人以上の事件について本来の管轄裁判所の所在地を管轄する高等裁判所の所在地を管轄する地方裁判所にも管轄が認められ（同条8項）、また、債権者1000人以上の事件については、倒産専門部を有する東京地方裁判所または大阪地方裁判所にも管轄が認められる（同条9項）。

(d) 裁量移送

裁判所は、著しい損害または遅滞を避けるため必要があると認めるときは、職権で、破産事件（破産事件の債務者または破産者による免責許可の申立てがある場合にあっては、破産事件および当該免責許可の申立てにかかる事件。⇨**第19節 2**(1)参照）を破産法7条各号所定の地方裁判所のいずれかに移送することができる（破7条。民再7条、会更7条参照。⇨第3章**第2節 2**(3)参照）。

(5) **破産手続開始の申立ての取下げの制限**

破産手続開始の申立ては、開始決定前であれば取下げが認められる（破29条前段）。ただし、保全措置（⇨**3**参照）がされた後は、裁判所の許可を得なければ取下げができなくなる（同条後段）。これは、保全措置によって債務者の管理

処分権や債権者による権利行使に対する制約がされることで，総債権者の利益を保護するため，すでに破産手続の準備が着手されているという点を重視するためである。

## 2 破産手続開始の要件とその審理

### (1) 破産能力

**破産能力**とは，破産手続開始の決定を受けて，破産者となることのできる一般的資格をいう。民事訴訟法における当事者能力（民訴28条・29条）と同様に，特定の事件との関わりとは無関係に，およそ破産手続開始の決定を受けて破産者となるための資格を意味する。

破産法には破産能力に関する直接の明文規定はないが，破産法13条に基づき民事訴訟法28条および29条が準用され，自然人および法人（外国人・外国法人を含む〔破3条〕），さらに法人でない社団・財団について破産能力が認められる。ただし，国や地方公共団体については，破産能力が否定される（大決昭和12・10・23民集16巻1544頁参照）。また，相続財産と信託財産については，破産法が特別に破産能力を認めることを前提としている（破2条1項・222条以下・244条の2以下参照）。

### (2) 破産手続開始の原因

#### (a) 意 義

**破産手続開始の原因**とは，破産手続開始の決定を必要とするほど債務者の財産状況が危機にあることを示す概念（破産手続開始の根拠）である。破産法は，**支払不能**または**債務超過**を破産手続開始の原因として定めている（破15条1項・16条1項。⇨(b)・(d)参照）。破産手続開始の原因は，破産手続開始の要件として，開始決定時に存在することを要する。

これに対し，**支払停止**は，一個の独立した破産手続開始の原因ではないものの，支払不能を推定する機能を有する（破15条2項。⇨(c)参照）。

なお，支払不能，支払停止および債務超過の概念は，以上のように破産手続開始の原因との関係で問題となるだけでなく，破産手続を含む倒産手続全般において他の局面での基準または要件として機能する（⇨ Column 2-2-2 参照）。

## 第2節　破産手続の開始

> **Column 2-2-2**　支払不能，支払停止および債務超過の倒産手続上の機能
>
> **支払不能**の概念は，破産手続開始の原因としてだけでなく，破産手続開始前において債権者平等の要請に基づく危機時期の基準時として位置付けられており，具体的には相殺禁止（破71条1項2号・72条1項2号。⇨第11節**3**参照）や偏頗行為否認（破162条1項1号。⇨第15節**4**参照）における危機時期開始の基準時としての機能を果たしている。それゆえ，どの時点において支払不能に該当する事実が認められるかが実際に争われるのは，上記のように相殺禁止該当性や偏頗行為否認の成否に関してである。
>
> また，支払不能の推定事実として**支払停止**の概念も，上記と同様に債権者平等の要請に基づく偏頗行為否認や相殺禁止の規律において危機時期の基準時として機能するほか（相殺禁止につき，破71条1項3号・72条1項3号。偏頗行為否認につき，破162条1項1号イ・3項），詐害行為否認や対抗要件否認に関する危機時期を画する要件としても定められている（破160条1項2号・164条1項2項。以上につき，⇨第11節**3**・第15節**3**・**4**参照）。
>
> **債務超過**の概念は，破産手続開始の原因としてのみならず，特に再生手続においては，既存株主の権限剥奪を正当化する基準として機能している（民再43条1項・154条3項・166条1項2項など。⇨第3章第4節**3**(3)・第13節**2**(2)(d)(i)参照）。

(b)　**支払不能**

　**支払不能**とは，債務者が支払能力を欠くために，その債務のうち弁済期にあるものにつき，一般的かつ継続的に弁済することができない状態をいう（破2条11項）。支払不能は，自然人および法人に共通する一般的な破産手続開始の原因である。

　支払不能は客観的状態を意味し，債務者の主観的判断または行為とは直接の関係がない（この点において，後述する，債務者の主観的行為としての支払停止と対比される。⇨(c)）。また，支払不能かどうかは，破産手続開始の決定をすべきか否かの裁判の時を基準時として判断される。

　(i)　「**支払能力**」　支払能力を欠くとは，財産，信用または労務による収入のいずれをとっても，債務を支払う能力がないことを意味する（東京高決昭和33・7・5金法182号3頁〔百選3〕参照）。したがって，債務を完済することのできるだけの資産を保有しているとしても，実際にそれを換価できなければ支払能力があるとは認められない（東京地決平成4・4・28判時1420号57頁参照）。また，支払能力の有無の判断に際しては，債務者の収入や収益性だけでなく，

債務者の信用による借入れや弁済猶予の可能性をも判断材料とされる（名古屋高決平成7・9・6判タ905号242頁参照）。逆に，返済の見込みが立たない借入れ，商品の投売りなどを行うことによって，表面的には支払能力を維持しているようにみえる場合であっても，客観的には支払能力が欠けている場合（このように，一時しのぎで，ごまかされた〔糊塗された〕支払能力に基づく支払のことを**無理算段**という）は，支払不能と認められ得る（高松高判平成26・5・23判時2275号49頁〔百選27〕，広島高判平成29・3・15金判1516号31頁参照）。

　(ii) **「債務のうち弁済期にあるもの」**　**「債務」**とは，金銭債務に限られず，その不履行を理由として損害賠償債務が生じ得る財産上の債務であればよく（なお，破産債権の要件について，⇨**第6節1(2)参照**），債務名義は必要ない。また，**「弁済期にあるもの」**とは，あらかじめ定められた弁済期（履行期）が到来したものの，債権者が期限の猶予を認めている債務は含まれないと解される。さらに，弁済期未到来の債務を将来弁済できないことが確実に予想されても，弁済期の到来している債務を現在支払っている限りは，支払不能には当たらないと解される（東京地判平成19・3・29金法1819号40頁〔百選26〕，東京地判平成22・7・8金判1350号36頁参照）。ただし，前述のとおり，そもそも糊塗された支払能力に基づき無理算段をして支払をしている場合は，この限りでない。

　以上に対しては，弁済期が到来していなくても，将来，弁済期が到来した際に債務者の大部分の債務の不履行が高度の蓋然性をもって予測される場合には，その時点で支払不能を認めるべきだとする学説も有力である。

　(iii) **「一般的かつ継続的に弁済することができない状態」**　**「一般」**とは，弁済することができない債務が債務者の総債務の全部または大部分を占めていることを意味する。したがって，特定の債務や一部の債務についてだけ弁済ができないという状態は支払不能には該当しない。逆に，特定の債務や一部の債務については弁済を行っているが，それ以外の大半の債務について弁済能力が欠けていれば，支払不能に該当する。また，**「継続的」**とは，一時的に弁済能力を欠いている場合（一時的な手元不如意）が除外されることを意味する。

　(c) 支払停止

　**支払停止**とは，弁済期にある債務を一般的かつ継続的に弁済できないことを明示的または黙示的に外部に表示する債務者の行為をいう。このように，支払

停止は，債務者自身がもはや自分は支払不能であると判断し，それを外部に表示する主観的な行為を意味する。外部への表示（**外部表示性**）は，明示的なものだけでなく，黙示的なものでも足りるが（外部への黙示的な表示を認定した裁判例として，大阪地判平成13・10・11金法1640号39頁），ただ内部的に支払停止の方針を決めたにとどまるときは，債務の支払をすることができない旨を外部に表示する行為をしたと認めることはできない（最判昭和60・2・14判時1149号159頁〔百選28①〕）。

　支払不能にあたる具体的事実を破産手続開始の申立人が主張立証することは，前述のとおり，客観的な弁済能力について実質的な判断を必要とせざるを得ない以上，相当困難である（特に債務者以外の第三者が外部から支払不能状態を判断することは不可能に近い）。そこで，破産法において**支払不能を推定させる事実**として位置付けられているのが支払停止である（破15条2項）。支払停止の事実は，前述のように支払不能を推定する債務者の外形的な行為または態度であるから，その証明は比較的容易である。ただし，破産法15条2項は，あくまで法律上の事実推定の規定にすぎないので，支払停止があったと認められたとしても，その後に債務者が債権者から債務免除や弁済猶予を受け，弁済を再開した場合には，反証により支払不能の推定は覆され得る。

　支払停止の典型例として，かつては手形取引における取引停止処分に付される6か月以内2回の手形不渡りが挙げられてきた（福岡高決昭和52・10・12下民28巻9～12号1072頁参照。なお，他の事情も考慮したうえで1回目の不渡りの事実をもって支払停止と認めた判例として，最判平成6・2・10裁判集民171号445頁参照）。また，手形取引に代わる電子記録債権に関して，6か月間に2回の支払不能事由を発生させた場合には，取引停止処分が課され，すべての参加金融機関に対して取引停止通知が行われ（支払不能処分制度），この取引停止通知も支払停止に該当する。その他，営業停止の通知，弁済停止の通知（債務整理開始の通知），閉店，廃業，夜逃げ，張り紙などを具体例として挙げることができる（債務整理開始の通知につき，最判平成24・10・19判時2169号9頁〔百選28②〕）。

　(d)　**債務超過**

　**債務超過**とは，債務者が，その債務につき，その財産をもって完済することができない状態をいう（破16条1項かっこ書）。債務超過は，存続中の人的会社

（合名会社および合資会社）を除く法人についての付加的な破産手続開始の原因である（破16条1項2項）。ただし，実務上，債務超過をもって破産手続開始の原因の存在を認定することは稀である。

債務超過は，負債総額（弁済期未到来の債務も含む）と資産総額の計数上の客観的な大小関係をもって判断される（ただし，資産評価の基準については，学説上，争いが見られる）。一般的には，貸借対照表上の負債が資産を上回る（つまり，純資産がマイナスの）状態を意味する。また，債務超過は，支払不能と同様に，ある程度の持続性をもった客観的状態を意味するのであって，震災などの突発的原因による一時的な状態は含まれない。

#### (3) 破産手続開始の条件
##### (a) 破産手続開始の申立ての棄却事由

破産手続開始の原因となる事実が認められる場合であっても，例外的に以下の各事由（破30条1項各号）のいずれかがあると認められるときは，裁判所は破産手続開始の決定をすることができない（同条項柱書）。この破産手続開始の消極的要件を**破産手続開始の申立ての棄却事由**（破産障害事由）と呼ぶ。すなわち，①**破産手続の費用の予納がないとき**（同条項1号。⇒**1**(2)参照）または②**不当な目的で破産手続開始の申立てがされたとき，その他申立てが誠実にされたものでないとき**（同条項2号）である。

①に該当する場合は，申立ては不適法なものとして却下される（この場合は，厳密には棄却事由ではない）。②に該当するのは，申立てが破産法の目的（破1条）に反し，「真に破産手続の開始を求める意思や破産手続を進める意思がないにもかかわらず，専ら他の目的（嫌がらせの目的や，自己の債権回収のために申立ての取下げを条件として有利に債務者と交渉する目的など）で破産手続開始の申立てをする場合等，申立てが本来の目的から逸脱した濫用的な目的で行われた場合」（仙台高決平成30・12・11金法2139号88頁）であるが，この場合には申立てが棄却される（上記平成30年仙台高決は，債務者との間で不起訴合意を行った債権者による破産手続開始の申立てにつき，この棄却事由が認められないと判示する。他方，肯定例として仙台高決令和2・11・17判時2500号66頁がある）。

## 第2節 破産手続の開始

**(b) 他の法的倒産手続が開始されている場合**

他の法的倒産手続（更生手続，再生手続または特別清算手続）がすでに開始されている場合（**他の法的倒産手続との競合**），これらの法的倒産手続の方が開始前の破産手続よりも優先されるため（民再26条1項1号・39条1項〔民再25条2号参照〕，会更24条1項1号・50条1項〔会更41条1項2号参照〕，会社515条1項〔会社512条1項1号参照〕。⇨ **Column 2-2-3** 参照），破産手続を開始することができなくなる。

> **Column 2-2-3　破産手続と再生手続・更生手続との競合**
>
> 　実務上，破産手続と再生手続・更生手続が競合する事例が見られる。例えば，債権者が破産手続開始の申立てを行う（破18条1項）のに対抗して，債務者自身が再生手続開始の申立てを行うというような場合である。このような場合には，再生手続の方が破産手続よりも優先されている。その根拠は，再建型手続を清算型手続よりも優先すべきだという政策的な判断も考えられるが，再生手続においては，むしろ**清算価値保障原則**によって，債権者に対して破産手続における清算配当額以上の満足が保障されているという点に求めるべきである（民再25条2号・174条2項4号。⇨第3章**第2節 1**(2)(b)・**第4節 2**・**第14節 3**(2)参照）。
>
> 　以下では，再生手続開始の申立てがされた時点で，破産手続開始の申立てがされているか否かによって場合を分けて説明する（なお，更生手続開始の申立てに関しても同様である）。
>
> **(1) 破産手続開始の申立てがされていない場合**
>
> 　破産手続開始の申立てがいまだされていない場合には，再生手続開始の申立てがされ再生手続開始の決定がされると，それ以降の破産手続開始の申立てが禁止される（民再39条1項。会更50条1項参照）。
>
> **(2) 破産手続開始の申立てがされた場合**
>
> 　債権者によって破産手続開始の申立てがすでにされている場合，それによる破産手続開始の決定の有無を問わず，その対抗策として，債務者は再生手続開始の申立てをし，まず，保全措置として，再生手続開始の決定がされるまでの間，破産手続の中止命令を得ることができる（民再26条1項1号）。そして，再生手続開始の決定後は（なお，再生手続が清算価値保障原則に抵触しないことが前提となる〔民再25条2号〕。⇨第3章**第2節 1**(2)(b)参照），この中止命令の効力が引き継がれることとなる（民再39条1項）。
>
> 　なお，破産手続が中止された後，再生手続から破産手続に移行する場合の処理については，第3章**第16節 3**を参照（更生手続につき，第4章**第11節 3**を参照）。

### (4) 審理の方式

申立てに対する審理の対象は、①破産手続開始の申立ての適法要件としての**管轄**（⇨**1**(4)参照）、申立権（⇨**1**(1)参照）、申立人の当事者能力・訴訟能力・法定代理権または訴訟代理権の有無、債務者の**破産能力**（⇨(1)参照）と、②**破産手続開始の原因**の存在（⇨(2)参照）および**破産手続開始の条件**（破産手続開始の申立ての棄却事由や他の倒産手続との競合の不存在。⇨(3)参照）についてである。

破産手続開始の申立てに対する決定は、口頭弁論を経ない決定手続によってされる（破8条）。申立ての際に提出される申立書および添付書類の書面審理と債務者（および申立代理人）に対する審尋が中心となる。

## **3** 破産手続開始前の保全措置

### (1) 破産手続開始前の保全措置の必要性

破産手続開始の申立てがされても、裁判所によって破産手続開始の決定がされるまでは、破産手続開始の効果（⇨**4**(3)参照）は発生しない。しかし、取引実務においては、破産手続開始の申立てがされたという事実をもって、事実上、債務者が倒産状態にあると考えられている（中小企業倒産防止共済法2条2項）。そのため、申立てから決定までの間であっても、一部の債権者が抜け駆けをして、独りだけ優先的に弁済を得ようとしたり、強制執行を行ったりする「早い者勝ち」の状況が生じる、また、債務者の側においても財産の隠匿を行ったり、特定債権者に対する偏頗弁済を行ったりする、といった危険が生じる可能性は否定できない（⇨第1章第2節**1**参照）。そこで、債権者間の平等を確保するという破産手続の目的に鑑みて、開始決定前であっても、上記の危険発生を防止しつつ、破産手続開始に向けた事前準備を図るために、**破産手続開始の決定前の保全措置**が設けられている（なお、否認権のための保全処分〔破171条・172条〕については、否認権の箇所で扱う。⇨**第15節6**(4)参照）。

### (2) 保全措置の態様

#### (a) 人的保全処分

破産法上、開始決定前においても、債務者およびこれに準ずる者を強制的に一定の場所に出頭させる引致が認められているが（破38条2項・39条）、実際

に行われることはない。

(b) 財産保全処分

裁判所は、利害関係人の申立てによりまたは職権で、債務者の財産の処分禁止の仮処分等の必要な保全処分を命ずることができる（破28条1項）。これを**財産保全処分**という（なお、対象となる財産は、破産手続開始後において法定財団に属するものでなければならない。退職金債権について、福岡高判昭和59・6・25判タ535号213頁〔百選A3〕参照）。

具体例として、不動産などの財産の処分禁止の仮処分のほか、実務上よく用いられるものとして、**債務者に対する弁済禁止の保全処分**が挙げられる。弁済禁止の保全処分に反して債権者が弁済を受けた場合、債権者が保全処分の発令について悪意であるときにはその弁済の効力を主張することができない（破28条6項。この悪意の証明責任は、弁済等の無効を主張する破産管財人の側にある）。

(c) 他の手続の中止命令

裁判所は、必要があると認めるときは、利害関係人の申立てによりまたは職権で、債権者（この債権は、破産手続において破産債権〔破2条5項〕となるべきもののみならず、財団債権〔同条7項〕となるべきものも含む）によって債務者の財産に対してすでにされている強制執行、仮差押えまたは仮処分等の手続や、債務者の財産関係の訴訟手続等の**中止命令**を発することができる（破24条1項本文各号）。これに対して、一般先取特権の実行または民事留置権による競売手続等の一定の例外を除く担保権（すなわち、破産手続において別除権〔破2条9項〕として認められるもの。⇨第10節**1**(2)参照）の実行手続は中止命令の対象とされていない。

(d) 包括的禁止命令

裁判所は、個別の強制執行等に対する中止命令によっては破産手続の目的を十分に達成することができないおそれがあると認めるべき特別の事情がある場合には、利害関係人の申立てによりまたは職権で、すべての債権者に対して債務者の財産に対する強制執行等および国税滞納処分の禁止を命ずることができる（破25条1項本文）。これを**包括的禁止命令**という。例えば、同時期に多数の強制執行等の申立てがされた場合などにおいては、上記の中止命令の申立てをもって個別に対処するのが著しく困難となって、手続開始前の財産の保全に支

障を来しかねないため，このような包括的な保全措置が必要となる。同命令は，事前にまたは同時に，債務者の主要な財産に関し財産保全処分（破 28 条 1 項。⇨(b)参照）または保全管理命令（破 91 条 1 項。⇨(e)参照）がされる場合に限り発令することができる（破 25 条 1 項ただし書）。

### (e) 保全管理命令

裁判所は，債務者（法人である場合に限る）の財産の管理および処分が失当であるとき，その他債務者の財産の確保のために特に必要があると認めるときは，利害関係人の申立てによりまたは職権で，**保全管理人**（⇨**第 3 節 2** 参照）を選任し，債務者の財産に関し，保全管理人による管理を命ずる処分（**保全管理命令**）をすることができる（破 91 条 1 項 2 項）。

## 4 破産手続開始の決定と効果

### (1) 破産手続開始の決定

#### (a) 破産手続開始の決定の方式

裁判所は，破産手続開始の申立てがあった場合において，破産手続開始の原因となる事実があると認めるときは，破産手続開始の申立ての棄却事由がある場合を除き，破産手続開始の決定をする（破 30 条 1 項柱書）。裁判所の行う破産手続開始の決定は，必ず書面（裁判書）を作成して行わなければならず（破規 19 条 1 項），また，決定の裁判書には決定の年月日のみならず，その「時刻」をも記載しなければならない（同条 2 項）。開始の決定は，「その決定の時」から効果（⇨(3)参照）を生ずる（破 30 条 2 項）ため，厳密に決定の時点を明らかにする必要があるからである。

#### (b) 同時処分

裁判所は，破産手続開始の決定と同時に，①破産管財人を選任し（⇨**第 3 節 1** 参照），かつ，②債権届出期間（⇨**第 7 節 1**(2)参照），③財産状況報告集会（⇨**第 3 節 4**(1)参照）の期日および④破産債権の一般調査期間または一般調査期日（⇨**第 7 節 2**(2)参照）を定めなければならない（破 31 条 1 項）。これを**同時処分**という。ただし，破産財団をもって破産手続の費用を支弁するのに不足すると認められ，破産手続開始の決定と同時に破産手続廃止の決定がされたとき，すなわち同時廃止（破 216 条 1 項。⇨**第 18 節 3**(2)参照）のときには，上記①〜④の同

時処分事項を定める必要はない。また，破産財団をもって破産手続の費用を支弁するのに不足するおそれがあるとき，すなわち異時廃止（破217条1項。⇨第18節**3**(3)参照）のおそれがあるときには，例外的に，上記の同時処分事項のうち②債権届出期間および④破産債権の一般調査期間または一般調査期日を定めないことができる（破31条2項。実務上，「届出留保型」と呼ばれる。同条3項参照）。その他の例外として，財産状況報告集会期日の不指定（同条4項）や大規模破産事件における通知等の省略（同条5項）が認められている。

(c) 付随処分

(i) 公告・通知　裁判所は，破産手続開始の決定をしたときは，直ちに，次に掲げる事項を公告しなければならない（破32条1項各号。公告につき破10条参照）。すなわち，①破産手続開始の決定の主文，②破産管財人の氏名または名称，③債権届出期間・財産状況報告集会の期日・破産債権の一般調査期間または一般調査期日，④破産財団に属する財産の所持者が破産者にその財産を交付してはならない旨・破産者に対して債務を負担する者が破産者に弁済をしてはならない旨および⑤簡易配当をすることが相当と認められる場合に簡易配当をすることにつき異議のある破産債権者は裁判所に破産債権調査の期間の満了時またはその期日の終了時までに異議を述べるべき旨である。

　上記の公告事項は，①破産管財人，破産者および知れている債権者（債権者一覧表等により判明した破産債権者，別除権者など），②破産財団に属する財産の所持者・破産者に対して債務を負担する者，③保全管理命令があった場合における保全管理人，④労働組合等に通知しなければならない（破32条3項。ただし，大規模破産事件〔破31条5項〕に関する例外として，破32条2項）。

(ii) 破産手続開始の登記・登録の嘱託　破産手続開始の決定により破産者は破産財団に属する財産の管理処分権が剥奪されるため（⇨(3)(a)参照），破産者が破産手続開始後に破産財団に属する財産に関してした法律行為は，破産手続の関係では，その効力を主張することができない（破47条1項。⇨第14節**1**参照）。そこで，その旨を登記簿上に公示し，取引の安全を図るため，破産手続開始の登記・登録をする必要がある（破257条・258条・262条）。ただし，この場合の登記等は，法律行為等の対抗要件としての登記（民177条など）や登録とは異なり，利害関係人に対する警告としての意義を有するにすぎない。

法人債務者について破産手続開始の決定があったときは，裁判所書記官は，職権で，遅滞なく，破産手続開始の登記を当該破産者の本店または主たる事務所の所在地を管轄する登記所に嘱託しなければならない（破257条1項）。他方，個人債務者については，①当該破産者に関する登記（破産者の地位・権限等が登記されている場合において，破産手続開始の決定がこの地位・権限等に影響を与えるものをいう。例えば，未成年者の商業登記〔商5条〕，後見人の商業登記〔商6条1項〕，支配人の商業登記〔商22条，会社918条〕など）があることを知ったとき，または②破産財団に属する権利（例えば，破産財団に属する不動産に関する所有権や抵当権など）で登記・登録がされたものがあることを知ったときに限って，裁判所書記官は，同様に破産手続開始の登記を登記所に嘱託しなければならない（破258条1項・262条）。

### (2) 破産手続開始の申立てについての裁判に対する不服申立て

破産手続開始の申立てについての裁判に対して，利害関係人は即時抗告をすることができる（破33条1項・9条前段）。破産手続開始の決定をした裁判所は，即時抗告により同決定を取り消す旨の決定が確定したときは，直ちにその旨の決定の主文を公告し，かつ，知れている債権者等に対して通知しなければならない（破33条3項）。この**破産手続開始の決定の取消し**により，開始の決定時に遡って破産手続開始の効果は失われる（⇨**第18節7**参照）。

ここでいう利害関係人とは，破産者，破産債権者などである（大阪高決平成6・12・26判時1535号90頁〔百選12〕は，株主の即時抗告権を否定する）。即時抗告期間は，破産手続開始の決定の場合には公告が効力を生じた日から起算して2週間である（破9条後段）。

### (3) 破産手続開始の効果

#### (a) 破産者・債権者に対する財産的効果

破産手続開始による重要な財産的効果は，**破産者に対する財産的拘束（管理処分権の剝奪）**と**債権者による個別的権利行使の禁止**である。

(i) **破産者に対する財産的拘束（管理処分権の剝奪）**　破産手続が開始されると，破産者（破2条4項）は，自由財産を除く，破産手続開始の時におい

て有する一切の財産（**破産財団に属する財産**。同条14項・34条1項。⇨**第4節🚹**参照）の**管理処分権**を剥奪され，破産者には財産に関する名目上の所有に関する帰属関係だけが残る。その反面として，この管理処分権は，裁判所の選任する**破産管財人**に専属する（破78条1項。⇨**第3節🚹**参照）。

以上の帰結として，管理処分権限のない破産者が破産手続開始後に破産財団に属する財産に関してした法律行為（契約，解除や相殺の意思表示といった本来の法律行為のほか，物の引渡し・明渡し，債権譲渡の通知・承諾，弁済等の破産財団に関する行為を広く含む）は，破産手続の関係では，その効力を主張することができない（破47条1項。⇨**第14節🚹**参照）。また，破産手続開始の決定があったときは，破産者を当事者とする破産財団に関する訴訟手続は中断する（破44条1項。⇨**第13節🚹**参照）。

　(ii)　**債権者による個別的権利行使の禁止**　　破産手続が開始されると，破産財団に基づく満足において債権者間の公平・平等を確保するために，たとえ債権者といえども，破産財団から個別に自己の債権を回収することは原則として禁止され，破産手続によらなければ，債権者は自己の債権を破産債権（破2条5項。⇨**第6節**参照）として行使することができない（破100条1項。**破産債権の個別的権利行使禁止**）。破産財団に属する財産に対する強制執行などの手続もすることができず，破産手続開始時においてすでに開始されている当該手続は失効する（破42条1項・2項本文。⇨**第13節🚹**(1)参照）。そのため，債権者が破産手続において自己の債権につき満足を得るためには，その債権を破産債権として届け出ることで破産債権者として破産手続に参加し，調査および確定を経たうえで，最終的には，按分比例によって金銭による配当を受けなければならない（**破産債権の届出・調査・確定および配当の手続**。⇨**第7節**・**第17節**参照）。このように，破産手続において債権者が権利行使を行うには，原則として集団的権利行使のための破産手続へ参加せざるを得ない（破103条1項参照）。

　この破産債権の個別的権利行使禁止の例外（「この法律に特別の定めがある場合」。破100条1項）としては，①別除権（破65条1項。⇨**第10節**参照），②相殺権（破67条1項。⇨**第11節**参照）および③租税等の請求権行使（破100条2項）がある。また，破産債権に対する個別弁済が例外的に認められるものとして，①別除権目的物の受戻し（破78条2項14号。⇨**第10節🚹**(2)参照）および②給料

等の請求権の弁済の許可（破101条1項。⇨第8節**5**(4)参照）がある。

なお，破産債権以外のものとして，①財団債権（破2条7項・151条。ただし，強制執行等は禁止される〔破42条1項〕。⇨第13節**2**(1)参照）および②取戻権（破62条。⇨第9節参照）についても個別的権利行使が認められている。

(b) **破産者に対する人的効果**

(i) **説明義務・重要財産開示義務**　　法人破産者および個人破産者に共通する人的効果として，説明義務と重要財産開示義務がある。

まず，破産者，その代理人，法人の理事や取締役等の役員，役員に準ずる者および従業者には**説明義務**が課されており，破産管財人，債権者委員会の請求または債権者集会の決議に基づく請求に応じて，破産に関し必要な説明をしなければならない（破40条1項柱書本文1号～5号。ただし，従業者の説明義務は，裁判所の許可がある場合に限る。同条項柱書ただし書）。過去にこれらの地位にあった者についても同様である（同条2項）。

また，破産者は，破産手続開始の決定後遅滞なく，その所有する不動産，現金，有価証券，預貯金その他裁判所が指定する財産の内容を記載した書面を裁判所に提出しなければならない（破41条）。これが破産者の**重要財産開示義務**であり，上記の説明義務とは異なり，破産管財人等からの請求の有無にかかわらず，当然の定型的義務として破産者に課されている。破産者自身の説明義務を強化し，破産者の財産状況の開示を図る趣旨に基づく。

以上の義務の履行は，いずれも破産管財人の管財業務の円滑な遂行のための資料提供を可能とするとともに，破産債権者に対してはその管財業務に対する監督資料をもたらすものである。したがって，これらの義務の違反に対しては，それぞれ刑事罰が科される（破268条1項2項・269条。⇨第8章**第2節**参照）ほか，免責手続における免責不許可事由となる（破252条1項11号。⇨第19節**2**(4)参照）。

(ii) **法人破産者に対する破産手続開始の効果**　　法人に対して破産手続開始の決定がされると，法人は解散する（一般法人148条6号・202条1項5号，会社471条5号・641条6号など。権利能力のない社団等についても同様に考えられる）。ただし，このように法人は解散しても，破産法人の法人格は，破産手続による清算の目的の範囲内において，破産手続が終了するまで存続するものとみなされる（破35条。なお，破産法人は，破産手続開始後も再生手続や更生手続の開始申立

てを行うこともできる）。

(ⅲ) **個人破産者に対する破産手続開始の効果**　個人破産者については，破産法上，破産手続の円滑な遂行を図るため，次のような一定の行為制限が課されている。

**破産者の居住にかかる制限**として，破産者は，その申立てにより裁判所の許可を得なければ，その居住地を離れることができない（破37条1項）。居住・移転の自由（憲22条1項）の例外的な制限に該当する。また，裁判所は，必要と認めるときは，引致状を発して**破産者の引致**を命ずることができる（破38条1項3項）。破産手続開始の申立てがあれば，同決定前でも可能である（同条2項）。以上は，法人破産者の理事や取締役等についても同様である（破39条）。

さらに**通信の秘密**（憲21条2項後段）**の例外的制限**として，裁判所は，破産管財人の職務の遂行のため必要があると認めるときは，信書送達事業者に対し，破産者に宛てた郵便物または信書便物を破産管財人に配達すべき旨を嘱託することができ（破81条1項），破産管財人は，破産者に宛てた郵便物などを受け取ったときは，これを開いて見ることができる（破82条1項）。このような郵便物などの開披点検は，破産者の行動や財産状況について把握すること，あるいは破産財団に属する財産の有無やその所在等を探知することに役立つ（例えば，固定資産税の課税通知により不動産の所在が判明したり，金融機関等からの通知により預金，保険や株式などの存在が判明する）。

(ⅳ) **公法上・私法上の資格制限**　破産法以外の各種法令において，政策的目的の観点から破産者に対する各種の資格制限が設けられている。公法上のものとして，弁護士，弁理士，公認会計士，司法書士，公証人等につき，破産者はその資格を得ることができず（欠格事由），また，すでに資格を得ている破産者は，破産手続開始の決定によってその資格を失う（弁護7条4号・17条1号，弁理士8条11号・24条1項3号，会計士4条4号・21条1項3号，司書5条3号・15条1項4号，公証14条2号・16条）。また，私法上のものとして，後見人，後見監督人，保佐人，保佐監督人，遺言執行者，持分会社の社員などについても同様である（民847条3号・852条・876条の2第2項・876条の3第2項・1009条，会社607条1項5号など）。

ただし，破産手続終結後，復権（破255条・256条。⇨**第20節**参照）を得るこ

とによって，資格制限がなくなる。

## 第3節　破産手続の機関

### 1 破産管財人

#### (1) 意　義

**破産管財人**とは，破産手続において破産財団に属する財産の管理および処分をする権利（**管理処分権**）を有する者をいう（破2条12項）。破産管財人は，破産手続開始の決定と同時に裁判所によって選任される手続機関であり（破31条1項柱書・74条1項），破産手続の目的（破1条。⇨**第1節1**参照）を実現すべく，破産手続全体を主宰し遂行する地位にある。具体的には，裁判所の監督の下（破75条1項），管理処分権を行使することで破産財団の維持増殖を図りつつ，その換価を行うとともに，破産債権の調査および確定に関与し，最終的に配当の実施に当たることをその任とする。

#### (2) 選 解 任

破産手続開始の決定と同時に，裁判所によって1人または数人の破産管財人が選任される（破31条1項柱書・74条1項）。破産管財人には，その職務を行うに適した者が選任される（破規23条1項）。管財業務には広範な法分野に関する専門知識が必要とされるとともに，職務の執行につき中立・公平性が求められるため，今日，一般的に，社会正義の実現を使命とする弁護士（弁護1条1項）が破産管財人として選任されている。また，法人破産管財人も認められている（破74条2項）。

破産管財人としては通常1人が選任されるが，破産事件の規模によって，破産管財人は，必要があるときは，その職務を行わせるため，裁判所の許可を得て，自己の責任で1人または数人の破産管財人代理（常置代理人）を選任することができる（破77条1項2項）。

破産管財人は，裁判所の監督に服する（破75条1項。裁判所への報告義務につき，破157条）。任務懈怠等の場合には，利害関係人の申立てにより，または職

### 第3節　破産手続の機関

権で，裁判所が破産管財人を解任することができる（破75条2項。なお，辞任につき破規23条5項）。

### (3) 権限・義務
#### (a) 権　限

破産財団に属する財産の管理および処分をする権利を（財産）**管理処分権**といい，この管理処分権は，破産管財人に専属する（破78条1項）。この権限は，破産財団に属する財産を引当てとする債務にも及び得る（最決令和5・2・1民集77巻2号183頁参照）。破産管財人は管理処分権を自己の責任において行使することができるが，破産債権者の利益に重大な影響を及ぼし得る一定の重要な法定行為については，例外的に事前に裁判所の許可を得ておかなければならない（同条2項各号。**要許可行為**。⇨第5節■参照）。その際，破産管財人は，遅滞を生じるおそれのある場合を除き，破産者の意見を聴かなければならない（同条6項）。

破産財団に関する訴えについて，破産管財人が当事者適格を有する（破80条。法定訴訟担当であると解するのが通説である。⇨第13節■参照）。

#### (b) 義　務

破産管財人は職務遂行に際して**善管注意義務**を負う（破85条1項）。この義務は，「破産管財人としての地位において一般的に要求される平均的な注意義務」を意味する（最判平成18・12・21民集60巻10号3964頁〔百選17〕）。これを怠ったときは，破産管財人は利害関係人に対して（破産管財人が複数いて，共同して職務を行っていた場合には，連帯して）損害賠償責任を負う（同条2項）。このとき，損害賠償請求権は財団債権（破148条1項4号）となる（⇨第8節■(1)参照）。また，善管注意義務違反は解任事由（破75条2項。⇨(2)参照）となり得る。

実際に善管注意義務違反に該当するか否かは，破産管財人として法律専門家である弁護士（弁護1条・2条）が選任されていることを前提としつつ，破産事件における破産管財人の具体的な行為態様に照らして判断する必要がある。その際，当該事案の規模や個別事情等を考慮して慎重に検討しなければならない。

善管注意義務違反の具体例としては，破産財団帰属の債権回収を怠り，当該債権を時効消滅させた場合，否認権を漫然と行使しない，または不当に行使し

た場合，争いのある届出破産債権について十分な調査を行わないまま確定させた場合などがある（破産者の負う担保価値維持義務との関係で破産管財人の善管注意義務違反の有無が争われた判例として，前掲最判平成18・12・21参照。その他，近時，善管注意義務が問題となった事案として，大阪高判平成28・11・17判時2336号41頁，金沢地判平成30・9・13金判1556号13頁など参照）。

　その他，破産管財人には，裁判所への報告義務（破157条1項2号）および財産状況報告集会・債権者集会への報告義務（破158条・159条）が課されている（破産管財人の源泉徴収義務につき，最判平成23・1・14民集65巻1号1頁〔百選18〕参照）。

### (4) 職　務

　破産管財人は，その管理処分権（破78条1項）の行使を通じて，破産手続の目的（破1条）に照らし，破産手続を適切に主導することで，破産者の財産関係について適正かつ公平な清算を図り債権者の利益実現を図るとともに，破産者を含む利害関係人全体の利益保護を図ることをその職務とする。さらに，近時は，破産管財人の職務遂行における公益的な役割も重視されている。

#### (a) 破産財団の管理・換価

　破産管財人は，破産手続開始時に管理下に入った破産財団（現有財団）を本来あるべき財団（法定財団）の範囲と一致させ，配当の基礎となる財団（配当財団）を作り出すため（⇨第4節**7**(1)参照），破産財団の管理および換価を行う（⇨第5節参照）。

#### (b) 破産債権の調査・確定

　破産管財人は，配当を受領すべき破産債権者の範囲およびその債権額を確定する（⇨第7節**2**・**3**参照）。これに関する職務として，届出債権の調査と認否等（破116条1項2号。破117条以下。なお，給料債権等に関する情報提供努力義務〔破86条〕がある），破産債権査定決定手続・異議訴訟の追行（破125条以下）がある。

#### (c) 配　当

　破産管財人は，以上の破産財団の管理・換価および破産債権の調査・確定を踏まえたうえで，配当に関する職務を行う（破193条以下。⇨**第17節**参照）。具

体的には，配当表の作成（破196条）と配当の実施（破195条1項等）がその職務内容の中心となる。

　(d)　個人債務者破産における免責手続

　さらに，破産管財人は，個人破産における免責手続に関して，免責不許可事由（破252条1項各号）の有無や裁量免責に関する考慮事情（同条2項）についての調査・報告（破250条1項），また，破産者につき免責許可の決定をすることの当否についての意見申述（破251条1項）を行う（⇨第19節**2**(3)参照）。

(5)　任務の終了・報酬

　(a)　任務の終了

　破産管財人の任務は，破産手続終結（破220条1項），破産手続廃止（破217条1項・218条1項），破産手続の失効（民再39条1項・184条本文，会更50条1項・208条本文）または破産手続開始の決定の取消し（破33条3項参照）のほか（⇨第18節**1**参照），破産管財人の死亡，辞任（破規23条5項。正当な理由があるとき，裁判所の許可を得て辞任することができる）または解任（破75条2項）の事由により終了する。破産管財人が，後見開始（民7条），保佐開始（民11条）または補助開始（民15条）の各審判により行為能力の制限を受けた場合も終了すると解される。

　破産管財人は，任務が終了した場合は，遅滞なく，計算報告書を裁判所に提出しなければならない（破88条1項）。死亡等の理由で破産管財人が欠けたときは，後任の破産管財人が計算報告書を提出する（同条2項）。

　(b)　報　酬

　破産管財人は費用の前払および報酬を受けることができ，報酬の額は裁判所が定める（破87条1項，破規27条）。破産管財人代理についても同様である（破87条3項，破規27条）。破産管財人等の報酬等請求権は財団債権（破148条1項2号）として扱われる（⇨第8節**2**(1)参照）。

(6)　破産管財人の法的地位の理論的性格

　破産管財人の法的地位について，伝統的に，もっぱら理論的な観点からこれをいかに説明すべきかが論じられてきた。今日では，このような破産管財人の

法的地位に関する理論的な性格から，後記(7)で論じるような実体法上の解釈問題の解決が直接的かつ演繹的に導かれるとは考えられていない。

今日の通説とされる**管理機構人格説**は，財産の集合体としての破産財団自体に法人格（法主体性）を認めて，破産管財人をその代表機関とみる破産財団代表説とは異なり，破産財団に法人格を認めるのではなく（⇨**第4節**■(1)参照），破産財団帰属財産について管理処分権を行使する独立の管理機構としての破産管財人に法人格を認める（なお，この「独立の管理機構としての破産管財人」は，選任される「私人としての破産管財人」と明確に区別される）。この見解によると，破産手続において，破産管財人は破産者および破産債権者から独立して，破産財団帰属財産に対する管理処分権を行使する法主体としての地位を有するのに対して，管理処分権を剥奪された破産者は，名目的にその財産に関する所有権者としての地位や破産債権の債務者としての地位を有するにすぎない。

(7) **破産管財人の実体法上の地位──第三者的地位の有無**

(a) **実体法上の対抗関係における「第三者」性**

伝統的な学説によると，破産管財人は，**差押債権者類似の地位**が認められるため（その前提として，後述するように個別執行による差押えとの類比により，破産手続開始の決定により**包括的差押え**がされたと構成する），対抗要件がなければ物権変動などを主張することができない「第三者」（民177条・178条・467条2項など）に該当すると解されている（なお，不動産等に関し破産手続開始前に生じた登記原因に基づき破産手続開始後にされた登記等は，破産手続の関係においては，その効力を主張することができない〔破49条1項本文。⇨**第14節**■(2)参照〕）。その根拠を詳説すると，以下のとおりである。

民法上の解釈として，一般債権者とは異なり，強制執行手続における差押債権者は，判例（最判昭和39・3・6民集18巻3号437頁など）・通説の立場によると，差押えによる処分禁止効（民執46条2項参照）の生じた差押不動産につき登記の不存在を主張する正当な利益を有する「第三者」（民177条）に該当する。他方，破産手続は，個別執行たる強制執行手続との類比において〈包括執行〉とも称されるように，破産手続開始の決定は，その効果として破産者から破産財団に対する管理処分権を剥奪する点で，上記の処分禁止効を生じる差押えに類

似する(そのため〈包括的差押え〉とも称される)。そのため,まず各破産債権者について差押債権者に類似する地位を観念することができる(破産債権者の「第三者」〔民177条〕性を認めた判例として,最判昭和46・7・16民集25巻5号779頁参照)。そして,これらの破産債権者全体の利益を代表して保護すべく,破産者から独立した機関としての破産管財人に管理処分権が専属すること(破78条1項)に鑑みて,破産管財人には差押債権者類似の地位を認めることができ,破産管財人は差押債権者と同様に「第三者」に該当すると解されている(民法177条の「第三者」性を肯定した判例として最判昭和38・7・30裁判集民67号175頁参照。その他,民法467条2項の「第三者」性を肯定した判例として大判昭和8・11・30民集12巻2781頁および最判昭和58・3・22判時1134号75頁〔百選16〕,〔借地借家法10条1項に相当する〕旧建物保護ニ関スル法律1条の「第三者」性を肯定した判例として最判昭和48・2・16金法678号21頁〔百選15〕参照)。

(b) 第三者保護規定等

破産管財人は,上記のとおり破産債権者全体の利益を代表し,差押債権者類似の地位が認められることから,いわゆる第三者保護規定(民94条2項・95条4項・96条3項・545条1項ただし書など)における「第三者」にも該当すると解される(破産管財人が民法94条2項でいう「第三者」に当たると判示した判例として,大判昭和8・12・19民集12巻2882頁,最判昭和37・12・13判タ140号124頁がある)。もっとも,詐欺被害者の保護という観点から,破産管財人に対する詐欺取消し(民96条1項2項)を認めるべきであるとして,破産管財人が同条3項の「第三者」に該当しないと解する見解も有力である。

「第三者」性が認められるとしたうえで,その主観的要件としての「善意」の判断につき,誰を基準とすべきかが問題となる。通説は,第三者保護規定によって本来の利益保護が図られるべき破産債権者の主観を基準とし,そのうちの1人でも善意であれば足りるとする(民法94条2項の類推適用により保護される第三者該当性の判断について,東京地判令和2・9・30金法2162号90頁)。

その他,不法原因給付に基づく不当利得返還請求につき破産管財人がこれを行使した場合,具体的な事情の下において,相手方が破産管財人に対し,当該給付が不法原因給付に当たることを理由としてその返還を拒むことは信義則上許されない旨を判示した判例がある(最判平成26・10・28民集68巻8号1325頁

〔百選20〕）。

> **Column 2-3-1** 破産管財人の職務の様子
>
> S:「弁護士として，実際に裁判所から破産管財人として選任された際，具体的にどのような職務を行うのでしょうか。
> 　　まず，破産手続開始の決定の直後，破産管財人が行うべき主な事項としてどのようなものがあるでしょうか。法人破産の場合と自然人破産の場合のそれぞれについてお聞かせ下さい。」
>
> T:「『初動の重要性』という点では，法人破産の方が自然人破産よりも重要となります。法人破産の場合には，直前まで事業を通常どおり実施していたようなケースもあり，さまざまな取引関係がそのままの状態で破産管財人に引き継がれる場合もありますし，また，保全すべき資産も法人破産の方が自然人破産よりも多くなります。したがって，早期に申立代理人や法人代表者と面談を実施し，初動対応を要する事項が何であるのかを確認することになります。他方，自然人破産の場合には，申立書に記載されている破産財団となり得る資産の引継ぎをしてもらうことが中心となります。」
>
> S:「つぎに，破産管財人の携わる管財業務において，日頃，特に注意されている点とはどのようなところでしょうか。」
>
> T:「迅速処理と公正・公平な対応を心がけております。破産者の資産は仕掛品や在庫商品など時間が経過すると陳腐化してしまうものもあれば，不動産などのように，処分にそれほどは急がないものがあり，それぞれの事情に応じて迅速な対応を心がけています。特に訴訟を提起する必要がある場合には，訴訟には一定の期間がかかるため，早期に判断する必要があります。また，一定額の収入が得られるような資産処分はもちろんのこと，支出が生じる場合の資産処分であっても，相見積もりをとって公正処分となるようにします。」
>
> S:「最後に，債権者集会（⇨ **4**(1)参照）において，破産管財人としてどのような点に留意して臨まれているでしょうか。」（なお，債権者集会の様子については，⇨ **Column 2-3-2** 参照）
>
> T:「換価することができた資産については，その換価の結果が公正なものである旨を，他方，換価することができなかった資産については，努力したが換価に至らなかった旨を，それぞれ説明するようにしています。ときには経営者の不正等について破産債権者の注目が集まっており，破産管財人にその不正等の解明が期待されている場合もあります。そのような場合には，慎重に集会での報告内容を準備して対応しています。」
>
> S:「なるほど，債権者集会では『情報の配当』が行われるとも言われますが，実際に破産管財人として管財業務に関する情報を破産債権者に適切に伝えておられる様子がよく分かりました。」

## 2 保全管理人

　前述のように，破産手続開始の申立てから開始の決定までの間，破産手続開始の事前準備を図るために破産手続開始の決定前の保全措置が設けられている。このような保全措置の1つとして，裁判所は，債務者（法人である場合に限る）の財産の管理および処分が失当であるとき，その他債務者の財産の確保のために特に必要があると認めるときは，利害関係人の申立てによりまたは職権で，保全管理命令を発することができ（破91条1項。⇨**第2節3**(2)(e)参照），同命令において**保全管理人**を選任する。保全管理命令が発令されると，債務者の財産の管理処分権は，保全管理人に専属する（破93条1項本文）。もっとも，保全管理人が債務者の常務に属しない行為をするには，裁判所の許可を得なければならない（同条項ただし書）。この許可を得ないでした行為は無効とされるが，これをもって善意の第三者に対抗することはできない（同条2項）。その他，破産管財人の権限に関する規定（破78条2項〜6項）が保全管理人について準用される（破93条3項）。

## 3 裁　判　所

### (1) 意　義

　裁判所は，破産手続における手続機関の1つとして，後述するように，破産手続開始の決定や破産手続終結の決定などの裁判を行うとともに，債権者集会を主宰し，破産管財人などの手続機関を監督する職務を担う。その際，破産者，申立代理人および破産管財人をはじめとする関係者との間で十分な連携を図りつつ，可及的迅速に手続を進行させ，適正かつ公平な清算の実現に向けて手続を運営することが求められる。

　現行の破産法においては，現に破産事件を担当する裁判体を単に**裁判所**と呼び（破産法上の意味の裁判所。例えば，「東京地方裁判所民事第20部における複数の裁判官から構成される裁判体」を指す），他方，その裁判体が所属し，当該破産事件が係属している地方裁判所を**破産裁判所**と呼ぶ（破2条3項。官署としての裁判所〔国法上の意味の裁判所〕。上記の例では，「東京地方裁判所」がこれに当たる）。本書では，以下，この用法に統一し，それに従い記述する（第3章以下においても同

### (2) 破産裁判所

破産裁判所とは，破産事件が係属している地方裁判所をいう（破2条3項）。破産事件の職分管轄は，地方裁判所に属する（破5条，裁25条参照）。なお，どの地方裁判所が個別の破産事件を扱うことになるのかという点は，管轄（土地管轄）の問題である（⇨第2節**1**(4)参照）。

### (3) 裁判所・裁判所書記官の職務

#### (a) 裁判所の職務

裁判所の職務としては，①破産手続の開始（破30条1項）や破産手続の終了（破220条1項など）に関する裁判，②破産管財人の選任（破31条1項柱書・74条1項），債権者集会の招集・指揮（破135条1項柱書本文・137条）や破産債権届出の受理（破111条）など，破産手続の実施を内容とする職務，③破産管財人等の手続機関に対する監督（破75条・78条2項など），④破産債権者等，利害関係人間の権利義務に関する裁判（破125条・126条・174条・175条・178条・180条など）および⑤破産手続に付随する手続としての免責許可の申立てについての裁判（破252条）を挙げることができる。

#### (b) 裁判所書記官の職務

裁判所書記官は，事件記録その他の書類の作成および保管，その他法律において定める事務を掌るとともに，裁判所の事件に関し，裁判官の命を受けて，裁判官の行う法令および判例の調査その他必要な事項の調査を補助する（裁60条2項3項）。破産事件において裁判所書記官は，裁判官とともに破産手続の全般にわたって関与しており，事件の適正かつ迅速な処理に寄与している。

## **4** 債権者集会・債権者委員会・代理委員

### (1) 債権者集会

#### (a) 意　義

**債権者集会**とは，破産手続に直接の利害関係を持つ破産債権者に対して，手続遂行に関する情報を提供するとともに，その共同の意思を表明しこれを手続

第3節　破産手続の機関

運営において反映させる機会を与え，もって管財業務の監視を可能とさせるための制度である（なお，その法的性質については講学上の争いがある）。債権者集会は，裁判所が指揮する（破137条。その他，債権者集会の招集や決議などについて，破135条以下を参照）。

(b)　種　類

現行の破産法において，債権者集会の開催は任意的なものとされている（破135条1項柱書ただし書・31条4項参照）。

特に法定されているものとして，①財産状況報告集会（破31条1項2号。破158条・157条参照。不開催の場合につき，破31条4項，破規54条3項），②破産管財人の任務終了時の計算報告集会（破88条3項。同条1項参照。代替的な書面による計算報告につき，破89条）および③異時破産手続廃止に関する意見聴取のための集会（破217条1項後段。代替的な書面による意見聴取につき，同条2項。⇨**第18節❸**(3)参照）がある。その他，裁判所は，破産管財人，債権者委員会（⇨(2)参照）または知れている破産債権者の総債権について裁判所が評価した額の10分の1以上に当たる破産債権を有する破産債権者のいずれかの申立てがあった場合には，債権者集会を招集しなければならない（破135条1項柱書本文。なお，同条2項参照）。ただし，知れている破産債権者の数その他の事情を考慮して債権者集会を招集することを相当でないと認めるときは，裁判所は招集をしなくてもよい（同条1項柱書ただし書）。

現在の実務において債権者集会（特に財産状況報告集会）は，特に破産債権者への情報提供を行い（「情報の配当」とも称される），もっぱら破産手続の公正・透明性を確保するという目的で実施されている（⇨ Column 2-3-2 参照）。

(2)　債権者委員会

**債権者委員会**とは，すべての破産債権者によって構成される債権者集会とは異なり，一定数の破産債権者の自発的意思により設置された委員会によって，破産債権者の意思を表明させ，これを手続運営に反映させるとともに，管財業務の監視を行う手段を充実させるための制度である。再生手続および更生手続における同制度（民再117条，会更117条。⇨第3章**第3節❽**(3)，第4章**第3節❻**(2)参照）を平成16（2004）年破産法改正時に導入したものである。

破産債権者をもって構成する委員会（債権者委員会）がある場合に，利害関係人の申立てにより，①委員の数が3人以上10人以内であること（破規49条1項），②破産債権者の過半数が，当該委員会が破産手続に関与することについて同意していると認められること，③当該委員会が破産債権者全体の利益を適切に代表すると認められることという要件をいずれも満たすとき，裁判所は，当該委員会が破産手続に関与することを承認することができる（破144条1項）。その具体的な権限として，意見陳述等（同条2項3項・145条2項），破産管財人に対する報告命令申立権（破147条），債権者集会の招集申立権（破135条1項2号）などがある。

### (3) 代理委員

破産債権者は，裁判所の許可を得て，共同してまたは各別に，1人または数人の**代理委員**を選任することができ，この代理委員は，自らを選任した破産債権者のために，破産手続に属する一切の行為をすることができる（破110条1項2項。破規31条1項2項も参照）。これも，再生手続および更生手続における同制度（民再90条，会更122条。⇒第3章第3節**8**(4)，第4章第3節**6**(3)参照）を平成16（2004）年破産法改正時に導入したものである。この制度は，例えば，事実上または法律上同種の原因に基づく同種の債権等を有する破産債権者が多数存在する場合において，代理委員に一括して代理させてその多数の破産債権の行使を可能とするなど，破産債権者の破産手続への参加の機会を確保する趣旨による。

> **Column 2-3-2　債権者集会の様子**
>
> 　東京地方裁判所民事第20部（倒産部）の運用においては，第1回債権者集会である財産状況報告集会と併せて，破産債権の一般調査期日，異時廃止をする場合の破産手続廃止に関する意見聴取のための集会および任務終了による計算報告集会の各期日，さらに個人破産の場合について免責審尋期日が，すべて同一の日時において実施される。その後，破産手続の終了まで定期的に債権者集会が開催され，破産債権者に対する情報提供が行われており，破産財団に属する財産の換価が終了するまでは債権調査期日も続行されている。
> 　実際の債権者集会には，破産管財人，破産者，破産者の申立代理人，破産債権者（なお，破産債権者の出席は任意であり，必ずしも多くの破産債権者が出席す

るわけではないのが一般的である），そして裁判官が出席する。裁判官による司会の下，第1回債権者集会期日では，まず破産管財人が破産手続開始の決定に至る経緯の報告や管財業務の進行状況の報告を行い，その後，出席している破産債権者との質疑応答に対応する。質問によっては破産者（法人の場合，その代表者）または破産者の申立代理人が回答することもある。続行期日では，破産管財人の報告は，主に前回期日から進捗があった管財業務の内容を中心として行われる。管財業務の内容の説明においては，破産管財人は財産目録，収支計算書および貸借対照表等の資料を作成して，出席債権者に配布したうえで報告が行われている。

異時廃止の場合（⇨**第18節3**(3)参照）には，債権者集会において破産手続廃止に関する意見聴取を行ったうえで，その場で裁判所が異時廃止決定を行う（破217条1項）。個人破産の場合には，引き続き免責審尋に移行することとなる。

T/S

## 第4節　破産財団・自由財産

### 1 破産財団の意義・範囲

#### (1) 意　義

**破産財団**とは，破産者に属する財産であって，破産手続において破産管財人にその管理および処分する権利（管理処分権）が専属するものをいう（破2条14項）。破産手続開始の決定がされると，破産者は原則としてその開始時において有する一切の財産（破34条1項）につき管理処分権を剥奪される。この破産者の財産は破産財団として破産債権者の共同の満足に充てられるため，管理処分権の専属する破産管財人の管理に委ねられる（破78条1項）。破産財団は，講学上，①破産法が本来予定している，理論上あるべき姿としての**法定財団**（破34条1項・78条1項参照），②破産管財人が現に占有・管理する現実の姿としての破産財団としての**現有財団**（破62条・79条参照），そして③破産管財人が現有財団を換価し，破産債権者への配当原資として形成した**配当財団**（破209条1項参照）に分類される。

このような破産財団の法的性格（特に破産財団自体に法人格を認めるべきか否か）については，講学上の争いが見られた。かつての通説では破産財団自体に法人

格が認められると解されていたが（破産財団法主体説），今日の通説によると，破産財団に法人格は認められず，破産財団は，あくまで管理機構としての破産管財人（⇨第3節**7**(6)参照）に専属する管理処分権（破78条1項）の客体としての財産の集合体であると解されている。

### (2) 破産財団の範囲——時間的限界と客観的限界

#### (a) 時間的限界——固定主義

原則として，「破産者が破産手続開始の時において有する一切の財産」，すなわち破産手続開始の時に破産者が有する総財産（日本国内にあるかどうかを問わない。したがって，国外に所在する財産も含まれる）が破産財団（法定財団）を構成する（破34条1項）。これに対して，自然人である破産者が破産手続開始後に自らの労働等によって得た財産（**新得財産**）は，破産財団から除外される（新得財産は，自由財産に含まれる。⇨**2**(2)参照）。このように破産財団の範囲につき，破産手続開始時を基準として，この時点における財産に限定（固定）するという方式を**固定主義**と呼ぶ（これに対して，新得財産も破産財団に組み入れる方式を膨張主義といい，諸外国においては，この方式を採用する例も見られる）。固定主義の長所としては，①新得財産による破産者の経済生活再生の機会確保と②破産手続の迅速な処理という点を指摘することができる。すなわち，新得財産を破産財団から定型的に除外し，これを破産者が自由に管理・処分をすることが認められる自由財産に組み込むことで，破産者が自然人の場合には，その経済生活を立て直すための資金が少しでも多く確保されることとなり，経済生活を再生させる機会の確保（破1条）に資する。また，破産手続開始の決定の時点における財産で固定し，手続開始後に取得した財産を破産財団に組み込まなくてもよいとすることで，破産財団の管理を委ねられている破産管財人の事務手続を軽減し，破産手続を円滑かつ迅速に運営することが可能となり，ひいては手続費用の削減にも資することとなる。

以上の例外として，破産者が破産手続開始前に生じた原因に基づいて行うことがある将来の請求権も破産財団に含まれる（破34条2項）。将来の請求権とは，法定の停止条件付債権であって，破産手続開始時に未だその条件が成就していないものをいう。例えば，敷金返還請求権（民622条の2。賃貸借終了後，建物明

渡しがされた時において，それまでに生じた敷金の被担保債権一切を控除しなお残額があることを停止条件とする），退職金債権（⇨ Column 2-4-1 参照），保険金請求権（保険金受取人である破産者の破産手続開始前において締結された生命保険契約に基づく生命保険金請求権は，被保険者死亡という保険事故発生を停止条件とする。最判平成28・4・28民集70巻4号1099頁〔百選24〕），火災等共済金請求権（東京高判平成31・4・17判時2454号21頁）などがこれに該当する。

### (b) 客観的限界——自由財産の控除

前述のとおり，破産財団は，破産手続開始時に「破産者が……有する一切の財産」（破34条1項）から構成されるのが原則であるが，例外的に**自由財産**とされる一定範囲の財産（破34条3項4項。⇨ 2(2)参照）が控除される。

なお，慰謝料請求権については，一身専属性があるものの，その具体的な金額が客観的に確定したとき，例えば，当事者間に金額の合意が成立したとき，または債務名義が成立したときなどには，行使上の一身専属性が失われた金銭の支払を目的とする債権として破産財団帰属性が認められる（最判昭和58・10・6民集37巻8号1041頁〔百選23〕）。

## 2 自由財産の意義・範囲

### (1) 意 義

**自由財産**とは，破産者の財産のうち法定財団に属しない財産（除外財産）をいう。自由財産については，破産者が管理・処分をすることができる。自由財産は，破産者が自然人である場合において，主として破産手続開始後の破産者やその家族の生計を支えるとともに，その経済生活の再生の機会を保障するために認められるものである。そのため，破産者による自由財産からの破産債権の任意弁済の可否について，最判平成18・1・23民集60巻1号228頁〔百選45〕は，「破産者がその自由な判断により自由財産の中から破産債権に対する任意の弁済をすることは妨げられない」ものの，自由財産が認められる上記の趣旨に鑑みて，「破産者がした弁済が任意の弁済に当たるか否かは厳格に解すべきであ」ると説く。

以上のように，自由財産は，原則として破産者が自然人である場合を前提とするものであり，破産によって消滅する法人については，そもそも積極的に自

由財産を認める必要はない（最判昭和 60・11・15 民集 39 巻 7 号 1487 頁参照）。もっとも，法人の破産手続においても，破産財団からの財産放棄の場合（破 78 条 2 項 12 号。⇨第 5 節 **1**， Column 2-5-2 参照）には，その放棄財産は自由財産として観念せざるを得ない。

### (2) 自由財産の範囲

自由財産には，①新得財産（⇨ **1** (2)参照）のほか，②差押禁止金銭（破 34 条 3 項 1 号。民事執行法上の差押禁止金銭〔民執 131 条 3 号。民執令 1 条により 66 万円とされている〕の 1.5 倍相当額〔99 万円〕の金銭）および差押禁止財産（破 34 条 3 項 2 号，民執 131 条・152 条。その他，特別法に基づく差押禁止財産として，労働者の補償請求権〔労基 83 条 2 項〕，信託財産〔信託 23 条 1 項・25 条 1 項〕，生活保護受給権〔生活保護 58 条〕などがある）および③放棄財産（破 78 条 2 項 12 号参照）が含まれる。

さらに，④裁判所が**自由財産の範囲拡張の決定**をすることが認められている（破 34 条 4 項〜7 項）。この自由財産の拡張は，裁判所が，破産手続開始の決定があった時から当該決定が確定した日以後 1 か月を経過する日までの間に，破産者の申立てにより，または職権で，破産者の生活の状況，差押禁止金銭・差押禁止財産の種類および額，破産者が収入を得る見込みその他の事情を考慮して，決定により行う。裁判所は，この決定をするに当たり，破産管財人の意見を聴かなければならない（同条 5 項）。前述のとおり自由財産の範囲は原則として定型的に画されているが（同条 1 項〜3 項），裁判所の裁量に基づく自由財産の範囲拡張は，これを補うために，破産者に関する個別具体的な事情を勘案して行われる。

> **Column 2-4-1** 破産手続における退職金債権の処遇
>
> 使用者に対して労働者の有する退職金債権は，退職金（その名目は問わず，就業規則等で支給義務・基準が定められているもの）の労働の対償としての賃金の後払的性格（すなわち，「賃金」〔労基 11 条〕に該当し，破産手続開始前の労働の対価として扱われること）を考慮すると，労働者が破産者となった場合には「破産者が破産手続開始前に生じた原因に基づいて行うことがある将来の請求権」（破 34 条 2 項）に該当し，破産財団に含まれる。ただし，自由財産として控除される差押禁止財産の範囲（破 34 条 3 項 2 号，退職金債権につき民執 152 条 2 項）を考慮する必要がある。

そこで，現在の実務では，破産管財人が裁判所の許可を得て退職金債権を破産財団から放棄する（破78条2項12号。⇨**第5節1**，Column 2-5-2 参照）代わりに，差押禁止部分（4分の3。破34条3項2号本文，民執152条2項）を除く破産手続開始時の退職金債権に相当する額（退職金額の4分の1）を破産者の自由財産（または破産者の家族・親族など第三者の財産）から積み立てさせて破産財団に組み入れるという方法が採られている。なお，東京地方裁判所民事第20部（倒産部）では，破産者が将来退職金を取得することのできる一般的蓋然性の程度，すなわち，勤務先の倒産や破産者自身の懲戒解雇等の事情により退職金の支給を受けられない一般的危険性もあることなどを考慮して，破産手続開始時の退職金額の8分の1を財団組入額とする扱いをしている。

## 第5節　破産財団の管理・換価

### 1　総　説

破産手続において破産債権者に対して配当を実施するには，破産財団に関する管理処分権の専属する破産管財人（破78条1項）がその管理および換価を行わなければならない。すなわち，破産財団の管理および換価は，破産管財人の権限であり任務である（⇨**第3節1**(3)参照）。具体的には，破産財団（法定財団）に属すべき財産の確保・収集，その散逸や価値の毀損・劣化の防止，さらに当該財産の可及的増殖に努めるとともに，適当な時期と方法においてなるべく有利な条件で当該財産を換価することで，破産債権者に対する配当の財源（配当財団）を形成することが破産管財人に求められる。破産管財人による破産財団の管理・換価は，その態様が最終的に破産債権者に対する配当を左右するという点で，破産管財人の職務のうちでも最も重要なものといえよう。

破産管財人は，裁判所の監督の下（破75条1項），善管注意義務（破85条1項）に従いつつ，原則としてその裁量によって破産財団の管理および換価を行う。ただし，破産債権者の利益に重大な影響を及ぼし得る，以下の①から⑮までの一定の重要な行為に関しては，例外的に裁判所による事前の許可が必要とされる（破78条2項各号。**要許可行為**）。また，破産管財人がこの要許可行為をしようとするときは，遅滞を生ずるおそれのある場合を除き，破産者への意見聴取を要する（同条6項）。

破産法78条2項各号が掲げる，裁判所の許可を要する法定行為（要許可行為）とは，①不動産等の任意売却（同条項1号），②知的財産権等の任意売却（同条項2号），③営業等の譲渡（同条項3号。なお，労働組合等の意見聴取を要する〔同条4項〕。⇨ Column 2-5-1 参照），④商品の一括売却（同条項4号），⑤借財（同条項5号），⑥相続放棄の承認等（同条項6号），⑦動産の任意売却（同条項7号），⑧債権または有価証券の譲渡（同条項8号），⑨双方未履行双務契約に関する履行の請求（同条項9号・53条1項。⇨第12節 1 (3)(b)(ii)参照），⑩訴えの提起（破78条2項10号），⑪和解または仲裁合意（同条項11号），⑫権利（特定財産も含む）の放棄（同条項12号。⇨ Column 2-5-2 参照），⑬財団債権，取戻権または別除権の承認（同条項13号），⑭別除権目的財産の受戻し（同条項14号。⇨第10節 3 (2)参照）および⑮その他裁判所の指定する行為（同条項15号）である。裁判所の許可を得ないで破産管財人が行った以上の行為は，原則として無効である（破78条5項本文）。ただし，裁判所の許可がないことにつき善意の第三者には対抗できない（同条項ただし書）。

なお，破産法78条2項7号から14号までに掲げる行為について，①最高裁判所規則で定める額（100万円。破規25条）以下の価額を有するものに関するとき，および②裁判所が許可を要しないものとしたものに関するときには，裁判所の許可を要しない（破78条3項各号）。

その他，破産管財人は，裁判所の許可を得て，破産者の事業を継続することができる（破36条）。破産手続においては，本来，破産者の事業は停止・解体されるのが原則であるが（⇨第1章第1節 2 (1)参照），特に営業等の譲渡を行う場合（破78条2項3号）にはこの許可を得て事業を継続し，あらかじめ事業価値の毀損・劣化を防止しておく必要がある（⇨ Column 2-5-1 参照）。

> **Column 2-5-1　破産手続における営業・事業譲渡**
>
> 破産手続における換価の方法としての営業・事業（以下「営業等」という）の譲渡の実施は，再生手続における場合（⇨第3章第4節 3 参照）と比べて，より簡易かつ迅速な事業再生手法としての活用可能性が認められる。具体的には，破産管財人は事業継続許可を裁判所から得て（破36条），営業等を継続させながら譲渡先を探し（事前に内定している場合もある），譲渡先が見つかり交渉が成立すれば，裁判所から許可を得たうえで（破78条2項3号。労働組合等の意見聴取につき，同条4項），営業等の譲渡を行うこととなる。例えば，多額

第5節　破産財団の管理・換価

の公租公課につき滞納が生じているとか（破産手続開始の決定により破産財団に対する国税滞納処分等は禁止される。破 43 条 1 項。⇨ **第 13 節 2** (4)、Column 7-1-1　参照）、事業継続のための運転資金がほとんど手元に残っていないような債務者企業については、破産手続における営業等の譲渡は、事業再生の有効な手段となり得る。

〔参考文献〕多比羅誠「破産手続のすすめ——事業再生の手法としての破産手続」NBL812 号 32 頁（2005 年）

> **Column 2-5-2** **破産財団からの財産放棄に関する問題**
> 　破産管財人は、破産財団に含まれる財産を換価することをその任務とするものの、破産管財人が任意売却を行うことが困難または不可能な局面もあり得る。
> 　実務上、多く見られる例としては、固定資産税などの維持管理コストを要するにもかかわらず、およそ市場での売却の見込みがない不動産のケースがある。このような財産に関しては、破産管財人は破産財団帰属財産であったとしても、裁判所の許可を得て、破産財団からの放棄（破 78 条 2 項 12 号）を検討せざるを得ない。放棄が認められれば、放棄された財産に対して破産管財人の管理処分権は及ばなくなり、当該財産は自由財産となる。しかし、換価が難しい不動産であったとしても、倒壊のおそれのある危険建物の場合や産業廃棄物である PCB（ポリ塩化ビフェニル）が建物に使用されている場合などにおいては、破産管財人の職務の公益性（⇨**第 3 節 1** (4)参照）に鑑みて、裁判所は破産財団からの放棄を許可せず、むしろ破産管財人によって必要な危険防止策や除染措置を講じることを求めることがある。ただし、その費用を破産財団が負担することを考慮すると、裁判所としても、実際にどこまでの対応を破産管財人に求めるべきかは、実務上、難しい問題である。
> 　〔参考文献〕伊藤眞「破産管財人の職務再考——破産清算による社会正義の実現を求めて」判タ 1183 号 35 頁（2005 年）、沖野眞已ほか「〈パネルディスカッション〉破産事件における管理・換価困難案件の処理をめぐる諸問題——とくに法人破産事件について考える」事業再生と債権管理 151 号 18 頁（2016 年）　　　　　　　　**T/S**

## 2　破産財団の管理

　破産管財人は、就職の後直ちに破産財団に属する財産の**管理**に着手しなければならない（破 79 条）。具体的には、破産者が占有している財産につき、破産管財人が引渡しを受けて保管し（例えば、破産者の印鑑、預金通帳、高価品、帳簿類、鍵などの引渡しを受ける。任意の引渡しに応じない場合には引渡命令〔破 156 条 1 項〕を得ることができる）、また、第三者が占有する財産についてその返還を求める（破産管財人の当事者適格につき、破 80 条）などとともに、破産財団に関す

る調査を開始する。

　破産管財人は，破産手続開始後遅滞なく，破産手続開始に至った事情や破産者および破産財団に関する経過・現状などの事項を記載した報告書（財産状況報告書）を裁判所に提出しなければならないほか，破産財団に属する財産の管理および処分の状況その他裁判所の命ずる事項を裁判所に報告しなければならない（破157条1項2項）。破産管財人は財産状況報告書の要旨を財産状況報告集会において報告しなければならず（破158条），その他，債権者集会に対し，その決議で定めるところにより破産財団の状況を報告しなければならない（破159条）。

　破産管財人は，破産手続開始後遅滞なく，破産財団（法定財団）に属する一切の財産につき，破産手続開始の時における価額を評定しなければならない（破153条1項前段）。破産管財人は，この財産評定を完了したときは，直ちに破産手続開始の時における財産目録および貸借対照表を作成し，これらを裁判所に提出しなければならない（同条2項。なお，同条3項，破規52条参照）。この財産評定は，その後の換価業務の見通し（どのような財産があるのか，費用との関係も考慮しつつどの程度の換価が見込めるかなど）を裁判所および破産管財人が判断するための基礎資料となる（この点で，再生手続・更生手続における財産評定とは目的を異にする。⇨第3章第4節**2**，第4章第4節**3**参照）。

　その他，（狭義の）管理として，封印および帳簿の閉鎖（破155条），郵便物等の管理（破81条・82条。⇨第2節**4**(3)(b)(iii)参照），物件検査権の行使（破83条1項）などがある。また，（広義の）管理としては，否認権の行使（破173条1項。⇨第15節**6**参照），契約関係の整理（破53条等。⇨第12節参照），破産財団に関する訴訟追行（破80条。⇨第13節**1**参照）などがある。

## 3　破産財団の換価

　**換価**とは，破産財団に属する財産（現金以外の財産）を現金化し，破産債権者に対して配当すべき金銭（配当財団）を形成することを意味する（破184条以下）。換価の時期について，破産法は特に制限を設けていない。他方で，換価の方法については，動産や債権に関しては破産管財人の裁量に委ねられているのに対して，不動産や知的財産権などの換価に関しては，任意売却をする場合（この

場合は裁判所の許可を要する〔破78条2項1号2号〕。⇨**1**参照）を除き，民事執行法等の規定によって行うものと定められている（破184条1項）。

その他，別除権の目的である財産の換価（破184条2項・185条）および担保権消滅許可制度（破186条以下）に関しては，**第10節3**(3)を参照。

## 第6節　破　産　債　権

### **1** 意義・要件

#### (1) 意　義

**破産債権**とは，破産者に対し破産手続開始前の原因に基づいて生じた財産上の請求権であって，財団債権に該当しないものをいい（破2条5項），**破産債権者**とは，破産債権を有する債権者をいう（同条6項）。

破産債権は，原則として，その個別的な行使が禁止され，破産手続によらなければ行使することができず（破100条1項。⇨**第2節4**(3)(a)(ii)参照），また，本来の給付内容に関わりなく一律に配当による金銭的満足を得られるにすぎないという点において，実体法上の債権の概念とは区別される。

#### (2) 要　件

破産債権の要件は，①破産者に対する請求権であること（人的請求権），②破産手続開始前の原因に基づいて生じた請求権であること，③財産上の請求権であること，④執行することができる請求権であること（執行可能性）および⑤財団債権に該当しない請求権であることである。

(a) **破産者に対する請求権（人的請求権）**

この要件は，当該権利が，破産者自身に対して，ある一定の給付を求めることを目的とするものであって，破産者の有する特定財産に対するものではないことを意味する。したがって，人的請求権（対人請求権）か否かの基準は，実体法上の概念である債権・物権の峻別にほぼ対応するものと考えてよい。ただし，物権のなかでも，一般先取特権（民306条以下）は，民法体系上，優先弁済権を有する担保物権の一種として分類されるものの，例外として，債務者の

有する特定の財産ではなく，債務者の総財産（一般財産）を担保の対象財産とする（民306条柱書）。したがって，一般先取特権付の債権は人的請求権に該当し，後述するとおり，民法上の優先弁済権（民303条）を前提に優先的破産債権として扱われる（破98条1項。⇨**3**(2)参照）。

これに対して，破産者の有する特定の財産に対する権利（例えば，特定財産に対する所有権に基づく返還請求権等の物権的請求権や抵当権などの担保物権）は，破産債権ではなく，取戻権（破62条以下。⇨第9節参照）または別除権（破65条。⇨**第10節 1**参照）として扱われ，原則として破産手続によらない個別的な行使が許容されている。ただし，その権利行使に当たっては，「第三者」（民177条・178条など）である破産管財人に対抗することができるものでなければならない（⇨**第3節 1**(7)(a)参照）。以上の破産手続における処遇の相違は，特定の物に対する排他的支配権という物権の特性に由来する。

**(b) 破産手続開始前の原因に基づいて生じた請求権**

破産手続開始の決定の時点を基準として，これより前の原因に基づいて生じた請求権に対し，破産財団（⇨**第4節 1**参照）の換価代金をもって一括して公平な満足を与えるというのが破産手続の基本構造である。そこで，原則として，破産債権は破産手続開始前の原因に基づいて生じた請求権であることがその要件とされる。

ただし，この例外として，破産手続開始後の原因に基づく請求権であるにもかかわらず，破産法上，特別に破産債権として扱われているものがある（破97条各号〔なお，このうち同条1号から7号までに掲げる請求権は，劣後的破産債権として扱われる。破99条1項1号。⇨**3**(3)(a)参照〕・54条1項・57条・58条3項・59条2項・60条1項2号・168条2項2号3号）。逆に，破産手続開始前の原因に基づく請求権に該当するものの，後述するように特別に財団債権（⇨**第8節 2**(2)・**4**・**5**参照）として扱われるため，破産債権に該当しないものもある。例えば，破産手続開始前の原因に基づく租税等の請求権の一部（破148条1項3号），給料等の請求権の一部（破149条），双方未履行双務契約につき破産管財人が履行を選択した場合における相手方の請求権（破53条1項・148条1項7号。⇨**第12節 1**(3)(b)(ⅱ)参照），継続的給付を目的とする双務契約の相手方である供給者が破産手続開始の申立て後破産手続開始前にした給付にかかる請求権（破55条2項。

⇨第 12 節 **2**(1)(b)参照）などである。

　破産手続開始前の原因について，破産手続開始前に請求権に関する主たる発生原因（例えば，基礎となる契約の成立や合意の締結，不法行為の発生など）が存在すれば足り，必ずしもすでに当該請求権が発生している，またはその履行を請求することが可能な状態にある必要はない（一部具備説）。前者の例として条件未成就の停止条件付債権，後者の例として弁済期未到来の確定期限付債権が該当する（後述するように，破産債権として，条件付債権等は債権額の点で無条件の債権と同様に扱われ〔破 103 条 4 項〕，また弁済期未到来債権については破産手続開始時に弁済期が到来したものとみなされる〔同条 3 項。現在化〕。⇨**2**(2)(b)(c)参照）。

(c)　**財産上の請求権**

　破産債権に該当する請求権は，前述の人的請求権の要件を満たすもののうち，さらに破産財団に属する財産を引当てとして財産上の給付によって満足を得られるものに限られる。金銭債権だけでなく，金銭債権以外の債権もこれに該当し得る。ただし，破産手続において最終的な満足は金銭配当のみによって実現されるため，破産債権として扱われる前提として，金銭債権または金銭的価値で評価することのできる請求権でなければならない（後述するように，金銭の支払を目的としない債権〔非金銭債権〕については，破産手続開始時の評価額をもって破産債権の額とされる〔金銭化。破 103 条 2 項 1 号イ〕。⇨**2**(2)(a)参照）。したがって，金銭以外の財産的給付を目的とする債権（例えば，売買契約に基づく目的物引渡債権）や，代替執行（民執 171 条）費用による金銭的評価が可能な代替的作為を目的とする債権はこれに該当する。

　以上に対して，債務の目的に照らし債務者本人の履行を要する不代替的作為（例えば，出版社が作家に小説を執筆してもらうという場合や，使用者が労働者に対して労務提供を求めるという場合）や不作為を求める請求権（例えば，午後 10 時以降，工事による騒音を出さないことを求める場合）は，金銭的な評価ができないため，財産上の請求権に該当しない。これらの債権については，破産財団帰属の財産による満足を必要としないため，破産手続の開始の有無にかかわらず，破産者本人が債務者として履行すべきである。ただし，財産上の請求権に該当しなくても，その請求権に関して破産手続開始前の債務不履行を理由としてすでに損害賠償請求権が発生していれば（民 415 条 1 項 2 項），その損害賠償請求権は財

産上の請求権に該当し，破産債権として認められる。

　(d)　**執行することができる請求権（執行可能性）**

　破産手続は，強制執行手続と同様に，請求権を強制的に実現する手段であるため（個別執行たる強制執行手続と対置され，包括的〔一般的〕執行手続とも呼ばれる），その性質上執行が可能な請求権のみが破産債権となる。もっとも，債務名義や執行文は不要であり，その点で強制執行手続におけるのとは異なる。自然債務，不法原因給付返還請求権（民708条），不執行特約のある債権などは，この執行可能性を欠くため，破産債権の要件を満たさない。

　(e)　**財団債権に該当しない請求権**

　財団債権として随時優先弁済が認められる請求権（破2条7項・151条）は，破産債権から除外される（⇨**第8節2**参照）。

## 2　破産債権の等質化

(1)　**破産債権の等質化の必要性**

　破産手続においては，破産債権に対して，一律に，金銭によって，かつ同時に配当という形で満足を与えなければならない。そこで，上記の破産債権の要件を満たす多様な債権を破産債権として統一的に処理する必要があるため，破産債権をすべて，弁済期の到来した金銭債権と同様の性質のものとして統一する（**等質化**する）規律が定められている。

(2)　**等質化の内容**

　(a)　**非金銭債権等に関する金銭化**

　金銭の支払を目的としない債権（非金銭債権。なお，前述のように，破産債権として，財産上の請求権としての性質〔金銭評価可能性〕を有するものに限られる。⇨**1**(2)(c)参照）については，破産手続開始時の評価額をもってその破産債権の額とされる（**金銭化**。破103条2項1号イ。暗号資産としてのビットコインに関する返還請求権につき，「金銭の支払を目的としない債権」として，破産手続開始時における評価額をもって破産債権の額を査定した破産債権査定決定を認可した東京地判平成30・1・31判時2387号108頁参照)。破産手続のいつの時点で金銭化による実体的効力が生じるのかは破産法で明らかにされていないが，少なくとも破産債権として確

定し金銭による配当を受領した時点では，非金銭債権は実体的にも一定額の金銭債権に転じることになる。

　その他，金銭債権であるものの，その額が不確定である債権（金額不確定金銭債権）やその額を外国の通貨をもって定めた債権（外国通貨金銭債権），また，金額または存続期間が不確定である定期金債権についても，非金銭債権と同様に，破産手続開始時の評価額をもってその破産債権の額とされる（同条項1号ロハ）。

　以上に対して，これら以外の債権（金額が確定されている債権）については，実体法上の債権額をもって破産債権の額とされる（同条項2号）。

　**(b)　期限付債権に関する現在化**

　破産債権が期限付債権でその期限が破産手続開始後に到来すべきものであるときは，その破産債権は，破産手続開始の時において弁済期が到来したものとみなされる（**現在化**。破103条3項）。その結果，実体法上も破産者（債務者）は期限の利益を喪失する（民137条1号）。したがって，破産手続開始時において，弁済期が到来していない金銭債権を破産者に対して有する債権者は，破産手続開始時においてすでに弁済期の到来した金銭債権を有する債権者と同様に破産手続に参加することができる。

　**(c)　条件付債権・将来の請求権**

　破産債権が破産手続開始の時において条件付債権（停止条件付債権・解除条件付債権）または将来の請求権（法定の停止条件付債権）であるときでも，当該破産債権者は，その破産債権をもって破産手続に参加することができ（破103条4項），その際，破産債権の額は無条件の債権と同様に扱われる（同条2項）。

　もっとも，これらの条件付債権等は，その発生または消滅が不確実であることに鑑みて，特にその満足を得る局面としての配当（⇨第17節**2**(2)・**4**(4)参照）および相殺（⇨第11節**2**(1)(d)参照）に関しては，無条件の破産債権とは異なる特別の扱いを受けることとなる。

## **3** 破産債権の順位

### (1)　破産債権間での優先順位

　破産債権は，それぞれの請求権の有する性質に応じて，**一般の破産債権**のほ

か，実体法上の優先権を尊重する観点から**優先的破産債権**というカテゴリーが，また，公平の観点や政策的な理由に基づいて一般の破産債権よりも劣後する**劣後的破産債権**および**約定劣後破産債権**というカテゴリーが，それぞれ設けられている。その結果，破産債権間での優先順位は，優先的破産債権，一般の破産債権，劣後的破産債権，約定劣後破産債権の順となる（破194条1項）。同種の破産債権は，その債権額に応じて平等に扱われるのが原則であるが（同条2項），例外的に優先的破産債権間の優先順位は，民法，商法その他の法律の定めるところによる（破98条2項）。

具体的には破産債権に対する配当の局面（⇨**第17節 1**(3)(b)参照）において，まず優先的破産債権に対する配当が行われ，そのすべてにつき100％の満足が与えられた場合にはじめて，ついで一般の破産債権に対する配当が行われる。例えば，破産財団（配当財団）が合計500万円であるとすれば，優先的破産債権者 $X_1$（債権額100万円），$X_2$（同60万円）および $X_3$（同40万円）について，合計200万円の配当が行われ，残額300万円をもって一般の破産債権者に対する配当が実施される。さらに一般の破産債権のすべてにつき配当によって仮に十全な満足が与えられるのであれば，劣後的破産債権に対する配当が行われ得る。もっとも，実際には大多数の破産事件における僅少な破産財団の実態に鑑みて，劣後的破産債権以下の順位の破産債権に対する配当が実施されることは想定しにくい。上記の例に関していえば，一般の破産債権の総額が3000万円であるとすれば，残額300万円をもって一般の破産債権者に対して実施される配当の割合は10％となり，一般の破産債権者はその債権額に応じて平等に配当を受領する。当然，この場合，劣後的破産債権以下の順位の破産債権に対する配当は実施されない。

(2) 優先的破産債権

**優先的破産債権**とは，一般先取特権（民303条・306条以下）その他一般の優先権がある破産債権をいう（破2条5項・98条1項）。例えば，一般先取特権のある給料等の請求権（民306条2号・308条）がこれに該当する（給料等の請求権の処遇については，⇨**第8節 5**参照）。「その他一般の優先権」とは，例えば，国税徴収法8条や地方税法14条に基づく優先権などである（租税等の請求権の処

遇については，⇨**第8節4**参照）。

優先的破産債権は，その実体法上の優先権が破産手続において尊重されるため，前述のように一般の破産債権に優先して配当がされる（破194条1項1号。優先的破産債権間の優先順位につき，破98条2項）。

### (3) 劣後的破産債権・約定劣後破産債権

#### (a) 劣後的破産債権

**劣後的破産債権**とは，公平の観点または政策的理由に基づいて，他の破産債権（約定劣後破産債権を除く）に劣後して扱われる破産債権をいう（破99条1項・194条1項3号）。

劣後的破産債権に該当するのは，以下の債権である。すなわち，①破産法97条1号から7号までに掲げる請求権として，㋐破産手続開始後の利息の請求権（同条1号），㋑破産手続開始後の不履行による損害賠償または違約金の請求権（同条2号），㋒破産手続開始後の延滞税，利子税もしくは延滞金の請求権またはこれらに類する共助対象外国租税の請求権（同条3号），㋓租税等の請求権であって，破産財団に関して破産手続開始後の原因に基づいて生ずるもの（同条4号），㋔加算税もしくは加算金の請求権またはこれらに類する共助対象外国租税の請求権（同条5号），㋕罰金等の請求権（同条6号）および㋖破産手続参加の費用の請求権（同条7号），②破産手続開始後に期限が到来する無利息の確定期限付債権のうち，破産手続開始時から期限までの中間利息部分，③破産手続開始後に期限が到来する無利息の不確定期限付債権のうち，その債権額と破産手続開始時の評価額との差額部分，④金額・存続期間が確定している定期金債権のうちの中間利息部分である（破99条1項各号）。その他，明文規定はないものの，いわゆる内部者債権（破産者との関係において，親会社，取締役等の経営者または支配的地位にある株主等の有する債権）に関して，解釈による劣後的な処遇が認められるか否かという点に関して議論がある（⇨ **Column 2-6-1** 参照）。

劣後的破産債権は，前述のように，通常は配当を期待することができない。それにもかかわらず，破産法において劣後的破産債権が破産債権のカテゴリーに含められているのは，個人債務者の免責手続において，これらの債権につい

ても破産債権として免責（破253条1項柱書本文）の対象とすべき政策的考慮に基づく（⇨**第19節2**(7)(a)参照）。劣後的破産債権については，債権者集会における議決権が認められない（破142条1項）。

(b) 約定劣後破産債権

**約定劣後破産債権**とは，破産債権者と破産者との間において，破産手続開始前に，当該債務者について破産手続が開始されたとすれば当該破産手続における配当の順位が劣後的破産債権に後れる旨の合意がされた債権をいう（破99条2項・194条1項4号）。約定劣後破産債権についても，債権者集会における議決権が否定される（破142条1項）。金融実務における，直接金融と間接金融の中間的な資金調達方法（メザニン・ファイナンス）として，債務者の倒産時に他の債権との関係で劣後化させる旨の約定（劣後特約）を付して融資が行われる劣後ローンや劣後債が約定劣後破産債権に該当する（再生手続や更生手続においても，それぞれ約定劣後再生債権，約定劣後更生債権として扱われる。⇨第3章**第5節4**(2)，第4章**第5節2**参照）。

> **Column 2-6-1** 解釈による内部者債権の劣後的処遇の可否
>
> 　例外的に，いわゆる内部者債権に関し，解釈によって劣後的な処遇が認められるか，という点が争われることがある。例えば，支配的地位にある親会社の破産債権の劣後化を否定した裁判例として東京地判平成3・12・16金判903号39頁がある一方，親会社ではないものの，経営全般を管理支配する会社の破産債権の劣後化を信義則に基づき認めた裁判例として広島地福山支判平成10・3・6判時1660号112頁がある。また，更生手続においても，更生会社の役員や支配株主の有する更生債権等につき，更生計画案で他の更生債権との関係で劣後的な扱いをすることが認められた裁判例として，東京高決昭和40・2・11下民16巻2号240頁や福岡高決昭和56・12・21判時1046号127頁〔百選98〕がある。
>
> 　なお，以上の内部者債権の劣後化については，かつて改正検討事項の1つとして取り上げられたこともあったが（法務省民事局参事官室編「倒産法制に関する改正検討事項」〔平成9（1997）年12月19日公表〕第4部第2・2（3）エ），結局，立法化は見送られたという経緯がある。この点に関する最高裁判例はいまだ存在せず，また下級審裁判例の蓄積も十分であるとは言い難いことを考慮すれば，引き続き解釈問題として個別事案に応じて検討せざるを得ないであろう。
>
> 〔参考文献〕杉本和士「劣後債権」園尾隆司＝多比羅誠編『倒産法の判例・実務・改正提言』（弘文堂，2014年）261頁

## 4 複数債務者関係の処遇

### (1) 複数債務者関係の処遇に関する基本的規律——開始時現存額主義

　数人の債務者が同一内容の給付について各自が独立して全部の給付をなすべき義務を負担し，債務者のうちの1人が履行すれば他の債務者も債務を免れるという性質を有する債務（全部義務）を負担する者のことを**全部義務者**という（破104条）。具体的には，不可分債務者（民430条），連帯債務者（民436条以下），不真正連帯債務者，保証人（民446条以下），連帯保証人（民458条），手形・小切手の所持人に対して合同責任を負う振出人，引受人，裏書人等（手47条・77条1項4号，小43条）がこれに該当する。

　このような全部義務者の全員またはそのうちの数人もしくは1人について破産手続開始の決定があったときは，債権者は，破産手続開始の時において有する債権の全額（開始時における現存額）についてそれぞれの破産手続に参加することができる（破104条1項2項）。この規律を**開始時現存額主義**という。開始時現存額主義は，責任財産の集積により1つの責任財産の不足による危険の分散を保障するという実体法の趣旨を破産手続においても貫徹させるために認められる（最判平成22・3・16民集64巻2号523頁〔百選46〕，最決平成29・9・12民集71巻7号1073頁〔百選47〕等参照）。

　破産法104条1項および2項が債権者の権利行使に関する開始時現存額主義を規律し，同条3項および4項が開始時現存額主義の規律の下での求償権者による権利行使について規律している。そして，同条2項から4項までの規律は，同条5項によって物上保証人について準用されている（ただし，物上保証人は，全部義務者には該当しない。⇨(5)参照）。なお，同条は，民事再生法86条2項および会社更生法135条2項によって準用されている。

### (2) 開始時現存額主義の諸準則と具体的帰結

　開始時現存額主義に含まれる諸準則について，【設例①】「主たる債務者Sの債権者Gに対する金1000万円の債務について，BがSから委託を受けてGに対し連帯保証債務を負っていたところ，Sについて破産手続開始の決定があった」という事例に基づいて具体的に説明しよう。

まず，Gは，Sに対する破産手続開始の決定の時において有する債権の全額（すなわち，開始時における現存額）について破産手続に参加することができ，また，SのみならずBについても破産手続が開始された場合には，同様にGはその開始時における現存額をもってBの破産手続に参加することができる（破104条1項。**同時手続参加の準則**）。

つぎに，破産手続開始時の現存額全額が破産債権になるということは，裏を返して言えば，それ以前に一部の弁済等を受けていれば，Gは弁済等の額を控除した債権額についてしか行使することができないことを意味する（破104条1項。**現存額準則**）。したがって，Sに対する破産手続開始の決定前に，他の全部義務者であるBがGに対して400万円を任意に弁済したときは，GはSの破産手続開始の決定の時点で現存（残存）する600万円についてのみ破産債権として届出を行うことができる。

逆に，破産手続開始の決定後にBからGに対して400万円の一部弁済がされても，その債権の全額が消滅した場合を除き，届出破産債権額は影響を受けない（破104条2項。**非控除準則**。「債権の全額が消滅した場合」という文言の解釈について，最判平成22・3・16民集64巻2号523頁〔百選46〕によると，複数口債権のうちの一口の債権のみを全額弁済した場合もこれに該当する）。したがって，この場合，Gは一部弁済額400万円を控除することなしにSの破産手続において1000万円の届出を行うことができる（届出前であれ届出後であれ，一部弁済は1000万円の届出破産債権額に影響を及ぼさない）。この非控除準則は，開始後の他の全部義務者による一部弁済の控除を不要とすることによって，前述のように，あらかじめ人的担保を有することで，責任財産の集積により1つの責任財産の不足による危険の分散を図ろうとする債権者が，自己の債権につき可及的に十分な満足を得られることを目的とする。併せて，開始後の他の全部義務者による一部弁済等の額につき，届出債権額からの控除を不要とすることで，破産債権の調査および確定の手続において手続運営の円滑かつ迅速な進行に資するという手続的根拠または機能も指摘することができる。

### (3) 求償権者の権利行使

前記【設例①】において，Sに対する破産手続開始の決定前に全部または一

## 第6節　破産債権

部の弁済を行っていたBは，Sに対して取得した事後求償権（民459条1項）をSの破産手続において破産債権（破2条5項）として行使することができる。では，Sに対する破産手続開始の決定後に全部または一部の弁済を行ったとき，BはSに対して取得する事後求償権につき，Sの破産手続においてどのようにして満足を得ることができるか。

前提として，BはSの破産手続開始の時点で弁済をしていなくても，「将来行うことがある求償権」（なお，この文言の解釈につき争いがあるが，本書では，全部義務者による弁済等を法定の停止条件とする事後求償権を意味すると解する。破103条4項参照）の全額について，破産債権者として破産手続に参加することができる（破104条3項本文）。ただし，Gが破産手続開始の時において有する債権について破産手続に参加したとき，すなわちGが現存額による破産債権の届出を行ったときには，Bの破産手続参加は認められない（同条項ただし書）。これは，原債権と求償権の双方が破産財団からの満足を受ける破産債権として同時に行使される事態を阻止しようとするものである。

Sの破産手続開始の決定後にBがGに対して弁済を行い，Gの債権の全額が消滅した場合には，Bは自己の求償権の範囲内において，Gが有した権利を破産債権者として行使することができる（破104条4項）。したがって，GがSの破産手続において現存額1000万円を届け出た後，BがGに対し1000万円全額を弁済した場合には，BがGの届け出た原債権たる1000万円の破産債権を代位取得・行使することで，そこから自己の事後求償権1000万円の満足を図ることとなる。また，Sの破産手続開始の決定後にBがGに600万円を弁済し，他方，別の保証人B′がGに400万円を弁済したときには，BおよびB′がGの原債権1000万円につきそれぞれ600万円および400万円につき代位行使することとなる。以上のように，破産法104条4項の適用による代位は，届出破産債権としての原債権の「全額が消滅」すればその効力が発生する（超過配当が生じる事例への対処につき，⇨ Column 2-6-2 参照）。

他方で，破産手続開始後の弁済が債権額の一部にとどまる場合には，前述の非控除準則適用の結果の裏返しとして，Bは上記の代位をすることができない。

(4) **主債務者破産の場合の保証人の地位**

前記【設例①】において，Gは，Sの破産手続において現存額の債権を届け出ると同時に，保証人Bに対しても同額の保証債務の履行を求めることができる。

保証人は，主債務者がその債務を履行しないときに，その履行をする責任を負うのが原則である（民446条1項。保証債務の補充性。なお，連帯保証につき民454条）。したがって，保証人は催告の抗弁権（民452条本文）および検索の抗弁権（民453条）を有する。しかし，例外的に主債務者が破産手続開始の決定を受けたときには，催告の抗弁権は失われる（民452条ただし書）。また，検索の抗弁権は，明文規定はないものの，破産という状況においては，主債務者に弁済の資力があり，かつ，執行が容易であることの証明は想定し得ないため，当然に失われるものと解される。

主債務者について免責許可の決定がされた場合，このことは破産債権者が破産者の保証人その他破産者と共に債務を負担する者に対して有する権利に影響を及ぼさない（破253条2項前半。⇨**第19節2**(7)(b)参照）。これについては，保証債務の附従性との関係において解釈上の疑義があり得るものの，主債務が破産免責によって自然債務となる一方で（自然債務説〔責任消滅説〕。最判平成11・11・9民集53巻8号1403頁〔百選A20〕，最判平成30・2・23民集72巻1号1頁），保証債務は通常の債務として存続すると解するほかない。

(5) **物上保証人による弁済の処遇**

つぎに，【設例②】「債権者Gの主たる債務者Sに対する貸金債権1000万円を被担保債権として，第三者D所有の建物に抵当権が設定され，抵当権設定登記がされていたところ，Sについて破産手続開始の決定があった。その後，Gが抵当権実行としての担保不動産競売手続により700万円の配当を得た」という事例について検討する。

このとき，Gが物上保証人D所有の建物に対する抵当権実行により700万円の配当を得たことは，Gがすでに届け出た破産債権額に対して影響を及ぼすかどうか，また，DはSの破産手続において求償権を行使する方法があるかが問題となる。前述のとおり，物上保証人は，主たる債務者とともに債務を負

う立場にはないため、全部義務者の概念には含まれない（⇨(1)参照。このことは、破産法104条5項が同条1項を準用しないことからも明らかである）。もっとも、非控除準則の趣旨は物上保証人についても妥当すると考えられるため、これに関する破産法の規律は、物上保証人についても準用される（同条5項による同条2項から4項までの準用。平成16〔2004〕年改正前における判例として、最判平成14・9・24民集56巻7号1524頁参照）。したがって、上記【設例②】において、Gが配当で得た700万円は破産債権額の一部にすぎないため、すでに届け出た破産債権額1000万円からこれを控除する必要はなく（同条5項2項）、また、Dは本来であれば700万円の事後求償権を取得するはずであるが（民372条・351条）、この事後求償権を破産債権として権利行使をする途は封じられる（破104条5項4項）。

> **Column 2-6-2** 開始時現存額主義（非控除準則）の下での超過配当への対処
> ——最決平成29・9・12民集71巻7号1073頁〔百選47〕
>
> 　非控除準則（破104条2項）は、そもそも人的担保を有する債権者に対する満足を破産手続においてできる限り確保しようとする政策的要請の下で歴史的に生成されてきた規律であるが、必然的に弁済の絶対効という実体法理との乖離をもたらす。そればかりか、場合によっては最終的に実体法上の債権額を超える満足を与える配当の実施を許容せざるを得なくなる。これが、いわゆる**超過配当問題**である。
> 　超過配当問題とは、非控除準則の下、届出破産債権額を基準とする配当額が実体法上の残額を超える事態を意味する。具体的には、【設例③】「債権者Gが主たる債務者Sの破産手続において現存額1000万円を届け出たところ、保証人BがGに対して900万円を任意に弁済した（したがって、Gの実体法上の債権残額は100万円である）にもかかわらず、その後、Gの届出破産債権につき現存額1000万円として破産債権者表に記載されて、これが確定し、Gに対して300万円の最後配当が実施される」というような場合である。当然、この超過配当という事態は、非控除準則が本来予定する帰結ではなく、いわば同準則がもたらす病理現象であると言えよう。
> 　この問題につき諸説が見られたが、前記判例は、抵当目的物を任意売却して一部弁済を行った物上保証人を求償権者とする事案において、「破産債権者が破産手続開始後に物上保証人から債権の一部の弁済を受けた場合において、破産手続開始の時における債権の額として確定したものを基礎として計算された配当額が実体法上の残債権額を超過するときは、その超過する部分は当該債権について配当すべきである」という結論を判示した。そのうえで、傍論ながら、

「そのような配当を受けた債権者が，債権の一部を弁済した求償権者に対し，不当利得として超過部分相当額を返還すべき義務を負うことは別論である」とのなお書きを付している。これを受けて，その後，同一の事案に関して，大阪高判令和元・8・29金法2129号66頁は，超過部分につき，求償権者の債権者に対する不当利得返還請求を認めるとともに，債権者は当該超過部分を受領した時点から「悪意の受益者」（民704条）となると認定している。

〔参考文献〕杉本和士「開始時現存額主義の下での超過配当に対する不当利得返還請求の可否──最決平成29年9月12日民集71巻7号1073頁を前提に」事業再生と債権管理162号164頁（2018年）

## 第7節　破産債権の届出・調査・確定

### 1 破産債権の届出

#### (1) 意　義

　破産債権者は，その有する破産債権の額および原因等を裁判所に届け出ることで，破産手続に参加することができる。この**破産債権の届出**（破111条1項）は，破産債権者として破産手続に参加（破103条1項）するための裁判所への申立てであり，裁判所に対して破産債権としての確定を求める訴訟行為としての性質をもつ。届出は書面（**破産債権届出書**）によらなければならない（破規1条1項。その他，添付書類について，破規32条4項各号）。

　破産債権の届出の内容として，①各破産債権の額（破103条2項参照）および原因，②優先順位（優先的破産債権，劣後的破産債権または約定劣後破産債権のいずれかに該当するときは，その旨。⇨第6節3参照），③自己に対する配当額の合計額が最高裁判所規則で定める額（1000円。破規32条1項）に満たない場合においても配当金を受領する意思があるときは，その旨，④執行力ある債務名義または終局判決のある破産債権であるときは，その旨，⑤破産債権に関し破産手続開始当時に係属する訴訟があるときは，その訴訟が係属する裁判所，当事者の氏名・名称および事件の表示等といった事項を破産債権者は届け出なければならない（破111条1項各号，破規32条2項各号・3項。④および⑤は，後述する破産債権の確定手続に関わる事項である。⇨3(2)参照）。また，別除権者は，以上の事項と併せて，別除権の目的財産および予定不足額（破108条1項本文）を届け出

なければならない（破111条1項2号。不足額責任主義との関係について，⇨**第10節****2**(2)参照）。

　破産債権の届出には，破産手続参加として，破産手続が終了するまで消滅時効の完成猶予の効力が生じる（民147条1項4号）。届出破産債権が確定することなく破産手続参加が終了した場合（届出の取下げ・却下の場合，または，調査の結果，届出破産債権の不存在が確定した場合など）には，その終了の時から6か月を経過するまでの間は，消滅時効の完成猶予が認められる（同条項柱書かっこ書）。調査の段階で異議が述べられたとしても，完成猶予は終了しない（最判昭和57・1・29民集36巻1号105頁〔百選72〕参照）。

(2)　**届出手続**

　破産債権の届出は，破産手続開始の決定と同時に定められる**債権届出期間**（破31条1項1号。⇨**第2節****4**(1)(b)参照）内にしなければならない（破111条1項柱書）。ところが，後述するように一般調査期間の経過時または一般調査期日の終了時までの届出も認められる。この点において，破産手続における債権届出期間の規律は訓示規定の意味を有するにとどまる。これに対して，再生手続・更生手続では，再生計画案・更生計画案の作成に備えて再生債権・更生債権の届出の有無につき早期に把握する必要があるため，債権届出期間を基準として，それ以降の届出が厳しく制限されている（⇨第3章**第6節****7**，第4章**第6節****7**参照）。

　債権届出期間が経過した後，一般調査期間の経過後または一般調査期日の終了後の破産債権の届出は，原則として認められない（この場合，届出は不適法なものとして却下される）。例外的に，破産債権者がその責めに帰することができない事由によって上記期間または上記期日までに届出ができなかった場合には，その事由が消滅した後1か月以内に限り，届出をすることが認められる（破112条1項。その他の例外として同条3項。**破産債権届出の追完**）。「責めに帰することができない事由」とは，届出をするに当たり，通常期待されている注意を尽くしても避けられないと認められる事由をいい，例えば，不法行為に基づく損害賠償請求権で，その発生原因が破産手続開始の決定前に生じていたが，その具体的な損害が上記期間の経過後または上記期日の終了後に発生したような場合が想定される。

また，破産債権の届出後に，債権譲渡や弁済による代位等の特定承継や相続等の包括承継によって届出破産債権を取得した者は，一般調査期間の経過後または一般調査期日の終了後でも，届出名義の変更を受けることができる（破113条1項。**届出名義の変更**）。

### (3) 破産債権者表の作成

　裁判所書記官は，届出破産債権について，**破産債権者表**を作成しなければならない（破115条1項。記載事項につき，同条2項，破規37条）。この破産債権者表は，以降の破産債権の調査・確定に当たっての基礎資料となる。

## 2 破産債権の調査

### (1) 調査の主体と目的

　届出のされた破産債権の調査は，破産管財人や債務者である破産者のほか，他の届出破産債権者が関与することによって行われる。その目的は，届出破産債権の調査について，破産債権者全体の利益を代表し，中立・公正な立場にある破産管財人による職務執行に委ねるだけでなく，自己の届け出た破産債権はもとより，他人の届出破産債権の存否や額についても強い利害関係を有する破産債権者による相互の牽制に委ねることで，不当な権利行使を排除し，これによって破産債権者間での公正かつ公平な満足を期すという点に求められる。

### (2) 届出破産債権に対する調査の方法

#### (a) 期間方式・期日方式

　届出のされた破産債権に対する調査の方法は，大きく期間方式（書面方式）と期日方式（口頭方式）に分けることができる。

　**期間方式**とは，債権調査期間において，破産管財人が作成した認否書（破117条）を備え置き，届出破産債権者および破産者がそれを見て（破11条参照）書面により異議を述べるものをいう（破116条1項・118条）。この期間方式は，平成16（2004）年破産法改正時に導入されたものであり，現行法においては，手続の簡素化および合理化の観点から，これが原則として定められている。

　他方，**期日方式**とは，裁判所の招集する債権調査期日において，破産管財人

第7節　破産債権の届出・調査・確定

による認否ならびに届出破産債権者および破産者による異議が行われるものをいう（破116条2項・121条）。以上の期日方式は，現行法の下では裁判所が「必要があると認めるとき」において認められる例外的な措置として位置付けられている。もっとも，旧法以来，この期日方式は実務における運用として定着しており，現在もなお一般的に行われているというのが実情である（⇨ Column 2-3-1 参照）。

　(b)　一般調査期間・特別調査期間

　期間方式における債権調査期間として，破産手続開始の決定と同時に債権調査のために定められる**一般調査期間**（破31条1項3号）のほか，債権届出期間の経過後，一般調査期間の満了前または一般調査期日の終了前に届け出られた破産債権等の調査をするための**特別調査期間**が設けられる（破119条1項本文・2項・112条1項3項4項）。特別調査期間に関する費用については，当該破産債権を有する者の負担とされ（破119条3項），裁判所書記官の定める相当の期間内に予納をしなければならない（破120条1項）。

　(c)　一般調査期日・特別調査期日

　期日方式における債権調査期日についても，破産手続開始の決定と同時に債権調査のために定められる**一般調査期日**（破31条1項3号かっこ書）のほか，債権届出期間の経過後，一般調査期間の満了前または一般調査期日の終了前に届け出られた破産債権等の調査をするための**特別調査期日**が設けられる（破122条1項本文）。特別調査期日に関する費用についても，当該破産債権を有する者の負担とされ（同条2項・119条3項），裁判所書記官の定める相当の期間内に予納をしなければならない（破122条2項・120条1項）。

(3)　**破産管財人による認否**

　(a)　**債権調査期間における認否**

　破産管財人は，一般調査期間が定められたときは（破31条1項3号），債権届出期間内に届出があった破産債権について，その存否，額，順位（優先・劣後の有無）および別除権の予定不足額についての認否を記載した**認否書**を作成しなければならず（破117条1項。特別調査期間の場合につき，破119条4項），調査期間前の裁判所の定める期限までに，この認否書を裁判所に提出しなければな

67

らない（破117条3項・119条4項前段）。認否書に認否を記載すべき事項であるにもかかわらず，提出された認否書に認否の記載がないものがあるときは，破産管財人において当該事項を認めたものとみなされる（破117条4項・119条4項後段）。

**(b) 債権調査期日における認否**

破産管財人は，一般調査期日が定められたときには（破31条1項3号かっこ書)，同期日に出頭し（破121条8項参照），債権届出期間内に届出のあった破産債権について，その存否，額，順位（優先・劣後の有無）および別除権の予定不足額について口頭で**認否**をしなければならない（破121条1項・117条1項各号。特別調査期日の場合に準用される〔破122条2項〕)。なお，裁判所は，事前に破産管財人に対し認否予定書の提出を命ずることができ（破規42条1項前段)，一般的にこの記載に基づいて認否が行われている。ただし，その記載内容は期日における認否を拘束するものではない。

**(4) 破産債権者による異議**

**(a) 債権調査期間における異議**

届出破産債権者は，一般調査期間内において，裁判所に対し，他の届出破産債権の存否，額，順位（優先・劣後の有無）および別除権の予定不足額について，書面で**異議**を述べることができる（破118条1項・117条1項各号。異議を述べるときは，その内容だけでなく理由を記載しなければならない〔破規39条1項前段〕。特別調査期間の場合につき，破119条5項，破規39条1項後段)。

異議者の範囲について，例えば優先的破産債権者と一般破産債権者との関係のように，優先的な地位にある破産債権者が自己より劣位にある破産債権者の債権に関する異議を述べる利益または資格が認められるかについては議論がある。たしかに配当の点では優先的地位にある優先的破産債権者には一般の破産債権以下の順位の破産債権について異議を述べる利益がないものの，届出破産債権者一般による相互牽制に基づき，異議によって当該届出破産債権の確定を妨げることで（⇨**3**(2)参照）不当な権利行使を排除し，破産債権者間での公正かつ公平な満足を期すという調査制度の目的に鑑みると，この場合の異議も認められるべきである。

第7節　破産債権の届出・調査・確定

　(b)　**債権調査期日における異議**

　届出破産債権者は，一般調査期日に出頭し，他の届出破産債権の存否，額，順位（優先・劣後の有無）および別除権の予定不足額について，口頭で**異議**を述べることができる（破121条2項・117条1項各号。異議を述べるときには，その内容だけでなく理由を述べなければならない〔破規43条1項前段〕。特別調査期日の場合につき，破122条2項〔準用規定〕，破規43条1項後段）。


(5)　**破産者による異議**

　債権調査期間または債権調査期日のいずれの場合においても，破産者は破産債権の額についてのみ異議を述べることができる（破118条2項・119条5項・121条4項・122条2項）。ただし，破産者による異議は，後述する破産管財人による否認や届出破産債権者による異議とは異なり，破産債権の確定を妨げる効果を持たず，破産手続終了後，破産債権者表の執行力を否定する効力を有するのみである（破221条2項。⇨ **3**(1)参照）。


(6)　**調査の結果**

　破産債権の調査の結果は，裁判所書記官により破産債権者表に記載される（破124条2項）。調査の結果に基づく破産債権の確定のあり方は，調査段階における破産管財人による否認および届出破産債権者による異議（以下，これらを併せて「**異議等**」と呼ぶ）の有無によって，以下**3**のとおり異なる。

## **3**　破産債権の確定

(1)　**異議等のない破産債権の確定**

　破産債権の額および順位（優先・劣後の有無）（破117条1項1号から3号まで）の各事項は，破産債権の調査において，破産管財人が認め，かつ他の届出破産債権者が異議を述べなかった（すなわち，**異議等**がなかった）ときには，届出どおりに確定する（破124条1項）。確定した事項についての破産債権者表の記載（同条2項）は，破産債権者の全員に対して「確定判決と同一の効力」（**確定力**）を有する（同条3項。なお，破産管財人に対しても当然効力が及ぶ）。このように破産債権者表の記載は「確定判決と同一の効力」を有し，債務名義としての効力

69

が認められるため（民執22条7号），破産債権者は，破産手続終了後，確定した破産債権について，当該破産者に対し，破産債権者表の記載により強制執行をすることができる（破221条1項）。ただし，破産者が異議を述べた場合（破118条2項・119条5項・121条4項・122条2項。⇨**2**(5)参照）には，破産債権者表の記載により破産者に強制執行をすることはできない（破221条2項）。免責許可の申立てについての裁判が確定するまでの間は，破産手続が終了した後であっても（破216条1項・217条1項・220条1項），破産者の財産に対する破産債権に基づく強制執行等はすることができず（破249条1項），また，免責許可決定が確定した場合（破253条柱書本文）も同様である（⇨**第19節 2**(2)(7)(a)参照）。

上記の「確定判決と同一の効力」（確定力）に既判力が含まれるかについては争いがあるが，下級審裁判例ではこれを否定する傾向にある（東京地判昭和40・7・31判時441号46頁〔更生手続における更生担保権に関する事案〕，東京地判平成21・10・30判時2075号48頁〔再生手続における再生債権の事案〕参照）。

当該破産債権を訴訟物とする係属中の訴訟手続が破産手続開始により中断していた場合には（破44条1項。⇨**第13節 1**(1)(2)参照），調査において異議等なく破産債権が確定したことで目的を達するため（破221条1項参照），当該訴訟手続は当然に終了する。

### (2) 異議等のある破産債権の確定手続

破産債権の調査において，破産債権の額または順位（優先・劣後の有無）について，破産管財人が否認し，または他の届出破産債権者が異議を述べた破産債権（**異議等のある破産債権**）に関する確定手続は，①執行力ある債務名義または終局判決の有無（これらのいずれもない破産債権を**無名義破産債権**といい，いずれかがある破産債権を**有名義破産債権**という）と②当該破産債権に関する訴訟係属の有無によって場合分けがされる。以下においては，まず①に基づき，無名義破産債権と有名義破産債権のそれぞれに関する確定手続について場合分けをしたうえで説明を行う。

#### (a) 異議等が述べられた無名義破産債権の確定手続

異議等のある破産債権につき，執行力ある債務名義または終局判決がない場合（**無名義破産債権**の場合），確定手続を起動する責任は，当該破産債権者の側に

課される。中間配当・最後配当に関する除斥期間内に、破産管財人に対し、以下の(i)または(ii)のいずれかの確定手続が係属していることの証明がなければ、当該破産債権は中間配当・最後配当から除斥される（破 198 条 1 項・209 条 3 項）。⇨**第 17 節 2**(2)・**4**(2)参照）。

（ⅰ）**訴訟係属のない無名義破産債権に関する破産債権査定手続**　異議等のある無名義破産債権を有する破産債権者は、その額等の確定のために、否認をした破産管財人および異議を述べた届出破産債権者（以下、併せて「異議者等」という）の全員を相手方として、裁判所（⇨**第 3 節 3**(1)参照）に、その額等についての査定の申立て（**破産債権査定申立て**）をすることができる（破 125 条 1 項本文。主張の制限につき、破 128 条）。これは、異議等のある破産債権の確定につき、決定手続による迅速な審理判断を行うものである。なお、異議等のある破産債権に関して訴訟が係属している場合には、破産債権査定申立てをすることができない（破 125 条 1 項ただし書・127 条 1 項。⇨(ⅱ)、**第 13 節 1**(2)参照）。

破産債権査定申立ては、異議等のある破産債権に関する一般調査期間・特別調査期間の末日または一般調査期日・特別調査期日から 1 か月の不変期間内にしなければならない（破 125 条 2 項）。

破産債権査定申立てがあった場合には、裁判所は、異議者等に対する審尋（破 125 条 4 項）を行ったうえで、不適法な申立てに対して却下する場合を除き、決定で、異議等のある破産債権の存否および額等を査定する裁判（**破産債権査定決定**）をしなければならない（同条 3 項）。この破産債権査定決定が確定すると、破産債権者表に記載され（破 130 条）、その効力は破産債権者の全員に対して及ぶ（破 131 条 2 項。破産管財人に対しても及ぶ）。

この破産債権査定申立てについての決定（破産債権査定決定または却下決定）に不服がある者は、その送達を受けた日から 1 か月の不変期間内に、**破産債権査定異議の訴え**を提起することができる（破 126 条 1 項。主張の制限につき、破 128 条）。これは、破産債権査定申立てについての決定または却下決定に対する異議権を訴訟物とし、査定決定の効果を認可し、または変更するための形成の訴えとしての性質を有する。

この異議の訴えは、実際に破産事件を担当し、上記の査定決定を行った裁判所とは異なり、破産裁判所（破 2 条 3 項。⇨**第 3 節 3**(2)参照）の専属管轄（破 126

条2項)に属する。また，異議等のある破産債権を有する破産債権者の側がこの異議の訴えを提起するときは，異議者等の全員を共同被告としなければならない(同条4項前半。この場合，固有必要的共同訴訟に該当する)。他方，当該異議者等の側が同訴えを提起するときは，当該破産債権者を被告としなければならない(同条項後半。この場合，類似必要的共同訴訟となる。同条6項)。

破産債権査定異議の訴えについての判決においては，訴えを不適法として却下する場合を除き，破産債権査定申立てについての決定を認可し，または変更する(破126条7項)。破産債権査定異議の訴えの判決が確定すると，破産債権者表に記載され(破130条)，その効力は破産債権者の全員に対して及ぶ(破131条1項。破産管財人に対しても及ぶ)。

(ⅱ) **訴訟係属のある無名義破産債権に関する訴訟の承継** 破産手続開始の時点で，債権者と破産者との間で破産債権を訴訟物とする訴訟が係属していた場合には，破産手続開始の決定により，この破産債権に関する訴訟手続は中断する(破44条1項。⇨**第13節 1**(1)(2)参照)。その後，当該破産債権につき届出がされ，調査において異議等が出された結果，当該破産債権者がその額等の確定を求めようとするときは，この中断した係属中の訴訟手続を破産債権確定手続として利用すべく，異議者等の全員を当該訴訟の相手方として，訴訟手続の受継の申立てをしなければならない(破127条1項。主張の制限につき，破128条)。この申立ては，当該破産債権に関する一般調査期間・特別調査期間の末日または一般調査期日・特別調査期日から1か月の不変期間内にしなければならない(破127条2項・125条2項)。

なお，受継される訴訟手続が給付訴訟である場合には，続行される破産債権確定手続としての性質に合わせるため，請求の趣旨において確認の訴えに変更する必要がある(これは訴えの変更〔民訴143条〕に該当するが，この場合に民事訴訟法上の制限は適用されない。最判昭和61・4・11民集40巻3号558頁〔百選73〕参照)。

(b) **異議等が述べられた有名義破産債権に関する特則**

異議等のある破産債権につき，執行力ある債務名義(民執25条本文。執行文を要する場合には，執行文の付与を要する。民執26条)または終局判決(確定していなくてもよい)がある場合(**有名義破産債権**の場合)には，確定手続を起動する責

任（起訴責任）は，異議者等の側に課される。執行力ある債務名義を備えた債権は，破産手続が開始されていなければ，ただちに強制執行による権利実現が認められ，また，終局判決を得た債権は，その権利の存在が強く推定されることに鑑みて，このように起訴責任が異議者等の側に転換されている。

また，異議等のある有名義破産債権については，異議者等は，破産者がすることのできる訴訟手続によってのみ，異議を主張することができる（破129条1項。主張の制限につき，同条3項・128条）。

(i) **訴訟係属のない有名義破産債権** 当該破産債権者の有する債務名義が確定判決（民執22条1号）である場合には，再審の訴え（民訴338条）または判決更正の訴え（民訴257条）のほか，確定判決が給付判決である場合には請求異議の訴え（民執35条。ただし，この点には争いがある），また，確定判決が確認判決である場合には債務不存在確認の訴えによる。さらに，その債務名義が執行証書（民執22条5号）である場合には，請求異議の訴えまたは債務不存在確認の訴えによる。

(ii) **訴訟係属のある有名義破産債権** 当該破産債権者が未確定の終局判決を有する場合には，係属中の訴訟手続を利用すべく，異議者等から受継の申立てを行わなければならない（破129条2項。主張の制限につき，同条3項・128条）。この申立ては，当該破産債権に関する一般調査期間・特別調査期間の末日または一般調査期日・特別調査期日から1か月の不変期間内にしなければならない（同条3項・125条2項）。

### (3) 破産債権の確定に関する訴訟の判決等の効力

裁判所書記官は，破産管財人または破産債権者の申立てにより，破産債権の確定に関する訴訟等の結果（確定した破産債権査定決定または破産債権査定異議の訴えにおける判決）を破産債権者表に記載しなければならない（破130条）。破産債権の確定に関する訴訟についての判決は，破産債権者の全員に対して，その効力を有する（破131条1項。破産管財人に対しても及ぶ）。破産債権査定申立てについての決定に対する破産債権査定異議の訴えが，提訴期間内に提起されなかったとき，または却下されたときは，当該決定は，破産債権者の全員に対して，確定判決と同一の効力を有する（同条2項）。

## 第8節　財団債権

### 1　意　義

　**財団債権**とは，破産手続によらないで破産財団から優先的に随時弁済を受けることができる債権をいい（破2条7項・151条），**財団債権者**とは，この財団債権を有する債権者をいう（破2条8項）。

　破産債権については，個別にこれを行使して弁済を受けることが原則として禁止される（破100条1項）。これに対して，財団債権は，破産手続によらずに破産財団からの随時弁済が認められる（破2条7項。**随時弁済性**。⇨**3**(1)参照）とともに，破産債権に先立って，すなわち破産債権との関係において優先的な弁済が認められる（破151条。**優先弁済性**。⇨**3**(2)参照）。このように財団債権について随時優先弁済が認められる根拠は，以下に見るとおりその種類の性格によって区々であるものの，本来的には，破産手続を遂行し，最終的に破産財団に基づく配当を実現するために破産債権者が共同で負担しなければならない共益的な出費にかかる請求権としての性質に求められる。

　財団債権の債務者を誰と捉えるべきかについて，学説上の争いがあるところ，今日の通説とされる管理機構人格説によれば（⇨**第3節1**(6)参照），破産財団自体に法人格が認められないため，破産財団の管理機構としての破産管財人が財団債権の債務者になると説かれる（⇨**3**(3)参照）。

### 2　範　囲

　講学上の分類として，財団債権の根拠となる破産法上の規定に照らし，破産法148条1項各号および4項の規定に基づくものを**一般の財団債権**といい，それ以外の規定（破産法の規定のほか，民事再生法，会社更生法および会社法の規定を含む）に基づくものを**特別の財団債権**という。以下では，この分類に従い，それぞれ主要なものについて説明をする（なお，租税等および給料等に関する各請求権の処遇に関しては，後記**4**・**5**において詳説する）。

### (1) 一般の財団債権

一般の財団債権として，第1に，破産債権者の共同の利益のためにする裁判上の費用の請求権（破148条1項1号）がある。破産債権者全体の利益のために破産手続を遂行するのに必要な裁判上の費用として，破産手続開始の申立て，破産財団に関する保全処分，破産手続開始の決定の公告，債権者集会の開催などに関する費用がこれに該当する。ただし，破産債権者による破産手続参加の費用（この請求権は劣後的破産債権に当たる。破97条7号・99条1項1号）や特別調査期間または特別調査期日における調査費用（破119条3項・122条2項。⇨**第7節 2**(2)(b)(c)参照）については，「共同の利益のため」のものではなく，除外される。

第2に，破産財団の管理，換価および配当に関する費用の請求権（破148条1項2号）がある。これも破産手続の遂行に要する費用の請求権であり，①破産財団の（広義の）管理または換価（⇨**第5節**参照）に関するものとしては，破産管財人または保全管理人に対する費用の前払や報酬など（破87条1項・96条1項），破産財団に属する財産の価額評定に要する費用（破153条1項），財産目録や貸借対照表の作成費用（同条2項），破産財団に属する財産の換価や債権回収に要する諸費用などが（その他，破産手続開始後の原因に基づく租税等に関して，⇨**4**(3)(a)参照），また，②配当については（⇨**第17節**参照），配当に関する公告・通知の費用（破197条1項・201条7項・211条・215条5項）などがこれに該当する。

第3に，破産手続開始前の原因に基づいて生じた租税等の請求権であって，破産手続開始当時，まだ納期限の到来していないもの，または納期限から1年を経過していないもの（破148条1項3号）がある（詳細については，⇨**4**(2)(a)参照）。

第4に，破産財団に関し破産管財人がした行為によって生じた請求権（破148条1項4号）がある。破産管財人が第三者との間でした契約などの法律行為によって生じた相手方の請求権や，破産管財人の作為または不作為による不法行為に基づく損害賠償請求権（最判昭和43・6・13民集22巻6号1149頁参照）などがこれに当たる。保全管理人が債務者の財産に関し権限に基づいてした行為によって生じた請求権についても同様である（同条4項）。

第5に，事務管理または不当利得により破産手続開始後に破産財団に対して生じた請求権である（破148条1項5号）。すなわち，事務管理に基づく費用償還請求権（民702条）または不当利得返還請求権（民703条・704条。最判昭和43・12・12民集22巻13号2943頁，最判平成18・12・21民集60巻10号3964頁〔百選17〕参照）は，破産財団に生じている利益または利得との均衡において，公平の観点から財団債権として保護される。

第6に，双方未履行双務契約について破産管財人が債務の履行を選択する場合（破53条1項）において相手方が有する請求権（破148条1項7号）がある（双方未履行双務契約の処理については，⇨第12節**7**(3)(b)(ii)参照）。

以上のほか，委任の終了または代理権の消滅の後，急迫の事情があるためにした行為によって破産手続開始後に破産財団に対して生じた請求権（破148条1項6号），破産手続の開始によって双務契約の解約の申入れ（賃貸借契約の解除〔破53条1項2項〕を含む）があった場合において破産手続開始後その契約の終了に至るまでの間に生じた請求権（破148条1項8号。例えば，労働者から雇用契約が解約された場合〔民631条・627条1項〕に契約終了までに生じる給料債権など。⇨**5**(2)(a)参照）がある。

### (2) 特別の財団債権

特別の財団債権としては，①破産管財人が負担付遺贈の履行を受けたときの負担受益者の請求権（破148条2項。ただし，遺贈の目的の価額を超えない範囲に限られる），②双方未履行双務契約につき破産管財人が解除を選択した場合（破53条1項）の相手方の反対給付価額償還請求権（破54条2項後半。⇨第12節**7**(3)(b)(i)参照），③使用人の給料等に関する請求権（破149条。⇨**5**(2)(a)参照），④社債管理者等の費用および報酬の請求権（破150条），⑤その他の破産法上の財団債権（破42条4項・44条3項・46条・55条2項・56条2項・132条・168条1項2号・2項1号3号），⑥破産手続に先行した再生手続，更生手続または特別清算手続のための費用等に関する請求権（民再252条6項，会更254条6項，会社574条4項。⇨第3章**第16節3**，第4章**第11節3**，第5章**第6節2**参照）がある。

## 3 財団債権の弁済

### (1) 随時弁済性

　財団債権は，破産債権と異なり，破産手続によらないで，つまり届出・調査・確定を経て配当を受領するという手続によらずに，破産管財人によって破産財団から随時弁済を受けることができる（破2条7項）。破産手続が配当により終結する場合（破220条。⇨第18節**2**参照）はもとより，破産手続開始の決定の取消し（破33条3項。⇨**第2節4**(2)）または異時廃止（破217条1項前段。⇨**第18節3**(3)参照）により破産手続が終了する場合にも，破産管財人は，財団債権を弁済しなければならない（破90条2項本文）。

　破産管財人が財団債権を弁済しない場合には，財団債権者は給付訴訟を提起することが認められる。ただし，財団債権に基づく強制執行，仮差押えまたは仮処分等はすることができない（破42条1項）。破産手続開始時において，すでに開始されている強制執行等も，破産財団に対しては失効する（同条2項本文。⇨**第13節2**(1)参照）。このように財団債権に基づく強制執行等が破産手続において禁止される趣旨は，破産財団不足により財団債権の総額を弁済することができない場合（破152条1項本文）に備えて，破産財団に対する財団債権者間の平等を確保する点に求められる。

　破産手続開始の決定があったことを知ったら，財団債権者は速やかに財団債権を有する旨を破産管財人に申し出るものとされる（破規50条）。最後配当における配当額の通知（破201条7項。⇨**第17節2**(3)(d)参照）を発した時に破産管財人に知られていない財団債権者は，最後配当をすることができる金額をもって弁済を受けることができない（破203条）。

### (2) 優先弁済性

#### (a) 破産債権に先立つ優先的弁済

　財団債権は，破産債権に先立って，破産財団から弁済される（破151条）。これは，破産債権に対する配当を行う前に，すなわち，破産債権よりも優先して，破産財団（法定財団。⇨**第4節1**(1)参照）から直接的に弁済を受けることを意味する。

このように財団債権は，本来，その給付内容に応じた弁済を受けることになるが，破産財団が不足するため財団債権の総額を弁済することができない場合（破152条1項本文）や破産手続の終了に伴い財団債権の弁済が要請される場合には，双方未履行双務契約について破産管財人が債務の履行を選択した際に相手方が有する請求権（破148条1項7号）および破産管財人が負担付遺贈の履行を受けたときの負担受益者の請求権（同条2項）について，破産債権と同様に，例外的に金銭化および現在化がされる（同条3項前段・103条2項3項。⇨**第6節 2**(2)参照）。

(b)　**破産財団不足の場合における財団債権間の順位**
　前述した一般の財団債権と特別の財団債権の性質は，原則として同一である（破2条7項・151条）。したがって，破産財団が財団債権の総額を弁済するのに足りないことが明らかになった場合における財団債権は，原則として債権額の割合により弁済する（破152条1項本文）。ただし，一般の財団債権のうち，破産債権者の共同の利益のためにする裁判上の費用の請求権（破148条1項1号），破産財団の管理，換価および配当に関する費用の請求権（同条項2号）および保全管理人が債務者の財産に関し権限に基づいてした行為によって生じた請求権（同条4項。ただし，債務者の財産の管理および換価に関する費用の請求権に限る）は，この場合において，その他の財団債権に先立って弁済を受ける（破152条2項）。このように破産手続遂行に要する費用の請求権は，その共益性の高さゆえに最優先で保護されており，これらは**優先的財団債権**とも呼ばれる。

(3)　**破産手続終了時に未弁済の財団債権の処遇**
　破産手続終了時（⇨**第18節**参照）に弁済されていない財団債権について，破産手続終了後に破産者自身がその財団債権を弁済する義務を負うかが問題となる。法人の破産者は破産手続終了とともに消滅するため，この点は特に破産者が自然人である場合に問題となり得る。破産免責の対象となるのは破産債権のみである（破253条1項柱書本文。⇨**第19節 2**(7)(a)参照）ため，免責の効力が財団債権には及ばないからである。
　前述のとおり破産財団の管理機構としての破産管財人が財団債権の債務者になると解すれば（⇨**1**参照），破産手続終了後においても，原則として破産者は

財団債権を弁済する義務を負わないはずである。また，財団債権が共益的な出費にかかる請求権としての性質を有する限り，その満足は破産財団のみを引当てとすべきであって，破産者個人の責任とはならない。ただし，共益性に基づかずに政策的に財団債権として扱われるもの（例えば，未払の給料等の請求権の一部〔破149条〕など。⇨**5**(2)参照）については，本来，破産者がその債務を負うはずであったため（給料等の請求権のうち優先的破産債権として扱われる部分は非免責債権〔破253条1項5号〕とされる。⇨**第19節2**(8)参照），破産手続終了後には破産者自身がその責任を負うと解する余地がある。

(4) **弁済による代位に伴う財団債権性の承継の有無**

　判例において，第三者が財団債権を代位弁済した場合に，この代位弁済者が原債権をそのまま財団債権として破産手続外で行使することができるかどうか，すなわち**財団債権性の承継の可否**が問題となった（なお，優先的破産債権の代位弁済についても同様に問題となり得る）。最判平成23・11・22民集65巻8号3165頁〔百選48①〕は，未払賃金債権の立替払に関する事案において，「弁済による代位により財団債権を取得した者は，同人が破産者に対して取得した求償権が破産債権にすぎない場合であっても，破産手続によらないで上記財団債権を行使することができるというべきである」と判示した（再生手続における共益債権の行使に関して同様の結論を示すものとして，最判平成23・11・24民集65巻8号3213頁〔百選48②〕がある。⇨第3章参照）。いったん破産法の下で付与された原債権の財団債権性は，代位弁済者に移転した場合にも維持されるという論理に基づくものといえよう。

　なお，滞納処分の場合に自力執行権が認められる租税等の請求権に関しても，これが財団債権や優先的破産債権に該当する際（⇨**4**参照），弁済による代位として承継されるかが下級審裁判例において問題とされている。この点につき，少なくとも当該債権の有する優先性の承継という形での代位取得および行使を認める余地はあり得ると考えられる。

## 4 租税等の請求権に関する処遇

### (1) 総 説

　所得税や法人税などの国税，地方税や各種社会保険料など（以上を総称して，「公租公課」と呼ぶことがある）のような**租税等の請求権**（国税徴収法または国税徴収の例によって徴収することのできる請求権をいう。破97条4号）のうち，破産手続開始前の原因に基づいて生じたものは，後述するように財団債権として扱われる範囲（破148条1項3号）を除くと，その優先性（税徴8条，地税14条など）に基づき優先的破産債権として扱われる（破98条1項。⇨第6節**3**(2)参照）。これに対して，破産手続開始後の原因に基づいて生じるものについては，財団債権として扱われる範囲（破148条1項2号）を除くと，劣後的破産債権として扱われる（破97条4号・99条1項1号）。

### (2) 破産手続開始前の原因に基づいて生じた租税等の請求権の処遇

#### (a) 財団債権として扱われる範囲

　破産手続開始前の原因に基づいて生じた租税等の請求権で，破産手続開始当時，まだ納期限の到来していないものまたは納期限から1年（その期間中に包括的禁止命令が発せられたことにより国税滞納処分をすることができない期間がある場合には，当該期間を除く）を経過していないものは，財団債権として扱われる（破148条1項3号。ただし，共助対象外国租税〔破24条1項6号参照〕および加算税など〔破97条5号〕の請求権は除外される〔同号かっこ書〕）。このように，破産手続開始前の原因に基づく租税等の請求権を一律に財団債権とするのではなく，破産財団帰属財産の形成と牽連性が認められる直近に発生した範囲のものに限って財団債権性を認めている。

#### (b) 優先的破産債権として扱われる範囲

　上記のように財団債権とされる範囲以外の破産手続開始前の原因に基づいて生じた租税等の請求権は，その優先性（税徴8条，地税14条など）に基づき優先的破産債権として扱われる（破98条1項。⇨第6節**3**(2)参照）。なお，租税等の請求権は，自然人である納税義務者が破産免責を受けた場合にも非免責債権として扱われる（破253条1項1号。⇨第19節**2**(8)参照）。

### (3) 破産手続開始後の原因に基づいて生じた租税等の請求権の処遇

#### (a) 財団債権として扱われる範囲

　破産手続開始後の原因に基づいて生じる租税等の請求権のうち，前述した「破産財団の管理，換価及び配当に関する費用の請求権」（破148条1項2号。⇨**2**(1)参照）に含まれる範囲のものは財団債権として扱われる。そこで，この範囲をどう考えるべきかが問題となる。

　判例によると，財団債権（破148条1項2号）に含まれる租税等の請求権とは，財団債権としての性質上，破産債権者全体にとって共益的な支出であることが必要であるから，「破産財団を構成する各個の財産の所有の事実に基づいて課せられ，あるいはそれら各個の財産のそれぞれからの収益そのものに対して課せられる租税その他破産財団の管理上当然その経費と認められる公租公課のごときを指す」とされる（最判昭和43・10・8民集22巻10号2093頁〔自然人である破産者に関する所得税につき財団債権性を否定〕。最判昭和62・4・21民集41巻3号329頁も参照〔予納法人税につき財団債権性を否定〕）。具体的には，破産財団帰属財産に関する破産手続開始後の固定資産税や帰属財産売却に伴う消費税などがこれに含まれる。

#### (b) 劣後的破産債権として扱われる範囲

　上記のように財団債権とされる範囲以外の破産手続開始後の原因に基づいて生じた租税等の請求権は，劣後的破産債権として扱われる（破97条4号・99条1項1号）。

## **5** 給料等の請求権に関する処遇

### (1) 総　説

　破産手続開始前の原因に基づいて生じた，破産者の使用人（労働者）の給料等の請求権は，後述するように例外的に財団債権として扱われる範囲（破149条1項2項）を除くと，原則としてその一般先取特権に基づき優先的破産債権として扱われ，破産債権に優先して配当を受ける（民306条2号・308条，破98条1項。⇨第6節**3**(2)参照）。また，給料等の請求権は，自然人である使用者が破産免責を受けた場合にも免責の対象とならない（破253条1項5号。非免責債権。⇨第19節**2**(8)参照）。他方で，破産手続開始後の原因に基づいて生じる給料

の請求権は，すべて財団債権として扱われる（破148条1項7号8号）。

　なお，企業倒産時においては，一定の要件の下，独立行政法人労働者健康安全機構が事業主に代わって一定範囲の未払賃金（定期賃金および退職手当）を立替払する制度（**未払賃金立替払制度**）が用意されており，これにより未払賃金債権の保護が図られている。

### (2) 財団債権とされる範囲
#### (a) 給料の請求権（給料債権）

　破産手続開始前3か月間の破産者に対する使用人（労働者）の給料の請求権（給料債権。ここには，労働基準法11条が「賃金」として定義する，「賃金，給料，手当，賞与その他名称の如何を問わず，労働の対償として使用者が労働者に支払うすべてのもの」が含まれる）は，例外的に財団債権として扱われる（破149条1項）。これは，労働者保護の観点から，破産手続開始に至るまでの直近の労務提供の対償につき政策的に認められた特別の財団債権の一種である（⇨**2**(2)参照）。破産手続開始前3か月間（3か月分ではない）とは，破産手続開始前3か月間の労働の対償（労基11条参照）に相当する範囲を意味する。なお，実務上，破産手続開始の申立ての直前に解雇通告を行うことが多いとされるが，これが破産手続開始前3か月間にされ，労働者が即時解雇を受諾した場合，労働者の取得する解雇予告手当請求権（労基20条1項本文第2文）が上記の財団債権（破149条1項）として扱われるのか，それとも優先的破産債権として扱われるのかという問題がある（なお，破産手続開始後の破産管財人による雇用契約の解除選択に基づく解雇予告手当請求権は，財団債権となる。破148条1項4号。⇨**2**(1)参照）。解雇予告手当が政策的に即時解雇から労働者を保護するものであり，直接の労働の対償ではないとすれば，財団債権性は否定せざるを得ないであろう。

　破産手続開始後の原因に基づいて生じる給料の請求権は，すべて財団債権として扱われる（労働者から雇用契約が解約された場合〔民631条・627条1項〕に契約終了までに生じる給料債権につき，破148条1項8号。また，破産管財人が雇用契約の履行を選択した場合につき，同条項7号。⇨**2**(1)，第12節**1**(3)(b)(ii)・**2**(4)(a)参照）。

#### (b) 退職手当の請求権（退職金債権）

　破産手続終了前に退職した破産者の使用人の退職手当（その名目は問わず，就

業規則等で支給義務・基準が定められているもの）の請求権（劣後的破産債権となるべき部分を除く）は，その一部（①退職前3か月間の給料の総額，または②破産手続開始前3か月間の給料の総額のいずれか大きい方に相当する額）につき，財団債権として扱われる（破149条2項）。これも，労働者保護のための政策的観点による特別の財団債権の一種である。

(3) **破産管財人の情報提供努力義務**
破産管財人は，破産債権である給料の請求権または退職手当の請求権を有する者に対し，破産手続に参加するのに必要な情報を提供するよう努めなければならない（破86条）。これは，あくまで訓示的な義務にとどまるものの，労働者を情報面で支援することにより債権者平等を実質的に保障しようとするものである。

(4) **給料等の請求権に関する特別の弁済許可**
優先的破産債権とされる部分の給料等の請求権については，労働者がこれらの破産債権の弁済を受けなければその生活の維持を図るのに困難を生ずるおそれがあるときは，裁判所は，配当がされるまでの間に，破産管財人の申立てにより，または職権で，その全部または一部の弁済を許可することができる（破101条1項本文）。破産債権に関する個別的権利行使禁止原則（破100条1項。⇨第2節**4**(3)(a)(ii)参照）の例外の1つである。これにより弁済を受けた破産債権者は，他の同順位の破産債権者が自己の受けた弁済と同一の割合の配当を受けるまでは，最後配当を受けることができない（破201条4項前半）。

## 第9節　取　戻　権

### **1** 意　義

**取戻権**とは，特定の財産が破産手続開始時において破産者に属しておらず，破産財団（法定財団。⇨第4節**1**(1)参照）を構成しないため，第三者がこれに対する破産管財人による支配の排除を請求する権能をいう。取戻権には，例えば，

破産財団（現有財団）に含まれている自己の所有物について，第三者が所有権に基づき破産管財人に対しその返還を請求するという積極的機能（この典型的な場面を捉えて，条文上，「取り戻す権利」と称される。破62条）のみならず，第三者が占有する財産について，破産管財人が破産財団に帰属すると主張してその引渡しを請求してきた場合に，第三者が自己の権利を主張してこの請求を拒否することを可能とする消極的機能が認められる。

取戻権の基礎となる権利が破産法以外の実体法に基づく場合が**一般の取戻権**（破62条）として，破産法に基づく場合が**特別の取戻権**（破63条・64条）として，それぞれ規律されている。

## 2 一般の取戻権

### (1) 基礎となる権利

一般の取戻権の基礎となるのは，第三者が目的物に対して有する実体法上の支配権であり，取戻権の有無は，破産法ではなく，民法や商法などの実体私法によって決せられる。その典型例は所有権であるが，さらに目的物の占有を内容とする権利（地上権や永小作権などの用益物権，占有権，質権や商事留置権などの担保物権に基づく占有・留置権能），また契約上の債権的請求権（例えば，賃貸借契約や寄託契約の終了に基づき目的物や寄託物の返還請求をする場合など）が取戻権の基礎となる権利として含まれる（その他，問屋破産における委託者の権利につき，最判昭和43・7・11民集22巻7号1462頁〔百選50〕参照。なお，譲渡担保，所有権留保およびファイナンス・リースにおけるリース業者の権利については，取戻権ではなく別除権として扱われる〔⇨**第10節 1**(2)(b)参照〕。離婚による財産分与請求権〔民768条・771条〕につき，⇨ Column 2-9-1 参照)。

取戻権者がその基礎となる権利について破産管財人と実体法上の対抗関係に立つ場合，例えば所有権などの物権を取戻権の基礎とする場合，取戻権者は，その物権を差押債権者類似の地位にある「第三者」たる破産管財人（⇨**第3節 1**(7)(a)参照）に対抗するには，破産手続開始時において対抗要件（民177条・178条等）を具備していなければならない。

### Column 2-9-1　離婚による財産分与請求権の破産手続における処遇

離婚による財産分与請求権の内容や金額が確定した後、その履行前に分与者が破産したという場合において、以下の問題がある。

#### (1) 現物給付としての不動産の所有権移転登記請求権

被分与者は、不動産の所有権の登記を具備していない以上、この所有権を「第三者」たる破産管財人に対抗することができない（民177条）のが原則である（⇨第3節**1**(7)(a)参照）。

これに対して、離婚による財産分与の清算的要素を強調し、夫婦共有財産の全体に対する潜在的な共有性が顕在化したとして、財産分与をいわば共有財産の現物分割とみることで、そこに物権的支配権を観念し、被分与者はその共有持分権を取戻権（破62条）の基礎となる権利として破産管財人に主張し、対抗要件なくして所有権移転登記請求権を行使することができるとする学説がある。その法律構成として、被分与者の共有持分権があるにもかかわらず共同財産が分与者の単独名義とされているのは一種の虚偽表示（民94条1項）であるとする見解や、破産管財人が「特定承継人」（民254条類推適用）に当たるとする見解などがある。しかし、これらの見解は、前提として夫婦共有財産を物権法上の共有物と同視するものの、離婚による財産分与が物権的な共有関係の分割・清算そのものを意味するものではないため、その点で妥当性を欠くように思われる。

#### (2) 金銭給付としての財産分与金支払請求権

金銭給付としての財産分与金支払請求権は原則として破産債権（破2条5項）として扱われることとなりそうであるが、その例外として、破産手続上、少なくともその清算的部分については被分与者を優先的に保護することができないかが問題となる（なお、扶養的性質および慰謝料的性質をもつ部分については、破産債権〔破2条5項〕となると解される）。

まず、財産分与としての金銭に対する取戻権は、最判平成2・9・27家月43巻3号64頁〔百選51〕により否定されている。同判例は、「離婚における財産分与として金銭の支払を命ずる裁判が確定し、その後に分与者が破産した場合において、右財産分与金の支払を目的とする債権は破産債権であって、分与の相手方は、右債権の履行を取戻権の行使として破産管財人に請求することはできない」と判示する。

そこで、学説上、清算的部分につき、被分与者の持つ持分権の価値について破産財団に不当利得が生じているとして、破産手続において被分与者に財団債権（破148条1項5号。⇨第8節**2**(1)参照）を認めて保護を図ろうとする見解などがある。しかし、前述のとおり、夫婦共有財産における共有持分権という法律構成には疑問があるほか、上記の財団債権は「破産手続開始後に破産財団に対して生じた請求権」（同号）を対象としており、適用の前提を欠く。

### (2) 行　使

　破産手続の開始は取戻権に「影響を及ぼさない」（破62条）と規定されているように，取戻権者には，破産手続によらない個別的な権利行使が認められる。その相手方は，破産財団に属する財産の管理処分権が専属する破産管財人であり（ただし，破産管財人が取戻権を承認し任意に引渡しをする場合，その目的財産の価額が100万円を超えるときは，裁判所の許可を要する。破78条2項13号・3項1号，破規25条。⇨**第5節 1**参照），行使方法としては，訴訟上または訴訟外のいずれでもよい。また，行使期間に関する制限は設けられていない。

## 3 特別の取戻権

### (1) 隔地者間売買における売主の取戻権

　隔地者間での売買契約につき，売主が売買の目的である物品（売買目的物）を買主に発送した場合において，買主がまだ代金の全額を弁済せず，かつ，到達地でその物品を受け取らない間に買主について破産手続開始の決定があったときは，売主は，その物品に対して取戻権を行使することができる（破63条1項本文。ただし，破産管財人が代金の全額を支払ってその物品の引渡しを請求することを妨げない。同条項ただし書）。このように売主に売買目的物の所有権などの実体法上の支配権が帰属するか否かを問わず，特別に取戻権を認めることで売主を保護しようとするのがこの規定の趣旨である。もっとも，今日では，運送手段や情報伝達手段の発達に伴い，この規律が適用される場面は実際にはほとんどない（なお，商580条，民311条5号・321条参照）。売主がこの取戻権を行使した場合には，当該売買契約は双方未履行の状態となるため，改めて双方未履行双務契約に関する規律によって処理される（破63条2項・53条1項2項。⇨**第12節 1**(3)参照）。

### (2) 問屋の取戻権

　隔地者間売買における売主の取戻権に関する規律は，物品の買入れの委託を受けた問屋がその物品を委託者に発送した場合についても準用される（破63条3項1項）。

### (3) 代償的取戻権

#### (a) 意　義

**代償的取戻権**とは，破産手続開始前に破産者もしくは保全管理人によって，または破産手続開始後に破産管財人によって，取戻権の目的財産が第三者に譲渡され，破産財団中に現存しない場合に，当該目的財産の代償としての反対給付またはその請求権について認められる権利をいう（破64条1項）。破産手続開始前に破産者または保全管理人が他人の所有物を第三者に譲渡し，もはやその所有権者がこれを取り戻すことができない場合，本来ならば所有権者は破産手続において不当利得返還請求権（民703条・704条）または不法行為に基づく損害賠償請求権（民709条）を破産債権（破2条5項）として行使し得るにすぎないはずである。また，破産手続開始後に破産管財人が同様に他人の所有物を第三者に譲渡した場合においても，所有権者は上記の請求権を財団債権（破148条1項4号5号）として行使し得るにとどまり，破産財団が不足する場合には十分な満足が得られない危険性がある。そこで，このような場合にも取戻権者を保護するため，破産法上，目的財産の代償としての反対給付またはその請求権に対し，特別の取戻権の一種として上記権利が認められている。

代償的取戻権に関する規律は，以下のとおり譲渡の相手方（第三者）からの反対給付に関する履行の有無によって場合分けをすることができる。

#### (b) 反対給付が未履行の場合

この場合，反対給付の請求権について代償的取戻権が認められる（破64条1項）。このとき，取戻権者は破産管財人に対して当該請求権の移転を請求し，これに対し破産管財人は債権譲渡の意思表示を行うとともに，対抗要件を具備するために債務者に通知（民467条1項2項）をしなければならない。

#### (c) 反対給付が既履行の場合

**(i) 破産手続開始前に破産者・保全管理人が反対給付を受領したとき**

このときには，反対給付の目的物が金銭であれ特定物であれ，破産手続開始前において破産者（債務者）の一般財産に混入してしまうため，もはや取戻権は認められない。したがって，不当利得返還請求権または不法行為に基づく損害賠償請求権を破産債権（破2条5項）として行使するほかない。

**(ii) 破産手続開始後に破産管財人が反対給付を受領したとき**　　反対給付

が特定物であれば，反対給付たる当該特定物について代償的取戻権が認められる（破64条2項）。これに対して，反対給付が金銭などの不特定物であるならば，代償物につき識別可能性が失われているため，もはや代償的取戻権は認められない。したがって，不当利得返還請求権または不法行為に基づく損害賠償請求権が財団債権（破148条1項4号5号）として認められるにとどまる。

## 第10節 別 除 権

### 1 意義・範囲

(1) 意 義

**別除権**とは，破産手続開始の時において破産財団に属する財産につき，特別の先取特権，質権または抵当権を有する者がこれらの権利の目的である財産について破産手続によらないで行使することができる権利をいい（破2条9項・65条1項），**別除権者**とは，このような別除権を有する者をいう（破2条10項）。別除権の被担保債権は破産債権であるとは限らず，したがって，別除権者は同時に破産債権者であるとは限らない。また，破産者が物上保証人である場合を想定すると，被担保債権の債務者は破産者であるとも限らない。なお，別除権の基礎となる担保権の目的財産が破産管財人によって任意売却または破産財団から放棄されて破産財団に属しないこととなった場合にも，当該担保権が存続する限り，別除権が認められる（破65条2項）。

担保権に関する実体法上の優先弁済権とその実現のための換価権は，倒産手続においても尊重されなければならないというのが破産法の立場である。そこで，破産法は，上記のとおり破産財団に属する財産上の担保権を破産手続から分離（別除）される別除権として扱い，これに対し破産手続によらない個別的な権利行使による優先弁済権の実現を認めている。

以上のように，別除権は破産財団に属する特定財産から優先的な満足を受けることができるという点で，破産財団全体から随時優先弁済を受けることのできる財団債権（破2条7項・151条。⇨**第8節1**参照）と区別される。また，特定財産の金銭的価値から被担保債権の優先的な満足を得ることを目的とする点に

おいて，当該財産に対する所有権などの排他的支配権に基づき，破産財団（法定財団）に帰属しない当該財産またはその代替価値を取り戻すことを目的とする取戻権または代償的取戻権（破62条・64条。⇨第9節参照）とも区別される。

(2) 別除権として認められる担保権
　(a) 典型担保

前述のとおり，破産法上，破産手続開始の時において破産財団に属する財産に対する**特別の先取特権**（動産先取特権〔民311条以下〕，不動産先取特権〔民325条以下〕），**質権**（民342条以下）または**抵当権**（民369条以下。根抵当権も含まれる）といった典型担保権がそれぞれ別除権として規定されている。

破産手続開始の時において破産財団に属する財産につき存する**商法または会社法の規定による留置権**（**商事留置権**。商31条・521条，会社20条など）は，破産財団に対しては特別の先取特権とみなされ（破66条1項），その結果，別除権として扱われる。その趣旨は，本来，商事留置権には優先弁済権や換価権が認められていないところ，破産手続上は商事留置権者にも優先弁済権および換価権を認めることにある。ただし，商事留置権が特別の先取特権とみなされるとしても，民法その他の法律の規定による他の特別の先取特権に劣後する（同条2項）。また，破産手続が開始された後も，商事留置権の留置権能は消滅せずに存続する（最判平成10・7・14民集52巻5号1261頁〔百選53〕，東京高決平成10・11・27判時1666号141頁②事件〔百選55〕参照）。ただし，この留置権能は，あくまで特別の先取特権としての換価権を行使するのに必要な限りで認められるにすぎないと解すべきであろう。以上の商事留置権は，商事留置権消滅請求（破192条）の対象とされる（⇨**3**(4)参照）。

　(b) 非典型担保

**譲渡担保**，**所有権留保**，**ファイナンス・リース**（⇨第12節**2**(1)(c)・(3)参照）等の非典型担保についても，取戻権（破62条。⇨第9節**2**参照）としてではなく，その担保としての実体に鑑みて別除権として扱われると解するのが今日の通説・判例の立場である（仮登記担保については抵当権に準じて扱われることが明文で定められている。仮登記担保19条）。非典型担保である譲渡担保につき，更生手続においてその被担保債権が更生担保権として扱われる旨を明らかにする判例とし

て，最判昭和41・4・28民集20巻4号900頁〔百選57〕がある。また，所有権留保につき，留保所有権の別除権としての処遇を前提とする判例として最判平成22・6・4民集64巻4号1107頁〔再生手続の事案〕，最判平成29・12・7民集71巻10号1925頁〔百選58〕がある。

### (3) 別除権として認められない担保権

#### (a) 一般の先取特権

債務者の特定財産ではなく，その総財産（一般財産）を引当てとする一般先取特権（民306条柱書）は，破産法上，別除権として認められていない。一般先取特権の有する優先弁済権（民303条）を反映して，その被担保債権は優先的破産債権（破2条5項・98条1項）として扱われる（⇨**第6節❸(2)**参照）。

#### (b) 民法上の留置権（民事留置権）

民事留置権は，そもそも弁済を受けるまで目的物を留置することができるという権利にすぎず，本来，優先弁済的効力を有する担保権ではない（民295条1項参照）。そこで，破産手続において，民事留置権は，破産財団に対しては失効する（破66条3項）。

## ❷ 別除権の行使

### (1) 行使方法

別除権は，破産手続によらないで，行使することができる（破65条1項）。言い換えれば，別除権者は，破産手続に拘束されることがない，すなわち，破産手続内において基礎となる担保権に関して，その届出や存否の調査・確定，また配当等による満足といった手続を経ることなしに，通常の実行方法（民事執行法による担保権実行の方法〔民執180条以下〕または私的実行の方法）によってその基礎となる担保権を行使し，破産財団に属する特定の担保目的財産からその被担保債権につき優先的な満足を得ることができる。

別除権者がその権利行使によって担保目的財産から被担保債権全額の満足を得た結果，なお剰余価値が生じる場合には，その剰余分は破産財団に帰属し，破産債権者への配当財源とされる。逆に，別除権者が同時に破産債権者である場合に担保目的財産から被担保債権全額の満足を得られないときは，後述する

ように，不足額についてのみ破産債権者としてその権利を行使することができる（破108条1項本文。**不足額責任主義**。⇨(2)参照）。

破産手続において別除権者がその担保権を別除権として行使するには，破産手続開始の時点で当該担保権につき登記，登録等の第三者対抗要件を具備している必要がある（なお，破産手続開始後に具備された登記，登録等は，原則として，その効力を主張することができない。破49条1項本文2項。⇨**第14節3**(2)参照）。なぜならば，破産管財人には第三者対抗要件規定における「第三者」（民177条・178条等）性が認められるため（⇨**第3節1**(7)(a)参照），別除権者がその行使する実体法上の担保権を破産管財人に対抗するには，第三者対抗要件としての登記，登録等の具備が必要とされるからである。

### (2) 別除権者による破産債権行使

#### (a) 不足額責任主義

別除権者が同時に破産債権者である場合（したがって，破産者が物上保証人である場合はこれに該当しない），担保目的財産の価値（先順位担保権者がいればその把握する交換価値を除いた分）を被担保債権の額が上回るとき（いわゆるオーバーローン〔担保割れ〕の状態であるとき）には，別除権者は，別除権行使により弁済を受けることができない債権額（不足額）についてのみ，破産債権者としてその権利を行使することができる（破108条1項本文。**不足額責任主義**）。これは，他の破産債権者との公平を期すために，担保目的財産から優先弁済を受けることのできる別除権者に対し，被担保債権の全額ではなく，別除権行使によって満足を得ることのできない不足額に限って破産債権の行使を認める趣旨に基づく（民394条1項参照）。

また，破産手続開始後，別除権者と破産管財人との合意によって被担保債権の範囲を変更し，実体法上被担保債権の全部または一部が担保目的財産によって手続開始後に担保されなくなった場合においても（**別除権合意**の場合。破78条2項14号参照。⇨**3**(2)(a)参照），上記と同様に，その不足額部分の債権について破産債権者として破産手続に参加することができる（破108条1項ただし書）。

なお，新得財産を含む破産者の自由財産につき特別の先取特権，質権もしくは抵当権を有する破産債権者，または破産者につき第二の破産手続開始の決定

があった場合の第一破産手続における破産債権者についても，上記の不足額責任主義の規律が適用される（破108条2項）。これらの者を**準別除権者**と呼ぶが（破111条3項かっこ書），これは，あくまで不足額については別除権者と同様に不足額責任主義を適用するための法概念にすぎず，本来の別除権者とは異なる。

(b) **不足額に関する破産債権の行使**

破産手続上，不足額につき別除権者が破産債権者として権利を行使するには，破産債権の届出の際，被担保債権に関する通常の届出事項（破産債権の額および原因など。破111条1項各号）に加えて，別除権の目的財産および別除権の行使によって弁済を受けることができないと見込まれる債権の額（**予定不足額**）についてもあらかじめ見積もったうえで裁判所に届け出なければならない（同条2項各号。⇨第7節**1**(1)参照）。例えば，破産者の有する土地に対して被担保債権を3000万円とする抵当権の設定を受けていたところ，その予定不足額が1000万円と見込まれる場合，この抵当権付債権者が不足額について破産債権者として権利行使をしようとするときには，被担保債権の全額（3000万円）につき破産債権としての届出を行うとともに（破111条1項），担保目的財産と予定不足額（1000万円）についても併せて届出を行わなければならない（同条2項）。

(c) **不足額に関する破産債権の満足**

破産手続において別除権者が不足額につき破産債権者として権利行使をする際，不足額が確定した段階で配当が実施される（破198条3項・210条1項・214条1項3号・3項。⇨第17節**2**(2)・**4**(2)(4)参照）。

## **3** 別除権行使に対する対処

(1) **民事執行手続等による担保目的財産の換価**

別除権の基礎となる担保権の目的財産も破産財団（法定財団）に属する財産である以上，破産管財人はこれを民事執行法の定める手続により換価することができ（**破産管財人の換価権**），別除権者はこれを拒絶することができない（破184条2項。換価は形式競売の方法による。この場合，民事執行法における無剰余執行禁止の規律〔民執63条・129条〕は，適用が除外される〔破184条3項〕）。なお，換価の準備のために，破産管財人は担保目的財産の提示を求め，これを評価することができる（破154条1項）。

第10節　別　除　権

　譲渡担保や所有権留保のように，別除権者が法律に定められた方法によらないで担保目的財産の処分をする権利（私的実行の権利）を有するときには，破産管財人の申立てにより，裁判所は，別除権者がその処分をすべき期間（処分期間）を定めることができる（破185条1項）。この期間内に別除権者が処分を完了しないときは，その処分する権利を失い（同条2項），破産管財人が目的財産の換価をすることができる。これにより，破産管財人は，売却代金から別除権者に優先弁済を行い，残額があればそれを破産財団に組み入れることができる。
　以上のとおり，別除権者が自ら権利を行使しない場合であっても，破産管財人が換価権を行使することで，別除権の基礎となる担保権の目的財産の換価は可能となる。しかし，破産管財人が民事執行法に基づく形式競売の手続によって換価することは，破産財団の増殖という観点からみると，利点が認められない。形式競売による換価では，そもそも売却代金が任意売却の場合と比べてどうしても廉価になってしまうため（競売市場修正〔民執58条2項後段〕に基づく），特に担保目的財産の価値を被担保債権の額が上回っているというオーバーローンの状態にある場合には，およそ破産財団への組入金を期待できないからである。さらに，別除権者に代わって破産管財人が破産財団の費用により換価を行うこととなれば，破産財団にとっては一方的に不利な結果となりかねない。それゆえ，実務上，破産管財人による換価権の行使が実施される例はほぼない。

(2)　**担保目的財産の受戻しによる任意売却**
　(a)　**受戻しによる任意売却の方法**
　破産管財人は，担保目的財産を任意売却の方法（破78条2項1号～4号7号8号参照）によって換価することが認められる（なお，登記のされた担保権の目的不動産の任意売却に関する担保権者への通知義務につき，破規56条前段）。任意売却の方法によると，破産管財人は競売価格よりも高額の市場価格で目的財産を換価することができる。また，別除権者の側でも，たとえ被担保債権全額の満足が得られないとしても，後述する受戻しの合意に基づいて一定額につき個別弁済を得ることで早期に不足額を確定することができるという利点がある（不足額については破産債権として権利行使をすることができる。破108条1項ただし書。⇨**2**(2)(a)参照）。

破産管財人が以上の任意売却を行う前提として，特に抵当権の場合には追及効があるため，通常，残存する担保権をあらかじめ消滅させておく必要がある。そこで，破産管財人は，裁判所の許可を得て，**担保目的財産の受戻し**（破78条2項14号）として，被担保債権を個別に弁済することにより担保権を消滅させたうえで，任意売却を行うこととなる（破78条2項1号〜4号7号8号。⇨**第5節1**参照）。具体的には，破産管財人が，①被担保債権全額（根抵当権の場合には極度額全額）を弁済するか（担保権の不可分性の原則〔民296条・372条〕に基づく），または②別除権者との間で被担保債権額から減額した金額を弁済することで，担保権の抹消を合意すること（実務上，**別除権合意**と呼ばれる）によって，担保権の負担のない状態となった目的財産の任意売却を可能とするわけである。特にオーバーローン状態にある担保目的財産に関しては，通常，別除権合意の方法が採られる（最決令和5・2・1民集77巻2号183頁は，破産管財人が別除権目的不動産に関する受戻しの交渉等を行う際，当該担保権の被担保債権についての債務を承認したときは，その承認は被担保債権の消滅時効の中断〔平成29年改正前民147条3号。現行法における更新（民152条1項）に相当する〕の効力を有すると判示する）。

　なお，別除権合意が成立せず，任意売却が不可能となった場合，担保目的財産に関する固定資産税や管理費などの管理コストが破産財団の負担となるのを避けるため，破産管財人は裁判所の許可を得て当該財産を破産財団から放棄すべきである（破78条2項12号。破産者が法人である場合において，登記された担保権の目的不動産の権利放棄に関する担保権者への通知義務につき，破規56条後段。破産財団からの財産放棄一般については，⇨ Column 2-5-2 参照）。

　別除権合意において，別除権者との交渉により任意売却による代金の一部（だいたい5%から10%程度が相場とされる）が破産財団に組み入れられ（**財団組入金**），残額代金が別除権者に弁済される旨が定められる（不足額に関する破産債権行使につき，破108条1項ただし書。⇨**2**(2)(a)参照）。このように破産財団への組入金が認められるのは，破産管財人が高額で任意売却することのできる相手方を見つけ出してきたことへの見返りとしての趣旨に基づく。

　(b)　**別除権者との交渉による受戻しの合意が困難な場合**
　担保目的財産の価値が被担保債権総額を上回っている場合には，被担保債権全額を弁済して受戻しを行うことに十分な合理性が認められ，受戻しによる任

意売却は容易に実現することが可能である。これに対して，担保目的財産がオーバーローンの状態にある場合には，前述のとおり，別除権者が受戻しのための個別弁済の対象とされる被担保債権の減額につき合意することが前提となるため，任意売却実現の可否は別除権者との交渉次第とならざるを得ない。

しかし，別除権者が売却代金や財団組入金の額について難色を示したり，不当に高額な「判子代」(ハンコダイ)（抵当権消滅に同意する見返りとして支払われる，抵当権の抹消料名目の金銭）を要求したりすることで，受戻しの合意がうまく成立しなければ，担保権を消滅させて目的財産を任意売却することができなくなってしまう。

そこで，別除権者との交渉が成立しない場合に備えて，オーバーローンの状態にある目的財産に関しては，裁判所の裁判により強制的に担保権を消滅させて任意売却を円滑に行うべく，破産法上，次に述べる**担保権消滅許可制度**が用意されている。

### (3) 担保権消滅許可制度による任意売却の実現

#### (a) 意 義

**破産手続における担保権消滅許可制度**とは，担保目的財産を任意に売却してその財産の上に存する担保権を消滅させることが破産債権者の一般の利益に適合するときに，裁判所の許可により，破産管財人が当該財産を任意に売却し，当該財産につき存するすべての担保権を消滅させ，その売却代金（**売得金**）の一部（**組入金**）を破産財団に組み入れることを認める制度である（破186条1項柱書本文・同条項1号。なお，組入金がない場合については，同条項2号）。売得金から組入金の額を控除した残額は，担保権者に配当される（破191条。⇨(c)参照）。

これは**担保目的財産の換価を目的とする制度**であり，この点で事業継続に不可欠な財産を確保するための再生手続における担保権消滅許可制度とは根本的にその目的が異なる（⇨第3章第8節**4**参照）。

#### (b) 要 件

(i)　**「破産債権者の一般の利益に適合する」**（破186条1項柱書本文）　これは，別除権者による担保権実行や破産管財人による民事執行法の定める形式競売の手続による換価（破184条2項。⇨(1)参照）と比較して，担保権を消滅さ

せたうえで任意売却を可能とすることで，より高額な換価代金を得ることができ，破産債権者への配当を増大させ得る場合を意味する。

具体的には，任意売却によって被担保債権を上回る売却代金を得られれば，担保権実行や強制執行による売却では得られなかった剰余金を破産財団に組み入れることができる場合，売却代金が被担保債権額に満たないとしても破産債権として行使される担保権者の不足額が減少する場合，または売却代金のうち相当額が組入金とされることで破産財団の増殖を図ることが可能となる場合などがこれに該当すると考えられる。

(ii) 「**当該担保権を有する者の利益を不当に害すること**」（**破186条1項柱書ただし書**）　これは，担保権者の優先弁済権によって把握する担保価値を損なうことを意味し，具体的には，売得金（売却代金）が低すぎる場合（予想される競売価格をはるかに下回る）とか，組入金の額が高額すぎるといった場合がこれに該当し得る。このような場合には，担保権消滅許可の申立ては却下される。なお，このような事態を予防する対策として，組入金を破産財団に組み入れることを前提とした担保権消滅許可の申立て（破186条1項1号）を破産管財人が行う場合には，後述するとおり，担保権者との事前協議義務が課されている（同条2項。⇨(c)(d)参照）。

(c) 手　続

担保権消滅許可に関する基本的な手続は，つぎのとおりである。破産管財人はあらかじめ担保目的財産を任意売却する相手方との間で交渉を行うとともに，担保権者との間で組入金の額に関して事前に協議を行わなければならず（破186条2項。**事前協議義務**），その上で，裁判所に対して**担保権消滅許可の申立て**を行う（同条1項柱書本文）。担保権消滅許可の申立書には，①担保目的財産の表示，②売得金の額，③売却の相手方の氏名または名称，④消滅すべき担保権の表示，⑤当該担保権によって担保される債権の額，⑥組入金を定める場合（同条項1号）にはその額，⑦組入金の額に関する担保権者との事前協議（同条2項）の内容およびその経過を記載しなければならない（同条3項各号）。裁判所はこの申立てについて審理を行ったうえで，**担保権消滅許可決定**を行う（破189条1項各号）。

この許可決定が確定すると，売却の相手方は，裁判所の定める期限までに金

銭（売却代金のうち，組入金がある場合には，それを控除した額）を納付しなければならない（破190条1項1号。**金銭納付**）。金銭が納付されることにより，担保権が消滅する（同条4項。なお，消滅した担保権にかかる登記・登録の抹消の嘱託につき同条5項）。その後，納付された金銭につき，裁判所により**担保権者に対する配当等**が実施される（破191条）。

なお，以上のように破産手続における担保権消滅許可制度では，再生手続の担保権消滅許可制度における価額決定請求（民再149条～151条。⇨第3章**第8節 4**(3)(b)参照）のように，裁判所が裁判によって担保目的財産の価額を決定する手続は用意されていない。なぜならば，破産手続における同制度は，担保権そのものの消滅を目的とするのではなく，あくまで換価の手段として，破産管財人による任意売却を可能とし，もって破産財団の増殖を実現することを目的とするからである。そのため，目的財産の価額はその換価の結果としての売却代金によって定まるという構造となっている。

(d) 担保権者の利益保護のための措置と対抗手段

担保権消滅許可制度は，担保権を裁判によって強制的に消滅させることを認める制度である。そのため，破産法上，当該担保権を有する者に対して，その利益を保護するための措置とともに，一定の対抗手段が認められている。

第1に，破産管財人は，担保権消滅許可を申し立てるに当たり，売得金から破産財団に組み入れられる金銭（組入金）の額について，あらかじめ担保権者と協議しなければならない（破186条2項。**事前協議義務**）。この協議の内容とその経過（同条3項7号）を踏まえて，裁判所は，担保権消滅許可の要件として「当該担保権を有する者の利益を不当に害する」かどうか（同条1項柱書ただし書）を判断する。また，実質的には，この協議を通じて，破産管財人と担保権者との間で，担保権消滅許可決定によらずに担保目的財産の受戻しのための合意形成が図られ，別除権合意成立による解決が期待される。

第2に，破産管財人による担保権消滅許可の申立てを受けた担保権者（被申立担保権者）は，当該申立てについて異議があるときは，対抗手段として，一定の期間内に自ら**担保権実行の申立て**をすることができる（破187条1項参照）。ただし，あくまで破産管財人と被申立担保権者との間での協議の結果，合意形成が実現していない状況が前提とされるため，売得金および組入金の額につい

て合意がある場合には，担保権実行の申立てをすることができない（同条3項）。被申立担保権者から担保権実行申立証書が提出されると（同条1項），裁判所は不許可決定を行う（破189条1項柱書）。

　第3に，被申立担保権者による対抗手段として，破産管財人による担保権消滅許可の申立てに異議があるときは，一定の期間内において，破産管財人に対し，被申立担保権者本人または他の者が買受希望者として担保目的財産を買い受ける旨の申出をすることができる（破188条1項。**買受けの申出**）。第2の場合と同様に，売得金および組入金の額に関する合意の不存在が前提とされる（同条6項・187条3項）。買受けの申出の額は，破産管財人による申立書記載の売得金の額（破186条3項2号）にその20分の1（5％）相当額を加えた額（要するに，売得金の1.05倍の額）以上でなければならない（破188条3項）。破産管財人は，買受けの申出があったときは，上記期間の経過後，裁判所に対し，担保権の目的財産を買受希望者に売却する旨の届出をしなければならない（同条8項前段。同条9項参照）。これにより，裁判所は，買受希望者を売却の相手方とする担保権消滅許可決定を行い（破189条1項2号），これが確定すると，破産管財人と買受希望者との間で売買契約が締結されたものとみなされる（同条2項前段。買受申出額が売得金の額とみなされる。同条項後段）。

　なお，上記の第2および第3の場合においては，組入金は消滅する（すなわち，破産財団への組入れはなくなる。第3の場合につき，破190条1項2号参照〔同条項1号と対比せよ〕）。組入金は，破産管財人が自ら任意売却の相手方を見つけてきたことに対して認められる対価としての意義を持つためである。

### (4) 商事留置権の消滅請求

　前述したように，破産手続において商事留置権は特別の先取特権とみなされ（破66条1項。⇨**1**(2)(a)参照），別除権として扱われる一方で，その留置権能は存続するというのが判例（最判平成10・7・14民集52巻5号1261頁〔百選53〕）の立場である。もっとも，特に破産手続開始後も裁判所の許可を得て破産管財人が事業を継続する場合（破36条参照），その事業において商事留置権の目的物を使用する必要が生じ得る。そこで，このように目的物が継続事業に必要なものであるとき，その他当該目的物の回復が破産財団の価値の維持または増加に資

するときには，破産管財人は，裁判所の許可を得て，当該目的物の価額相当額を商事留置権者に弁済することで当該留置権の消滅を請求することができる（破192条1項2項3項）。

# 第11節 相 殺 権

## 1 総　説

　相殺とは，金銭債務を典型として，二人が互いに同種の目的を有する債務を負担する場合において，双方の債務が弁済期にあるとき，当事者の一方が相手方に対して意思表示を行うことで，対当額について差引計算によりその債務を消滅させることをいう（民505条1項本文・506条1項前段）。相殺は，その決済手段としての機能のみならず，相手方の資力が低下し，自己の債権回収が困難な状況においても，物的担保のように担保目的財産の価値下落リスクや実行に要する時間的コストを要することなく，簡易迅速かつ確実に債権回収が可能となる担保的機能が，とりわけ金融取引実務において重視されている。

　そこで，破産法は，一定の要件の下，破産債権者が破産手続開始の時において破産者に対して債務を負担するとき，自己の有する破産債権を自働債権とし，破産者の側が有する債権（破産財団に帰属する債権）を受働債権として相殺をすることによって優先的な満足を得る権利を**相殺権**と称し，別除権（破65条1項。⇨第10節**1**(1)参照）と同様に，この相殺権を破産手続によらずに行使することができるものと定めている（破67条1項）。

　以上のように，相殺権は，破産手続開始後において債権者平等原則の例外として，他の破産債権者と比べて相殺権者を有利に扱う結果をもたらす。そのため，破産手続において相殺権の行使を無制限に許容してしまうならば，破産債権につき原則として個別的な権利行使が禁止されているにもかかわらず（破100条1項。⇨第2節**4**(3)(a)(ii)），特定の破産債権者に偏頗的満足を与えることで，他の破産債権者との実質的平等を害する危険が生じ得る。そこで，破産法上，破産者（債務者）が危機状態に陥った後で相殺適状が作出され，破産債権者間の実質的平等を害することとなる濫用的な相殺権の行使は禁止されている（**相**

殺禁止。破71条・72条。⇨**3**参照)。このように危機時期以降の偏頗的満足を阻止するという趣旨は,偏頗行為否認(破162条)の制度趣旨と軌を一にする(⇨**第15節4**参照)。以上を言い換えれば,破産手続開始の時点において,相殺による優先的満足を得ることにつき,あらかじめ相殺権者に合理的かつ正当な期待(**合理的相殺期待**)が認められる場合に限り,相殺権の行使が許容されている(⇨ Column 2-11-2 参照)。

## 2 相殺権行使の要件

### (1) 自働債権の要件

民法上,相殺が認められるには,相殺適状にあること,すなわち,自働債権と受働債権が相対立し,双方が同種の目的を有するとともに,いずれについても弁済期が到来しているという要件(民505条1項本文)を満たし,かつ,相殺禁止事由(同条1項ただし書2項・509条1号2号・510条・511条1項前半2項ただし書,労基17条など)に該当しないことを要する。

破産法においては,以上の民法上の規律を踏まえ,破産債権者が「破産手続開始の時において破産者に対して債務を負担する」(破67条1項)こと,すなわち債権債務の対立の存在を要件とし(同要件に関して,再生手続において三者間相殺の効力を否定した最判平成28・7・8民集70巻6号1611頁〔百選71〕参照),以下に掲げる破産債権を自働債権とする相殺権の行使が認められている(同条2項前段)。

なお,破産債権である自働債権につき,その優先順位は問わない。ただし,一定範囲の劣後的破産債権(破99条1項2号~4号)。⇨**第6節3**(3)(a)参照)は,相殺権の対象から除外されている(破68条2項参照)。

#### (a) 期限付債権

期限付債権について,破産手続開始時にすでに弁済期が到来しているものだけでなく,弁済期がいまだ到来していないものについても,自働債権の要件を満たす(破67条2項前段)。弁済期未到来の債権は,破産債権として,破産手続開始の時において弁済期が到来したものとみなされるためである(現在化。破103条3項,民137条1号。⇨**第6節2**(2)(b)参照)。

### (b) 解除条件付債権

解除条件付債権も破産債権として扱われるため（破103条4項。⇨**第6節2**(2)(c)参照），自働債権の要件を満たす（破67条2項前段）。

ただし，破産手続中に解除条件が成就すると，当該解除条件付債権は消滅するため（民127条2項），自働債権が存在しないにもかかわらず，その破産債権者は相殺により受働債権の負担を免れ，不当に利益を受けることとなる。そこで，解除条件付債権を自働債権とする相殺をするときは，破産債権者は，その相殺によって消滅する債務の額について破産財団のために担保を供するか，または寄託をしなければならない（破69条）。この担保または寄託額は，最後配当に関する除斥期間内に解除条件が成就しなければ破産債権者に返還され（破201条3項），逆に成就すれば破産財団に組み込まれることとなる（⇨**第17節2**(3)(d)参照）。

### (c) 非金銭債権等

非金銭債権（破103条2項1号イ），金額不確定の金銭債権または金額を外国の通貨をもって定めた金銭債権（同号ロ）や金額・存続期間の不確定な定期金債権（同号ハ）についても，その破産債権の額が破産手続開始の決定時の評価額として扱われることを前提として（金銭化。同号柱書。⇨**第6節2**(2)(a)参照），受働債権が金銭債権である場合，双方の債務が「同種の目的を有する」（民505条1項本文）ものとして相殺が許される（破67条2項前段）。この場合，相殺に供することのできる破産債権の額は，金銭化による評価額（破103条2項1号）である（破68条1項）。自働債権が破産債権として確定し，その金銭化の効果が実際に生じていなくても，相殺権の行使は認められる。

### (d) 停止条件付債権・将来の請求権

以上に対して，破産法上，停止条件付債権または将来の請求権については，停止条件が成就するまでは債権が発生していない以上（民127条1項），これをそのまま自働債権とする相殺権の行使は許されない。このことは，現実化していない将来の請求権についても同様である。

ただし，受働債権について先に弁済期が到来しているが，破産手続開始時には自働債権について停止条件が成就しておらず，相殺適状にはなかったものの，破産手続の進行中，後に停止条件が成就する可能性がある。そこで，民法とは

異なり，この場合にも相殺権を行使する利益を認めるべきだという価値判断を破産法は採用している（この点は，民事再生法・会社更生法と異なる。⇨第3章**第9節❷**(2)(a)，第4章**第8節❸**(2)参照）。すなわち，破産債権者は，弁済期の到来した破産者に対する債務（受働債権）につき弁済をする場合，本来ならば，受働債権の弁済によって相殺権は行使することができなくなるはずであるが，後に自働債権の停止条件が成就するに至り，自働債権が発生した際に相殺を可能とするため，その債権額の限度において**弁済額の寄託**を請求することができる（破70条前段）。これにより，最後配当に関する除斥期間内に停止条件が成就した場合には，破産債権者は寄託額を取り戻すことで（これは財団債権となる。破148条1項5号。⇨**第8節❷**(1)参照）受働債権を復活させ，相殺適状のもと，あらためて相殺権を行使することができる。逆に，最後配当に関する除斥期間内に停止条件が成就しなかった場合には，寄託額は破産財団に組み込まれる（破201条2項。⇨**第17節❷**(3)(d)参照）。

　以上の規律は，賃貸人破産の事例において，敷金返還請求権を有する賃借人が破産者に対する賃料債務を弁済する場合にも認められている（破70条後段。⇨**第12節❷**(2)(b)(ii)参照）。

### (2) 受働債権の要件

　受働債権は自働債権と同種の目的を有していなければならないところ（民505条1項本文），受働債権が金銭債権である場合には，前述のとおり破産債権である自働債権が非金銭債権であってもその額は破産手続開始の決定時の評価額として扱われる結果（破103条2項1号イ），相殺権の行使が可能となる。他方で，受働債権が非金銭債権であるときは，破産債権たる自働債権（金銭化される以前のもの）がこれと同種の目的を有するものでなければ相殺は認められない。

　また，破産法においては，受働債権が破産手続開始時に弁済期未到来の期限付債権，解除条件付債権，停止条件付債権または将来の請求権であっても，相殺権者が受働債権につき期限の利益や条件成就・不成就の利益を放棄または喪失することで，相殺権の行使が可能となる（破67条2項後段。⇨ Column 2-11-1 参照）。さらに，判例（最判平成17・1・17民集59巻1号1頁〔百選64〕）によると，

特段の事情のない限り，受働債権につき期限の利益や停止条件不成就の利益を放棄したときだけでなく，破産手続開始後にその期限が到来し，または停止条件が成就したときであっても，破産法67条2項後段の規定により相殺権の行使が認められる（このとき，破産手続開始後の債務の負担として評価されず，相殺禁止〔破71条1項1号〕には該当しない。⇨ **3**(2)(a)参照）。ただし，相殺権の濫用に当たるような場合には，合理的相殺期待（相殺の合理的期待）を欠く特段の事情があるとして破産法67条2項後段の適用は否定されると考えられる。

> **Column 2-11-1** 破産法67条2項後段の倒産法上の位置付け
>
> 破産法67条2項後段について，これを破産法において独自に創設された規定とみるか，それとも倒産法に共通する規律として破産法で確認されたにすぎない規定と解するか，という争いがある。この点は，民事再生法や会社更生法の同種の規定が，受働債権の要件につき期限付債権である場合のみを規律し，解除条件付債権，停止条件付債権または将来の請求権を含んでいないこと（民再92条1項後段，会更48条1項後段。⇨第3章第9節**2**(2)(b)，第4章第8節**3**(2)参照）との関係で問題となる。
>
> 受働債権が，解除条件付債権，停止条件付債権または将来の請求権である場合について，破産法67条2項後段が破産手続において特別に相殺を許容した創設規定であるとすれば，これに相当する規定のない民事再生法や会社更生法では，これらの債権を受働債権とする相殺は認められない（再生手続に関して，大阪高判令和5・12・19金判1692号44頁。〔旧〕会社整理に関して，最判昭和47・7・13民集26巻6号1151頁参照）。これに対し，同条項後段が倒産法上の相殺権における受働債権の要件として，いわば当然の規律を確認した規定にすぎないと解すれば，再生手続や更生手続においても，破産手続と同様に，解除条件付債権，停止条件付債権または将来の請求権を受働債権とする相殺も許容される。学説上は，このような解釈も有力に唱えられている。

## **3** 相殺禁止の規律

### (1) 総　説

民法等の相殺禁止事由（民505条1項ただし書2項・509条1号2号・510条・511条1項前半2項ただし書，労基17条など）に加えて，破産法では，破産手続における相殺権の行使が破産債権に関する債権者平等原則の重大な例外に当たることに鑑みて，他の破産債権者との間の公平を害するような偏頗的な相殺権の行

使が禁止されている。これを**相殺禁止**（相殺制限）といい，破産法上，①**受働債権たる債務負担の時期による相殺禁止**（破71条）と②**自働債権たる破産債権取得の時期による相殺禁止**（破72条）が定められている。これらの相殺禁止の規律に反する相殺は，無効となる。その結果，破産債権である自働債権と破産財団帰属債権である受働債権はそれぞれ復活し，破産債権者はその破産債権につき届出をして行使しなければ満足を得ることができなくなる。

なお，相殺禁止の規律は，破産手続開始後に相殺がされた場合のみならず，開始前に相殺がされた場合にも妥当する。したがって，相殺後に破産手続が開始されれば，その相殺は遡及的に当然に無効となる（大判昭和4・5・14民集8巻523頁〔破産法を準用する旧和議手続について〕，大判昭和5・10・15新聞3199号14頁など。ただし，同時廃止〔破216条1項。⇨**第18節**❸(2)参照〕となった場合はこの限りではない）。また，相殺禁止の規律は破産債権者間の実質的平等を図ることを目的とする強行規定であるため，その効力を排除するような当事者の合意は，たとえそれが破産管財人と破産債権者との間でされたとしても，特段の事情がない限り無効である（最判昭和52・12・6民集31巻7号961頁〔百選69〕）。

相殺禁止の規律を把握するうえでの基本的な視点として，次の点を理解しておくことが有益である（以下の内容は，破産手続のみならず，再生手続や更生手続についても妥当する。⇨第3章**第9節**❷(1)，第4章**第8節**❸(2)参照）。破産手続における債権者平等の規律は，債務者が総債権者に対して十全な満足を図ることが不可能な状態に陥った支払不能の発生時まで遡及させて及ぼすのが公平かつ合理的である。そこで，破産手続開始前に債務者（破産者）が支払不能に陥った時点にまで遡って債権者平等を貫徹すべく，破産手続開始後のみならず，支払不能に陥った時点から破産手続開始時までの間の**危機時期**に生じた債権債務の対立に基づく相殺権の行使に対して相殺禁止の規律を及ぼす必要がある（この点は，支払不能を基準時として，それ以降の危機時期における偏頗行為を否認対象とする偏頗行為否認の規律〔破162条1項1号〕と同趣旨である。⇨**第15節**❹参照）。ただし，取引の安全を保護するため，破産手続開始前における危機時期を示す客観的事由の存在に関しては，相殺権者の認識（悪意）が要求される。

以上のように，支払不能以降の危機時期に生じた債権債務の対立に基づく相殺を禁止するという理論的な規律が基本となる。破産法は，この規律を前提と

しつつ，時期的区分に応じて，受働債権と自働債権のそれぞれについて相殺禁止の要件を定めるとともに，その例外として相殺禁止の適用が除外される事由を定めている。

なお，以下において説明する，破産法における相殺禁止の規律（破71条・72条）は，民事再生法や会社更生法のものと共通している（民再93条・93条の2，会更49条・49条の2。⇨第3章**第9節2**(1)，第4章**第8節3**(2)参照）。このことは，およそ破産手続等が開始される前に相殺権者が有していた相殺に対する期待や利益は，後にいずれの手続が開始されたとしても同様に保護されることを意味し，これにより，債務者と取引を行おうとする相手方の相殺権行使に関する予見可能性を確保する役割を果たしている。

(2) **破産債権者の債務負担の時期による相殺の禁止**

受働債権となる債務の負担の時期による相殺禁止の規律は，①**破産手続開始後の債務負担**（破71条1項1号），②**支払不能後の債務負担**（同条項2号），③**支払停止後の債務負担**（同条項3号）および④**破産手続開始の申立て後の債務負担**（同条項4号）に場合分けがされている。さらに，これらのいずれかに該当したとしても相殺禁止の対象から除外される事由（**相殺禁止除外事由**。同条2項）が定められている。

(a) **破産手続開始後の債務負担**

破産手続において相殺権の行使が認められるには，少なくとも「破産手続開始の時において破産者に対して債務を負担する」（破67条1項）こと，すなわち破産手続開始時において自働債権と受働債権が相対立していることが前提となる。したがって，破産債権者が破産手続開始後に破産財団に対して債務を負担したとしても（例えば，破産管財人との取引によって債務が生じた場合など），これを受働債権とする相殺は認められない（破71条1項1号）。破産手続開始後に，破産債権者が破産財団帰属債権の債務者からの債務引受（民470条・472条）によって債務を負担したという場合も同様である。

他の類型とは異なり，破産手続開始後の債務負担については，相殺権を行使する破産債権者の主観的要件は不要とされている。また，債務負担の原因を問わず，相殺禁止除外の対象とはならない（破71条2項参照。⇨(e)参照）。

105

なお，停止条件付債権である受働債権について，破産手続開始後にその停止条件が成就した場合も破産手続開始後の債務負担として破産法71条1項1号による相殺禁止の適用対象となるかが問題となるが，前述のとおり，判例（最判平成17・1・17民集59巻1号1頁〔百選64〕）は，特段の事情のない限り，この場合も破産法67条2項後段の適用によって相殺が認められるとする（⇨**2**(2)参照）。

(b) **支払不能後の債務負担**

(i) **財産処分契約による債務負担**　前述のとおり，債務者が破産手続開始前にすでに支払不能に陥っていたという場合，その支払不能の時点にまで遡って債権者平等原則を貫徹すべく，支払不能以降に生じた債権債務の対立に基づく相殺を禁じる必要がある（⇨(1)参照）。この趣旨は，偏頗行為否認の規律（破162条1項1号。⇨**第15節4**参照）とも整合するものである。例えば，支払不能に陥った債務者（破産者）との間で債権者（破産債権者）が新たに売買のような取引を行うことで債務者に対して債務を負担し，これによって相殺を可能とした場合，支払不能に陥った債務者が債権取得の対価（売買の目的物など）を債権者に対し代物弁済として供したに等しい状況を作出することとなるからである。したがって，このような債権債務の対立に基づく相殺は偏頗行為否認の規律を潜脱する手段として用いられる危険があり得るため，禁止されなければならない。

以上の趣旨からするならば，本来であれば支払不能後に破産債権者が新たに債務を負担することで作出された債権債務の対立に基づく相殺は，破産手続との関係では一律に禁止されるというのが理論的に整合するはずである。ところが，破産法は，破産債権者が新たに破産者との間での契約締結により債務を負担した場合については，①専ら破産債権をもって相殺に供する目的（専相殺供用目的）で，かつ，②破産債権者が破産者との財産処分契約によって新たに債務を負担する場合に限って相殺を禁止している（破71条1項2号前半）。これは，財産処分契約による新たな債務負担につき，さらに専相殺供用目的という主観的な加重要件を立法政策的に課すことで，相殺禁止の範囲を制限するものである。その趣旨は，以下のように説明される。

外形的事実である支払停止に比べ，支払不能はこれに該当する事実を第三者

が把握することが困難である。そのため，外部から不明瞭な基準時である支払不能後の債務負担の場合の相殺を一律禁止の対象とすると，たとえ破産債権者の支払不能に対する悪意を要するとしても，相殺禁止対象範囲がいたずらに広がり得ることで将来のキャッシュ・フローを担保とした信用供与を行う金融実務に無用な萎縮的効果が生ずるおそれがあり，これを防止する必要がある。例えば，金融機関は融資を行う際，その債務者の取引口座に日々流入する預金に関する返還債務（預金債権）を受働債権とする相殺によって融資債権の回収が可能となるという担保的機能を期待している。そのため，後に債務者につき破産手続が開始されるに至った場合，支払不能に陥っていたと判明した時点以降に生じた預金債権を受働債権とし，融資債権を自働債権とする相殺が認められないとすれば，平時において金融機関による融資の実行を萎縮させてしまうというわけである。

①破産債権者が**専相殺供用目的**を有するかどうかは，当該契約と相殺の意思表示との間に時間的な接着性が認められるかどうか，時間的な接着性が認められない場合には，破産債権者において相殺権の行使を確実なものとするための措置を講じていたかどうかなどの事情が重要な間接事実として判断される（再生手続において専相殺供用目的該当性が争われた事案として，東京地判平成21・11・10判タ1320号275頁〔百選68〕）。また，②**財産処分契約**とは，破産債権者と破産者との間での契約を意味し，売買契約や預金などによる消費寄託契約が含まれる。破産者本人ではなく，破産者の取引先などの第三者が破産者の預金口座に振り込むことも，両者において特定の金融機関の預金口座に振込みをしなければならないとする合意（「強い振込指定」）があった場合には，財産処分行為に該当するといえよう。

　(ⅱ)　**債務引受による債務負担**　　上記のように破産債権者が支払不能後に新たに直接債務を負担した場合のほか，破産債権者がすでに発生している他人の債務を引き受ける内容の契約（民470条・472条）を締結したという場合も相殺禁止に該当する（破71条2号後半）。

　(ⅲ)　**主観的要件**　　以上(ⅰ)または(ⅱ)のいずれの場合についても，取引の安全を保護する観点から，破産債権者が契約締結の当時，支払不能につき悪意であったことを要する。

### (c) 支払停止後の債務負担

　支払停止があった後に破産者に対して債務を負担した場合であって，その負担の当時，支払停止につき悪意であったとき，この債務負担に基づく相殺も禁止される（破71条1項3号本文）。当該相殺禁止事由は，支払停止が支払不能を推定するという機能（破15条2項・162条3項。⇨**第2節 2**(2)(c)・**第15節 4**(4)参照）に基づくものである。したがって，支払不能でなかったときは支払停止による支払不能の推定が覆されるため，当該相殺禁止は適用されない（破71条1項3号ただし書）。

### (d) 破産手続開始の申立て後の債務負担

　破産手続開始の申立てがあった後に破産者に対して債務を負担した場合であって，その負担の当時，破産手続開始の申立てにつき悪意であったとき，この債務負担に基づく相殺は禁止される（破71条1項4号）。

### (e) 相殺禁止除外事由

　受働債権に関する破産法71条1項2号から4号まで（1号は含まれない）の相殺禁止規定は，債務負担が以下のいずれかの原因に基づく場合には，その適用が除外される（破71条2項各号）。本来であれば相殺禁止規定の要件に該当するものの，相殺の担保的機能を期待して行われる取引の安全を保護するため（最判昭和61・4・8民集40巻3号541頁参照），例外的に**合理的相殺期待**が認められる場合については相殺禁止を除外するというのが同条項各号の趣旨である。以下の各事由の証明責任は，破産債権者（相殺権者）が負う。

　（ⅰ）**法定の原因に基づく場合（破71条2項1号）**　債務負担が破産債権者の意思に基づかない法定の原因として，相続，事務管理，不当利得などに基づく場合がこれに該当する（合併や会社分割は当事者の合意を基礎とするため，これに含まれないとする見解が有力である。また，不法行為に基づく場合は，民法上，相殺が禁止される〔民509条〕）。

　（ⅱ）**支払不能，支払停止または破産手続開始の申立て（危機時期を示す事由）を破産債権者（相殺権者）が知った時より前に生じた原因に基づく場合（破71条2項2号）**　危機時期以降，破産手続開始前に債務を負担した場合（停止条件付債務の停止条件が成就することで債務を負担するに至った場合も含む）は原則として相殺禁止に該当する（同条1項2号〜4号）ところ，危機時期を示す事由

を破産債権者が知った時よりも「前に生じた原因」に基づく場合には例外的に相殺禁止から除外される。ここでいう「前に生じた原因」に基づく場合とは，危機時期を示す事由を破産債権者が知る以前から，相殺に対して合理的かつ具体的な期待（合理的相殺期待）を有するに至ったことを意味し（最判昭和63・10・18民集42巻8号575頁〔百選65〕，最判平成26・6・5民集68巻5号462頁〔百選67。民事再生法93条2項2号について〕参照），具体的な相殺期待を生じさせる程度に直接的なものでなければならない（⇨ Column 2-11-2 参照）。

(iii) **破産手続開始の申立てがあった時より1年以上前に生じた原因に基づく場合（破71条2項3号）**　これは(ii)の場合と同様に，同条1項2号から4号までの危機時期を示す事由が発生した後に債務負担をした場合であっても，その債務負担の時期が破産手続開始の申立てから遡って1年以上前であるときは，相殺禁止の時間的範囲を制限して取引の安全を図るため，例外的に相殺禁止から除外するという趣旨によるものである。

### (3) 破産者に対して債務を負担する者の破産債権取得による相殺の禁止

#### (a) 破産手続開始後の他人の破産債権取得

破産手続において相殺権の行使が認められるには，「破産手続開始の時において破産者に対して債務を負担する」（破67条1項）ことを要するため，破産者に対して債務を負担する者は，破産手続開始後に他人の破産債権を取得した場合には，これを自働債権として相殺をすることができない（破72条1項1号）。このとき，相殺権を行使する破産債権者の主観的要件は不要である。また，債権取得の原因を問わず，相殺禁止除外の対象とはならない（同条2項参照。⇨(e)参照）。

以上のように「**他人の破産債権**」の取得場面に限定されているため，破産手続開始後に停止条件付債権の条件が成就して発生したことで，自ら破産債権を取得するに至った場合は破産法72条1項1号所定の相殺禁止事由に形式的には該当しないはずであるが，実質的に合理的相殺期待を欠くことを理由に，その類推適用を認めた判例がある（最判平成24・5・28民集66巻7号3123頁〔百選70〕）。

### (b) 支払不能後の破産債権取得

破産者に対して債務を負担する者は，支払不能になった後に破産債権を取得した場合であって，その取得の当時，支払不能につき悪意であったときは，これを自働債権として相殺をすることができない（破72条1項2号）。

### (c) 支払停止後の破産債権取得

破産者に対して債務を負担する者は，支払停止があった後に破産債権を取得した場合であって，その取得の当時，支払停止につき悪意であったときは，これを自働債権として相殺をすることができない（破72条1項3号）。ただし，当該支払停止があった時において支払不能でなかったときは，支払停止による支払不能の推定が覆されるため，この限りでない（同号ただし書）。

### (d) 破産手続開始の申立てがされた後の破産債権取得

破産者に対して債務を負担する者は，破産手続開始の申立てがあった後に破産債権を取得した場合であって，その取得の当時，破産手続開始の申立てにつき悪意であったときは，これを自働債権として相殺をすることができない（破72条1項4号）。

### (e) 相殺禁止除外事由

前述した受働債権たる債務負担に関するのと同様に（⇨(2)(e)参照），自働債権に関する破産法72条1項2号から4号まで（1号は含まれない）の相殺禁止規定は，債権取得が，①法定の原因，②支払不能，支払停止または破産手続開始の申立て（危機時期を示す事由）を破産者に対して債務を負担する者（相殺権者）が知った時より前に生じた原因（最判昭和40・11・2民集19巻8号1927頁〔百選66〕，最判令和2・9・8民集74巻6号1643頁参照。⇨ Column 2-11-2 参照），③破産手続開始の申立てがあった時より1年以上前に生じた原因，または④破産者に対して債務を負担する者と破産者との間の契約のいずれかに基づく場合には，その適用が除外される（同条2項各号）。各事由の証明責任は，破産者に対して債務を負担する者（相殺権者）が負う。

このうち，①から③までの除外事由は，前述した受働債権となる債務の負担の場合と共通する（⇨(2)(e)参照）。他方で，④は，自働債権となる破産債権の取得の場合に固有の相殺禁止除外事由であり，以下のような場合を相殺禁止の対象から除外する趣旨に基づく。例えば，定期預金口座の預金者（破産者）が支

払不能に陥った後，その預金口座を有する銀行が預金者に対して新規に融資を行って融資債権を自働債権として取得したという場合，この銀行（破産債権者）は，預金債権を受働債権とする相殺の担保的機能を期待して，支払不能の状態にある預金者（破産者）との間で新規融資契約を締結している。この場合の銀行は，支払不能後に融資債権を契約により取得した時点で，相殺によって担保することのできる預金債権を確保していたのであるから，その相殺に対する期待は合理的なものとして保護されるべきである（偏頗行為否認において，新規融資に伴う担保設定が同時交換的取引として否認対象から除外されていること〔破162条1項柱書かっこ書。⇨第15節**4**(1)参照〕と共通の考慮に基づく）。

> **Column 2-11-2** 相殺禁止除外事由の「前に生じた原因」と合理的相殺期待
> 　本文でも述べたように，倒産手続において相殺権行使が正当化される実質的根拠として，**相殺の担保的機能に対する合理的期待**（いわゆる合理的相殺期待）の存在が求められるが，特に相殺禁止除外事由としての**「前に生じた原因」**（破71条2項2号・72条2項2号，民再93条2項2号・93条の2第2項2号，会更49条2項2号・49条の2第2項2号）という文言の解釈に関して，判例上，実質的に合理的相殺期待の有無が問題となっている。そこで，以下において受働債権と自働債権のそれぞれに関する重要判例を取り上げる。
> 　まず，①受働債権（相殺権者による債務の負担）に関して，最判平成26・6・5民集68巻5号462頁〔百選67〕がある（再生手続に関する事案）。これは，投資信託受益権にかかる投資信託契約の解約により販売銀行が解約金の交付を受けることを停止条件とする解約金支払債務について，支払停止後に解約実行請求がされ，上記条件の成就により販売銀行が再生債務者に対して同債務を負担するに至ったという事例に関するものである（なお，開始後の停止条件成就時をもって債務を負担するに至り，相殺禁止事由に該当するというのが判例〔最判昭和47・7・13民集26巻6号1151頁。〔旧〕会社整理の事案〕である。これに対し，破産手続の場合は，破産法67条2項後段の適用によって相殺が認められる。⇨**2**(2)　**Column 2-11-1** 参照）。
> 　平成26年最判は，販売銀行は，この解約金支払債務を受働債権とする相殺に対する合理的期待を有していないとして，同債務の負担は「前に生じた原因」（民再93条2項2号）に基づく場合に当たらない旨を判示した。解約実行請求がされるまでの本件受益権に対してはすべての再生債権者が再生債務者の責任財産として期待を有していたところ，再生債務者の販売銀行に対する解約金支払請求権は本件受益権と実質的に同等の価値を有しており，そのうえ，支払停止を知った後で相殺適状を作出した販売銀行には，同請求権を受働債権とする相殺に対する合理的期待がなかったことを理由として挙げている。なお，

同判例は，本件受益権につき他の振替先口座への振替が自由であり，また，相殺に際して販売銀行が債権者代位権の行使により受益者（再生債務者）に代位して自ら解約実行請求を行わざるを得なかったという事情も併せて指摘している。

つぎに，②自働債権について，最判令和2・9・8民集74巻6号1643頁がある。これは，土木工事業・建設業等を目的とする破産会社が破産手続開始前に注文者（福岡県）から請け負って施工した複数の土木工事につき，破産管財人が注文者に対し各報酬等の支払を求めたのに対し，これら複数の請負契約のうちの一部につき，工事の未完成を理由とする契約の解除に伴い違約金債権を取得したとして，各違約金債権を自働債権とする相殺を主張したという事案に関するものである。

令和2年最判は，上記のように，異なる複数の請負契約における各違約金債権を合算した合計額について自働債権とし，同様に異なる複数の請負契約に基づく各報酬債権を合算した合計額について受働債権とする相殺に関して，「自働債権と受働債権とが同一の請負契約に基づいて発生したものであるか否かにかかわらず，本件各違約金債権をもってする相殺の担保的機能に対して合理的な期待を有していた」ことを理由に，本件各違約金債権の取得が「前に生じた原因」（破72条2項2号）に基づく場合に当たると判示した。あくまで具体的事案の下での事例判決ではあるものの，合理的相殺期待の判断につき，自働債権と受働債権との間の厳密な牽連性を必要としなかった点で注目される。

## 4 相殺権行使の方法・行使時期

### (1) 行使方法

破産債権者は，破産手続によらないで，相殺をすることができる（破67条1項）。したがって，相殺権は，自働債権たる破産債権の届出・調査・確定の手続を経ることを要せず，破産管財人に対して，裁判上または裁判外において相殺の意思表示を行うこと（民506条1項前段）のみによって行使することができる。

もっとも，相殺権者が自働債権を破産債権として届け出ることは可能である。その場合，破産債権全額の届出をすることとなるが（なお，別除権者による被担保債権の不足額部分の届出に関する破産法111条2項に相当する規定は存在しない。⇨第7節 **7** (1)参照），その後，相殺権が行使されれば，当然に残債権額のみが破産債権として確定される（別除権者に関する不足額責任主義〔破108条1項本文〕と同

様の帰結になる。⇨第10節**2**(2)(a)参照)。

相殺権の行使は，管理処分権を有する者に対してされなければならないため，破産者ではなく，管理処分権の専属する破産管財人（破78条1項。⇨第3節**1**参照）に対して相殺の意思表示（民506条1項前段）をしなければならない。自働債権の存否や額，相殺禁止に該当することを理由に，相殺の効力を破産管財人が争う場合には，破産管財人の側が，受働債権につき破産債権者を被告として給付訴訟を提起しなければならず，これに対して，破産債権者は相殺の抗弁を主張することになる。

### (2) 行使時期

破産手続における相殺権の行使に関しては，時期的制限がない（この点は，再生手続や更生手続におけるのと異なる。⇨第3章第9節**2**(3)，第4章第8節**3**(2)参照）。したがって，破産手続が終了するまで（破220条）であれば，いつでも行使が可能である（もっとも，現実的には，最後配当または簡易配当の除斥期間満了時〔破198条1項・205条〕までには相殺の意思表示を行う必要がある。⇨第17節**2**(2)・**3**(1)参照）。これは，破産手続において破産債権者が相殺による優先的満足を得る機会をできる限り保障しようという趣旨に基づく。ただし，時期的制限がないために相殺権者たる破産債権者が相殺権を行使するか否かの態度を明らかにしない場合に備えて，**5**で扱う破産管財人による確答催告権の制度が設けられている（破73条）。

## **5** 破産管財人からの確答催告・相殺

### (1) 総説

破産管財人から相殺することは，破産債権である受働債権の任意弁済を意味し，破産債権に関する個別的権利行使禁止（破100条1項）に違反するため，原則として認められない。しかし，①破産債権者の側からいつまでも相殺権が行使されないために管財業務が遅延し，破産手続の円滑かつ迅速な運営に支障を来す場合や，②破産財団帰属の債権の経済的価値が低下している場合（例えば，破産債権者の側も破綻状態にある場合）には，一定の対処が必要となる。そこで，破産法は，上記①に対処するために**相殺権行使に関する破産管財人からの確**

答催告を認めるとともに（破73条），②に対処するために例外的に**破産管財人からの相殺**を認めている（破102条）。

### (2) 相殺権行使に関する破産管財人からの確答催告

破産管財人は，一般調査期間（破31条1項3号）の経過後または一般調査期日（同号）の終了後，相殺権を行使することができる破産債権者に対し，1か月以上の期間を定め，その期間内に相殺をするかどうかを確答すべき旨を催告することができる（破73条1項本文。**確答催告権**）。ただし，受働債権の弁済期が到来している必要がある（同条項ただし書）。

催告があった場合において，その期間内に確答をしないときは，当該破産債権者は，破産手続の関係においては，当該破産債権についての相殺の効力を主張することができない（同条2項）。

### (3) 破産管財人からの相殺

破産管財人は，破産財団に属する債権をもって破産債権と相殺することが破産債権者の一般の利益に適合するときは，裁判所の許可を得て，その相殺をすることができる（破102条）。これは，破産債権に関する個別的権利行使禁止の原則（破100条1項）の例外に該当する。

「一般の利益に適合するとき」とは，例えば，破産財団に帰属する債権の債務者である破産債権者の側が破綻状態にあり，破産管財人が当該債権を直接回収することが困難である場合などにおいて，破産管財人が当該債権を自働債権とし，破産債権を受働債権として相殺することが，破産財団の維持・増殖につながり，ひいては破産債権者一般の満足につながるときを意味する。

## 6 破産法上の規整対象外の相殺

破産債権に該当しない債権（非破産債権または財団債権）や破産財団帰属債権に該当しない債権（すなわち，自由財産帰属債権）を自働債権または受働債権とする相殺は，以上の破産法上の規整の対象とはなっていない。

第11節 相 殺 権

(1) 非破産債権を自働債権とする相殺
　まず，非破産債権と自由財産帰属の債権との相殺は，破産手続とは無関係であるため，民法の一般原則による。他方で，非破産債権と破産財団帰属の債権との相殺については，非破産債権者および破産管財人のいずれからの相殺も認められない。なぜならば，およそ破産財団帰属の財産は，破産債権・財団債権への満足にのみ充てられなければならないからである。

(2) 破産債権と自由財産帰属の債権との相殺
　この場合，破産債権者からの相殺は認められない。なぜならば，このような相殺は，破産債権である自働債権を破産債権者の側から強制的に取り立てることにほかならず，破産債権に関する個別的権利行使禁止（破100条1項）に反するとともに，自由財産制度の趣旨（⇨第4節**2**(1)参照）を害するためである。他方で，破産者からの相殺は，原則として有効なものとして認められる。ただし，このような相殺は破産者による自由財産からの任意弁済に等しい性質を有するため，その任意性が確保されていなければならない（最判平成18・1・23民集60巻1号228頁〔百選45〕参照。⇨第4節**2**(1)参照）。

(3) 財団債権と破産財団帰属の債権との相殺
　この場合，財団債権者または破産管財人のいずれからの相殺も，有効なものとして認められる。

(4) 財団債権と自由財産帰属の債権との相殺
　この場合，財団債権者または破産者のいずれからの相殺も認められない。これは，財団債権の債務者が破産者ではなく破産管財人であると解すると（⇨第8節**1**参照），基本的には，財団債権者と破産者との間には相殺の前提となる債権債務の対立関係が存在しないためである。また，財団債権は破産財団から満足を受けるべきであり，財団債権者からの相殺を認めることは自由財産から財団債権に関する強制的取立てを許容するに等しく，自由財産制度の趣旨を害するためである。

## 第12節　契約関係の処遇

### 1 破産手続における双務契約の処遇に関する一般原則

**(1) 総説**

　売買契約などの双務契約における契約当事者の一方について破産手続が開始された場合，破産手続開始時においてすでに双方の債務の履行が完了していれば，契約関係はすでに終了しているため，特に問題は生じない。これに対して，双務契約につき，破産手続開始時において①**一方の債務についてのみ履行が完了していない場合**（未履行の片務契約の場合も同様である）や②**双方の債務について履行が完了していない場合**には，残された債権債務関係または契約関係は破産手続において処理されなければならない。その際，破産財団に関する財産関係の処理は，管理処分権を有する破産管財人に委ねられるため（破78条1項参照），破産手続の開始後における契約関係も，相手方と破産管財人の間において処理される。

**(2) 一方の債務についてのみ履行が完了していない場合の処遇**

　破産手続開始時において，双務契約につき破産者の側が債務の履行を完了していたのに対し，相手方がその債務を履行していないという場合，破産者が相手方に対して有する債権は，破産財団に帰属する債権（破34条1項）として破産管財人がこれを行使する（⇨第4節**1**参照）。

　他方で，破産手続開始時において，双務契約につき相手方が債務の履行を完了していたのに対し，破産者がその債務を履行していなかったという場合，相手方が破産者に対して有する債権は，要件を満たせば破産債権（破2条5項。⇨第6節**1**(2)参照）として扱われ，ただ金銭配当による按分比例的満足に甘んじなければならない。破産者に対する他の一般債権者との平等・公平という観点から考えると，この相手方も他の債権者と同様に，破産債権者として平等に処遇されなければならないからである。その前提として，そもそも契約の相手方が履行を完了するかどうか信用することができない（究極的には，上記のように，

その相手方が破産するかもしれない）という状況にもかかわらず，自らの債務について弁済期到来により履行を強制させられないようにするため，民法上，対価関係のある双務契約について債務の履行上の牽連関係に基づいて**同時履行の抗弁権**（民533条本文）が認められている。

**(3) 双方の債務について履行が完了していない場合の処遇**
 **(a) 双方未履行双務契約の処遇に関する一般原則**
  **(i) 双方未履行双務契約に関する破産管財人による選択権** 破産手続開始時において，双務契約における双方の債務の全部または一部につき履行が完了していない場合（以下，これを「**双方未履行双務契約**」の場合という。一部未履行の場合もこれに含まれる。また，未履行の理由は問わない），破産管財人は，①契約全体の解除をするか（**解除の選択**），または②破産者の債務を履行して相手方の債務の履行を請求するか（**履行の選択**）のいずれかを選択することができる（破53条1項）。これが破産手続における**双方未履行双務契約の処理に関する一般原則**である（双方未履行双務契約の該当性に関する判断につき，最判昭和62・11・26民集41巻8号1585頁〔百選80。破産手続における請負契約について（肯定）〕，最判平成7・4・14民集49巻4号1063頁〔百選75。更生手続におけるファイナンス・リース契約について（否定）〕。⇨**2**(3)参照，最判平成12・3・9判時1708号123頁〔百選81②。破産手続における預託金会員制ゴルフクラブ会員契約について（否定）〕参照）。

 清算型手続である破産手続では，解除選択による契約関係の早期解消が原則的処理として想定されている。これに対して，再建型手続である再生手続や更生手続では，事業継続のために債務の履行による契約関係の完了が原則的処理として予定されている（民再41条1項4号・49条2項後段，会更72条2項4号・61条2項後段参照。⇨第3章**第11節1**，第4章**第8節2**(2)参照）。このように破産手続では解除選択が原則として位置付けられていることから，破産管財人が履行を選択する場合には，破産財団に生じる経済的負担（後述するように，この場合，相手方の債権は財団債権となる。破148条1項7号。⇨**(b)(ii)**参照）に関する妥当性の判断を要するため，裁判所の許可を得なければならない（破78条2項9号。⇨**第5節1**参照）。

 なお，契約を解除することによって相手方に著しい不公平な状況が生じるよ

うな場合には，例外的に，破産管財人は上記選択に基づく解除権を行使することができない旨を判示する判例がある（最判平成 12・2・29 民集 54 巻 2 号 553 頁〔百選 81①〕）。同判例によると，相手方に著しく不公平な状況が生じるかどうかは，「解除によって契約当事者双方が原状回復等としてすべきことになる給付内容が均衡しているかどうか，〔旧〕破産法 60 条〔現破 54 条〕等の規定により相手方の不利益がどの程度回復されるか，破産者の側の未履行債務が双務契約において本質的・中核的なものかそれとも付随的なものにすぎないかなどの諸般の事情を総合的に考慮して決すべきである」という。

　　(ii) **制度趣旨・機能**　　以上の双方未履行双務契約の処理に関する破産法 53 条の規律の制度趣旨をどう理解すべきかという点については，学説上，見解の対立が見られる（判例の立場として，前掲最判昭和 62・11・26 参照）。

　伝統的な通説とされる見解は，民法上の同時履行の抗弁権（民 533 条本文）の制度趣旨である**契約当事者間の公平の見地**を上記規律の制度趣旨として捉える。すなわち，前述のとおり双務契約において両当事者の債務は互いに同時履行の関係にあり（民 533 条本文），**相互に担保視し合っている**はずである。そこで，破産法 53 条が，双務契約における債権債務を一体のものとして扱うこととしたうえで，その一体的な処遇につき破産管財人による選択に委ねることで，両当事者間の公平な対価関係が損なわれないよう配慮し，特に同時履行の抗弁権を行使する機会を失う相手方の保護を図っていると理解する。具体的には，後述するとおり（⇨(b)参照），解除選択の場合には破産法 54 条により，また，履行選択の場合には相手方の有する債権を財団債権とすることで（破 148 条 1 項 7 号），同時履行の抗弁権を有していた相手方の保護が図られているとする。

　ただし，以上の説明では，なぜ一方当事者が破産した場合の破産管財人にのみ選択権が与えられているのか，また，相手方の有する同時履行の抗弁権が当然に失われるとする根拠については十分に明らかにされているとは言い難い。そこで，破産手続開始後も契約当事者間における同時履行関係が存続することを前提として，破産手続の円滑かつ迅速な終結を図るべく，両当事者間における契約関係の「両すくみ」の状態を解消させるため，破産管財人に選択権を与えたと解する見解がある。さらに，破産管財人の選択権（特に民法上の解除原因によらない解除の選択権）は，直截に，破産法によって付与された特別の権能で

あると捉える見解もある。

双方未履行双務契約の処遇に関する選択権は、破産手続における破産管財人のみならず、再生手続における再生債務者等や更生手続における更生管財人にも認められている（民再49条1項、会更61条1項。⇨第3章**第11節1**，第4章**第8節2**(2)参照）。このように、破産管財人等の選択権は、その実際の機能面に着目すれば、およそ法的倒産手続の全体を通じて、破産管財人等が破産財団等の増殖や事業再構築にとって適切な判断を行うことを可能としている。この観点からすれば、双方未履行双務契約の処遇につき破産管財人等による選択権を特別の権能として倒産法は認めつつ、相手方の保護を図っていると解するのが、その実際の機能に合致しているといえる。

(b) **破産管財人による選択権の行使と相手方の地位**

(i) **破産管財人による解除の選択** 民法上、契約が解除されると、その効果として契約関係が遡及的に消滅することで、未履行部分の債務は消滅し、既履行部分の債務に関して原状回復請求権が発生する（民545条1項本文）。

そこで、契約当事者の一方の破産手続開始時において、破産管財人が双務契約の解除を選択した場合（破53条1項。後述するとおり、相手方からの催告に対する不確答による解除擬制の場合〔同条2項〕も同様である。⇨(c)参照）、債務の一部を履行していた相手方は、原状回復請求権の行使として、破産者の受けた反対給付が破産財団中に現存するときは、その返還を請求することができ（取戻権の一種とされる）、現存しないときは、その価額について財団債権者としてその権利を行使することができる（破54条2項。反対給付価額償還請求権）。この規定は、破産財団に不当利得が生じないようにする配慮に基づくとともに、同時履行の抗弁権を有する相手方の原状回復請求権を保護する趣旨に基づくものである。

また、破産管財人の解除選択（破53条1項）によって相手方に発生した損害賠償請求権については、相手方は、破産債権者としてこれを行使することができる（破54条1項・97条8号）。この損害賠償請求権は、破産管財人の解除選択という行為によって生じるものであるから、本来ならば財団債権として扱われるはずである（破148条1項4号参照）。しかし、損害賠償請求権を財団債権としてしまうと破産財団に対する経済的負担が重大なものとなりかねず、破産管財人に解除選択権を付与した趣旨が没却される。そのため、破産管財人による

解除選択の場合の損害賠償請求権をあえて破産債権に格下げしたものと考えられる。

　(ii)　**破産管財人による履行の選択**　　前述したように，双務契約の契約当事者間の公平の観点から，双方未履行の状態にある契約の相手方には同時履行の抗弁権が認められる（民533条本文）。そこで，双務契約における相手方の債権は，本来であれば破産債権（破2条5項）として扱われるべきところ，同時履行関係に基づく対価関係を保護して公平を図るために，財団債権に格上げされて扱われる（破148条1項7号）。これにより，相手方が同時履行の抗弁権を有するとしても，破産管財人は相手方に対しこの財団債権の随時優先弁済（破2条7項・151条。⇨第8節**3**(1)(2)参照）をすることで同時履行関係を解消し，そのうえで，相手方に対しその債務の履行を求めることが可能となる。

　(c)　**相手方からの確答催告**

　双方未履行双務契約の処理は，あくまで破産管財人の選択に委ねられており，相手方には選択権が認められていない。しかし，破産管財人がいつまでも選択をしないままだとすると，相手方の地位は不安定なものとなってしまう。そこで，相手方は，破産管財人に対し，相当の期間を定め，その期間内に契約の解除をするか，または，債務の履行を請求するかを確答すべき旨の催告をすることができる（破53条2項前段。**確答催告権**。なお，使用者破産の場合の雇用契約〔民631条前段。⇨**2**(4)(a)〕および注文者破産の場合の請負契約〔民642条1項前段。⇨**2**(5)(b)〕についても準用される。破53条3項）。破産管財人がその期間内に確答をしないときは，契約の解除をしたものとみなされ（同条2項後段。**解除擬制**），破産管財人による解除選択の場合として扱われる（⇨(b)(i)参照）。

　これに対して，再建型手続である再生手続や更生手続では，不確答の効果として再生債務者等や更生管財人による解除権の放棄とみなされるため（解除権放棄擬制。民再49条2項後段，会更61条2項後段），履行選択の場合と同様の扱いを受ける（⇨第3章**第11節1**，第4章**第8節2**(2)参照）。

　(d)　**相手方からの解除権行使の可否**

　(i)　**破産手続開始前に生じた法定解除権の行使**　　通説によると，破産手続において，破産者の相手方は破産手続開始前にすでに取得していた法定解除権（民541条・542条）の行使を破産管財人に対して主張し，原状回復を求める

ことが認められる。ただし，破産管財人が民法545条1項ただし書の「第三者」に該当する（⇨第3節**1**(7)(b)参照）ことから，解除権を行使した相手方は，破産管財人に対して解除の効果を主張するには一定の制約を受けることとなる。例えば，不動産売買契約において売主から買主に所有権移転登記が経由されたものの，買主の債務不履行により売主が法定解除権（民541条・542条）を取得し，その後，買主につき破産手続が開始されたという場合，相手方たる売主は同契約を解除したとしても，解除前の「第三者」（民545条1項ただし書）たる破産管財人に対し当該不動産の所有権を主張することができず，所有権移転登記抹消請求権を取戻権（破62条。⇨第9節**2**参照）として行使することができない。

(ii) **破産手続等の開始前の倒産解除特約による解除の効力**　破産手続等の倒産手続の開始前において，あらかじめ契約当事者による破産手続等の開始の申立てや支払停止などの事由の発生に基づき解除権の行使を認める**倒産解除特約**（倒産解除条項）が締結されることがあり，破産手続等においてその効力が問題となる。

この特約の類型としては，その目的に応じて，①契約当事者の一方の倒産手続において契約の拘束力から離脱するために，あらかじめ約定解除権行使の機会を確保する目的によるものと，②非典型担保（所有権留保特約付売買契約，ファイナンス・リース契約など）における私的実行（担保権実行）の方法としての目的によるものが想定される。前者については，双方未履行双務契約に関する破産管財人等の選択権との抵触を理由に，その効力を否定すべきである。また，後者についても，再建型手続である更生手続や再生手続において，判例は，その効力が否定される旨を明らかにしている（最判昭和57・3・30民集36巻3号484頁〔百選76。更生手続における所有権留保事例〕，最判平成20・12・16民集62巻10号2561頁〔百選77。再生手続におけるファイナンス・リース事例〕）。

## **2** 各種契約の処遇

### (1) 売買契約

#### (a) 通常の売買契約

売買契約とは，当事者の一方（売主）がある財産権を相手方に移転すること

を約し，相手方（買主）がこれに対してその代金を支払うことを約する契約をいうところ（民555条），破産手続において，原則として，同契約の処遇は双方未履行双務契約に関する一般原則（破53条・54条など。⇨**1**(3)参照）に従う。

(b) **継続的給付を目的とする双務契約に関する特則**

継続的給付を目的とする双務契約とは，一定の期間，種類で定められた物を一定の代金で供給する契約（売買契約の一種である継続的契約）である。したがって，破産手続開始時にその基本契約が存続していれば，双方未履行双務契約に該当し，破産法53条以下の規定が適用される（⇨**1**(3)参照）。これに加えて，再生手続や更生手続におけるのと同様に（民再50条，会更62条。⇨第3章**第11節2**(1)参照），破産手続においても管財業務に支障を来さないよう継続的給付の継続を確保するために破産法55条の特則が設けられている（ただし，労働契約は適用対象から除外される。同条3項）。ここでいう「**継続的給付**」を目的とする双務契約（同条1項）として，典型的には，電気，ガスや上水道といった，いわゆるライフラインに関する供給契約が想定されているが，その他，製品を製造するための原材料供給契約や携帯電話の利用契約などもここに含まれると考えられる。

破産法55条は，上記契約における破産手続開始前の継続的給付に関する代金債権について，①開始申立て前の給付の対価と②開始申立てから開始決定までの給付の対価に区分したうえで，破産財団に対する負担を考慮しつつ給付の継続を確保するため，それぞれにつき特則を設けている。まず，①開始申立て前の給付の対価としての代金債権は原則どおり破産債権として処遇されるものの（なお，日用品の供給による場合は一般先取特権が認められるため〔民306条4号・310条〕，優先的破産債権〔破98条1項〕となる〔⇨第6節**3**(2)参照〕），その弁済がないことを理由として相手方（供給者）は破産手続開始後の給付を拒むことができない（破55条1項）。他方，②開始申立てから開始決定までの給付の対価としての代金債権については財団債権として保護され（同条2項），随時優先弁済（破2条7項・151条）が認められる。そのため，相手方（供給者）はその弁済がないことを理由に手続開始後の履行を拒絶することができる。

なお，上記②について，一定の期間ごとに債権額を算定すべき継続的給付に関するものは，申立ての日の属する期間内の給付にかかる請求権のすべてが財

団債権とされる（破55条2項かっこ書）。これは，申立ての日より前の給付にかかる請求権と申立ての日以降の給付にかかる請求権とを明確に区別することが事務処理上困難であるためである。継続的給付契約は，一定期間ごとに請求されるのが通常であるため，多くの場合，上記規定の適用を受けることになろう。例えば，月払のガス供給契約において，4月6日に検針が行われ，その後，同月25日に開始申立てがあったという場合，申立ての日である4月25日以降ではなく，検針日の翌日である4月7日以降の期間内（次の検針日までの1か月間）の給付にかかるガス料金債権の全体が上記規定により財団債権として扱われる。

　以上の破産法55条の規定は，継続的給付の継続を確保するという目的からすれば，本来は主として破産管財人が破産手続開始後に当該契約につき履行の選択をする場合（破53条1項）を想定したものである。他方で，解除の選択をした場合については上記②に関する規定の適用を受けず，申立てから開始決定までの給付の対価としての代金債権は原則どおり破産債権として扱われるという見解と，文言上も履行選択の場合に限られていないため，履行選択の場合と同様に上記規定が適用されて財団債権となるという見解が対立している。この点につき，たしかに破産法55条の本来の趣旨は継続的給付の継続確保という点にあるものの，破産手続開始後に破産管財人がいずれの選択をするのかは未定であることからすれば，給付の継続を行う相手方の信頼を保護すべく，その代金債権を一律に財団債権として扱うのが妥当である（再生手続や更生手続に関しても同様である）。

### (c)　所有権留保特約付売買契約

　所有権留保特約付売買契約とは，売買契約において，売買代金の弁済を確保するため，その目的物の所有権をただちに買主に移転させず，売買代金の完済まで売主の元に留保する旨の特約のある売買契約をいう。その実質は，売主の代金債権を被担保債権として，その弁済まで売主が目的物の所有権を担保の目的で留保する非典型担保としての性格を有する。それゆえ，留保所有権を有する売主は実質的に担保権を有するものとして，破産手続上，取戻権（破62条）ではなく別除権（破2条9項・65条1項）が認められる（⇨**第10節 1(2)(b)参照**）。そして，所有権留保の担保目的という実質を尊重し，また，留保所有権を有する売主の別除権行使の機会を確保するため，所有権留保特約付売買契約の双方

未履行双務契約該当性は否定されると解される（なお，ファイナンス・リース契約に関する最判平成7・4・14民集49巻4号1063頁〔百選75〕参照）。登記・登録等を対抗要件とする目的物（例えば，登録自動車〔車両5条1項〕）に関する売買契約において，引渡しは完了しているものの，登記・登録等の具備が完了していないという場合についても同様に解される。

### (2) 賃貸借契約

賃貸借契約とは，当事者の一方（賃貸人）が相手方（賃借人）に物を使用および収益させることを約束し，相手方がこれに対してその賃料を支払うことおよび目的物を契約終了時に返還することを約束する契約をいい（民601条），契約期間中においては物を使用および収益させる債務と賃料支払債務が対価関係に立つ有償・双務・諾成契約である。したがって，契約期間中に賃貸人か賃借人のいずれかについて破産手続が開始された場合には，残りの契約期間について当事者双方の債務がいずれも未履行のまま残る。そのため，同契約は双方未履行双務契約として扱われ，破産法53条以下の規定が適用されるのが原則である（⇨**1**(3)参照）。ただし，賃借人保護の観点から，後述するとおり，賃貸人破産の場合については破産法56条の特則が置かれている（⇨(b)参照）。

#### (a) 賃借人の破産手続

賃借人に対して破産手続が開始された場合には，双方未履行双務契約に関する一般原則（破53条）が適用され，賃借人の破産管財人が賃貸借契約につき解除または履行を選択することができる。この場合，賃借人の破産管財人が，破産者たる賃借人との関係で賃貸借契約継続の必要性の有無を勘案しつつも，他方で破産債権者の利益を実現する義務を負う立場として（破85条1項参照），適切な判断を行うことが期待される。例えば，法人である破産者が高額の賃料で事務所を賃借している場合などは，破産財団の負担を考慮し，破産管財人は解除を選択すべきであろう。他方，自然人である破産者が借家に現住している場合には，その具体的な状況を考慮しつつ，破産管財人が破産財団に帰属する賃借権を放棄する（または，自由財産の拡張の決定〔破34条4項〕を受ける。⇨**第4節 2**(2)参照）などをして，破産者の生活の基盤となるべき借家権および敷金を自由財産として扱うことが考えられる。

### Column 2-12-1　賃借人破産における賃貸人の原状回復請求権（原状回復費用請求権）の処遇

　賃借人について破産手続が開始された後，その破産管財人が賃貸借契約を破産法53条1項により解除した場合，**賃貸人の原状回復請求権**（または原状回復費用の支払請求権。民621条・622条・599条）は財団債権（破2条7項・151条）として扱われるのか，それとも破産債権（破2条5項）として扱われるにすぎないのかが問題となる。また，前者の立場においては，上記請求権の財団債権性につき，破産法148条1項4号または8号のいずれを根拠条文とするのか（さらに，その直接適用か類推適用か）も問題となる（⇨第8節**2**(1)参照）。以上は，賃借人につき再生手続や更生手続が開始された場合においても，再生債権・更生債権か共益債権かという形で同様に問題となる。

　たしかに，破産管財人の解除選択により賃借人が賃貸人に対して賃借目的物をそのまま返還し，返還を受けた賃貸人の側で要した原状回復のための費用について破産債権としか扱われないというのでは，賃貸人に不測の損害を与えることになってしまう。この観点からは，賃貸人の原状回復請求権またはその費用請求権につき，財団債権としての保護を与えるべきだということになろう。

　しかし，賃貸借契約における原状回復請求権とは，民法上，そもそも賃貸借契約の締結に基づいて賃借人が負う債務であるため（民621条・622条・599条1項参照），本来，破産手続開始前の原因に基づく請求権として破産債権に該当し，破産手続開始後に破産管財人による解除選択を原因として発生するものではない。また，実質論として，賃貸借契約終了後に発覚する不測の損害に備えて敷金契約（民622条の2）を締結するのが通常であるから，原状回復費用についても事前に敷金契約によって担保しておくべきであろう。

### Column 2-12-2　賃借人破産における賃貸借契約解除を理由とする違約金条項等の適用の有無

　実務上，賃貸借契約期間の満了前に賃貸借契約を解除する場合，この解除に対して高額な違約金を発生させる旨の条項や特約（いわゆる**違約金条項**）が賃貸借契約に含まれることがある（例えば，賃借人が賃貸借契約期間中に同契約を中途解約した場合，敷金相当額を違約金として請求する旨の特約などが置かれる）。また，併せて中途解約に関する解約予告期間条項が置かれることがある。そこで，賃借人が破産した場合，その破産管財人が破産法53条1項に基づいて解除の選択をしたとき，このような違約金条項や解約予告期間条項が破産管財人による解除選択の場合にも適用されるのかという点について，実務上，争われることがある（大阪地判平成21・1・29判時2037号74頁〔百選78①〕〔再生手続の事案〕参照）。この点は，再生手続や更生手続においても問題となり得る。また，請負契約に関して，請負人倒産の場合（⇨(5)(a)参照）にも同様に問題となっている（名古屋高判平成23・6・2金法1944号127頁〔百選78②〕参照）。

まず，解約予告期間条項は，破産管財人の特別の権能としての解除選択を制約することとなるため，この場合には適用されないと解すべきである。また，違約金条項は，たとえ民法上は有効であるとしても，これを破産管財人の解除選択に適用し，過大な違約金を認めてしまうと，これによる違約金請求権は破産債権（破54条1項）にすぎないとしても，破産管財人が解除選択を行うことに対して萎縮効果を与え，双方未履行双務契約について破産管財人に選択権能を認めた法の趣旨を没却させる危険がある。さらには，本来の損害賠償額を大幅に超える金額において破産手続への参加を認めてしまうと，他の破産債権者との衡平を害する結果となる（再生手続や更生手続の場合には，議決権額への影響もある）。したがって，破産管財人による解除選択の場合につき，違約金条項の適用は否定または制約されなければならない。その結果，賃貸人には，違約金条項に基づく違約金相当額そのものではなく，破産管財人の解除選択によって生じる損害賠償請求権が破産債権として認められるにすぎない（破54条1項）。

### (b) 賃貸人の破産手続

**(i) 賃貸借契約の処遇**　　賃貸人破産の場合において双方未履行双務契約に関する一般原則（破53条）が適用されてしまうと，賃貸人の破産管財人による選択次第では，賃貸借契約が一方的に解除されて，終了させられる可能性が生じる。そうすると，賃借人は，賃貸人の破産という自分とは無関係の理由で賃借権を失うことになってしまい，賃借人保護の観点から不都合が生じる。そこで，賃借権その他の使用および収益を目的とする権利を設定する契約について破産者の相手方が当該権利につき**登記，登録その他の第三者に対抗することができる要件**（正確には，権利保護資格要件）を備えている場合には，破産法53条の一般原則を適用しないとする特則が設けられている（破56条1項）。したがって，賃貸人につき破産手続が開始されても，賃借人が賃借権につき対抗要件（民605条，借地権につき借地借家10条，借家権につき同31条など）を具備している場合には，賃貸人の破産管財人は賃貸借契約を解除することができず，契約期間満了まで賃貸借契約は存続する。このとき，賃借人の有する使用収益権などは，財団債権として行使することができる（破56条2項）。

　なお，破産法56条は，賃貸借契約のほか，ライセンス契約におけるライセンサー破産の場合に適用される。ただし，ライセンシーの通常実施権等の権利については当然に対抗力が認められるので（特許99条），実質的には，ライセ

ンサーの破産管財人は選択権を行使することはできない（破56条1項）。他方，ライセンシー破産の場合には，双方未履行双務契約の一般原則（破53条・54条）が妥当する。

**(ii) 敷金返還請求権の処遇**　　破産手続開始後も賃貸借契約が継続する場合には，当然，賃借人は賃貸人（破産者。正確には，その破産管財人）に対し弁済期には賃料を弁済し続けなければならない。ところで，賃借人の有する敷金返還請求権は破産手続開始前の原因に基づく請求権として破産債権（破2条5項）に該当するが，民法上，敷金返還請求権は賃貸借契約の目的物返還完了時（明渡し時）に発生するとされており（民622条の2第1項1号），明渡し時において差し入れられた敷金に残額があること（例えば，賃借人に賃料滞納などの債務不履行がないこと）を停止条件とする債権である（最判昭和48・2・2民集27巻1号80頁参照）。そうすると，一方では賃借人が賃料債務を支払い続けなければならないところ，他方で，条件成就が未確定の間は停止条件付債権には配当がされないため（破198条2項・214条1項4号参照）。⇨**第17節2**(2)・**4**(4)参照)，敷金返還請求権は賃貸借契約の終了まで配当に与ることができなくなり，不公平が生じる。

そこで，破産手続の進行中に賃貸借契約が終了し，目的物の明渡しがされる際に，賃借人が敷金を賃料債務に充当すること（最判平成14・3・28民集56巻3号689頁参照）を可能とする方策が考えられる。もっとも，すでに支払済みの賃料が破産財団に組み入れられて配当に充てられてしまうと，もはや取り戻すことは不可能となる。そこで，破産法上，賃借人は賃料債務を弁済する際，その債権額の限度において**弁済額の寄託**を請求することが認められている（破70条後段。⇨**第11節2**(1)(d)参照)。これにより，賃貸借契約終了時，賃借人は破産管財人に対して寄託額の返還を請求することで（これは不当利得返還請求権として財団債権〔破148条1項5号〕となる。⇨**第8節2**(1)参照)，賃料債務の弁済が無効となって，あらためて敷金を未払の状態となった賃料債務に充当することが可能となる（なお，賃料債務への敷金の充当には相殺禁止の規律〔破71条1項1号。⇨**第11節3**(2)(a)参照〕は適用されない）。その結果，賃借人の敷金返還請求権が実質的に保護される。

ただし，停止条件は最後配当の除斥期間内（破198条2項）満了までに成就

しなければならない。最後配当の除斥期間満了までに停止条件が成就しなかった場合には，寄託金は破産財団に組み込まれ，他の破産債権者一般に対する配当に充てられる（破201条2項。⇨第17節**2**(3)(d)参照）。

### (3) ファイナンス・リース契約

　ファイナンス・リース（狭義のリース）とは，企業・個人等の事業者（ユーザー）が，機械・設備機器その他の物件を調達しようとする場合に直接販売業者から購入するのではなく，リース業者（レッサー）に依頼し，そのリース業者が，ユーザーに代わって，ユーザーの指定する目的物件（リース物件）を販売業者から購入・所有したうえで，ユーザーがこのリース物件を使用し，約定の期間（リース期間）中，リース料を支払う形態の契約をいう。

　このように，法的構成としては，目的物件の所有者たるリース会社がその物件をユーザーに使用させて，その対価としてリース料の支払を受けるという点では賃貸借契約に類似するといえる。しかし他方で，経済的に見れば，リース業者の所有権は，ユーザーに使用権原（**利用権**）を与えつつ，リース料の支払を確保するという担保目的の手段にすぎない。さらに，目的物がもつ使用価値はユーザーによって使い尽くされることが予定されている場合が一般的であるため（これが，いわゆる**フルペイアウト方式によるファイナンス・リース契約**である），賃貸借契約とは異なり，リース契約の中途解約は認められていない（中途解約をする場合には，残リース料相当額の損害金を支払わなければならない）。このように，一種の金融取引としてリース業者がユーザーに対して信用を供与する目的で，融資としてリース業者が資金を貸し付ける代わりに，機械や設備などのリース物件そのものを貸し付けるという点に特徴がある。

　以上から，ファイナンス・リース契約は，金融取引における非典型担保の一種であることを踏まえて，破産手続および再生手続においては利用権に対する担保権が別除権（破2条9項・65条1項，民再53条1項2項）として，更生手続においては当該担保権付のリース料債権が更生担保権（会更2条10項）としてそれぞれ処遇されると解される（⇨第10節**1**(2)(b)参照）。

　また，フルペイアウト方式によるファイナンス・リース契約について，ユーザーについて破産手続が開始された場合，双方未履行双務契約に関する一般原

則(破53条以下)が適用されるかが問題となる。判例は,更生手続に関する事案について,「いわゆるフルペイアウト方式によるファイナンス・リース契約において,リース物件の引渡しをしたリース業者は,ユーザーに対してリース料の支払債務とけん連関係に立つ未履行債務を負担していないというべきである」として,双方未履行双務契約に関する一般原則(会更61条1項。破産手続における破53条1項に相当する。⇨ **1**(3)(a)(i)参照)は適用されないと判示する(最判平成7・4・14民集49巻4号1063頁〔百選75〕)。

### (4) 雇用契約

雇用契約(労働契約)とは,当事者の一方(労働者)が相手方(使用者)に対して労働に従事することを約束し,使用者がこれに対して報酬の支払を約束する契約をいい(民623条),契約期間中において労働に従事する債務(労務提供義務)等と報酬を支払う債務(報酬支払義務)等が対価関係に立つ有償・双務・諾成契約である。したがって,契約期間中に使用者か労働者のいずれかについて破産手続が開始された場合には,残りの契約期間について当事者双方の債務がいずれも未履行のまま残る。そのため,本来ならば双方未履行双務契約として一般原則である破産法53条以下の規定が雇用契約には適用されそうであるが,労働者の破産手続においては上記規定の適用が除外され,使用者の破産手続には民法631条の特則が適用される(⇨(a)参照)。

#### (a) 使用者の破産手続

使用者が破産手続開始の決定を受けた場合には,雇用に期間の定めがあるときであっても,労働者または破産管財人は,期間の定めのない雇用に関する民法627条の規定により解約の申入れをすることができる(民631条前段。なお,それぞれの相手方に対する確答催告につき,破53条2項3項〔⇨ **1**(3)(c)参照〕)。このように,使用者側の破産管財人からの解約(解除)のみならず,労働者の側からも解約を認めることで,労働者に対し,破産者との間の雇用関係に拘束されずに新しい雇用関係を求める機会が保障される。労働者からの解約の場合,解約の申入れの日から2週間を経過することによって雇用契約は終了する(民631条前段・627条1項)。他方,使用者側の破産管財人からの解約の場合には,少なくとも30日前に解雇予告をしなければならない(労基20条1項本文第1文。

解雇予告期間)。つまり，30日間が経過しなければ，雇用契約(労働契約)は終了しない。または，30日分以上の平均賃金(解雇予告手当)を支払うことによっても，雇用契約(労働契約)が終了する(同条項本文第2文)。

民法631条後段は，解約による損害賠償請求を否定する。これは，使用者の破産管財人から労働者に対する損害賠償請求を否定することで，労働者側からの解約の自由を保障するものである。他方で，労働者からの損害賠償請求も否定されることとなるが，上記の解雇予告期間および解雇予告手当(労基20条1項本文)の適用による保護で代替される(解雇予告手当請求権の処遇につき，⇨第8節 5 (2)(a)参照)。

(b) **労働者の破産手続**

労働者が破産手続開始の決定を受けた場合，双方未履行双務契約に関する一般原則(破53条以下。⇨ 1 (3)参照)の適用は全面的に排除される。雇用契約は破産管財人の管理処分権には服さず，破産者自身の管理処分権に属するためである。したがって，破産者自身の判断によって雇用関係を継続することが認められ(ただし，この場合，破産者の有する退職金債権の処遇が問題となる。⇨ Column 2-4-1 参照)，破産手続開始の決定後の給料債権は新得財産として破産財団には組み込まれず，自由財産として破産者の管理処分に委ねられる(⇨第4節 2 参照)。

なお，使用者は，単に破産手続開始の決定を受けたことを理由として労働者を解雇することは認められない(解雇権濫用法理による規制を受ける。労契16条)。

(5) **請負契約**

請負契約とは，当事者の一方(請負人)がある仕事を完成することを約し，相手方(注文者)がその仕事の結果に対して報酬を与えることを約する契約をいい(民632条)，仕事を完成させる債務(その完成物を引き渡す債務も含まれ得る)と報酬支払債務が対価関係に立つ有償・双務・諾成契約である。

(a) **請負人の破産手続**

請負人に対して破産手続が開始された場合には，原則として，双方未履行双務契約に関する一般原則に従い，双方未履行の状態にある請負契約につき破産法53条以下の規定が適用される(⇨ 1 (3)参照)。ただし，例外的に，請負契約

の内容が不代替的作為義務であり，もっぱら破産者の個人的労務の提供を目的とする場合には，雇用契約に準ずるものとして，破産法53条などの規定は適用されない（以上につき，最判昭和62・11・26民集41巻8号1585頁〔百選80〕参照）。

(b) **注文者の破産手続**

注文者に対して破産手続が開始された場合には，双方未履行の状態にある請負契約につき，双方未履行双務契約の一般原則である破産法53条以下の規定ではなく，以下のように，その特則である民法642条の規定が適用される。

第1に，注文者側の破産管財人のみならず，相手方である請負人も請負契約の解除をすることができる（民642条1項本文。なお，それぞれの相手方に対する確答催告につき，破53条2項3項〔⇨**1**(3)(c)参照〕）。ただし，請負人による契約の解除は，仕事を完成した後には認められない（民642条1項ただし書）。このように請負人にも解除権が認められているのは，注文者破産の場合に仕事完成義務を先履行として負わされる請負人に契約から離脱する自由を認めようとする趣旨による。他方で，請負人が解除権を行使せず，注文者側の破産管財人が契約の履行を選択した場合には，請負人は仕事完成義務を履行しなければならず，その報酬等の請求権は財団債権として扱われる（破148条1項7号。⇨第8節**2**(1)参照）。

第2に，契約が解除された場合において，請負人は，すでにした仕事の報酬およびその中に含まれていない費用の請求権を破産債権（破2条5項）として行使をすることができる（民642条2項）。このとき，すでにされた仕事の結果は破産財団に帰属する（最判昭和53・6・23金法875号29頁〔百選79〕）。他方で，破産財団中に請負人の仕事の結果としての出来形が存在するものの，それが請負人の所有に属する場合には，請負人は取戻権（破62条。⇨第9節**2**参照）を行使することができる。

第3に，契約が解除された場合，契約の解除によって生じた損害の賠償請求権については，注文者側の破産管財人が契約の解除をした場合における請負人に限って，これを破産債権として行使することができる（民642条3項）。

(6) **委任契約**

委任契約とは，当事者の一方（委任者）が法律行為をすることを相手方（受

任者)に委託し,相手方(受任者)がこれを承諾することで成立する契約をいう(民643条)。報酬の特約(民648条)がなければ,委任契約は無償・片務・諾成契約であるが,報酬の特約がある場合には有償・双務・諾成契約である。

委任契約の継続中に,委任者または受任者につき破産手続が開始されると,委任契約は当然に終了する(民653条2号)。もっとも,判例(最判平成21・4・17判時2044号74頁〔百選14〕)は,破産手続開始の決定を受けた株式会社の取締役の地位につき,委任者たる会社につき破産手続開始の決定を受けた後も取締役等の役員はその地位を失わず,会社組織にかかる行為等については取締役等としての権限を行使し得るとする。

委任者について破産手続が開始された場合に,受任者がその通知(民655条)を受けず,かつ,破産手続開始の事実を知らないで委任事務を処理したときは,これによって生じた債権(費用償還請求権〔民650条1項〕,報酬請求権〔民648条〕)を破産債権として行使することができる(破57条)。

### (7) その他の契約

#### (a) 市場の相場がある商品の取引にかかる契約

市場の相場がある商品の取引にかかる契約,例えば,証券取引所での株式や社債といった有価証券の取引に関する契約において,破産手続開始後にその履行期が到来すべきものについては,双方未履行双務契約の一般原則(破53条)の特則として,破産管財人の選択によらずに解除が擬制される(破58条1項。この場合の損害賠償請求権につき,同条2項〜4項。いわゆる一括清算条項の効力について,同条5項)。その趣旨は,特に破産管財人に対して選択権行使による投機的判断を強いることを阻止するとともに,相手方の利益を保護する点に求められる。なお,以上の内容は,再生手続・更生手続についても妥当する(民再51条,会更63条)。

#### (b) 交互計算

交互計算とは,商人間または商人と商人でない者との間で平常取引をする場合において,一定の期間内(特約がない場合,6か月。商531条)の取引から生ずる債権・債務の総額について相殺をし,その残額の支払をすることを約する契約をいう(商529条)。交互計算は,当事者の一方について破産手続が開始され

たときは，当然に終了する（破59条1項前段）。なぜならば，交互計算は，その定義の示すとおり，相互の資力に対する信用と平常取引の継続を前提とするからである。このことは，清算型の破産手続のみならず，再建型の再生手続・更生手続についても妥当する（民再51条，会更63条）。

この場合，各当事者は，計算を閉鎖して，その時点での差額分の決済を行うこととして，残額の支払を請求することができる（破59条1項後段）。この残額支払請求権は，破産者側が有するときは破産財団に帰属する債権として扱われ，相手方側が有するときは破産債権として扱われる（同条2項）。

(c) 配偶者・親権者の財産管理権

夫婦の財産関係において，夫婦財産契約（民755条）に基づき夫婦の一方が他の一方の財産を管理する場合，その財産管理権を有する者につき破産手続が開始されたときには，他の一方は，自らその管理をすることを家庭裁判所に請求することができる（破61条前半，民758条2項）。また，子の財産管理を行う父または母につき破産手続が開始されたときには，家庭裁判所は，子，その親族，未成年後見人，未成年後見監督人または検察官の請求により，その父または母について，管理権喪失の審判をすることができる（破61条後半，民835条）。

## 第13節　係属中の手続関係の処遇

### 1 係属中の訴訟手続の処理

(1) 破産財団に関する訴訟手続の中断

破産手続開始の決定があったときは，破産者を当事者とする，破産財団に関する訴訟手続は，中断する（破44条1項）。破産手続開始の決定により破産財団に関する管理処分権が破産管財人に専属すること（破78条1項）の裏返しとして，破産者は当該管理処分権を剝奪される（⇨第2節**4**(3)(a)(i)参照）。その結果，破産財団（ここでは現有財団を意味する。⇨第4節**1**(1)参照）に関する訴訟手続について，当事者たる破産者が当事者適格を失うこととなるため，破産法上，当事者に対する破産手続開始の決定は，この訴訟手続の中断事由とされている（民事訴訟法124条の特則である。なお，破産財団に関する訴訟手続の当事者適格は破

産管財人に認められる。破80条。⇨**第3節7**(3)(a)参照)。

「**破産財団に関する訴訟手続**」に該当しない類型としては，自由財産に関する訴訟，自然人の身分関係訴訟（離婚訴訟など）や法人の組織関係に関する訴訟（組織法上の訴訟。会社828条以下。株主総会の決議取消しの訴えなど。大判昭和14・4・20民集18巻495頁，最判平成21・4・17判時2044号74頁〔百選14〕参照）がある。これらの訴訟手続は，破産手続開始の決定によって影響を受けない。ただし，特に会社の組織関係に関する訴訟として，例えば，合併無効の訴え（会社828条1項7号8号・2項7号8号），配当決議や事業譲渡に関する株主総会決議取消しの訴え（会社831条1項）またはその不存在確認・無効確認の訴え（会社830条1項2項）などは，実質的には会社財産の変動に大きく関わるため，単純に組織関係に関する訴訟として扱うことはできないとも考え得る。

破産財団に関する訴訟手続が破産手続開始の決定によって中断した後，後述するように，さらに当該訴訟手続が破産債権に関するものかどうかによってその処遇が異なる。

**(2) 破産債権に関する訴訟手続の処遇**

破産債権は，その個別的権利行使が禁止される（破100条1項）。そのため，**破産債権に関する訴訟手続**が破産手続開始の決定によって中断した後（破44条1項），破産債権者は破産手続に参加するために（破103条1項），その破産債権につき届出を行い，調査・確定の手続を経なければならない（⇨**第7節**参照）。届出のされた破産債権は，調査の際に異議等がなければそのまま確定し（破124条1項），中断した訴訟手続は当然に終了する。これに対し，異議等がされた場合には，破産債権の確定のため，異議等のある破産債権（無名義破産債権）を有する破産債権者が中断した訴訟手続を受継しなければならない（破127条1項。最判昭和59・5・17判時1119号72頁〔百選82〕参照。以上につき，⇨**第7節3**(1)・(2)(a)(ii)）。

**(3) 破産債権に関しない訴訟手続の受継**

破産管財人は，破産手続開始の決定により中断した訴訟手続のうち，**破産債権に関しない訴訟手続**を受継することができる（破44条2項前段）。また，相手

方も，従前の訴訟追行の結果（訴訟状態）を維持する利益を有するため，受継の申立てをすることができる（同条項後段）。このとき，破産管財人は受継を拒絶することができない。

　破産債権に関しない訴訟手続に該当するものとしては，破産財団に属する財産に関する訴訟（取戻権に該当し得る財産に関する訴訟など。⇨第9節参照）や財団債権（破148条1項3号7号・149条1項2項）に関する訴訟（例えば，財団債権となる租税債権についての課税処分取消訴訟や財団債権となる未払給料債権の支払請求訴訟など。⇨第8節**4**(2)(a)・**5**(2)(a)参照）がある。

### (4) 債権者代位訴訟・詐害行為取消訴訟等
#### (a) 破産法45条の規律・趣旨

　債権者代位訴訟または詐害行為取消訴訟の係属中に債務者が破産手続開始の決定を受けたとしても，債務者が当該訴訟の当事者となっていなければ，破産法44条は適用されない。しかし，破産債権者または財団債権者が提起した，破産手続開始時において係属中の債権者代位訴訟（特定債権保全の目的の場合を含む。民423条1項・423条の7）や詐害行為取消訴訟（民424条1項）も債務者に対する破産手続開始の決定により中断し（破45条1項），中断した訴訟手続を破産管財人が受け継ぐことができる（同条2項前段）。受継の申立ては，相手方もすることができる（同条項後段。ただし，後述するとおり，この点につき，特に詐害行為取消訴訟に関して争いがある。⇨(c)参照）。

　以上の規律に関する根拠は，次のように考えられる。まず，債務者について破産手続が開始されれば，破産手続において債権者代位訴訟や詐害行為取消訴訟に関する当事者適格（原告適格）を特定の破産債権者または財団債権者に対して認める必要性はもはや乏しく，また，係属中の訴訟追行の結果を利用すべきだとしても，破産管財人にこれを受継させれば足りる。債権者代位訴訟も詐害行為取消訴訟も，民法上，債務者の責任財産の保全・回復を本来の目的とするが，破産法において，このような目的は破産財団の増殖として置き換えられ，破産管財人に破産財団帰属財産に関する管理処分権を専属させることで（破78条1項），その破産管財人が破産財団帰属債権を行使したり，否認権（破160条以下。⇨第15節参照）を行使したりすることで，この目的を果たすことが予定

されているからである。

　また，債権者代位訴訟と詐害行為取消訴訟のいずれも，別の観点から見ると，上記の本来の目的にもかかわらず，実際には被保全債権の優先的な満足を図る目的で利用され得るところ，破産手続において，このような優先的満足を債権者代位訴訟や詐害行為取消訴訟を通じて実現させるべきでない（破産手続開始後の詐害行為取消訴訟の提起を否定した判例として，大判昭和4・10・23民集8巻787頁。再生手続開始後の詐害行為取消訴訟の提起を否定した東京地判平成19・3・26判時1967号105頁〔百選A15〕参照。⇨第3章**第12節 1**(3)(a)参照）。

### (b) 債権者代位訴訟

　破産債権者または財団債権者の提起した債権者代位訴訟（特定債権保全の目的の場合を含む。民423条1項・423条の7）について，破産手続開始時に係属するときは，その訴訟手続は中断し（破45条1項），破産管財人がこれを受継することができる（同条2項前段）。受継の申立ては相手方もすることができる（同条項後段。ただし，同規定の解釈につき，後記(c)と同様の争いがある）。

### (c) 詐害行為取消訴訟

　破産債権者または財団債権者の提起した詐害行為取消訴訟（民424条1項）が破産手続開始時に係属するときは，その訴訟手続は中断する（破45条1項）。破産管財人は中断した訴訟手続を受継することができ（同条2項前段），否認権の要件を満たす場合，この訴訟は否認訴訟に変更される（訴えの変更〔民訴143条〕の手続が必要になる。否認権の行使につき，⇨**第15節 6**(2)(a)参照）。

　受継の申立ては，相手方もすることができる旨が規定されている（破45条2項後段）。ただし，この点に関し，破産手続開始によって中断した時点で，たとえ詐害行為取消訴訟で原告たる取消債権者側の敗訴が濃厚な状況であっても，相手方の受継の申立てを受けた破産管財人の側が必ず受継しなければならないのか，それとも破産管財人は相手方の受継の申立てを拒絶することができるかが旧法以来の解釈問題となっている。

　たしかに相手方の受継申立権が明文で定められているものの，破産手続においては破産債権者全体の利益を代表する破産管財人は破産財団増殖のために否認権（破160条以下。⇨**第15節**参照）を行使することができる以上，わざわざ敗訴が濃厚な詐害行為取消訴訟を破産管財人に受継させるべきではない。したが

って，そもそも相手方の受継申立てを認めない，または相手方の受継申立てに対して破産管財人の裁量的な判断による受継拒絶を認め，あらためて破産管財人による否認訴訟の提起を認めるのが通説である。

(d) 株主代表訴訟（株主による責任追及の訴え）

株式会社の取締役などに対する責任追及の訴えとして株主が原告となる株主代表訴訟（会社847条）の係属中，当該会社について破産手続開始の決定がされれば，破産者である会社は訴訟物たる損害賠償請求権に関する管理処分権を失い，代わりにこの管理処分権の専属する破産管財人が役員に対して引き続き責任追及を行う必要がある（⇨**第16節**参照）。そこで，株主が会社に代わって取締役などに対する損害賠償請求権を訴訟物として訴訟を追行するという訴訟構造において株主代表訴訟が債権者代位訴訟と類似することに着目して，これに破産法45条の類推適用を認めるのが通説である（東京地決平成12・1・27金判1120号58頁①事件〔百選22〕参照）。

## 2 係属中の執行手続等の処理

### (1) 破産債権・財団債権に基づく強制執行等

破産手続開始の決定があった場合，破産債権者によって破産財団（現有財団を意味する。最判昭和45・1・29民集24巻1号74頁〔百選A12〕参照）に属する財産に対し，すでにされている強制執行，仮差押えまたは仮処分などは，破産団に対してその効力を失う（破42条2項本文。これに対し，再生手続・更生手続では，中止するにとどまる。民再39条1項・会更50条1項。⇨第3章**第12節2**，第4章**第2節4**(4)参照）。これは，破産債権に関する個別的権利行使禁止（破100条1項・42条1項）を根拠とする（⇨**第2節4**(3)(a)(ii)参照）。また，破産財団不足により財団債権全額を弁済できない場合に備えて，破産財団の全体価値に対する財団債権者間の平等を確保するため（⇨**第8節3**(2)(b)参照），財団債権者による強制執行などについても，破産債権者による場合と同様に扱われている（破42条2項本文）。

ただし，これらの強制執行などが絶対的に効力を失うわけではなく（相対的失効），破産管財人がすでに係属中の強制執行などを利用した方が破産財団の換価手段として効率的であると判断した場合には，破産管財人が破産財団のた

めにその手続を続行することができる（破42条2項ただし書）。これによる換価代金は，破産財団に組み込まれる。

### (2) 取戻権の行使

破産手続において取戻権（破62条。⇨第9節**2**(1)参照）の基礎となる所有権などに基づく引渡し・明渡しの執行やその保全のための仮処分は失効せず，破産管財人を相手方として続行される。

### (3) 担保権の実行

破産手続において別除権（破65条1項。⇨第10節**1**参照）となる特別の先取特権，質権または抵当権の実行は，破産手続開始の決定により影響を受けない。これに対して，別除権とならない一般の先取特権の実行は，破産手続開始の決定があった場合にはすることができず，また，すでにされているものは，破産財団に対してはその効力を失う（破42条1項2項。⇨(1)参照）。

### (4) 国税滞納処分

破産手続開始の決定があった場合には，破産財団に属する財産に対する国税滞納処分はすることができない（破43条1項）。ただし，破産財団に属する財産に対して国税滞納処分がすでにされている場合には，破産手続開始の決定はその国税滞納処分の続行を妨げない（同条2項）。

## 第14節　破産手続開始後の法律行為等の効力

### **1** 破産手続開始後の破産者による法律行為の効力

破産者が破産手続開始後に破産財団に属する財産に関してした法律行為は，破産手続の関係においては，その効力を主張することができない（破47条1項。民再76条1項，会更54条1項参照）。ここでいう「法律行為」には，民法上の厳密な意味での法律行為に限らず，弁済，債務の承認，期限の猶予，物の引渡し・明渡し，登記・登録の申請，債権譲渡の通知など，破産財団に属する財産

の変動に関わる行為一般が含まれる。また、「破産手続の関係においては、その効力を主張することができない」とは、当該法律行為が絶対的に無効となるのではなく、あくまで破産手続との関係において、破産管財人に対してその効力を主張することができないこと（相対的無効）を意味する。したがって、破産管財人が当該法律行為を追認することもできる。

以上の規律は、破産手続が開始されると、破産財団に属する財産（破2条14項・34条1項）に関する管理処分権が破産管財人に専属するのに伴い（破78条1項）、破産者から剥奪されることの当然の帰結である（⇨第2節4(3)(a)(i)参照）。以上は、破産手続開始前に保全管理人が選任された場合も同様である（破96条1項。⇨第3節2参照）。

なお、破産者による法律行為と破産手続開始の決定時との前後関係が問題となり得るため、破産者が破産手続開始の日にした法律行為は、破産手続開始後にしたものと推定される（破47条2項）。

## 2 破産手続開始後の破産者の法律行為によらない権利取得

破産手続開始後に破産財団に属する財産に関して、破産者の法律行為によらないで権利を取得しても、その権利の取得につき、破産手続の関係においては、その効力を主張することができない（破48条1項。相対的無効。民再44条1項、会更55条1項参照。ただし、いずれもその規定ぶりが破産法48条とは異なる）。この権利取得が破産手続開始の日においてされた場合、当該権利取得は破産手続開始後にしたものと推定される（破48条2項・47条2項）。

破産管財人の権限に基づく行為による権利取得（例えば、破産管財人が換価行為として破産財団に属する不動産を売却したことで、買主が不動産の所有権を取得する場合など。⇨第5節3参照）や、別除権の行使としての担保権実行による買受人の権利取得（⇨第10節2(1)参照）は、形式的には破産者の法律行為によらない権利の取得に該当しそうであるものの、そもそも破産法自体が予定している権利の移転であるため、当然、破産法48条1項の規律する対象には含まれない。また、破産手続開始当時、破産者所有の不動産につき対抗力ある賃借権の負担が存在する場合に、破産手続開始後に当該不動産が転貸されたという事案について、判例は、特段の事情のない限り、転借人の転借権取得は本条項所定の破

産者の法律行為によらない権利の取得には該当しない旨を判示した（最判昭和 54・1・25 民集 33 巻 1 号 1 頁〔百選 74〕）。

　他方，破産債権者が破産財団に属する動産または有価証券を破産手続開始後に占有することで商事留置権を取得した場合（商 31 条・521 条，会社 20 条など。商事留置権は，破産財団に対しては特別の先取特権とみなされ〔破 66 条 1 項〕，その結果，別除権として扱われる。⇨第 10 節**1**(2)(a)参照）は，破産法 48 条 1 項所定の「権利の取得」に該当する。商事留置権の取得は，破産財団に対する不利益を生じさせるとともに，特定の破産債権者に対して事後的に優先的地位を与えることとなるためである。また，債権譲渡が行われていたところ，譲渡人につき破産手続が開始した後，第三債務者が確定日付のある証書による承諾（民 467 条 2 項）をすることで譲受人が第三者対抗要件を具備したという場合も同様である。

　これに対して，学説上争いがあるのは，破産手続開始後に破産財団に属する財産を第三者が時効取得（民 162 条・163 条）した場合についてである。破産債権者の共同的満足を目的とする破産財団の減損の防止（前掲最判昭和 54・1・25）という点を破産法 48 条 1 項の趣旨として強調するのであれば，この場合も同条項の「権利の取得」に含まれると解することになろう（なお，民事再生法 44 条 1 項の解釈について，⇨第 3 章第 10 節**2**参照）。

## **3** 善意取引の保護

### (1) 総　説

　以上のとおり，破産手続開始後に破産者が破産財団に属する財産に関してした法律行為や破産者の法律行為によらない権利取得は，いずれも破産手続の関係においては，その効力を主張することができない（破 47 条 1 項・48 条 1 項）。ただし，破産法は，一定の場合において，善意の第三者に対する取引の安全の保護を図るべく，次のような善意取引保護規定を置いている。

　なお，以下の各規律の適用に当たり，破産手続開始の決定の公告（破 32 条 1 項。⇨第 2 節**4**(1)(c)(i)参照）の前においては破産手続開始の事実に関する善意が推定され，公告の後においては悪意が推定される（破 51 条）。

### (2) 破産手続開始後の登記・登録

　登記を対抗要件とする不動産または船舶に関し，破産手続開始前に生じた登記原因に基づき破産手続開始後に登記または仮登記（不登 105 条 1 号。2 号は含まれない。以下「登記等」という）がされた場合，その効力は，破産手続の関係においては主張することができない（破 49 条 1 項本文）。この帰結は，破産手続開始後に破産者の行為によって登記等がされた場合には破産法 47 条 1 項により，また，職権によるなど破産者の行為によらないで登記等がされた場合には同法 48 条 1 項により，当然に導かれるものである。また，破産手続開始時において登記等を具備していなかった以上，破産手続開始前に生じた登記原因である権利取得を破産債権者全体の利益を代表する破産管財人に対抗することができないという点も根拠となる。ただし，登記権利者が破産手続開始の事実につき善意でした登記等については，例外的に，その効力が認められる（破 49 条 1 項ただし書）。このように，善意の登記権利者を保護する点が破産法 49 条の主眼であるといえる。

　破産法 49 条 1 項本文は，不動産登記法 105 条 1 号の仮登記（1 号仮登記）も本登記と同様に扱うが，同条 2 号の仮登記（2 号仮登記）は規律対象から除外されている。これは，1 号仮登記が権利変動の実体的要件が破産手続開始前に充足されていることを前提とするのに対して，2 号仮登記は，破産手続開始の時点でいまだ発生していない権利変動に関する請求権を保全するためのものであるため，破産法 49 条 1 項ただし書によって善意の 2 号仮登記権利者を保護する必要がないためである。

　以上の規律は，権利の設定・移転・変更に関する登録・仮登録または企業担保権の設定・移転・変更に関する登記について準用される（破 49 条 2 項）。

### (3) 破産手続開始後の破産者に対する弁済

　破産手続開始後は，破産財団に属する債権につき，その債務者は，管理処分権の専属する破産管財人に対して弁済をしなければならないはずである。しかし，債権者について破産手続が開始された事実を知らない債務者に二重払の負担を負わせるのは酷である。そこで，破産手続開始後に，その事実を知らないで破産者にした弁済は，破産手続の関係においても，その効力を主張すること

ができる（破50条1項。準占有者に対する弁済の規律〔民478条〕とは異なり，無過失が要件とされていない）。この場合，破産管財人が破産者に対して不当利得として弁済金相当額の返還請求をすることとなる。

　他方，破産手続開始後に，その事実を知って破産者にした弁済は，原則として，破産手続においてその効力を主張することができないが，破産財団が利益を受けた場合には，その利益の限度においてのみ，破産手続の関係においてその効力を主張することができる（破50条2項。民479条参照）。破産財団が利益を受けた場合とは，例えば，破産者が受領した弁済金を破産管財人に引き渡した場合や，この弁済金を財団債権の弁済に充てた場合をいう。

　以上の規律は，破産手続開始前に保全管理人が選任された場合にも準用される（破96条1項）。

## 第15節　否　認　権

### 1　意　義

　破産手続が開始されると，破産者は破産財団に属する財産について管理処分権を失う（破78条1項参照。⇨**第2節4**(3)(a)(i)参照）。その結果，破産者がそれらの財産に関して法律行為を行っても，破産手続の関係においては，その効力を主張することができない（破47条1項。⇨**第14節1**参照）。これに対し，破産手続開始前においては，破産者（正確には，破産手続開始の決定を受ける前の債務者を意味する。以下，本節において同様とする）は管理処分権に基づき自由にその財産を処分することができる。しかし，破産手続開始前であっても，実質的に財産状態が悪化した破産者によってされた財産処分行為を放置してしまうと，破産者が自らの財産を隠したり，目先の現金を得るために廉価で叩き売ることで責任財産をいたずらに減少させる（**詐害行為**），または，特定の債権者にだけ不公平な弁済を行う（**偏頗行為**）といった諸々の弊害が生じ得る。これでは，その後に開始される破産手続において，破産財団を形成し破産債権者に対して公平な満足を実現するという目的（破1条）を果たすことができなくなる。

　そこで，破産手続開始の決定後，一定の要件のもとで，破産手続開始前にさ

れた破産債権者を害する行為の効力を，破産財団との関係において遡及的に失わせて，その行為によって逸出していた財産を破産財団に回復し，破産債権者間の公平な満足を図る権利が破産管財人に認められている。これが**否認権**であり，破産手続開始の決定前にされた破産者の行為またはこれと同視される第三者の行為の効力を覆滅させる形成権である。否認権の対象となる行為は，売買契約などの法律行為に限られず，弁済行為も対象となるほか，対抗要件具備行為の否認（破164条。対抗要件否認。⇨**5**(1)参照）や執行行為の否認（破165条。⇨**5**(2)参照）が規律されている（会社分割〔物的新設分割〕につき詐害行為否認〔破160条1項1号。⇨**3**(2)参照〕を認めた裁判例として，東京高判平成24・6・20判タ1388号366頁〔百選33〕参照。民法上の詐害行為取消権との比較につき，⇨ Column 2-15-1 参照）。

　破産手続における否認権行使の典型例を挙げると，詐害行為に関しては，例えば破産手続開始前に債務超過の状態にある破産者が所有不動産を廉価で売却した場合，破産管財人が否認権を行使することにより，その不動産を破産財団に遡及的に復帰させるとともに，相手方には反対給付（売却代金）を返還することとなる（⇨**7**(1)・(2)b・(3)a参照）。偏頗行為に関しては，例えば開始前に破産者が特定の債権者に対し弁済をした場合，破産管財人は，否認権の行使により，その債権者に対して破産者から受領したのと同額の金銭を破産財団に返還することを求め，これにより債権者の債権が復活する（⇨**7**(1)・(2)a・(3)b参照）。

　このように否認権の行使により，逸出していた財産を事後的に破産財団に回復することが可能となるため，破産管財実務において，否認権は破産手続における手続費用や配当原資を確保するという実践的な機能をも有している（さらに，再建型手続である再生手続や更生手続では，否認権行使によって，事業継続のための運転資金を確保することも可能となる。⇨第3章**第9節3**，第4章第8節**3**(3)参照）。

> **Column 2-15-1　否認権と詐害行為取消権の比較**
>
> 　否認権は，破産手続の開始前に債務超過（無資力）状態にある破産者の行った，債権者を害する行為の効力を否定し，逸出財産を破産財団に回復するという点で，民法上の詐害行為取消権（民424条以下）の責任財産保全という目的と共通する。それゆえ，破産法上，破産手続開始時に係属中の詐害行為取消訴訟の処遇に関する規律が置かれ，同訴訟が中断したうえで，破産管財人がこれを受継し得るものとされている（破45条。⇨**第13節1**(4)(a)(c)参照。なお，再生

手続・更生手続についても同様であるが〔民再40条の2，会更52条の2。⇨第3章**第12節1**(3)，第4章**第8節2**(3)参照〕，以下では破産手続を前提にする）。また，否認権と詐害行為取消権は別個独立した権利であるものの（平成16〔2004〕年改正前破産法下において，総破産債権者につき詐害行為取消権の消滅時効が完成しても否認権が消滅するわけのものではないと判示する最判昭和58・11・25民集37巻9号1430頁〔百選29〕参照），破産手続が開始した後は，個々の破産債権者が詐害行為取消権を行使することはできない（再生手続について，東京地判平成19・3・26判時1967号105頁〔百選A15〕参照）。

他方，両者の違いとして，以下の点を挙げることができる。

第1に，その対象となる行為の範囲が異なる。すなわち，詐害行為取消権は，あくまで責任財産の保全を目的として詐害行為のみが対象とされているのに対し，否認権は，債務者の責任財産減少の回復を目的とする詐害行為否認（破160条。⇨**3**参照）の類型のみならず，破産債権者間の平等確保の要請に基づく偏頗行為否認（破162条。⇨**4**参照）の類型が認められており，その他，無償行為否認（破160条3項。⇨**3**(5)参照），対抗要件の否認（破164条。⇨**5**(1)参照）や執行行為の否認（破165条。⇨**5**(2)参照）などの特則も置かれている。もっとも，平成29（2017）年民法改正によって，「特定の債権者に対する担保の供与等の特則」（民424条の3）として，詐害行為取消権にも偏頗行為否認と類似した規律が設けられているが，この特則では債務者と受益者との間の通謀による他の債権者を害する意図に基づくという要件（同条1項2号）が加重されているように，この特則はあくまで担保の供与等を詐害行為の一種として位置付けており，偏頗行為否認の制度趣旨とは軌を一にするものではないと解すべきであろう。

第2に，詐害行為取消権の行使主体は個々の債権者であり，その行使方法は訴えに限定されている（民424条1項）のに対し，否認権の行使主体は破産管財人であり，その行使方法は，訴えのほか，抗弁や否認の請求も認められている（破173条1項。⇨**6**(1)(2)参照）。また，詐害行為取消権の行使は取消債権者の債権額の範囲に限定されているが（民424条の8），否認権は破産債権者全体の利益のために行使されるため，対象範囲の制約はない。

〔参考文献〕片山直也「否認権・詐害行為取消権における『有害性』と『不当性』」中島弘雅ほか編集代表『民法と倒産法の交錯――債権法改正の及ぼす影響』（商事務，2023年）2頁，髙井章光「倒産局面における詐害行為取消権と否認権の役割」28頁

## **2** 一般的要件

### (1) 有害性

否認権の対象とされる行為は，破産債権者に対する**有害性**が認められるものでなければならない。この有害性について，破産法は，責任財産を絶対的に減

少させる性質に基づく**詐害行為**と，破産債権者間の平等を害する性質に基づく**偏頗行為**に分類して規律する方針に立脚している（有害性に関する二元説）。前者に関する**詐害行為否認**は，詐害行為（財産減少行為）により**流出した財産の回復**を目的とし，後者に関する**偏頗行為否認**は，特に破産者が支払不能に陥った後の**危機時期**における**破産債権者間の平等の回復・確保**を目的とする。このように，否認権の対象行為が有する有害性の2類型に対応して，詐害行為否認と偏頗行為否認が否認権の基本的な枠組みとなっており，それぞれの要件において有害性の判断が取り込まれている。

　ただし，例えば，破産手続開始前に破産者が担保目的財産に関して優先弁済権を持つ担保権者に対して当該財産による代物弁済をしたという場合，その被担保債権の弁済期がすでに到来しており，かつ被担保債権額と当該財産の価額の均衡が取れている限り，この代物弁済行為は他の破産債権者との関係において有害であるとは言い難い（最判昭和41・4・14民集20巻4号611頁〔百選34〕，最判平成9・12・18民集51巻10号4210頁〔百選35〕参照）。このように個別の局面で有害性の有無が問題となる場合もあり得る（その他，最判平成5・1・25民集47巻1号344頁〔百選31〕参照）。

### (2) 不 当 性

　否認権の対象行為としての有害性が認められるものの，例えば，破産者が日常生活を維持するための費用を捻出するため，やむを得ずに自己の財産を廉価売却したという場合などがあり得る。このような場合，本来ならば詐害行為否認に該当するはずであるが，その行為がされた目的や動機などを考慮して，破産債権者の利益を上回るべき社会的要請が認められることを理由に，**不当性**という一般的要件を欠くとして否認の成立が阻却されるという議論がある。もっとも，破産法において，行為の不当性も各否認類型の要件に取り込んで考慮されており，また，不当性概念の判断基準は明確ではなく，個別具体的な局面での利益衡量によらざるを得ない。したがって，不当性の要件は，あくまで極めて例外的な否認阻却事由として位置付けるべきである。

### (3) 破産者の行為の要否

否認権の対象となる行為は、作為によるもののほか、不作為によるものも含む。また、破産法の各規定（破160条・162条など）が否認対象行為として破産者自身による行為を前提としていること（「破産者が」という文言）との関係上、破産者自身の行為の要否が問題となる。この点につき、後述するように、詐害行為否認の類型において破産者自身の詐害意思を要件とする場合（破160条1項1号・161条1項2号）には破産者の行為性が前提となるのに対して、破産者自身の詐害意思を要件としない類型の詐害行為否認（破160条1項2号）や偏頗行為否認（破162条1項）などにおいては、第三者の行為であっても、その効果において破産者の行為と同視することができれば、これを否認の対象行為と捉えることができる（最判平成2・7・19民集44巻5号837頁〔百選30①〕、最判平成2・7・19民集44巻5号853頁〔百選30②〕、最判平成2・10・2判時1366号48頁、最判平成29・12・19判時2370号28頁〔百選A6〕など参照）。

## 3 詐害行為否認

### (1) 意 義

**詐害行為**とは、破産者の責任財産を絶対的に減少させ、破産債権者を害する行為（財産減少行為）をいい、このような行為を対象とするのが**詐害行為否認**である。例えば、破産者が債務超過の状態にあるにもかかわらず、所有する不動産を廉価で売却したという場合がこれに該当する。なお、後述する偏頗行為（「担保の供与又は債務の消滅に関する行為」）は詐害行為から除外され、両者は明確に区分されている（破160条1項柱書かっこ書。⇨**2**(1)参照）。

### (2) 詐害行為の否認（原則型）

詐害行為否認の原則形態において、破産管財人は、①**破産者による詐害行為**および②**破産者の詐害意思**という実体的要件に該当する事実につき証明責任を負う（破160条1項1号本文）。①は、いわゆる規範的要件であり、詐害行為性を基礎付ける事実（評価根拠事実）として、当該行為が財産の実質的減少をもたらすとともに、破産者の実質的危機状態（すでに債務超過に陥っているか、または当該行為を原因として債務超過に陥る状態）においてされたことを要する。また、

②に関しては，破産者につき責任財産の減少についての認識があれば足りる（認識説）。

　以上に対して，受益者の側は，破産者の行為がその行為時において責任財産の減少につながること（行為の詐害性）につき自らが善意であったという事実について証明責任を負い，この事実を主張立証することで詐害行為否認の成立を免れる（同号ただし書）。

### (3) 支払停止等の後における詐害行為の否認

　破産者につき支払停止または破産手続開始の申立て（以下，これを「支払停止等」という）があった後における詐害行為の否認について，破産管財人は，①支払停止等の後において，②破産者による詐害行為が行われたという実体的要件に該当する事実について証明責任を負う（破160条1項2号本文）。このように破産者の詐害意思につき，破産管財人が証明責任を負わないのは，支払停止等の後に詐害行為を行ったという場合，破産者は詐害意思を有しているとみなされるためである。これに対して，受益者の側は，その行為の当時，支払停止等があったこと，および当該行為が責任財産の減少につながること（行為の詐害性）について自らが善意であったという事実につき証明責任を負い，この事実を主張立証することで詐害行為否認の成立を免れる（同号ただし書）。

　ただし，破産手続開始の申立ての日から1年以上前にした行為は，支払停止後の行為であること，または支払停止の事実を知っていたことを理由として否認することができない（破166条）。この趣旨は，継続的状態としての支払不能と異なり支払停止が一回的な行為にすぎないため，取引の安全に配慮し，受益者を長期間不安定な状態に置くことを防止すべく，否認対象行為につき時期的な制限を設けることにある（⇨ Column 2-15-2 参照）。この否認成立阻却事由については，受益者の側が証明責任を負う。

### (4) 給付が不均衡な債務消滅行為（詐害的債務消滅行為）の否認

　破産者がした債務の消滅に関する行為であって，債権者の受けた給付の価額が当該行為によって消滅した債務の額より過大であるもの（**詐害的債務消滅行為**）は，その詐害性が認められる限度において，破産法160条1項各号所定の詐害

行為否認が認められる（破160条2項。民424条の4参照）。例えば、破産者が400万円の債務を負っていたところ、破産者がその債権者に対し、この債務の弁済に代えて自己の所有する時価1000万円相当の土地を代物弁済する旨の契約が締結されたという場合、400万円の債務と給付される土地の価額（1000万円）の差額600万円につき、詐害行為否認が認められ得る。

なお、上記代物弁済の全体については、別途、偏頗行為否認が成立する可能性がある（⇨**4**参照）。

### (5) 無償行為否認
#### (a) 意義・制度趣旨

**無償行為否認**とは、破産者が危機時期の前後において行った無償行為またはこれと同視すべき有償行為に対する否認の特殊類型である。無償行為として、例えば、贈与（民549条）、債務免除（民519条）、使用貸借の設定（民593条）、権利の放棄などがこれに該当する（最判昭和62・7・3民集41巻5号1068頁〔百選36〕は、保証契約締結につき「無償行為」該当性を認めている）。

無償行為否認は、後述する要件を見れば明らかなように、詐害行為否認と比べると否認権が成立しやすい制度とされている。その趣旨・根拠としては、①支払停止等発生の危機時期後またはそれに接着する時期においてされる無償行為については、有償行為に比べて詐害性の程度が大きいこと、また、②無償で対価を得た相手方を保護する必要性は乏しいため、取引の安全の観点からも客観的な要件のみをもって否認を認めても公平に反しないことが挙げられる。

#### (b) 要件

無償行為否認に関して、破産管財人は、①破産者において支払停止等があった後または支払停止等の前6か月以内において、②破産者による無償行為またはこれと同視すべき有償行為が行われたという実体的要件に該当する事実につき証明責任を負う（破160条3項）。このように、無償行為否認については、破産者や受益者の主観的要件が必要とされていない点がその特徴である。なお、無償行為否認は、その対象行為の有害性の強さを考慮して、支払停止を要件とする否認の時期的制限の対象から除外されている（破166条かっこ書。⇨ Column 2-15-2 参照）。

以上の要件に加えて、無償行為否認について、詐害行為否認と同様に、当該行為が破産者の債務超過状態においてされたこと、または当該行為を原因として破産者が債務超過に陥ることを要するか（債務超過要件の要否）が解釈上の問題となる。判例（最判平成29・11・16民集71巻9号1745頁〔百選37〕）は、再生手続における無償行為否認（民再127条3項。⇨第3章**第9節3**参照）に関して、①「同項には、再生債務者が上記行為の時に債務超過であること又は上記行為により債務超過になることを要件とすることをうかがわせる文言はない」こと、②「同項の趣旨は、その否認の対象である再生債務者の行為が対価を伴わないものであって再生債権者の利益を害する危険が特に顕著であるため、専ら行為の内容及び時期に着目して特殊な否認類型を認めたことにある」ことを理由に、債務超過要件は不要である旨を判示した。

### (6) 相当の対価を得てした財産の処分行為の否認
#### (a) 意義・制度趣旨

債務者が危機状態において行った不動産の売却行為は、不動産の価値が金銭化されると費消または隠匿がされやすくなるため、実質的な責任財産の減少行為に当たるという理由から、（廉価売却ではなく）適正価格による売却であったとしても原則として詐害行為に該当し得るとして、これにつき否認権や詐害行為取消権の成立を認めるというのが、かつての判例（大判昭和8・4・15民集12巻637頁など）の立場であった。しかし、適正価格による売却がその後に否認権などの対象となり得るとすると、取引の相手方に萎縮的効果を与えてしまうため、経済的危機に瀕した債務者が所有財産を適正に換価して経済的再生を図ることの妨げになりかねない。実際に、適正価格による売却に対する否認等の可能性が不動産などの資産の換価に対するリスク要因となり、債務者の資金調達に悪影響を及ぼすという問題が生じていた。また、実際に適正な価格での不動産売却のような財産処分行為であれば、本来、直ちに責任財産を絶対的に減少させるという性質は認められない。そこに破産者がこの売却代金を隠匿するなどのおそれを実際に生じさせたという事実が加わってはじめて、当該行為につき実質的な詐害性が認められるはずである。

そこで、破産法161条は、**相当対価による財産処分行為**につき、詐害行為否

認の特別の類型としての加重要件を以下のとおり定めることで，その成立範囲を制限している（民法424条の2も破産法161条1項と同様の規律を置いている）。

　(b) 要　件

　相当対価による財産処分行為の否認に関して，破産管財人は，以下の①から③までの各要件に該当する事実について証明責任を負う。

　第1に，①破産者によって**財産種類の変更を伴う財産処分行為**（典型例として，不動産の金銭への換価）がされ，この処分行為により破産者が**相当の対価**を取得し（破161条1項柱書），かつ，この処分行為が破産者において**隠匿，無償の供与その他の破産債権者を害する処分**（隠匿等の処分）**をするおそれを現に生じさせる**ものであるという要件である（同条項1号）。

　上記①における**対価の相当性**は，行為時点における目的財産の公正な市場価格（適正価格）を基準として判断されるが，早期売却のために市場価格よりも若干減額して売却される場合もこの要件に該当し得る。**財産処分行為**には，典型的には不動産に関する売買や交換による所有権移転のほか，担保権の設定も含まれる。また，**隠匿等の処分をするおそれを現に生じさせる**か否かの判断につき，その基礎となる事情として，詐害行為否認の一類型であることから，前提として，当該行為の当時，破産者が債務超過状態にあるか，当該行為を原因として債務超過に陥ることを要する。そのうえで，財産の種類について，変更前の財産の客観的形状，帰属や所在に関する情報からみて，隠匿等の処分のおそれを具体的に生じさせるものでなければならない。不動産を換価し，費消または隠匿しやすい金銭に変えることがその典型例である。この点に関して，換価代金を特定債権者に対して弁済することが「隠匿等の処分」に含まれるかについて争いがある。隠匿等とは異なり弁済行為自体は原則として合理的かつ正当なものであり，仮に債権者平等を害するとしても，その場合は偏頗行為否認（破162条。⇨**4**参照）によって別途規律されていることを考慮すれば，弁済は「隠匿等の処分」に含まれないと解すべきである（事業譲渡代金による債務の弁済につき，特段の事情がある場合を除き，「隠匿等の処分」該当性を否定した裁判例として，東京高判平成25・12・5金判1433号16頁〔百選32〕参照）。

　なお，隠匿等の処分をするおそれが生じていたものの，結果的に隠匿等の処分が行われなかったという場合，例えば，不動産を換価したものの，換価代金

が分別管理されて破産財団中に現存しているという場合や，換価代金を破産者が破産管財人に対して任意に引き渡したという場合には，相当対価による財産処分行為の否認は成立しないと解すべきである。

第2に，②破産者の詐害意思として，破産者が，当該行為の当時，対価として取得した金銭その他の財産について，**隠匿等の処分をする意思**を有していたという要件である（破161条1項2号）。これは，詐害行為否認一般の要件である詐害意思の特殊類型である。

第3に，③受益者の主観的要件として，財産処分行為の相手方（受益者）が，当該行為の当時，破産者が上記②の隠匿等の処分をする意思を有していたことについて悪意であったという要件である（同条項3号）。

以上の①から③までのすべての要件を満たした場合に限り，相当対価による財産処分行為は否認の対象とされる。そのため，破産管財人としては，まずは不相当な価格による廉価売却であるとして，主位的に詐害行為否認（破160条。⇨(2)・(3)参照）の成立を主張しつつ，予備的にこの相当対価による財産処分行為の否認の成立を主張することが想定される。

なお，受益者（相手方）が破産者の内部者に該当する場合には，上記③の受益者の悪意は推定される（破161条2項各号）。

## 4 偏頗行為否認

### (1) 意 義

**偏頗行為否認**の対象となる**偏頗行為**とは，破産者が危機時期において特定の債権者に対してのみ優先的な満足または優先的な地位を与えた結果，他の破産債権者との平等を害することとなる行為を意味し，破産法上，「既存の債務についてされた担保の供与又は債務の消滅に関する行為」（破162条1項柱書かっこ書）がこれに該当する（民424条の3第1項参照。「債務の消滅に関する行為」該当性が争われた事例として，最判平成29・12・19判時2370号28頁〔百選A6〕参照）。なお，破産者による手形債務の支払（破163条1項2項）および租税等・罰金等の請求権に関する担保の供与・債務消滅行為（同条3項）は，偏頗行為否認の対象から除外されている。

上記のとおり「既存の債務について」という文言で限定されていることから，

破産者が危機時期において新たに融資を受けると同時に担保を供与するといった，いわゆる**同時交換的取引**は偏頗行為否認の対象から除外されている。これは，危機状態における新規融資（典型的には救済融資）を確保すべき要請に基づくものである。ただし，同時交換的取引も「相当の対価を得てした財産の処分行為の否認」（破161条。⇨**3**(6)参照）の対象とはなり得る。

(2) **行為の時期制限**

偏頗行為は，原則として，破産者が支払不能になった後，または破産手続開始の申立てがあった後のものでなければならない（破162条1項1号柱書本文）。支払停止（破産手続開始の申立て前1年以内のものに限る。⇨ Column 2-15-2 参照）があった後は，支払不能であったものと推定される（同条3項）。

以上のように支払不能以降の行為が偏頗行為否認の対象とされるのは，破産者が支払不能に陥ると，その時点で総債務を弁済することができない状態にあるため（破2条11項。支払不能の意義につき，⇨**第2節2**(2)(b)参照），この時点以降にされた特定の債権者に対する弁済や担保の供与は，破産手続との関係において，債権者平等に反し，破産債権者を害する行為であると評価されるからである。

なお，実際に破産者がいつの時点で支払不能に陥っていたのかという事実の認定は容易ではない（⇨**第2節2**(2)(b)参照）。そのため，支払不能に関する事実認定のあり方が偏頗行為否認の成否における重要な争点となることが少なくない（東京地判平成19・3・29金判1279号48頁〔百選26〕など参照）。

(3) **非義務行為に関する特則**

偏頗行為のうち，義務ではない行為（**非義務行為**）に関しては，以下のような特則が置かれている（破162条1項2号・2項2号）。その前提として，非義務行為の種類（同条2項2号参照）として，破産法上，①行為自体が義務ではないもの（**本来的な非義務行為**。例えば，特約なき担保の提供），②時期が義務ではないもの（**時期における非義務行為**。例えば，期限前の弁済）および③方法が義務ではないもの（**方法における非義務行為**。例えば，代物弁済）がある。

まず，①本来的な非義務行為および②時期における非義務行為については，

支払不能前30日以内の偏頗行為にまで対象時期が拡張されている（破162条1項2号。⇨(5)参照）。また、①から③までのすべての非義務行為について、偏頗行為否認における受益者（債権者）の主観的要件の証明責任が転換されている（同条2項2号。⇨(4)参照）。

### (4) 偏頗行為の否認（原則型）

偏頗行為否認の原則形態において、破産管財人は、①破産者が支払不能になった後、または破産手続開始の申立てがあった後において、②破産者によって偏頗行為（既存の債務についてされた担保の供与または債務の消滅に関する行為。前述のとおり、同時交換的取引は対象から除外されている。⇨(1)参照）が行われたこと、および③その行為の当時、受益者（債権者）が以下の事実に関して悪意であったこと、という実体的要件にそれぞれ該当する事実につき証明責任を負う（破162条1項1号柱書）。受益者の悪意の対象は、当該行為が支払不能になった後にされたものである場合には、支払不能であったこと、または支払停止があったことであり（同号柱書ただし書イ）、当該行為が破産手続開始の申立てがあった後にされたものである場合には、破産手続開始の申立てがあったことである（同号柱書ただし書ロ）。前者の支払不能後の行為につき、受益者の悪意の対象として支払不能だけでなく支払停止も含まれるのは、破産者の支払不能を受益者が認識するのが容易でないことを考慮したためである。

以上のとおり、受益者の主観的要件も含む、上記の要件のすべてに該当する事実について破産管財人が証明責任を負うことから、詐害行為否認に比べて破産管財人の立証の負担が重くなっている。なお、債権者平等違反という偏頗行為否認における有害性は、債務者の支払不能または破産手続開始の申立てのみによって基礎付けられるものではなく、その債務超過（無資力）が前提として要求されるとする見解がある。この見解によると、偏頗行為否認の規律は、無資力要件を前提とするという点において、詐害行為取消権における「特定の債権者に対する担保の供与等の特則」（民424条の3）の規律と近接することとなる。ただし、詐害行為取消権においては、従来の判例法理を踏まえて、さらに債務者と受益者との間の通謀による他の債権者を害する意図に基づくという要件（同条1項2号）が加重されていることからも明らかなように、あくまで特

定の債権者に対する担保の供与等を詐害行為の一種として位置付けている（⇨ Column 2-15-1 参照）。

①の要件について，支払停止（破産手続開始の申立て前1年以内のものに限る。⇨ Column 2-15-2 ）があった後は，支払不能であったものと推定される（破162条3項）。また，③の要件に関して，破産手続開始の申立ての日から1年以上前にした行為は，支払停止の事実を知っていたことを理由として否認することができない（破166条。この阻却事由については，受益者の側が証明責任を負う。⇨ **3**(3)， Column 2-15-2 参照）。さらに，③の要件につき，内部者および非義務行為（すべての非義務行為が対象となる。⇨(3)参照）に関して，受益者（債権者）の悪意が推定される（破162条2項柱書1号2号）。

> **Column 2-15-2** 破産法162条3項かっこ書と同法166条の関係
>
> 　破産法162条3項かっこ書は，偏頗行為否認（同条1項1号2号。⇨(4)(5)参照）に関して，支払不能を推定する《支払停止》につき，破産手続開始の申立て前1年以内という時間的制限を定めている。これは，支払停止から申立てまでの期間が1年を超える場合，このような支払停止は破産手続との関連性が希薄であるとの考慮に基づく。他方，破産法166条は，支払停止等の後における詐害行為否認（破160条1項2号。⇨**3**(3)参照），詐害的債務消滅行為否認（同条2項。⇨**3**(4)参照），偏頗行為否認（破162条1項1号イ。⇨(4)参照）および対抗要件否認（破164条。⇨**5**(1)参照）について，破産手続開始の申立ての日から1年以上前にした《行為》は，支払停止後の行為であること，または支払停止の事実を知っていたことを理由として否認することができない旨を定める（無償行為否認〔破160条3項。⇨**3**(5)参照〕は，対象外である。破166条かっこ書）。この趣旨は，前述のとおり（⇨**3**(3)参照），継続的状態としての支払不能と異なり支払停止が一回的な行為にすぎないため，取引の安全に配慮して否認対象行為につき時期的な制限を設けることにある（したがって，支払不能の場合への破産法166条の類推適用は認められない。札幌地判令和3・7・15判タ1501号206頁〔偏頗行為否認（破162条1項1号イ）に関する事例〕）。
>
> 　このように，破産法162条3項かっこ書と同法166条は，その趣旨が厳密には異なるほか，前者が《支払停止》に関する時期的制限を定めるのに対し，後者が《否認対象行為》自体に関する時期的制限を定めており，それぞれの規律する対象が異なっているという点に注意を要する。
>
> 　具体的には，①《支払停止》が破産手続開始の申立てから1年よりも前に発生していたが，その後，②否認の対象となる《弁済》自体は申立ての日から1年以内にされた，という事例を考えてみよう。この場合，①につき，破産法162条3項に基づく支払停止による支払不能の推定は働かないため（同条項か

っこ書)，同条1項1号イにおいて，弁済につき，支払停止ではなく「支払不能になった後にされたものである」ことを破産管財人は主張立証しなければならない。他方，②については破産法166条の適用対象外となるため，破産法162条1項1号イに従い，「支払不能であったこと」ではなく，「支払の停止があったこと」について受益者（債権者）が悪意であったことを破産管財人は主張立証すれば足りると解される。

(5) **支払不能前30日以内の非義務行為の否認に関する特則**

前述した非義務行為（⇨(3)参照）のうち，**本来的な非義務行為**および**時期における非義務行為**については，否認の対象となる行為の時期につき支払不能前の30日間まで拡張されている（破162条1項2号。民424条の3第2項参照）。その趣旨は，これらの非義務行為につき，たとえ支払不能前にされたとしても，その後，支払不能の発生が確実に予測され，そのことにつき受益者が悪意であった場合には，偏頗行為否認の規律の潜脱的な行為として否認の対象とする点にある。

以上の偏頗行為否認の特則においては，破産管財人は，①破産者による偏頗行為（既存の債務についてされた担保の供与または債務の消滅に関する行為），②その行為が破産者の義務に属せず，またはその時期が破産者の義務に属しない行為であること，および③それらの行為が支払不能になる前30日以内にされたという各要件に該当する事実につき証明責任を負う（破162条1項2号本文）。なお，③の要件につき，支払停止（破産手続開始の申立て前1年以内のものに限る。⇨ Column 2-15-2 参照）があった後は，支払不能であったものと推定される（同条3項）。

以上に対して，受益者（債権者）の側は，行為の当時，「他の破産債権者を害すること」について自らが善意であったことにつき証明責任を負い，この事実を主張立証することで否認権の成立を免れる（同条1項2号ただし書）。ここでいう「他の破産債権者を害する」とは，債権者平等を害すること（これは，偏頗行為の有害性を基礎付けるものである）を意味し，支払不能の発生が相当程度以上の蓋然性をもって予測される状態にあったことがこれに該当すると解される。

## 5 否認の特殊類型

### (1) 対抗要件の否認
#### (a) 意義・制度趣旨

**対抗要件の否認**（**対抗要件否認**）とは，権利の設定，移転または変更といった権利変動に関する第三者対抗要件を具備するのに必要な行為（仮登記または仮登録を含む）をした場合に，破産手続開始後，その権利変動の原因となる法律行為（原因行為）とは別個に，この対抗要件具備行為自体を否認するという規律である（破164条1項本文）。ただし，当該仮登記または仮登録以外の仮登記または仮登録があった後にこれらに基づいて本登記または本登録をした場合は対象外である（同条項ただし書）。また，以上の規律は，権利取得の効力を生ずる登録に準用される（同条2項）。

以上のように原因行為とは別に対抗要件具備行為の否認を認めるのは，次のような趣旨に基づく。すなわち，破産者の責任財産に属すべき財産が原因行為によって逸出していたのであれば，対抗要件の具備によりこれを公示すべきである。ところが，それをしないまま原因行為から一定期間が経過し，かつ破産者が危機時期にあることが表明されてから対抗要件を具備するのは，それ自体として他の債権者の信頼を裏切る行為であると評価されるためである。

#### (b) 要 件

対抗要件の否認について，破産管財人は，①支払停止または破産手続開始の申立て（破160条1項2号参照。以下，「支払停止等」という）があった後に権利変動に関する第三者対抗要件を具備するのに必要な行為（**対抗要件具備行為**。仮登記または仮登録を含む）がされたこと，②その行為が権利変動のあった日から15日を経過した後にされたこと，および③支払停止等について受益者が上記行為時に悪意であったこと，という各要件に該当する事実につき証明責任を負う（破164条1項本文）。これに対して，当該対抗要件具備行為が破産手続開始の申立ての日より1年以上前にされた場合には，支払停止後の行為であること，または支払停止を知っていたことを理由とする対抗要件否認の成立が阻却される（破166条。⇨ Column 2-15-2 参照）。この阻却事由については受益者の側が証明責任を負う。

①について，破産者が債権を譲渡した場合に，その債権の債務者がこれを承諾したとき，当該債務者の承諾が対抗要件否認の対象となるかが問題となる。旧法下の判例（最判昭和40・3・9民集19巻2号352頁）は，対抗要件否認の対象行為が破産者の行為またはこれと同視し得るものに限られるとして，これを否定する。他方で，第三者対抗要件具備という効果の点において同一である以上，破産者の行為がないとしても，対抗要件否認の対象行為として捉えてもよいとすれば（⇨ 2(3)参照），これを肯定することができる。

②について，原因行為に基づく権利変動があった日の翌日から起算して（破13条，民訴95条1項，民140条本文）15日を経過した後にされた対抗要件具備行為が否認対象となる。この15日の起算点は，厳密には原因行為がされた日ではなく，その行為の効力として権利変動の効果が実際に発生した日を基準とする（最判昭和48・4・6民集27巻3号483頁）。これは，対抗要件否認における有害性の根拠が，権利変動の効果が発生し対抗要件を備えることができたにもかかわらず，それを放置していたという点に求められるからである。

③について，支払停止等に関する悪意の主体が受益者なのか，それとも対抗要件具備行為をした者なのかについて争いがある。判例（大判昭和6・9・16民集10巻818頁）および通説は，前述のように，詐害行為否認や偏頗行為否認と同様，受益者の悪意であるとする。これに対して，債権譲渡において，受益者たる譲受人の関与なく，譲渡人である破産者が通知（民467条1項2項）をした場合にも対抗要件否認の成立を認めるべきだとし，「支払の停止等のあったことを知ってした」という文言に即して，対抗要件具備行為をした者の悪意であると解する見解もある。

(c) **対抗要件否認の破産法上の位置付け──創設説と制限説**

対抗要件否認の破産法上の位置付けについては，創設説と制限説という対立がある。**創設説**とは，本来ならば対抗要件具備行為自体は否認の対象とはならないところ，他の債権者に対する有害性に着目し，特別に否認対象として認めるために創設されたのが対抗要件否認であると捉える見解である。この見解によると，およそ対抗要件具備行為は対抗要件否認（破164条）の規律以外では否認対象とならないため，詐害行為否認や偏頗行為否認の成否は問題とならない。したがって，この見解によると，例えば支払停止後に対抗要件具備行為が

されたとしても，権利変動が発生してから15日を経過しない時点での行為であれば，否認の対象となり得ない。

これに対して，**制限説**とは，本来ならば対抗要件具備行為も一般の否認権の対象となり得るところ，破産法164条はその成立要件を前述のように制限したと解する見解である。この見解においても，同条は一般類型の特則として対抗要件具備行為に対する否認が成立するための要件を特別に規律し，その成立範囲そのものを限定していると捉えれば，創設説と同様に，別途，対抗要件具備行為は詐害行為否認や偏頗行為否認の対象とはならない。旧法下の判例（最判昭和45・8・20民集24巻9号1339頁〔百選38〕）は，対抗要件具備行為も，元来，否認権の一般規定によって否認の対象とされるべきであるものの，「破産法は〔旧〕74条〔現破164条〕において，一定の要件を充たす場合にのみ，とくにこれを否認しうることとしたのである」と説示していることから，この立場に親和的である。

他方で，制限説に拠りながらも，破産法164条は一定の成立要件に該当する場合に限定した特則を付加的に設けたにすぎないと捉えると，対抗要件具備行為は，対抗要件否認のほか，なお一般類型としての詐害行為否認や偏頗行為否認の対象となり得る。

(2) **執行行為の否認**

執行力のある債務名義を有する債権者に対して破産者が任意弁済をした場合であっても，この弁済に対する否認権（偏頗行為否認。⇨**4**参照）の行使は妨げられない（破165条前半）。また，執行機関による執行行為は破産者の行為ではないものの，破産者が危機状態に陥った状況において特定の債権者が強制執行によって満足を受けることは，破産者自身による任意弁済と同様に破産債権者間の平等を害することとなる。したがって，破産者自身の関与がないとしても（最判昭和57・3・30判時1038号286頁〔百選40〕参照），この執行行為に対して否認権（偏頗行為否認）を行使することも認められる（同条後半）。以上のように，破産法165条は，執行力ある債務名義がある場合や執行行為による場合であっても否認権行使が可能であることを確認する規定にすぎない。

### (3) 転得者に対する否認
#### (a) 意義・制度趣旨

否認権は破産者と受益者との間で行われた行為を対象とし，これが受益者に対して行使されると，その効果は，後述するとおり，あくまで破産管財人と受益者との間において相対的にしか生じない（相対的無効。⇨ **7**(1)参照）。しかし，そうすると，対象財産を受益者から第三者（転得者）が承継的に取得した場合には，受益者に対する否認の効果は転得者には及ばないこととなるが，これでは否認制度の潜脱を許容する結果となり，その実効性が損なわれる。そこで，転得者に対する取引の安全にも配慮しつつ，下記(b)に掲げる各場合において，否認しようとする行為の相手方（転得者が受益者から取得した場合には受益者を指す）に対して否認の原因があるときは（なお，相手方に対する否認権の行使とその効果発生は前提としない），直接，転得者に対して否認権を行使することができる（破170条1項柱書本文。民424条の5参照）。例えば，破産手続開始前において破産者Aが所有する土地を受益者Bに廉価で売却したところ，さらにBが第三者Cに当該土地を売却したという場合，AのBに対する売却が詐害行為に該当すれば，破産管財人はAB間の売却行為を対象とする否認の効果として破産財団の原状回復（破167条1項。⇨ **7**(2)参照）をCに対して主張することができる。このように破産者と受益者との間の行為を対象とする否認の効果を，転得者に対して主張することを**転得者に対する否認（転得者否認）**という（転得者否認による転得者に対する効果について，破170条の2・170条の3参照。⇨ **7**(4)参照）。

なお，受益者から承継的に取得した転得者（第一転得者）からさらに転得した第三者（第二転得者）も「転得者」に該当し，この場合，第二転得者に対して否認権を行使するには，受益者および第一転得者の双方に対して否認の原因があることを前提とする（破170条1項柱書ただし書）。

#### (b) 要　件

転得者否認が認められるのは，前述のとおり，否認しようとする行為の相手方に対して否認の原因があること（破170条1項柱書）を前提として，①転得者が転得の当時（破産手続開始の前後を問わない），破産者がした行為が破産債権者を害することを知っていたとき，②転得者が破産者の内部者（破161条2項各号）のいずれかであるとき，または③転得者が無償行為またはこれと同視すべ

き有償行為によって転得した者であるときである（破170条1項各号。③に関する原状回復の特則として，同条2項・167条2項。⇨**7**(2)(c)参照）。否認対象行為の相手方に関する否認原因事実の存在とともに，以上の①から③までのいずれかの要件に該当する事実につき破産管財人が証明責任を負う。これに対し，②に関しては，内部者に該当する転得者が，転得の当時，破産者がした行為が破産債権者を害することにつき自らが善意であった証明責任を負い，この事実を主張立証することで否認権の成立を免れる（170条1項2号ただし書）。

## **6** 否認権の行使主体・行使方法等

### (1) 行使主体

否認権の行使主体は，破産債権者全体の利益を代表する破産管財人である（破173条1項）。

### (2) 行使方法

否認権は，訴え，否認の請求または抗弁によって行使されなければならない（破173条1項）。民法上の詐害行為取消権は，訴えによってのみ行使することができる（民424条1項）のに対して，否認権は，このように否認の請求または抗弁によっても行使することができるという違いがある。

#### (a) 訴えによる行使

否認訴訟は，訴訟の類型として，形成訴訟ではなく，給付訴訟または確認訴訟であると考えるのが判例・通説の立場である（**給付・確認訴訟説**）。したがって，否認訴訟における訴訟物は，否認の効果として生じる権利義務関係であって，否認権は訴訟物を基礎付ける攻撃防御方法の1つにすぎず，判決主文において否認の宣言をする必要はない。この点で，詐害行為取消訴訟における訴訟物が詐害行為取消権それ自体であるのとは異なる。否認訴訟において否認権それ自体が訴訟物とならないことは，否認権が抗弁として行使され得る点からも明らかである。

否認訴訟の管轄（職分管轄）は，破産裁判所（破2条3項）の専属管轄とされる（破173条2項・6条）。また，否認訴訟の提起は破産手続の進行に重大な影響を及ぼすため，破産管財人は同訴訟の提起につき裁判所の許可を得なければ

ならない（破78条2項10号。⇨**第5節 1** 参照）。

詐害行為取消訴訟の係属中に債務者につき破産手続が開始された場合の処遇（破45条）については，**第13節 1**(4)(a)(c)を参照。

**(b) 否認の請求による行使**

**(i) 否認の請求** 否認の請求をするときは，その原因となる事実を疎明しなければならない（破174条1項）。また，裁判所は，否認の請求を認容し，またはこれを棄却する裁判につき，理由を付したうえで，決定でしなければならず（同条2項），この決定をする場合，手続保障の観点から，相手方または転得者を審尋しなければならない（同条3項。必要的審尋。民訴87条2項参照）。さらに，否認の請求を認容する決定の場合には，後述する異議の訴えを提起する機会を相手方に確保させるため，その裁判書を当事者に送達しなければならない（破174条4項前段。破産法10条3項本文の適用が除外される。破174条4項後段）。

否認の請求の手続は，破産手続が終了したときは，終了する（同条5項。破44条4項5項参照）。

**(ii) 否認の請求を認容する決定に対する異議の訴え** 否認の請求を認容する決定に対し，相手方は，その送達を受けた日から1か月の不変期間内に異議の訴えを提起することができる（破175条1項）。この異議の訴えがこの不変期間内に提起されなかったとき，または却下されたときは，否認の請求を認容する決定は確定判決と同一の効力を有する（同条4項後段）。なお，否認の請求を棄却または却下する決定に対しては，破産管財人から異議の訴えを提起することはできない。よって，これらの決定によって否認の請求の手続は終了する。ただし，破産管財人があらためて否認の訴えを提起するという可能性は残される。

上記異議の訴えの管轄（職分管轄）は，破産裁判所（破2条3項）の専属管轄とされる（破175条2項・6条）。また，同訴えについての判決においては，訴えを不適法として却下する場合を除き，否認の請求を認容する決定を認可し，変更し，または取り消す（破175条3項）。そして，同決定を認可する判決が確定したときは，その決定は，確定判決と同一の効力を有する（同条4項前段）。

異議の訴えにかかる訴訟手続は，否認の請求の手続と同様に，破産手続が終了したときは，当然に終了する（同条6項。破44条4項5項参照）。

(c) 抗弁による行使

否認権は、抗弁または再抗弁として行使することもできる。抗弁または再抗弁としての行使には、裁判所による許可は不要である（破78条2項10号参照）。

例えば、破産手続開始前に破産者が所有する動産を売却し、その相手方が破産管財人を被告として、取戻権（破62条。⇨**第9節**参照）に基づく動産引渡請求訴訟を提起したという場合、破産管財人はこの売買契約を否認する旨の抗弁を主張することができる。また、破産管財人が原告として破産財団に帰属する債権の支払請求訴訟を提起した場合に、被告である債務者が破産手続開始前の破産者による免除の抗弁を主張したときには、破産管財人はこの免除の意思表示を否認する旨の再抗弁を主張することができる。

(3) 否認権の消滅

破産手続開始の日から2年を経過したとき、または否認しようとする行為の日から10年を経過したときは、否認権を行使することができない（破176条。民426条参照）。これらの期間は、いずれも除斥期間である。

(4) 否認権のための保全処分

本来、否認権は、破産手続開始の効果として発生するため、破産手続開始前においては否認権に基づく原状回復請求権を被保全権利とする民事保全法上の保全処分を行うことはできない。しかし、破産手続開始前であっても、受益者または転得者がさらに対象財産を第三者に移転するなどのおそれがある場合には、破産手続開始後の否認権行使の実効性を確保するため、その財産を確保しておく必要がある。そこで、破産手続開始の申立てから開始決定までの間において、破産法上の特殊保全処分として、裁判所は、否認権を保全するため必要があると認めるときは、利害関係人（保全管理人が選任されている場合にあっては、保全管理人）の申立てにより、または職権で、仮差押え、仮処分その他の必要な保全処分を命ずることができる（破171条1項）。

「否認権を保全するため必要があると認めるとき」（保全の必要性）とは、例えば、受益者から転得者への譲渡がされるおそれが生じている場合が考えられる。たしかに転得者否認（破170条。⇨**5**(3)参照）による対応も可能であるもの

の，成立要件の厳しい転得者否認による対応を回避する必要が認められるからである。なお，登記のある権利について上記保全処分があったときは，裁判所書記官は，職権で，遅滞なく，当該保全処分の登記を嘱託しなければならない（破259条1項2号）。

上記保全処分が命じられた場合において，破産手続開始の決定があったときは，破産管財人は，当該保全処分にかかる手続を続行することができる（破172条1項）。なお，破産管財人が新たに保全処分の申立てを行う場合は，民事保全法上の一般の保全処分を用いることとなる。

## 7 否認権行使の効果

### (1) 総説

否認権の行使は，破産財団を原状に復させる（破167条1項）。すなわち，否認された行為は破産財団との関係において遡及的に無効となり，逸出していた財産は法律上当然に破産財団に復帰する（**物権的効果**）。例えば，不動産の贈与が否認されると，破産管財人が相手方に対する債権としての返還請求権を取得するのではなく，その不動産の所有権は当然に破産財団に帰属する。ただし，否認権行使の効果は，破産管財人と否認の相手方との関係においてのみ生じる（**人的相対効**）。また，否認権行使の効果は，破産手続との関係において生じ（**手続的相対効**），破産手続が終了すると，否認権行使の効果が消滅する。なお，否認対象行為の目的物が複数で可分であったとしても，目的物すべてに対して否認の効果が及ぶ（更生手続について，最判平成17・11・8民集59巻9号2333頁〔百選44〕参照）。

### (2) 破産財団の原状回復

前述したように，否認権行使によって逸出した財産は当然に破産財団に復帰する（破167条1項）ものの，この効果は観念的なものにとどまる。したがって，破産管財人が破産財団の現実的な原状回復を図るには，相手方にその財産の引渡しなどを実際に求めることを要する（民424条の6第1項前段参照）。また，財産の返還が不可能または困難な場合には，後述するように，返還に代えて価額の償還を求めることができる（破169条・170条の3〔「その価額を償還したとき」

という文言〕，民424条の6第1項後段参照）。

(a) 金銭「給付」の返還

偏頗行為としての弁済のような金銭給付が否認された場合（⇨**4**(1)参照），破産管財人は相手方に対し，破産者から受領したのと同額の金銭の返還を求める（したがって，この場合は，債権的請求によって原状回復を実現する）。併せて，相手方は金銭を受領した日から起算した法定利息（民404条）を支払わなければならない。

(b) 物・権利の返還

破産管財人が否認権の行使によって物または権利を実際に管理処分するとともに，第三者に対して破産財団への復帰を対抗するためには，対抗要件の具備が必要である。

この対抗要件に関して，登記制度のある権利について，その登記の原因である行為が否認されたときは，破産管財人は，**否認の登記**を申請しなければならない（破260条1項前段）。これは，破産管財人と相手方との間で相対的な効力を有するにすぎない否認の物権的効果を公示するために破産法が認めた特別の登記であると解される（特殊登記説。最判昭和49・6・27民集28巻5号641頁，大阪高判昭和53・5・30判タ372号92頁〔百選41〕参照）。対抗要件否認（破164条。⇨**5**(1)参照）によって登記が否認された場合も同様である（破260条1項後段）。

さらに，登記官は，否認の登記にかかる権利に関する登記をするとき，例えば破産管財人が否認権の行使により取り戻した不動産を第三者に売却し，これを原因として所有権移転登記をする場合には，職権で，①当該否認の登記，②否認された行為を登記原因とする登記または（対抗要件否認によって）否認された登記，③この②の登記に後れる登記があるときは当該登記を，すべて抹消しなければならない（破260条2項各号）。これは，否認権の行使によって不動産を破産財団に復帰させ，破産管財人がこれを換価しようとする際，この不動産について否認の登記などが残存していると，買い受けようとする者に対して不安を生じさせ，換価処分の事実上の障害となり得るのを避けるという趣旨に基づく。

以上の規律は，登録制度のある権利について準用される（破262条）。

(c) 無償行為否認の場合の例外

無償行為否認（⇨**3**(5)参照）においては，相手方が，当該行為の当時，支払停止等があったことおよび破産債権者を害すること（債務超過要件が不要だとすれば，単に行為の無償性を意味する）を知らなかったときは，その現存利益を償還すれば足りる（破167条2項。無償行為に対する転得者否認の場合〔破170条1項3号。⇨**5**(3)(b)参照〕も同様である〔同条2項・167条2項〕）。これは，そもそも無償行為否認が相手方の主観的要件のない否認類型であることに鑑みて，相手方が無償行為に関する有害性について善意である場合には，善意の相手方を保護するために原状回復の範囲を限定する趣旨に基づく。

(d) 価額償還請求権

現物の返還が不可能または困難な場合には，これに代えて破産管財人は相手方に対して価額償還を請求することができる（破169条・170条の3〔「その価額を償還したとき」という文言〕，民424条の6第1項後段参照）。

この価額の算定は，目的財産の価額の変動が生じていると，どの時点を基準とするかによって相手方の利害に影響を与えることとなる。そこで，算定基準時につき，否認対象行為時とする見解，否認の相手方が目的財産を処分した場合を想定してその処分時とする見解，破産手続開始時とする見解，否認権行使時とする見解，否認訴訟における事実審の口頭弁論終結時とする見解，また破産管財人による基準時の選択を許容する見解などの対立が見られる。判例は，否認権の効果として破産法167条に基づき対象財産が破産財団に復帰し，破産管財人がこれを換価することが否認権の趣旨であることから，その換価が可能となる時点としての否認権行使時が算定基準時となるとする（最判昭和41・11・17金法467号30頁，最判昭和42・6・22判時495号51頁，最判昭和61・4・3判時1198号110頁〔百選43〕）。

(e) 差額償還請求権

後述するように，詐害行為否認（破160条1項），無償行為否認（同条3項）または相当の対価を得てした財産の処分行為の否認（破161条1項）の効果として，相手方が破産者の受けた反対給付の返還請求権またはその価額の償還請求権を有する場合（⇨(3)(a)参照），破産管財人は，前述した原状回復（破167条1項）としての財産返還請求権または価額償還請求権の行使に代えて，相手方に対し，

当該財産の価額から財団債権となる額（破168条1項2号・2項1号3号）または破産者の受けた反対給付の価額（同条1項1号）を控除した額の償還請求を選択することができる（同条4項）。転得者否認の場合についても同様である（破170条の2第5項。⇨(4)(a)参照）。

### (3) 否認権の効果としての相手方の権利

#### (a) 破産者の受けた反対給付に関する相手方の権利

詐害行為否認（破160条1項。⇨**3**(2)(3)参照），無償行為否認（同条3項。⇨**3**(5)参照）または相当の対価を得てした財産の処分行為の否認（破161条1項。⇨**3**(6)参照）の効果として，否認権の行使を受ける相手方（受益者）は，遡及的に無効とされる否認対象行為によって破産者の受けた反対給付に関する原状回復を求めるため，それぞれ以下のような権利を行使することができる（破168条1項柱書）。これは，否認権行使の結果として破産財団に不当な利得を生じさせないようにする趣旨に基づく。

(i) **原則** まず，破産者の受けた反対給付が破産財団中に現存する場合には，相手方は，当該反対給付の返還を破産管財人に対し請求する権利（**反対給付返還請求権**）を行使することができる（破168条1項1号。民425条の2前段参照）。これは，一種の取戻権である（⇨**第9節**参照）。

これに対し，破産者の受けた反対給付が破産財団中に現存しない場合には，相手方は財団債権者として反対給付の価額の償還を請求する権利（**価額償還請求権**）を行使することができる（破168条1項2号。民425条の2後段参照）。破産法は，公平の観点から，このように価額償還請求権を原則として財団債権として扱うことで相手方の保護を図っている（⇨**第8節2**(2)参照）。

(ii) **例外** 以上の例外として，当該行為の当時，破産者が対価として取得した財産について隠匿等の処分をする意思を有し，かつ，相手方が破産者につきその意思を有していたことを知っていたときには，相手方の保護は一定の制約を受けるものとされ，（反対給付そのものではなく）反対給付によって生じた利益が破産財団中に現存するかどうか（現存利益の存否）によって価額償還請求権の破産手続における処遇が異なる（破168条2項）。すなわち，破産者の受けた反対給付によって生じた利益の全部または一部が破産財団中に現存する場合

には，相手方はその全部または一部の現存利益について財団債権者として価額償還請求権を行使することができる（同条項1号3号）。これに対し，現存利益以外の部分については，破産者の隠匿等の処分をする意思につき悪意であった相手方は破産財団が減少したことのリスクを引き受けるべきであるとの考慮に基づき，破産債権者として価額償還請求権を行使し得るにとどまる（同条項2号3号・97条12号）。なお，相手方が内部者（破161条2項各号）に該当するときは，その相手方は行為時において破産者が隠匿等の処分をする意思を有していたことを知っていたものと推定される（破168条3項）。

(b) **相手方の債権の復活**

債務消滅行為等に対する偏頗行為否認（破162条1項。⇨**4**参照）の効果として，相手方がその受けた給付を返還し，またはその価額を償還したときは（先履行である），相手方の債権は，これによって原状に復し（破169条。民425条の3参照），相手方はこれを破産債権として行使することができる。相手方の債権の復活に伴い，そこに付されていた物的担保や人的担保も復活する（最判昭和48・11・22民集27巻10号1435頁〔百選42〕）。

(4) **転得者否認の効果としての転得者の権利**

(a) **破産者の受けた反対給付に関する転得者の権利**

前記(3)(a)のとおり，詐害行為否認（破160条1項。⇨**3**(2)(3)参照），無償行為否認（同条3項。⇨**3**(5)参照）または相当の対価を得てした財産の処分行為の否認（破161条1項。⇨**3**(6)参照）の効果として，否認権の行使を受ける受益者は，破産者との間でされた否認対象行為が遡及的に無効とされることで，破産者の受けた反対給付に関する原状回復を請求する権利を行使することができる（破168条1項柱書）。他方で，上記の各否認の対象財産を転得者が受益者から承継的に取得し，破産管財人が転得者に対して否認権を行使したという場合（**転得者否認の場合**。⇨**5**(3)参照）には，破産者と受益者との間の否認対象行為そのものが破産財団との関係において遡及的に無効となるわけではないものの（人的相対効。⇨(1)参照），否認権の行使を受ける転得者の利益を保護するため，転得者には，破産者の受けた反対給付の原状回復を求める権利（⇨(2)(e)・(3)(a)参照）が認められている（破170条の2第1項2項3項5項。民425条の4柱書1号参照）。

ただし，反対給付返還請求権または価額償還請求権の行使は，転得者がその前者から財産を取得するためにした反対給付またはその前者から財産を取得することによって消滅した債権の価額を限度とする（破170条の2第4項）。例えば，破産者Aが所有する500万円相当の土地を受益者Bに贈与し，さらにBが当該土地をCに400万円で売却したという場合，AがBに対して行った贈与が無償行為に該当し，破産管財人がAB間の贈与についての否認権をCに対して行使したときは，Cは破産管財人に対し，（当該土地の価額である500万円ではなく）400万円の限度において価額償還請求権を行使することができるにとどまる。また，BがCに当該土地を600万円で売却していたとしても，Cは500万円の限度で価額償還請求権を行使することができるにすぎない。転得者の地位の原状回復よりも破産財団の過不足のない原状回復という点を優先させるためである。

(b) **相手方の債権に対する転得者の権利**

例えば，破産手続開始前において，破産者Aが債権者（受益者）Bとの代物弁済の合意に基づき，Aの所有する500万円相当の土地をBに譲渡するとともにAのBに対する500万円の債務を消滅させた後，BがCに当該土地をCに売却したという場合，AB間の代物弁済契約についての偏頗行為否認（破162条1項）が転得者Cに対して行使された，という事例を想定する。

このとき，転得者Cは，その受けた給付を返還し，またはその価額を償還したときは，Bに対する否認権の行使によってこの代物弁済契約が否認されたとすれば原状回復すべきBの有していた破産債権を行使することができる（破170条の3前段。民425条の4柱書2号参照。⇨(3)(b)参照）。BC間の土地売却代金が500万円であったとすれば，CはAの破産手続において500万円の破産債権を行使することができる。他方で，BC間の土地売却代金が400万円であったという場合，Cは400万円の限度において破産債権を行使することができるにとどまる（破170条の3後段・170条の2第4項）。また，BC間の土地売却代金が600万円であったとしても，Cは500万円の限度で破産債権を行使することができるにすぎない。

# 第16節　法人の役員の責任追及

## 1　総　　説

　株式会社等の法人に破産手続が開始された際，法人が，役員（「当該法人の理事，取締役，執行役，監事，監査役，清算人又はこれらに準ずる者」をいう。破177条1項かっこ書）に対して，その任務懈怠等に基づく損害賠償請求権（会社423条1項等，一般法人法111条1項・198条）を有していることがある。この損害賠償請求権は，破産財団に属する財産として破産管財人がこれを行使しなければならない。そこで，破産法は，法人の役員に対する責任追及としての損害賠償請求権行使の実効性を確保しつつ，その簡易迅速な実現を図るために，①この損害賠償請求権を被保全権利として，当該役員の財産に対する保全処分の制度（破177条）と，②その損害賠償請求権に関する決定手続としての査定手続（破178条・179条）をそれぞれ用意している（民事再生法〔民再142条～147条。⇨第3章第4節**4**参照〕や会社更生法〔会更99条～103条。⇨第4章第8節**4**参照〕にあった規律を破産法にも導入したものである）。

　なお，株式会社の役員等に対する責任追及は，本来であれば会社が訴えを提起して行うべきであるが，個々の株主が会社のために役員等の責任追及（会社423条1項等）の訴え（株主代表訴訟）を提起することも認められる（会社847条1項3号5項）。もっとも，株式会社の破産手続が開始された後には，破産者である会社が管理処分権を剝奪される以上，その持分権者である株主が株主代表訴訟を提起することは許されず，役員等の責任の追及は，もっぱら上記②の役員責任査定手続に委ねられる（更生手続においても同様である）。これに対して，再生手続においては，原則として再生債務者が従前どおり管理処分権を保持する以上（民再38条1項），管理命令（民再64条1項）が発令されない限り，再生手続開始後も再生債務者の株主が株主代表訴訟を提起することは認められるであろう。

## 2 法人の役員の責任追及のための保全処分・査定手続

### (1) 役員の財産に対する保全処分

　裁判所は，法人である債務者について，①破産手続開始の決定があった場合において必要があると認めるときは，破産管財人の申立てにより，または職権で，また，②破産手続開始の申立てがあった時から当該申立てについての決定があるまでの間において緊急の必要があると認めるときは，債務者（保全管理人が選任されている場合にあっては，保全管理人）の申立てにより，または職権で，当該法人の役員の責任に基づく損害賠償請求権につき，当該役員の財産に対する保全処分をすることができる（破177条1項2項）。この破産法上の特殊保全処分は，損害賠償責任を負う役員がその個人財産を隠匿，処分または消費等をして強制執行を逃れることを防止し，その損害賠償請求権行使の実効性を確保することを目的とする。

### (2) 役員の責任の査定手続

　裁判所は，法人である債務者について破産手続開始の決定があった場合において，必要があると認めるときは，破産管財人の申立てにより，または職権で，決定によって，役員の責任に基づく損害賠償請求権の存否・内容に関する査定の裁判（**役員責任査定決定**）をすることができる（破178条1項）。破産管財人がこの申立てをするときは，その原因となる事実を疎明しなければならない（同条2項）。この査定手続は，破産手続において役員の責任の追及を，決定手続によって（必要的審尋につき，破179条2項），簡易かつ迅速に行うことをその趣旨とする。

### (3) 役員責任査定決定に対する異議の訴え

　役員責任査定決定に不服がある者は，その送達を受けた日から1か月の不変期間内に，異議の訴えを提起することができる（破180条1項）。これは，実体権である損害賠償請求権の存否・内容に関して，判決手続による判断の機会を保障するという趣旨による。この訴えの管轄（職分管轄）は，破産裁判所の専属管轄とされ（同条2項・6条），また，この訴えを提起する者が，役員である

ときは破産管財人を，破産管財人であるときは役員を，それぞれ被告としなければならない（破180条3項）。

この役員責任査定決定に対する異議の訴えが，上記の不変期間内に提起されなかったとき，または却下されたときは，役員責任査定決定は，給付を命ずる確定判決と同一の効力を有する（破181条）。

# 第17節 配　当

## 1 総　説

### (1) 意　義

**配当**とは，破産管財人が，破産財団に属する財産を換価することで得られた金銭を，破産債権者に対してその順位および額に応じた按分比例の割合で平等に分配すること（破193条・194条参照）をいう。清算型倒産手続としての破産手続の最終的な目標は，まさに破産債権者に対する配当の実施であるといえる。それゆえ，破産手続は配当の実施をもって終結するというのが本来の姿であろう（もっとも，そもそも破産債権者に対する配当を行うだけの破産財団帰属財産が不足する事例が多いため，配当によって終結する破産事件の数は決して多くない。⇨**第18節 2**参照）。

### (2) 配当の種類・分類

配当の種類として，最後配当（破195条以下），簡易配当（破204条以下），同意配当（破208条），中間配当（破209条以下），追加配当（破215条）がある。これらは，以下のように分類される。

まず，破産財団に属する財産の換価終了後の配当の〈方法〉を基準として，**最後配当**が原則とされ，**簡易配当**および**同意配当**がこれに代わる特則として位置付けられる。このように，破産法が破産財団の換価終了後の配当につき複数の種類を用意し，適宜選択することができるようにしているのは，破産財団の規模が小さい場合や破産債権者が厳格な手続を望まない場合に，簡易かつ迅速な手続による配当の実施を可能とするためである。

つぎに，配当の〈時期〉を基準とすると，破産財団に属する財産の換価終了後に行われる**最後配当**のほか，換価終了前に行われる**中間配当**，および最後配当の配当額の通知後に行われる**追加配当**がある。

(3) 配当に関する通則
　(a) 配当の方法
　破産債権者は，破産法の定める手続に従い，破産財団から配当を受けることができる（破193条1項）。これは，破産債権者に対して公平な配当を実施するためには，必ず破産法および破産規則に定める手続によることが求められ，便宜的な手続によることを許さないためである。
　配当の実施について，破産債権者は，破産管財人がその職務を行う場所において配当を受けなければならないのが原則である（同条2項。取立債務の原則）。これは，破産手続での迅速処理を重視するため，民法上の持参債務の原則（民484条）を変更するものである。実務上，配当の実施は，破産債権者が指定した銀行口座への振込みによるのが一般的であり，その場合，取立債務とされていることから，振込手数料は債権者の負担とされる。
　(b) 配当の順位
　配当は，破産債権間においてはその優先順位（優先的破産債権，一般の破産債権，劣後的破産債権，約定劣後破産債権の順。⇨第6節**3**(1)参照）に従い，また，優先的破産債権間においては民法等の定める優先順位（破98条2項）による（破194条1項）。同一順位の破産債権については，それぞれの債権額の割合に応じた按分比例による平等配当が行われる（同条2項）。

## 2 最後配当

(1) 意　義
　**最後配当**とは，一般調査期間の経過後または一般調査期日の終了後，破産財団に属する財産の換価が終了した場合，遅滞なく，届出をした破産債権者に対し，裁判所書記官の許可を得たうえで，破産管財人が行わなければならない配当をいう（破195条1項2項）。ただし，破産財団をもって破産手続の費用を支弁するのに不足し，異時廃止決定（破217条1項。⇨第18節**3**(3)参照）がされる

場合には，最後配当は行われない（破195条1項）。

**(2) 最後配当の対象とされる破産債権——除斥期間と打切主義**

　最後配当の対象とされる破産債権は，調査の結果，異議等が述べられずに確定したものや，異議等が述べられたが確定手続を経て確定したもの（⇨第7節**3**参照）のほか，配当手続の遅延を避けるため，以下の一定の期間内にその権利行使が可能となっているものに限られている。この**最後配当に関する除斥期間**は，配当の公告（破197条1項）が効力を生じた日（官報公告の掲載日の翌日。破10条1項2号）または配当通知の到達に関する届出（破197条3項）があった日から起算して2週間以内とされている（破198条1項。配当の公告・通知については，⇨(3)(b)参照）。この除斥期間内に，以下の各破産債権につき一定の事実の証明がなければ，当該破産債権は最後配当から排除される。これを**打切主義**という。

　第1に，異議等のある破産債権のうち無名義のものについて（有名義破産債権〔破129条1項〕は除かれている），この破産債権を有する破産債権者が配当手続に参加するには，最後配当に関する除斥期間内に，破産管財人に対し，当該破産債権に関する確定手続が係属していること（⇨第7節**3**(2)(a)参照）を証明しなければならない（破198条1項）。

　第2に，停止条件付債権または将来の請求権である破産債権については，最後配当に関する除斥期間内にこれを行使することができるに至っていなければならない（同条2項）。

　第3に，別除権者の不足額債権については（破108条1項。⇨第10節**2**(2)(a)参照），別除権者が除斥期間内に，破産管財人に対し，被担保債権の全部もしくは一部が破産手続開始後に担保されないこととなったことを証明し，または当該担保権の行使によって弁済を受けることができない債権の額を証明しなければならない（破198条3項。準別除権者についても同様である〔同条5項〕。なお，根抵当権者の不足額債権に関する特則として，同条4項・196条3項前段参照）。

　第4に，解除条件付債権について，解除条件が最後配当に関する除斥期間内に成就しないときは，無条件で最後配当を受けることができる。なお，最後配当を行った後に解除条件が成就した場合については，配当額につき不当利得と

*173*

して処理すべきとする見解と追加配当の財源（破215条1項。⇨**5**参照）として処理すべきとする見解があるが，いずれにせよ，解除条件が成就すると，配当を受領する権利は失われる。

### (3) 配 当 表
#### (a) 配当表の作成・提出
　破産管財人は，裁判所書記官による最後配当の許可（破195条2項）があったときは，遅滞なく，①最後配当の手続に参加することができる破産債権者の氏名または名称および住所，②最後配当の手続に参加することができる債権の額（破産債権の優先順位に従い区分される），および③最後配当をすることができる金額を記載した**配当表**を作成し，これを裁判所に提出しなければならない（破196条1項2項）。

#### (b) 配当の公告・通知
　破産管財人は，この配当表を裁判所に提出した後，遅滞なく，①最後配当の手続に参加することができる債権の総額および②最後配当をすることができる金額を公告するか，または届出をした破産債権者に通知しなければならない（破197条1項。破産債権者が多数の場合は，公告型が適している）。配当の通知については，その通知が通常到達すべきであった時に到達したものとみなされ，また，通知が届出をした各破産債権者に通常到達すべきであった時を経過したときは，破産管財人は，遅滞なく，その旨を裁判所に届け出なければならない（同条2項3項。破規64条も参照）。前述したように，この配当の公告が効力を生じた日または配当通知の到達に関する届出があった日が，最後配当に関する除斥期間の起算日とされている（⇨(2)参照）。

#### (c) 配当表の更正・配当表に対する異議
　破産管財人は，最後配当に関する除斥期間内において，①破産債権者表を更正すべき事由が生じたとき，②異議等のある破産債権に関する確定手続が係属していることの証明（破198条1項。⇨(2)参照）があったとき，または③別除権等に関する不足額の証明（同条3項。⇨(2)参照）があったときには，直ちに配当表を更正しなければならない（破199条1項2項）。
　また，届出破産債権者で配当表の記載に不服があるものは，最後配当に関す

る除斥期間が経過した後1週間以内に限り,裁判所に対し異議を申し立てることができ(配当表に対する異議申立て期間),裁判所は,異議の申立てを理由があると認めるときは,破産管財人に対し,配当表の更正を命じなければならない(破200条1項2項)。異議の申立てについての裁判に対しては,即時抗告をすることができる(同条3項)。

　(d) **配当額の定め・通知**

　破産管財人は,配当表に対する異議申立て期間が経過した後(異議の申立てがあったときは,当該異議の申立てにかかる手続が終了した後),遅滞なく,最後配当の手続に参加することができる破産債権者に対する配当額を定め(破201条1項~6項),これを最後配当の手続に参加することができる破産債権者に通知しなければならない(同条7項。⇨ Column 2-17-1 参照)。

### (4) 最後配当の実施

　破産管財人は,最後配当を実施したときは,その配当をした金額を破産債権者表に記載し(破193条3項),また,遅滞なく,その旨を裁判所に書面で報告しなければならない(破規63条1項。配当実施報告書。各届出をした破産債権者に対する配当額の支払を証する書面の写しを添付しなければならない〔同条2項〕)。

　破産管財人は,①異議等のある破産債権につき確定手続が係属しているものに対する配当額,②租税等の請求権または罰金等の請求権につき不服申立て手続が終了していないものに対する配当額,または③破産債権者が受領しなかった配当額については,これを受けるべき破産債権者のために供託しなければならない(破202条各号)。破産管財人は供託によって支払の責任を免れる。

> **Column 2-17-1　配当における破産管財人としての心構え**
> S:「配当の段階にまで至ると,破産手続もようやく大詰めといったところでしょうが,実際に配当を実施するに際して,破産管財人の職務として重要な点や注意すべき点とは何でしょうか。」
> T:「まず何よりも重要な点は,各破産債権者に対する配当額を間違わないことに尽きます。また,届出の後,破産債権者に関する情報が変わっていることがある点に留意しなければなりません。配当ができる案件では,換価業務に時間をかけていることが多く,そのため,配当段階に至ると,すでに破産債権の届出から相当の時間が経過していることがあります。そうしますと,

破産債権者において，破産債権届出時の情報からいろいろな変更が生じ得ることとなります。例えば，住所や代表者が変更されているということがよくありますが，その他にも，債権譲渡に伴い債権の名義変更の手続（破113条1項）が行われていることがあります。」
S：「そうしますと，破産管財人としては，ただ破産債権届出書の記載内容に従ってそのまま対応すれば足りる，というわけではないのですね。」
T：「基本的には破産債権届出書の記載内容に基づくことになりますが，破産債権者に配当の通知書を送付すると（⇨(3)(d)参照），その宛所に破産債権者がおらず，通知書が戻ってきたりすることもあり得ます。」
S：「そのような場合はどうするのでしょうか。」
T：「配当手続のための手続費用は限られているため，できるだけ費用をかけずに，電話をするなどして住所等を調査したうえで，再度，通知を発送します。調査してもわからない場合には，最後は供託手続を実施することになりますが（⇨(4)参照），それではかなり手間となってしまいます。」
S：「なるほど，実際に破産債権者に対して配当を実施するのにも，破産法の条文だけでは見えてこない苦労をされていることがよく分かりました。」

## 3 簡易配当・同意配当

### (1) 簡易配当

　**簡易配当**とは，最後配当に代えて，簡易かつ迅速な配当を実施するための手続である。裁判所書記官は，最後配当（破195条1項）をすることができる場合において，以下のときは，破産管財人の申立てにより，最後配当に代えて簡易配当を許可することができる（破204条1項柱書）。すなわち，①配当をすることができる金額（配当可能金額）が1000万円に満たないと認められるとき，②裁判所が，破産手続開始の決定の際，債権調査期間満了時または債権調査期日終了時までに簡易配当の実施につき異議のある破産債権者は異議を述べるべき旨を公告し，かつ，その旨を知れている破産債権者に対し通知したものの（破32条1項5号3項1号），届出破産債権者が異議を述べなかったとき，③その他相当と認められるときである（破204条1項各号）。ただし，中間配当（破209条1項）をした場合には，簡易配当を実施することができない（破207条）。
　簡易配当は，最後配当に関する規律を準用しつつ（破205条前段），その手続を簡略化したものである（同条後段）。破産法上，最後配当が配当手続の原則型として位置付けられているが，実務上，ほとんどの配当事案において配当可能

金額が1000万円未満であるため（財団少額型。破201条1項1号），この簡易配当が実施されている。

### (2) 同意配当

**同意配当**とは，破産管財人が定めた配当表等につき届出破産債権者全員の同意を得ることによって，最後配当に代えて，簡易配当よりさらに手続を簡略化することで，簡易かつ迅速な配当を実施するための手続である（破208条1項）。中間配当（破209条1項）をした場合にも，同意配当を実施することができる（破207条参照）。

## 4 中間配当

### (1) 意 義

**中間配当**とは，破産債権の一般調査期間の経過後または一般調査期日の終了後であって破産財団に属する財産の換価終了前において，配当をするのに適当な破産財団に属する金銭があると認めるとき，破産管財人が裁判所の許可を得て最後配当に先立って行うことのできる配当をいう（破209条1項2項）。実務上，中間配当が行われるのは，破産財団を構成する財産規模が大きく，その換価終了前においても配当をするのに適当な換価金があり，さらに換価が完了するまでなお一定の期間を要すると見込まれるという例外的な事案が想定される。このように中間配当を実施するには，実施の適否や配当率に関する慎重な判断を要するため，破産管財人は，最後配当等の場合（⇨**2**・**3**参照）とは異なり，裁判所書記官ではなく裁判所の許可を得なければならない（同条2項）。

### (2) 中間配当の対象とされる破産債権

確定した破産債権は，当然，中間配当の対象とされる。確定した破産債権とは，調査の結果，異議等が述べられずに確定した破産債権と，異議等が述べられたが確定手続を経て確定した破産債権をいう（⇨**第7節3**参照）。

他方で，届出がされ，その調査を経ているものの，中間配当実施の段階で未確定の破産債権についても，一定の条件のもとで中間配当の対象とされる。すなわち，異議等のある破産債権のうち無名義のものについて（有名義破産債権

〔破129条1項〕は除かれている）中間配当の手続へ参加するには，その破産債権者が，配当の公告が効力を生じた日または配当通知の到達に関する届出があった日から起算して2週間の除斥期間（**中間配当に関する除斥期間**）内に，破産管財人に対し，当該異議等のある破産債権に関して確定手続が係属していること（⇨**第7節3**(2)(a)参照）を証明しなければならない（破209条3項・198条1項）。また，別除権者がその不足額について中間配当の手続に参加するには，中間配当に関する除斥期間内に，破産管財人に対し，当該別除権の目的である財産の処分に着手したことを証明し，かつ，当該処分による不足額を疎明しなければならない（破210条1項。準別除権者についても同様である。同条2項）。

### (3) 配当表

中間配当における配当表の規律は，概ね最後配当における規律が準用されている（破209条3項）。すなわち，破産管財人は，中間配当の許可（同条2項）があったときは，遅滞なく，配当表を作成し（配当表の記載事項は，最後配当のものと同様である），これを裁判所に提出しなければならない（同条3項・196条1項2項）。破産管財人は，この配当表を裁判所に提出した後，遅滞なく，①中間配当の手続に参加することができる債権の総額および②中間配当をすることができる金額を公告するか，または届出をした破産債権者に通知しなければならない（破209条3項・197条1項）。配当の通知については，その通知が通常到達すべきであった時に到達したものとみなされ，また，通知が届出をした各破産債権者に通常到達すべきであった時を経過したときは，破産管財人は，遅滞なく，その旨を裁判所に届け出なければならない（破209条3項・197条2項3項。破規69条・64条も参照）。この配当の公告が効力を生じた日または配当通知の到達に関する届出があった日が，中間配当に関する除斥期間の起算日とされている（⇨(2)参照）。

破産管財人は，中間配当に関する除斥期間内において，①破産債権者表を更正すべき事由が生じたとき，②異議等のある破産債権に関する確定手続が係属していることの証明（破209条3項・198条1項。⇨(2)参照）があったとき，または③別除権等に関する処分着手の証明および当該処分による不足額の疎明（破210条1項2項。⇨(2)参照）があったときには，直ちに配当表を更正しなければ

ならない（破209条3項・199条1項1号2号・210条3項。なお，破213条も参照）。

　届出破産債権者で配当表の記載に不服があるものは，中間配当に関する除斥期間が経過した後1週間以内に限り，裁判所に対し異議を申し立てることができ（配当表に対する異議申立期間），裁判所は，異議の申立てを理由があると認めるときは，破産管財人に対し，配当表の更正を命じなければならない（破209条3項・200条1項2項）。異議の申立てについての裁判に対しては，即時抗告をすることができる（破209条3項・200条3項）。

　破産管財人は，配当表に対する異議申立て期間が経過した後（異議の申立てがあったときは，当該異議の申立てについての決定があった後），遅滞なく，配当率を定めて（裁判所への報告につき，破規68条），その配当率を中間配当の手続に参加することができる破産債権者に通知しなければならない（破211条）。このように，①配当表に対する異議の申立てがあった場合，当該申立てにかかる手続の終了後（破201条1項参照）ではなく，当該申立てに対する決定後において通知をして配当を実施することができるという点，また，②配当額（破201条1項7号）ではなく，配当率を定めて通知するという点において，最後配当の場合と異なる（⇨**2**(3)(d)参照）。

### (4) 配当額が寄託されなければならない破産債権

　以下の破産債権は，中間配当の対象とされるものの，当該破産債権を有する破産債権者は直ちに配当金を受け取ることができず，破産管財人はその配当額を**寄託**しなければならない（破214条1項柱書）。

　第1に，異議等のある破産債権であって確定手続が係属中のもの（破214条1項1号・202条1号）である。ここでの異議等のある破産債権については，有名義か無名義かを問わない。第2に，租税等の請求権等であって配当率の通知を発した時に不服申立ての手続（破202条2号）が終了していないもの（破214条1項2号）である。これらの破産債権について，最後配当の段階で，なお確定手続の係属等があるため，その配当額を供託しなければならない場合（破202条1号2号。⇨**2**(4)参照）には，破産管財人は，中間配当段階で寄託した配当額についても，これを受けるべき破産債権者のために供託しなければならない（破214条2項）。

*179*

第3に，中間配当に関する除斥期間（破209条3項・198条1項）内に，破産管財人に対し，別除権等の目的である財産の処分に着手したことが証明され，かつ，当該処分による不足額が疎明された債権（破210条1項2項）のうち，その疎明があった不足額部分（破214条1項3号）である。中間配当において当該破産債権に対する配当額を寄託した場合，この破産債権を有する別除権者等が最後配当に関する除斥期間内に不足額等の証明（破198条3項5項）をすることができず，最後配当の手続に参加することができなかったときは，破産管財人は，その寄託した配当額の最後配当を他の破産債権者に対してしなければならない（破214条3項）。

　第4に，停止条件付債権または将来の請求権である破産債権（破214条1項4号）である。破産法上，停止条件付債権や将来の請求権は，たしかに破産債権の要件を満たすものの（破103条4項参照。⇨第6節**2**(2)(c)参照），条件の成就等により債権自体がいまだ発生していないにもかかわらず，これらの債権に対して配当を行うのは適当ではない。そこで，このような停止条件付債権等の破産債権については，破産管財人はその配当額を寄託しなければならない（破214条1項柱書）。当該破産債権に対する配当額を寄託した場合において，この破産債権を有する破産債権者が最後配当に関する除斥期間内にこれを行使し得る状況に至らなかったため（破198条2項），最後配当の手続に参加することができなかったときは，破産管財人は，その寄託した配当額の最後配当を他の破産債権者に対してしなければならない（破214条3項）。

　第5に，解除条件付債権であって担保の提供（破212条1項）がされていない破産債権（破214条1項5号）である。解除条件付債権である破産債権については，相当の担保（破産管財人が定めた有価証券などの金銭的に換価し得る価値物が想定される）を供しなければ，中間配当を受領することができない（破212条1項）。なお，解除条件が最後配当に関する除斥期間内に成就しなかったときは，中間配当において供された担保は効力を失い（同条2項），この担保は当該破産債権者に返還される。逆に，条件成就の場合には，担保は破産財団に組み込まれる。以上と異なり，担保が提供されない場合には，破産管財人は当該破産債権に対する配当額を寄託しなければならない（破214条1項5号）。解除条件付債権については，配当実施後に解除条件の成就により債権それ自体が遡及的に

消滅する可能性があるからである。当該破産債権に対する配当額を寄託した場合において，この破産債権の解除条件が最後配当に関する除斥期間内に成就しないときは，破産管財人は，その寄託した配当額を，当該破産債権を有する破産債権者に支払わなければならない（同条4項）。逆に，条件成就の場合には，この寄託した配当額は破産財団に組み込まれる。

第6に，少額配当金の受領意思に関する届出（破111条1項4号・113条2項）をしなかった破産債権者の有する破産債権（破214条1項6号）である。

## 5 追加配当

### (1) 意 義

**追加配当**とは，最後配当の配当額通知（破201条7項）の後（簡易配当の場合は配当表に対する異議申立期間〔破205条・200条1項〕の経過後，同意配当の場合は同意配当の許可〔破208条1項〕の後），新たに配当に充てることができる**相当の財産**があることが確認されたとき，破産管財人が裁判所の許可を得て行わなければならない配当をいう（破215条1項前段）。破産手続終結の決定後も同様とされている（同条項後段。破産手続終結の決定の後に新たな財産が発見された場合に関して，最判平成5・6・25民集47巻6号4557頁〔百選21〕参照。⇨ Column 2-17-2 参照）。

追加配当が行われる局面として，例えば，①最後配当における配当額の通知後（⇨ **2**(3)(d)参照）に新たに相当の財産が発見された場合のほか，②最後配当において，異議等のある破産債権につき確定手続が係属しているものに対する配当額が供託されていたところ（破202条1号。⇨ **2**(4)参照），当該破産債権の不存在が確定した場合，③否認訴訟等において破産管財人が勝訴し，破産財団に財産が回復される場合などが想定される。

### (2) 追加配当の要否

実務上，追加配当を行うか否か（「**相当の財産**」該当性）の判断は，具体的な事案に応じて，新たな財産の額，最後配当の手続に参加することができる破産債権者の数やその債権額，追加配当の実施に要する費用，これまで実施された配当額や破産管財人の報酬額などを考慮して決められている。「相当の財産」に

該当しないと判断された場合には，追加配当は実施されず，破産管財人に対する追加報酬や事務費として処理されている。

### (3) 追加配当の手続

追加配当の手続については原則として最後配当の規律が準用され（破215条2項），最後配当などについて作成した配当表によって実施される（同条3項）。

破産管財人は，追加配当の許可があったときは，遅滞なく，追加配当の手続に参加することができる破産債権者に対する配当額を定めなければならず（同条4項），この配当額を，追加配当の手続に参加することができる破産債権者に通知しなければならない（同条5項）。そして，追加配当を実施した場合には，破産管財人は，遅滞なく，裁判所に書面による計算の報告をしなければならない（同条6項）。

> **Column 2-17-2** 破産手続終結後に発見された新財産に関する追加配当の要否
>
> 　学説上，破産手続終結の決定後に新たに財産が発見された場合の処遇について争いがある。「破産手続終結の決定があった後であっても，同様とする」（破215条1項後段）という文言に着目すれば，最後配当額の通知後に新たに発見された財産だけでなく，破産手続終結の決定後になってはじめて発見された財産も追加配当の財源に含まれるようにも思われる。他方で，破産手続終結の決定により破産者（自然人の場合）が管理処分権を回復するとともに破産管財人の管理処分権が消滅するため，破産手続終結後に発見された新財産が追加配当の対象となれば，破産手続終結後は破産管財人が追加配当の任務を負うことができないのではないかが問題となる。
>
> 　最判平成5・6・25民集47巻6号4557頁〔百選21〕は，破産手続終結の決定後に破産財団帰属財産に関して提起された訴訟における破産管財人の被告適格が問題となった事案において，「破産手続が終結した後における破産者の財産に関する訴訟については，当該財産が破産財団を構成し得るものであったとしても，破産管財人において，破産手続の過程で破産終結後に当該財産をもって〔旧〕破産法283条1項後段〔現破215条1項後段〕の規定する追加配当の対象とすることを予定し，又は予定すべき特段の事情がない限り，破産管財人に当事者適格はないと解するのが相当である」と説く。この立場によれば，「特段の事情」が認められれば，破産手続終結の決定後に発見された新財産に関しても，破産管財人の管理処分権（追加配当をする任務）が認められることになる。例えば，破産管財人の任務懈怠や調査不足が原因で，破産手続終結の

決定前に破産管財人として当然発見すべきであった財産が終結決定後になりはじめて発見されたという場合のほか、破産者が説明義務（破40条）または重要財産開示義務（破41条）を遵守せず、そのため破産管財人が当該財産の存在を知り得なかった場合にも「特段の事情」が認められると考えられる。

# 第18節　破産手続の終了

## 1 破産手続の終了事由

　破産手続の終了事由に該当する場合として、①破産財団に属する財産を換価し、破産債権者に配当が実施されたことをもって**破産手続終結の決定**がされる場合（破220条1項）のほか、②破産財団が手続費用を支弁するのに不足し、破産手続において破産債権者に対する配当を実施することが見込まれないため、破産手続開始の効果を将来に向かって消滅させる場合（**破産手続の同時廃止・異時廃止**。破216条1項・217条1項）、③破産債権者の同意によって破産手続が廃止される場合（**破産手続の同意廃止**。破218条1項）、④**再生計画の認可決定の確定または更生計画の認可決定による破産手続の失効**の場合（民再39条1項・184条本文・176条、会更50条1項・208条本文・201条。⇨第3章**第14節4**(5)、第4章**第10節4**(3)参照）や⑤**破産手続開始の決定の取消し**による場合（破33条3項参照。⇨**第2節4**(2)参照）がある。

　以下では、配当による破産手続終結の決定の場合（①）と破産手続廃止の場合（②および③）について説明をする。

## 2 配当による破産手続終結

　裁判所は、配当（最後配当〔破195条1項〕、簡易配当〔破204条1項〕または同意配当〔破208条1項〕。⇨**第17節2**・**3**参照）が終了した後、計算報告集会（破88条4項。⇨**第3節4**(1)(b)参照）が終結したとき（または、代替的な書面による計算報告に対する異議申立て期間〔破89条2項〕が経過したとき）、**破産手続終結の決定**をしなければならず、この決定の主文および理由の要旨について、直ちにこれを公告し、かつ破産者に通知しなければならない（破220条1項2項）。

このように，破産財団に属する財産を換価し，この換価金をもって破産債権者に配当するという破産手続の目的を達したうえで，破産手続終結の決定がされるというのが，一応，破産法が本来予定している破産手続の終了のあり方である。もっとも，実際の破産事件においては，破産債権者に対する配当を行うには，そもそも手続開始の当初より破産財団を構成する財産が不足している事例が多いため，配当による終結はむしろ例外的な終了形態となっている。

### 3 破産手続廃止

#### (1) 意義・種類

**破産手続廃止**とは，裁判所の決定により破産手続開始の効果を将来に向かって消滅させることで，破産手続がその目的を達成しないまま終了することをいう。破産手続廃止には，大きく分けて，①破産財団が手続費用を支弁するのに不足し，破産手続において破産債権者に対する配当を実施することが見込まれないことを理由とする類型（破産手続開始の決定と同時にされる**同時廃止**〔破216条1項〕および開始後にされる**異時廃止**〔破217条1項〕）と，②破産債権者の同意によって破産手続が廃止される類型としての**同意廃止**（破218条1項）がある。

#### (2) 同時廃止

**同時廃止**とは，破産手続開始の決定と同時に破産手続が廃止されることをいい，裁判所は，破産財団が手続費用を支弁するのに不足すると認めるときは，この同時廃止の決定をしなければならない（破216条1項）。特に個人債務者の破産事件では，破産管財人の報酬をはじめとする手続費用さえ破産財団が負担することができないことを理由に，破産管財人が選任されないまま同時廃止となるものが多い。同時廃止に該当する事件においても債務者が破産手続開始の決定を受けるのは，同決定が免責許可決定の前提要件となっているためである（破253条1項柱書本文は「破産者」にのみ免責を認めている。⇨**第19節 2**(7)参照）。

裁判所は，同時廃止の決定をしたときは，直ちに，破産手続開始の決定の主文および破産手続廃止の決定の主文・理由の要旨を公告し，かつ，これを破産者に通知しなければならない（破216条3項）。同時廃止の決定に対しては，即時抗告をすることができる（同条4項）。ただし，この即時抗告は，執行停止の

効力を有しないため（同条5項），同時廃止の決定とともにその効力が生じる。

(3) 異時廃止

異時廃止とは，破産手続開始後に，破産財団が手続費用を支弁するのに不足することを理由に破産手続が廃止されることをいい，裁判所は，このように財団不足を認めるときは，債権者集会期日において破産債権者の意見を聴取したうえで，破産管財人の申立てにより，または職権で，破産手続廃止の決定をしなければならない（破217条1項）。意見聴取は，相当と認めるときは，書面によって行うこともできる（同条2項）。

裁判所は，異時廃止の決定をしたときは，直ちに，その主文および理由の要旨を公告し，かつ，その裁判書を破産者および破産管財人に送達しなければならない（同条4項）。異時廃止の決定に対しては，即時抗告をすることができ（同条6項），異時廃止の決定は確定しなければその効力を生じない（同条8項。この点で，前述した同時廃止の場合と異なる。⇨(2)参照）。

(4) 同意廃止

同意廃止とは，①手続廃止について，債権届出期間内に届出をした破産債権者の全員の同意を得ているとき，または②同意をしない破産債権者がある場合において，当該破産債権者に対して裁判所が相当と認める担保を供しているとき（破産財団から当該担保を供した場合には，破産財団から当該担保を供したことについて他の届出破産債権者の同意を得ているときに限る）に破産手続が廃止されることをいい，裁判所は，上記①または②のいずれかに該当する破産者の申立てがあったときは，この破産手続廃止の決定をしなければならない（破218条1項。なお，破産者が法人である場合について，破219条参照）。

同意廃止は，破産手続に最も重大な利害関係を有する破産債権者の全員が同意をしている場合，または同意をしない破産債権者にもその利益が担保されている場合に，破産債権者の意思を尊重して破産手続を終了させるものである。

# 第19節 免　責

## 1 総　説

### (1) 免責制度の目的

　破産法は，個人債務者に関して，破産手続において清算配当を行うことのほか，「債務者について経済生活の再生の機会の確保を図ること」をも重要な目的として掲げる（破1条。⇨**第1節1**参照）。そこで，破産法は，経済的破綻に陥った個人債務者に対して"やり直し（fresh start）"の機会を保障しており，その具体的な現れが**免責制度**と**復権制度**（⇨**第20節**）である。

　破産法上，破産手続とは別に，**免責手続**を通じて，一定の破産債権（非免責債権。破253条1項各号。⇨**2**(8)参照）を除き，個人債務者について残債務の負担を一括して免責すること（破253条1項柱書本文。⇨**2**(7)参照）が認められる。これを**破産免責**といい，これにより個人債務者の経済的破綻状態は社会において放置されることなく，裁判所の下で適正に対処されることが期待される。

### (2) 破産免責の理念的根拠

　破産免責の理念的根拠について，誠実な債務者に対して認められた特典としての側面を強調する見解（**特典説**）と，（誠実な）債務者の経済的再生のための手段としての側面を強調する見解（**再生手段説**）の対立が論じられてきた。もっとも，両者の見解は必ずしも非両立的なものではなく，破産免責の理念としていずれの側面も認めることができる（最大決昭和36・12・13民集15巻11号2803頁〔百選84〕参照）。ただし，前述のとおり，破産法が，個人債務者に関して「経済生活の再生の機会の確保を図ること」（破1条）を目的として掲げている点に鑑みると，破産免責制度の中核的理念として，債務者の経済的再生という側面がより重視されていると理解すべきであろう。

> **Column 2-19-1　破産免責制度導入の経緯と利用状況**
> 　日本において，破産免責制度が導入されたのは，第二次世界大戦終了後の昭和27（1952）年における（旧）破産法の一部改正による（⇨ **Column 1-1-1** 参

照)。同年,アメリカ法の影響の下,株式会社の再建のための更生手続を規律する (旧) 会社更生法が制定されたのに伴い,これと平仄を合わせるため,主として個人事業者をはじめとする個人債務者の経済的再生手段を確保するという目的で破産免責制度が導入された。このように,破産免責制度導入の当初は,消費者としての個人債務者ではなく,個人事業者の経済的再生が念頭に置かれていた。

　このように破産免責制度が導入されたものの,当初は,その利用件数は極めて限られていた。ところが,1970 年代から 1980 年代にかけて,日本社会において住宅ローンをはじめとする消費者信用が急速に拡大し,同時にクレジットカードが広く普及し始めた結果,消費者がその資力や収入に見合わない債務を多重に負うことで経済的に破綻する,いわゆる**消費者破産**が深刻な社会問題となった。そこで,消費者救済の手段として破産免責制度が脚光を浴びることとなり,1980 年代には,債務者自身が免責を目的として破産の申立てを行う,自己破産申立て事件が急増する。その後,好景気に伴い,いったんは事件数が減少したものの,その間にも消費者信用がさらに急速に拡大した結果,1990 年以降,バブル経済の崩壊に伴い,個人債務者破産の件数が激増するに至った。以上の経緯において,今日,破産免責制度は,消費者破産の処理に欠かせない救済手段として日本社会に定着するに至っている。

## 2 免責手続

### (1) 免責許可の申立て

　個人債務者(破産手続開始の決定後は,破産者)は,破産手続開始の申立てがあった日から破産手続開始の決定が確定した日以後 1 か月を経過する日までの間に(当該債務者の責めに帰することができない事由によりその期間内に申立てをすることができなかった場合には,その事由が消滅した後 1 か月以内に),破産裁判所に対し**免責許可の申立て**をすることができる(破 248 条 1 項 2 項)。免責許可の申立てをするには,**債権者名簿**を提出しなければならない(同条 3 項本文,破規 74 条 3 項)。

　免責手続は,破産手続の開始を前提としつつも,破産手続とは別個の裁判手続である。そのため,上記のように,破産手続開始の申立てとは別に免責許可の申立てが必要である。ただし,債務者本人による破産手続開始の申立て(いわゆる自己破産申立て)の場合には,債務者が反対の意思を表示していない限り,当該申立てと同時に免責許可の申立てをしたものとみなされる「みなし申立

て」が認められており（破248条4項），この限りでは実質的に破産手続と免責手続の一体化が図られている。この「みなし申立て」においては，破産手続開始の申立ての際に提出された債権者一覧表（破20条2項。⇨**第2節■**(3)参照）が，免責許可の申立てにおいて提出しなければならない上記の債権者名簿とみなされる（破248条5項）。もっとも，実務上は，債務者申立ての場合において「破産手続開始・免責許可申立書」という統合された書式が一般的に用いられており，みなし申立てとして扱われる場面は少ない。

なお，債権者申立てや牽連破産の場合には，別途，債務者本人による免責許可の申立てが必要である。

### (2) 強制執行の禁止等

免責許可の申立てについての裁判が確定するまでの間は，破産手続が終了した後であっても（破産手続の終了につき，破216条1項・217条1項・220条1項。⇨**第18節■**参照），破産者の財産に対する破産債権に基づく強制執行等はすることができず，すでにされている強制執行等の手続は中止する（破249条1項）。免責許可の決定が確定したときは，中止した強制執行等の手続は，その効力を失う（同条2項）。これは，破産手続の終了時から免責許可決定の確定までの間にも，いわば破産手続における個別的権利行使禁止の規律を拡張しようとするものである。これにより，この期間内に破産者が強制執行等を受けて経済生活の再生の機会を奪われるといった事態が阻止される（平成16〔2004〕年改正により上記規律が設けられる前の判例として，最判平成2・3・20民集44巻2号416頁および最判平成2・3・20判時1345号68頁②事件参照）。

### (3) 審　理

免責許可の決定は，破産債権について破産者の責任を免除する（破253条1項柱書本文。その効果の法的性質につき，⇨(7)(a)参照）という実体的な権利の変更をもたらす。そこで，後で述べる免責不許可事由（破252条1項各号）の有無について，裁判所が，破産管財人の協力の下，厳密に審理・判断をしなければならない（⇨ Column 2-19-2 参照）。

具体的には，裁判所は，破産管財人に免責不許可事由の有無および裁量免責

許可の決定（破252条2項。⇨(5)参照）をするかどうかの判断に当たって考慮すべき事情についての調査をさせ，その結果を書面で報告させることができる（破250条1項）。また，破産者は，上記事項について裁判所または破産管財人が行う調査に協力しなければならない（同条2項。破産者が免責審尋期日に出頭し説明する義務に違反すると，審尋における説明拒絶等の罪〔破271条〕が成立し得る。⇨第8章**第2節**参照）。さらに，裁判所は，破産者につき免責許可の決定をすることの当否について，破産管財人および破産債権者が裁判所に対し意見を述べることができる期間（意見申述期間）を定めなければならない（破251条1項）。実務運用上，破産者，破産管財人および破産債権者に対して裁判所が直接審尋を行うために，**免責審尋期日**が裁判所の裁量により設けられている（破8条2項参照。同時廃止以外の破産事件〔管財事件〕では，債権者集会期日兼免責審尋期日としてまとめて指定される。⇨ Column 2-3-2 参照）。

(4) **免責不許可事由**

裁判所は，破産者について，以下に列挙する免責不許可事由のいずれにも該当しない場合に，免責許可の決定をする（破252条1項柱書）。

免責不許可事由の多くは，「第14章　罰則」における各種破産犯罪の構成要件と重複する（破265条以下。⇨第8章参照）。なお，平成16（2004）年破産法改正前の旧法下では，破産犯罪に該当する事由がそのまま免責不許可事由とされていた。現行法では両者は切り離されているものの，重複するところが少なくない。

以下においては，免責不許可事由を①**破産債権者を害する行為**（破252条1項1号～5号），②**手続妨害**（同条項6号～9号・11号）および③**反復利用**（同条項10号）という3つの類型に分けて説明する。

(a) **破産債権者を害する行為**

この類型に属する事由は，いずれも意図的に破産債権者を害する目的による行為である。

（i）**不当な破産財団価値減少行為**　　破産者（債務者）が，破産手続開始の前後において，債権者を害する目的で，破産財団に属し，または属すべき財産の隠匿，損壊，債権者に不利益な処分その他の破産財団の価値を不当に減少

させる行為をしたことがこの事由に該当する（破252条1項1号）。同事由は詐害行為否認（⇨第15節**3**(1)参照）の対象行為と重複するものの，ここでの詐害目的は，詐害行為否認の場合とは異なり，積極的な害意まで要する。

　(ii)　**不当な債務負担行為**　債務者（破産者）が，破産手続の開始を遅延させる目的で，著しく不利益な条件で債務を負担し，または信用取引により商品を買い入れてこれを著しく不利益な条件で処分したことがこれに該当する（破252条1項2号）。

　「破産手続の開始を遅延させる目的」とは，債務者がすでに破産手続開始の原因である支払不能の状態に陥っており，債務者自身がそのことを認識しているにもかかわらず，支払不能の事実を隠蔽するために借入れや信用取引を行うことをいう。また，「著しく不利益な条件」とは，債務者にとって経済的合理性を欠くことを意味し，出資法に違反する高金利で借り入れることや信用取引で買い入れた商品を著しく廉価で処分すること（例えば，クレジットカードを使って購入した高級時計や金券を廉価で買取業者に売却したり，質入れしたりすることで現金を入手すること）などがこれに該当する。

　(iii)　**非義務行為に関する不当な偏頗行為**　この事由は，特定の債権者に対する債務について，当該債権者に特別の利益を与える目的または他の債権者を害する目的で，担保の供与または債務の消滅に関する行為であって，債務者の義務に属せず，またはその方法もしくは時期が債務者の義務に属しないものを債務者が行ったというものである（破252条1項3号）。

　同事由は偏頗行為否認（⇨第15節**4**(1)参照）の対象行為と重なるものの，これとは異なり，当該債権者に特別の利益を与える積極的な目的または他の債権者を害する積極的な目的（害意）が要件とされている。また，偏頗行為否認の場合とは異なり，支払不能等の時期的制限が設けられていない。しかし，当該債権者に特別の利益を与える目的または他の債権者を害する目的があると認められるためには，実質的に，当該行為が支払不能の状態または近い将来に支払不能に至る蓋然性が認められる状態（破162条1項2号参照）でされたことを要する。

　(iv)　**浪費・賭博その他の射幸行為**　この事由は，浪費または賭博その他の射幸行為をしたことによって著しく財産を減少させ，または過大な債務を負

## 第19節 免 責

担したことである（破252条1項4号。「射幸行為」該当例として，福岡高決平成8・1・26判タ924号281頁〔百選A17〕参照）。同事由は，破産者の不誠実性の典型的な表れとして免責不許可事由とされている。

「浪費」か否かは，破産者の財産，収入や社会的地位などに照らして不均衡な消費であるかどうかを，破産者につき個別的かつ総合的に判断せざるを得ない（東京高決平成8・2・7判時1563号114頁〔百選86①〕・福岡高決平成9・8・22判時1619号83頁〔百選86②〕参照）。

(v) **詐術による信用取引** この事由は，破産手続開始の申立てがあった日の1年前の日から破産手続開始の決定があった日までの間に，破産手続開始の原因となる事実があることを知りながら，当該事実がないと信じさせるため，詐術を用いて信用取引により財産を取得したことである（破252条1項5号）。破産手続開始の原因となる事実につき黙秘して相手方に進んで告知しなかったことのみでは「詐術」に当たらないとした裁判例として，大阪高決平成2・6・11判時1370号70頁〔百選85①〕がある。

(b) **手続妨害**

この類型に属する事由は，公正かつ適正な破産手続または免責手続の実現を破産者が意図的に妨害するものである。これらが悪質であることはいうまでもなく，また破産者の不誠実性を顕著に示すものである。

(i) **帳簿隠滅等** この事由は，業務および財産の状況に関する帳簿，書類その他の物件を隠滅し，偽造し，または変造したことである（破252条1項6号）。

(ii) **虚偽の債権者名簿の提出** 債務者は免責許可の申立てをする際に債権者名簿を提出しなければならないところ（破248条3項。債権者名簿とみなされる債権者一覧表についても同様である〔同条5項〕。⇨(1)），裁判所に虚偽の内容の債権者名簿を提出したことがこの事由に該当する（破252条1項7号）。ただし，破産者が知りながら債権者名簿に記載しなかった請求権が非免責債権とされること（破253条1項6号。⇨(8)参照。そこでは免責許可決定の存在が前提とされている）を考慮すれば，破産者が破産債権者を害する目的で意図的に事実に反した記載をしたり秘匿したりした場合に限られると解される。

(iii) **調査協力義務違反** この事由は，破産手続において裁判所が行う調

査（破8条2項）において，説明を拒み，または虚偽の説明をしたことである（破252条1項8号）。

(iv) **管財業務妨害**　この事由は，不正の手段により，破産管財人，保全管理人，破産管財人代理または保全管理人代理の職務を妨害したことである（破252条1項9号）。なお，「不正の手段」は，破産管財人等に対する職務妨害罪（破272条。⇨第8章**第2節**参照）に該当する行為に限られない。

(v) **説明義務等の違反**　この事由は，説明義務（破40条1項1号）または重要財産開示義務（破41条）（以上につき，⇨**第2節4**(3)(b)(i)参照）の違反，免責に関する調査協力義務（破250条2項。破産者が免責調査期日に正当な理由なく欠席し，説明義務を果たさなかった場合など。⇨(3)参照）その他この法律に定める義務（破28条1項6号・37条1項・121条3項）に違反したことである（破252条1項11号）。

(c) **反復利用**

①免責許可の決定が確定した場合には，当該免責許可の決定の確定の日，②給与所得者等再生（民再239条1項）における再生計画が遂行された場合には，当該再生計画認可の決定の確定の日，または③民事再生法235条1項（同法244条において準用する場合を含む）に規定する免責（いわゆるハードシップ免責。⇨第3章**第17節2**(7)(c)(ii)参照）の決定が確定した場合には，当該免責の決定にかかる再生計画認可の決定の確定の日から，それぞれ7年以内に免責許可の申立てがあったことが，反復利用の禁止に該当する（破252条1項10号）。

免責手続または個人再生手続において，いったん免責またはこれに準ずる債務の減免を受けた後，短期間のうちに反復して免責許可の申立てを行うことを認めてしまうと，債務者が安易に破産免責制度に依存してしまう危険（一種のモラルハザード）が生じる。そこで，このような危険を政策的に予防するという目的で一定期間の反復利用が免責不許可事由とされている。

(5) **裁量免責**

以上の免責不許可事由のいずれかに該当する場合であっても，裁判所は，破産手続開始の決定に至った経緯その他一切の事情を考慮して免責を許可することが相当であると認めるときは，免責許可の決定をすることができる（破252

## 第19節 免　責

条2項)。これを**裁量免責**という。

　免責不許可事由は，上記のように，あくまで類型的かつ定型的に免責を妨げるべき悪意性または不誠実性の認められる事情を列挙したものである。しかし，たとえ破産者につき形式的に免責不許可事由が認められたとしても，その程度や個別具体的な状況に応じて，免責を認めるのが相当な場合もあり得る。また，債務者の経済的再生のため免責を認める以外の方法がない場合にまで，形式的な免責不許可事由該当性を理由に厳格に免責不許可としてしまうと，「経済生活の再生の機会の確保」（破1条）を目的とする破産法の趣旨に合致しないおそれもある。それゆえ，免責不許可事由が認められる場合であっても，詐害性・不誠実性が著しい事例を除き，柔軟に裁量免責を認めることは，破産免責の理念に合致するものと言えよう（裁量免責が認められた裁判例として，仙台高決平成5・2・9判時1476号126頁①事件〔百選85②〕，東京高決平成8・2・7判時1563号114頁〔百選86①〕，福岡高決平成9・8・22判時1619号83頁〔百選86②〕など。これに対し，認められなかったものとして，福岡高決平成5・7・5判時1478号140頁，東京高決平成26・3・5判時2224号48頁〔百選A19〕などがある）。

### (6) 免責許可・不許可の決定

　裁判所は，免責許可の決定をしたときは，直ちに，その裁判書を破産者および破産管財人に，また，その決定の主文を記載した書面を破産債権者に，それぞれ送達しなければならない（破252条3項前段）。他方，裁判所は，免責不許可の決定をしたときは，直ちに，その裁判書を破産者に送達しなければならない（破252条4項前段）。以上のうち裁判書の送達については，いずれも送達代用公告（破10条3項）の適用が除外される（破252条3項後段・4項後段）。

　免責許可の申立てについての裁判に対して，利害関係人は即時抗告をすることができる（破252条5項・9条。即時抗告期間について，最決平成12・7・26民集54巻6号1981頁〔百選87〕参照）。

> **Column 2-19-2　免責手続における申立代理人・破産管財人の職務**
> 
> S：「個人債務者破産の場合には，破産手続とともに（同時廃止の場合には破産手続よりも）免責手続が重要な意味を持つことになりますが，弁護士が破産手続の申立代理人（⇨ **Column 2-2-1** 参照）や破産管財人として免責手続に

T:「免責に関しては，まずは申立代理人の対応が重要となります。申立代理人は裁判所へ破産手続開始の申立てと免責許可の申立てをした後，裁判所に対し免責不許可事由（破252条1項各号）がないことを主張し，その具体的内容の説明を行う役割を担うこととなります（破250条2項）。併せて，破産管財人も裁判所から意見を求められますので，一定の調査を行います（同条1項）。もっとも，破産財団から多くの費用をかけることは相当でない場合もありますので，裁判所から特に個別事項について調査の求めがない限り，破産管財人が調査のために多くの時間や費用をかけるということはあまりありません。」

S:「実務上，免責不許可事由の有無や裁量免責に関する事情について，破産管財人よりも申立代理人が第一次的な役割を担っているということですね。では，具体的に，申立代理人はどのような活動をするのでしょうか。」

T:「まずは自らが裁判所の裁判官や破産管財人の立場になったつもりで，破産者について免責不許可事由が存在しないかを確認します。その上で，問題となるような事実が発見された場合には，さらに詳細にその事実関係を調査し，必要な資料収集を行ったうえで，裁判所に対し，書面により意見を述べるといった活動を行うことになります。」

S:「債務者から依頼を受けた申立代理人の弁護士は，免責手続との関係においても，ただ免責許可の申立てを代理して行えば足りるというのではなく，依頼者のために免責許可を得るには慎重な調査・準備と詳細な説明が求められるということですね。」

### (7) 免責の効力

#### (a) 免責の法的性質

免責許可の決定が確定したときは（破252条7項），破産者は，破産手続による配当を除き，破産債権について（非免責債権を除く。⇨(8)参照），その責任を免れる（破253条1項柱書本文）。

この「**責任を免れる**」（破253条1項柱書本文）という免責許可の決定の効力について，残債務が，給付保持力はあるものの訴求力を失った自然債務となると説く見解（**自然債務説・責任消滅説**）と，実体的債務として消滅すると説く見解（**債務消滅説**）の対立がある。通説・判例（最判平成11・11・9民集53巻8号1403頁〔百選A20〕，最判平成30・2・23民集72巻1号1頁など）は，自然債務説に立つ。ただし，横浜地判昭和63・2・29判時1280号151頁〔百選90〕は，自然債務

説を前提としながらも，破産者にとって何らの利益もない免責後の支払約束は免責の趣旨に反し，無効であると判示する。

なお，免責許可の決定の確定後，免責の対象となった破産債権を被保全債権とする詐害行為取消権（民424条1項）の行使につき，最判平成9・2・25判時1607号51頁〔百選91〕は，被保全債権が「訴えをもって履行を請求しその強制的実現を図ることができなくなった」ことを理由に同権利行使の前提を欠くに至ったとして，これを否定している。また，債権者代位権の行使についても同様に，東京高判平成20・4・30金判1304号38頁がこれを否定している。

(b) **保証・物上保証への影響**

免責許可の決定は，破産債権者が破産者の保証人その他破産者と共に債務を負担する者に対して有する権利および破産者以外の者（物上保証人）が破産債権者のために供した担保に影響を及ぼさない（破253条2項。⇨第6節 **4**(4)参照。民再177条2項，会更203条2項参照）。これは，まさに主たる債務者の破産局面に備えて保証や物上保証が用意されていることを考慮したものである。

(8) **非免責債権**

**非免責債権**とは，各種の政策的理由により，免責の効果が及ばないと定められた一定の債権をいう（破253条1項1号～7号）。具体的には，①租税等の請求権（同条項1号。共助対象外国租税の請求権を除く），②破産者が悪意で加えた不法行為に基づく損害賠償請求権（同条項2号。悪意は，単なる故意ではなく積極的な害意を意味する。適用例として，最判平成12・1・28金判1093号15頁〔百選88〕参照），③破産者が故意または重大な過失により加えた人の生命・身体を害する不法行為に基づく損害賠償請求権（同条項3号），④親族関係における義務にかかる請求権（同条項4号。夫婦間の協力および扶助の義務〔民752条〕，婚姻費用分担義務〔民760条〕，子の監護に関する義務〔民766条など〕，扶養義務〔民877条～880条〕およびこれらの義務に類する義務であって，契約に基づくもの），⑤雇用関係に基づいて生じた使用人の請求権および使用人の預り金の返還請求権（破253条1項5号），⑥破産者が知りながら債権者名簿に記載しなかった請求権（同条項6号。当該破産者について破産手続開始の決定があったことを知っていた者の有する請求権を除く），⑦罰金等の請求権（同条項7号）が非免責債権に該当する。

### (9) 免責取消し

　免責許可の決定が確定した場合であっても，その後，次のいずれかの取消し事由が認められた場合には，裁判所は，破産債権者の申立てにより，または職権で，免責取消しの決定をすることができる（破254条1項）。取消し事由は，①詐欺破産罪（破265条）について破産者に対する有罪の判決が確定した場合（破254条1項前段。⇨第8章**第2節**参照），または②破産者の不正の方法（例えば，破産債権者または破産管財人に対する詐欺，強迫，贈賄または特別利益の供与など）によって免責許可の決定がされた場合で，破産債権者が当該免責許可の決定があった後1年以内に免責取消しの申立てをしたときである（同条項後段）。

　裁判所は，免責取消しの決定をしたときは，免責許可の決定の場合（⇨(6)参照）と同様に，直ちに，その裁判書を破産者および申立人に，その決定の主文を記載した書面を破産債権者に，それぞれ送達しなければならない（破254条2項前段。裁判書の送達については，送達代用公告〔破10条3項〕の適用は除外される〔破254条2項後段〕）。免責取消しの申立てについての裁判および職権による免責取消しの決定に対して，利害関係人は即時抗告をすることができる（同条3項・9条）。

　免責取消しの決定が確定したときは，免責許可の決定は，その効力を失う（破254条5項）。これにより，免責を受けた破産債権にかかる破産者の債務または責任が復活する。

## 第20節　復　権

### **1** 意　義

　**復権**とは，破産手続開始の決定に伴い破産者に対して生じる人的効果としての公法上・私法上の資格または権利の各種制限（例えば，弁護士，司法書士，後見人や保佐人等の欠格事由など。⇨第2節**4**(3)(b)(iv)参照）を消滅させて，破産者に本来の法的地位を一般的に回復させることをいう（破255条2項）。破産法上，破産者に対して生じる居住制限（破37条1項）などの人的効果は，破産手続の終了に伴い当然に消滅するのに対して，特別法上の資格または権利の各種制限は，

破産手続の終了によって当然には消滅しない。そのため，復権制度によってこれらの各種制限を消滅させる必要がある。

復権には，①一定の事由に該当する場合，申立ておよび裁判を要せずに，法律上当然に復権の効果が生じる**当然復権**（破255条1項柱書前段各号）と②破産者の申立てとこれに対する**裁判による復権**（破256条1項）がある。

## 2 当 然 復 権

当然復権（破255条1項柱書前段）の事由は，①免責許可の決定の確定（同条項1号。⇨**第19節**参照），②同意廃止の決定の確定（同条項2号。⇨**第18節3**(4)参照），③再生計画認可決定の確定（同条項3号。⇨第3章**第14節4**(1)参照），または④破産手続開始の決定後10年の経過（同条項4号。ただし，この期間に詐欺破産罪〔破265条〕について有罪の確定判決を受けていない場合に限る）である。

## 3 裁判による復権

破産者が弁済その他の方法により破産債権者に対する債務の全部についてその責任を免れたときは，破産裁判所は，破産者の申立てにより，復権の決定をしなければならない（破256条1項）。この裁判による復権は，免責許可の決定を受けていなくても，破産債権の全部（破産手続において届出のなかったものも含まれると解される）について弁済その他の方法で責任を免れた以上，破産手続開始の決定後10年の経過（破255条1項4号）を待たずに，破産者に対して復権を認めようとするものである。

復権決定の確定により，当然復権の場合と同様に，復権の効果が生じる（同条項柱書後段）。

# 第3章 民事再生法

第1節　民事再生法の概観
第2節　再生手続の開始
第3節　再生手続の機関
第4節　再生債務者財産
第5節　再生債権
第6節　再生債権の届出・調査・確定
第7節　共益債権・一般優先債権
第8節　別除権
第9節　取戻権・相殺権・否認権
第10節　再生手続開始後の法律行為等の効力
第11節　契約関係の処遇
第12節　係属中の手続関係の処遇
第13節　再生計画案の作成・提出
第14節　再生計画の成立
第15節　再生計画認可後の手続
第16節　再生手続の終了
第17節　個人再生

## 第1節　民事再生法の概観

### 1 民事再生法の目的・位置付け

　民事再生法は,「経済的に窮境にある債務者について，その債権者の多数の同意を得，かつ，裁判所の認可を受けた再生計画を定めること等により，当該債務者とその債権者との間の民事上の権利関係を適切に調整し，もって当該債務者の事業又は経済生活の再生を図ること」（民再1条）を目的とする再建型の手続について定めている。再生手続は対象となる債務者の範囲を制限しておらず，自然人およびすべての法人を対象とする。外国人または外国法人も利用することができる（民再3条）。その意味で再生手続は再建型手続の一般法と位置付けられる。再生債務者となり得る資格を**再生能力**という。民事再生法には再生能力に関する規定はなく，民事訴訟法の当事者能力に関する規定（民再18

条）に従って再生能力の有無が判断される。

> **Column 3-1-1** 再生手続を利用する企業
> 　民事再生法は，中小企業や個人事業主にとって利用しやすい再建型の倒産手続として整備されたが，再生能力に制限はないため，実際には大規模な会社も再生手続を利用している。例えば，民事再生法の施行（平成12〔2000〕年4月）後まもない2000年7月には百貨店業を営む「㈱そごう」が再生手続を申し立てた。負債総額は約6891億円であった。その後も，スーパーを営む「㈱マイカル」（2001年9月，負債総額約1兆6000億円），「リーマン・ブラザーズ証券㈱」（2008年9月，負債総額約3兆4314億円），航空会社「スカイマーク㈱」（2015年1月，負債総額約710億8800万円），自動車部品製造業の「タカタ㈱」（2017年6月，約1兆5024億円）などの大規模な会社も，再生手続を利用している。

## 2 再生手続の概要

### (1) 再生手続の開始

　再生手続は，債務者または債権者が再生手続開始の申立てを裁判所に対して行い（民再21条1項2項），債務者について「破産手続開始の原因となる事実の生ずるおそれ」がある（同条1項前段）などの要件を満たす場合に，裁判所が再生手続開始の決定をすることによって開始される（民再33条1項）。債務者の財産状態が支払不能あるいは債務超過に至る前に再生手続を開始しなければ，実効的な再建を図ることができないため，破産手続の場合よりも手続開始の原因となる事実が緩和されている。

### (2) 再生債務者財産の管理

　再生手続の基本形は，再生債務者が再生債務者財産を保持しつつ事業を継続して，その収益から弁済を行うものである。原則として，再生債務者は，再生手続が開始された後も業務遂行権および財産管理処分権を失わない（民再38条1項）。もっとも，再生債務者は，再生手続において業務遂行権や財産管理処分権を行使し，再生手続を追行するに当たって公平誠実義務を負う（同条2項）。裁判所は，必要に応じて監督命令（民再54条1項）や管理命令（民再64条1項）を発令することができる。前者の場合には，監督委員の同意がないとすることができない行為が指定されて（民再54条2項），再生債務者の財産管理処分権

はその範囲で制限される。後者の場合には，再生債務者の業務遂行権や財産管理処分権は再生管財人に専属する（民再66条）。

(3) **再生債権の届出・調査・確定**

再生手続開始の決定後は，再生債権者は，個別に弁済を受けたり，権利を行使したりすることはできず（再生85条1項），再生手続に参加することで，権利を行使する。再生債権者が再生手続に参加するためには，裁判所に再生債権の内容等を届け出なければならない（民再94条1項）。当該債権は，調査を受けて，争いがあれば確定手続を経て，実体的に確定される（民再100条〜111条）。

(4) **再生計画案の作成，再生計画の成立・遂行**

再生手続では，再生計画を通じて再生債権者に弁済を行う。再生計画は，再生債権の一部免除と期限の猶予を主な内容とし，原則として，再生債務者等がこれを作成する（民再163条1項）。再生計画案の提出を受けると，裁判所は，再生債権者による議決権行使の方法を定めたうえで，当該計画案を決議に付する旨の決定を行う（民再169条1項2項）。再生債権者は再生計画案についての決議を行い，議決権者（債権者集会に出席したか書面等投票をした者）の過半数の同意，および議決権者の議決権総額の2分の1以上の議決権を有する者の同意が得られた場合に，再生計画案は可決される（民再172条の3第1項）。可決された再生計画について，裁判所は，不認可事由（民再174条2項各号）がない場合に再生計画認可の決定をする（同条1項）。再生計画認可の決定が確定すると，再生債務者等は，速やかに再生計画を遂行しなければならない（民再186条1項）。監督委員や再生管財人が選任されていない場合には，再生計画認可の決定が確定すると再生手続は終結する（民再188条1項）。

(5) **再生手続の特徴**

　(a) **手続に関与する者**

会社は，通常，事業を運営する過程で，株主，金融機関，社債権者等の資金提供者や，材料の購入，製品の売却，オフィスの賃貸，設備のリース等を行う取引相手，経営者や従業員など様々な者と関係を持つ。会社が倒産すると，こ

れらの者との関係を調整する必要が生じるが，誰をどのような形で倒産手続に取り込むかは，手続の性格を踏まえたうえで考慮される。

再生手続では，基本的に株主の権利は再生計画による変更の対象とならないのに対して（民再154条1項参照），更生手続では，更生計画において株主の権利の変更に関する条項を定めなければならず（会更167条1項1号），株主も更生計画案について決議を行う（会更196条5項3号）。一般の先取特権について，再生手続は，これを一般優先債権として再生手続によらない弁済を認める（民再122条1項2項）のに対して，更生手続は，これを更生計画における権利変更の対象とする（会更168条1項2号）。再生手続が再生計画による権利変更の対象を絞り込んでいるのは，手続をより簡易・迅速なものとするためである。

再生手続でも破産手続と同様に（破65条1項。⇨第2章**第10節**），担保権者は別除権者として再生手続によらない権利行使が認められる（民再53条1項2項）。しかし，担保権の対象となる財産は，事業継続のために必要な財産（会社や工場の建物や敷地等）であることも多く，当該担保権が実行されると再生債務者の事業の継続が危うくなる場合がある。そこで，民事再生法は，再生債務者等と担保権者が，別除権の行使について交渉を行うことを前提としつつ，担保権者の権利行使を制約する制度を用意している（⇨**第8節3・4**）。これに対して，更生手続では，担保権者は更生担保権者として手続の中で権利を行使する（会更2条11項・135条1項。⇨第4章**第5節3**）。

### (b) 事業の維持・再生と法人格の存続

破産手続が終了すると破産者の法人格は消滅する（破35条参照）。再生手続を通じて自主再建する場合，債務者は手続終了後は再び経済社会に戻っていく。しかし，法人格の存続も債務者自身による事業継続も，再生手続に必須の要素ではない。このことは，再生手続が営業等の譲渡を迅速に行う手続を用意していること（民再42条）からもわかる。再生手続の中で債務者の事業の全部を譲渡することも可能であり，その場合には，事業は譲受人の下で継続され，債務者の法人格は清算手続を経た後に消滅する。その後は，譲渡の対価を原資として，再生債権者へ割合的な弁済が行われ，再生手続は短期間の内に終了する。

第3章　民事再生法

図表 3-1　東京地方裁判所・標準スケジュール

| 手続 | 申立日からの日数 |
|---|---|
| 申立て・予納金納付 | 0 日 |
| 進行協議期日 | (0 日～1 日) |
| 　保全処分発令・監督委員選任 | (0 日～1 日) |
| 　(債務者主催の債権者説明会) | (0 日～6 日) |
| 第 1 回打合せ期日 | 1 週間 |
| 　開始決定 | 1 週間 |
| 　債権届出期限 | 1 か月 + 1 週間 |
| 　財産評定書・125 条報告書提出期限 | 2 か月 + 1 週間 |
| 　計画案（草案）提出期限 | 2 か月 + 1 週間 |
| 　認否書提出期限 | 2 か月 + 1 週間 |
| 第 2 回打合せ期日 | 2 か月 + 1 週間 |
| 　一般調査期間 | 10 週間～11 週間 |
| 　計画案提出期限 | 3 か月 |
| 第 3 回打合せ期日 | 3 か月 |
| 　監督委員意見書提出期限 | 3 か月 + 1 週間 |
| 　債権者集会招集決定 | 3 か月 + 1 週間 |
| 　書面投票期間 | 集会の 8 日前まで |
| 債権者集会・認可決定 | 5 か月 |

(出典：東京地方裁判所民事第 20 部（倒産部）HP より)

## 第 2 節　再生手続の開始

### 1　再生手続開始の要件

#### (1)　再生手続開始の原因

　再生手続開始の決定がなされると，再生債権者は，再生計画の定めによらなければ弁済を受けることができず（民再 85 条 1 項），再生債務者は，債権者に対して公平かつ誠実に業務遂行権および財産管理処分権を行使しなければならない（民再 38 条 2 項）など，一定の制約を受ける。法は，このような効果の発生を正当化する理由として債務者の財産状態の悪化を要求し，これを**再生手続開始の原因**として定めている。

　(a)　**債務者に破産手続開始の原因となる事実の生ずるおそれがあるとき**

　再生手続開始の原因となる事実は 2 つある。1 つは，「債務者に破産手続開

始の原因となる事実の生ずるおそれがあるとき」（民再 21 条 1 項前段）である。破産手続開始の原因は，支払不能または債務超過であり（破 15 条 1 項・16 条 1 項。⇨第 2 章**第 2 節2**(2)），「おそれ」とは，破産手続開始の原因となる事実が将来発生することが，相当の蓋然性をもって客観的に予想できることをいう。なお，破産手続開始の原因となる事実が既にある場合にも再生手続開始の申立ては可能である。

(b) **債務者が事業の継続に著しい支障を来すことなく弁済期にある債務を弁済することができないとき**

もう 1 つは，「債務者が事業の継続に著しい支障を来すことなく弁済期にある債務を弁済することができないとき」（民再 21 条 1 項後段）である。例えば，債務者が，債務の弁済に必要な資金を調達するために製品の投げ売りや事業の継続に必要な財産の処分を行ったり，手元の資金を債務の弁済に充てると商取引債権に対する弁済資金が不足して取引拒絶の蓋然性が高まったりして，事業の継続に支障が生じる場合を意味する。上記(a)の開始の原因は，支払能力という債務者の財産状態に着目するものであり，(b)の開始の原因は，事業継続が危機にさらされるかという事業継続可能性に着目するものである。

## (2) 再生手続開始の条件

裁判所は，債務者に再生手続開始の原因（民再 21 条 1 項）が存在しても，一定の事由がある場合には，再生手続開始の申立てを棄却しなければならない（民再 25 条柱書）。民事再生法 25 条各号に列挙された事由を**申立棄却事由**といい，これらがないことが再生手続を開始する条件となっている。申立棄却事由が消極要件として定められているのは，申立人が立証すべき事項を減らして，速やかに再生手続開始の決定を得られるようにするためである。申立棄却事由は，以下のとおりである。

(a) **再生手続の費用の予納がないとき**

再生手続開始の申立てをするときは，申立人は，再生手続の費用として裁判所の定める金額を予納しなければならない（民再 24 条 1 項）。この費用の予納がないときは，再生手続を開始することはできない（民再 25 条 1 号）。

(b) **裁判所に破産手続または特別清算手続が係属し，その手続によることが債権者の一般の利益に適合するとき**

再生手続開始の決定があったときは，破産手続開始もしくは特別清算開始の申立てはすることができず，破産手続は中止し，特別清算手続はその効力を失う（民再39条1項）が，民事再生法25条2号は，例外的に破産手続や特別清算手続が再生手続に優先する場合について定める。「破産手続又は特別清算手続が係属し」とは，これらの手続が申し立てられていれば足り，必ずしも手続開始の決定がされていることまでは要しない。「**債権者の一般の利益**に適合するとき」とは，破産手続や特別清算手続における弁済率が再生手続における弁済率よりも高く，これらの手続による方が債権者が多くの満足を受け得る場合を意味する（清算価値保障原則について，⇨**第14節 3**(2)）。

(c) **再生計画案の作成もしくは可決の見込みまたは再生計画の認可の見込みがないことが明らかであるとき**

再生手続開始の時点で再生計画案の作成等の見込みがないことが明らかである場合には，再生手続を開始しても無駄に終わる。旧会社更生法38条5号は，申立てを棄却する条件として，「更生の見込みがないとき」を定めていたが，この判断が慎重になされることで，手続開始が遅れることがあるとの指摘がなされていた。そこで，民事再生法25条3号は，事業の再生の見込みではなく，再生計画案の作成や可決，再生計画の認可という手続的事項を判断の対象とし，しかもその見込みがないことが明らかである場合を棄却事由とした（東京高決平成13・3・8判タ1089号295頁〔百選8〕参照）。

(d) **不当な目的で再生手続開始の申立てがされたとき，その他申立てが誠実にされたものでないとき**

民事再生法25条4号は，不当な目的による再生手続開始の申立てや不誠実な申立てを排除するための包括的な棄却事由であり，申立ての適法性に関係する要件といえる（破30条1項2号参照）。いかなる場合がこれに該当するかについては，申立てに至る経緯や申立て後の債務者の対応等を詳細に認定する必要がある（再生計画不認可決定後の再度の再生手続開始の申立てについて，東京高決平成17・1・13判タ1200号291頁〔百選7〕，不当な目的による再生手続開始の申立てについて，東京高決平成24・9・7金判1410号57頁〔百選9〕）。

## 2 再生手続開始の申立て

### (1) 申立権者
#### (a) 総説

再生手続開始の**申立権**を有する者は、債務者または債権者、法律の規定によって法人に対して破産手続開始または特別清算開始の申立義務を負う者である（民再21条・22条）。破産手続と異なり、取締役は単独で再生手続開始の申立てをすることはできない（破19条1項参照）。再生手続では、申立権者によって、主張できる再生手続開始の原因となる事実が異なる。

#### (b) 債務者

債務者は、(i)「**債務者に破産手続開始の原因となる事実の生ずるおそれがあるとき**」（民再21条1項前段）にも、(ii)「**債務者が事業の継続に著しい支障を来すことなく弁済期にある債務を弁済することができないとき**」（同条項後段）にも、再生手続開始の申立てをすることができる（同条1項）。債務者が取締役会設置会社の場合には、取締役会の決議に基づいて代表取締役が再生手続開始の申立てを行うといったように（会社349条4項・362条2項1号）、実体法上の準則に従う必要がある。

#### (c) 債権者

債権者は、上記(i)のときにのみ、再生手続開始の申立てをすることができる（民再21条2項）。民事再生法21条1項前段は、支払不能や債務超過が生じるおそれという客観的な財産状態を意味し、債務者の金銭状況の悪化によって債権者の債権回収リスクが顕在化しつつある状態において申立てを認めるものである。これに対して、同条項後段が定める債務者の財産状態の悪化の程度は、前段の場合と比べて軽度といえる。この段階で外部の者が再生手続の利用を求めることは、債務者の事業運営権への過度な介入になると考えられるため、債権者にはこの段階での再生手続開始の申立権は認められていない。

更生手続と異なり、債権者が再生手続開始の申立てをするに当たって、債権の額は問題とならない（会更17条2項1号参照）。なお、通常の再生手続の特則である小規模個人再生および給与所得者等再生では、債務者のみに手続の開始を求めることが認められ、債権者がこれをすることはできない（民再221条1

項・239条1項。⇨第17節**2**(1), **3**(1))。

### (d) その他

すでに破産手続開始の決定がなされている破産者についても，何らかの理由で再生手続によることが債権者一般の利益に適合すると認められる場合には，破産管財人は，当該破産事件を管轄する裁判所の許可を得たうえで，当該破産者について再生手続開始の申立てをすることができる（民再246条1項2項）。

## (2) 再生手続開始の申立ての手続

### (a) 申立ての方式

再生手続開始の申立ては，申立人が，一定の事項を記載した**申立書**を管轄のある裁判所に提出することによって行われる（民再規2条1項・12条1項）。申立書には，申立人の氏名等，再生債務者の氏名等，申立ての趣旨，再生手続開始の原因となる事実，再生計画案の作成の方針についての申立人の意見を記載しなければならない（**必要的記載事項**。民再規12条1項）。これらの事項の全部または一部の記載を欠くときは補正命令の対象となり，補正がなされない場合は，裁判長が申立書を不適式として却下する（民再18条，民訴137条1項2項）。

そのほか訓示的ではあるが，申立書には，再生手続の円滑な進行のため，債務者の事業の内容や状況，使用人その他の従業員の状況，再生債務者の資産および負債やその他の財産の状況，再生手続開始の原因となる事実が生じるに至った事情などの記載（民再規13条1項）や，再生債務者が事業を行っているときは，再生手続開始の申立ての日前1年間の再生債務者の資金繰りの実績を明らかにする書面および再生手続開始の申立ての日以後6か月間の再生債務者の資金繰りの見込みを明らかにする書面の添付が求められる（民再規14条1項6号）。

申立人は，申立てに当たって，**申立手数料**（1万円）を納めなければならない（民訴費3条1項別表第1項12の2）。これは，裁判制度の維持に要する費用の一部を当事者が負担するものである。

### (b) 疎明

不誠実な申立てや債務者に対する嫌がらせを目的とした申立てなどを早期に排除するため，申立人には，再生手続開始の原因を**疎明**することが求められる

(民再23条1項)。申立人が債権者である場合には，自己の債権の存在も疎明しなければならない（同条2項）。これらの疎明は申立ての適法要件であるから，疎明がないときは申立ては不適法として却下される。なお，裁判所が再生手続開始の決定を行うためには，再生手続開始の原因となる事実と再生債権の存在についての**証明**が必要となる。

(c) 予 納 金

**予納金**とは，監督委員の報酬や，送達・公告等の費用など，再生事件を進めるうえで必要となる費用を予め申立人に納付させるものである。これらの費用は，本来，再生手続中で共益債権として再生債務者財産から支払われるが，民事再生法は，当面の支出に備えて，これらを予納金として申立人が納付するよう求めている（民再24条1項）。予納金の額は事案によって異なり，裁判所が，再生債務者の事業の内容，資産および負債や財産の状況，再生債権者の数，監督委員その他の再生手続の機関の選任の要否，その他の事情を考慮して定める（民再規16条1項前段）。破産手続の場合と異なり，国庫仮支弁の制度はない（⇨第2章**第2節 1**(2)）。費用の予納は再生手続開始の条件の1つであり，これがない場合には再生手続開始の申立ては棄却される（民再25条1号）。申立人が予納した費用の償還請求権は，共益債権として支払われる（民再119条1号4号）。

(3) **管轄・移送**

再生事件の職分管轄は地方裁判所に認められる（民再5条，裁25条参照）。再生事件の管轄は，いずれも専属管轄である（民再6条）。

(a) **原則的土地管轄**

再生事件は，再生債務者が営業者であるときはその主たる営業所の所在地，営業者でないときは住所，または主たる事務所の所在地（民訴4条2項～5項）を管轄する地方裁判所が**管轄**するのが原則である（民再5条1項）。

(b) **補充的土地管轄**

原則的土地管轄に従って管轄裁判所が決定されないときには，再生債務者の財産の所在地を管轄する地方裁判所が管轄する（民再5条2項）。

(c) **管轄の特例**

持株関係等，経済的に密接な関係のある複数の法人については，グループ内

の1つの法人の再生事件が係属している地方裁判所に，他の法人も再生手続開始の申立てをすることができる（民再5条3項～5項）。同様に，法人とその代表者の場合（同条6項），個人の連帯債務者間の場合，個人の主債務者・保証人間の場合，夫婦の場合も，いずれか一方についての再生事件が係属している地方裁判所に，他方の再生手続開始の申立てをすることができる（同条7項）。

再生債権者の数が500人以上であるときは，本来の管轄裁判所の所在地を管轄する高等裁判所の所在地を管轄する地方裁判所にも管轄が認められ（同条8項），再生債権者の数が1000人以上であるときは，東京地方裁判所または大阪地方裁判所にも管轄が認められる（同条9項）。

民事再生法5条各項の規定によって，2つ以上の地方裁判所が管轄権を有する場合があるが，そのときは，先に再生手続開始の申立てを受けた地方裁判所が，再生事件の管轄を有する（同条10項）。

(d) 移　送

最初に申立てを受けた裁判所が，当該事件の処理に最適であるとは限らない。裁判所は，著しい損害または遅滞を避けるために必要があると認めるときは，職権で，事件を民事再生法7条各号所定の地方裁判所に**移送**することができる（民再7条）。

(4) **再生手続開始の申立ての取下げの制限**

再生手続開始の申立てをした者は，再生手続開始の決定前に限り，当該申立てを取り下げることができる（民再32条1項前段）。ただし，保全措置（後述 ⇨**4**）がされた後は，裁判所の許可を得なければ申立てを取り下げることができない（同条項後段）。保全措置がされた後の**申立ての取下げ**を自由に認めると，債務者が弁済禁止の保全処分（民再30条6項）を得て，債権者からの追及を一時的に回避し，一息ついた後に申立てを取り下げるという濫用的な利用がなされるおそれがある。また，各種保全措置によって，債権者または債務者の権利の行使は一定の制約を受け，再生手続を進める準備が開始しているから，この段階で申立人の意思のみに基づいて申立ての取下げを認めることは適切ではないと考えられるためである。

> **Column 3-2-1** 手続開始の申立てまでの道
>
> 　再生事件の大半は，債務者自身の申立てによる。申立てに当たって債務者は十分な準備をする必要がある。まず，債務者は，事業の状況を正確に把握し，さらに，事業継続のための資金繰りが可能であるか，特に手続開始後数か月間の資金繰りの見通しが立つかを判断しなければならない。今後の出入金の予定や現金の状況を一覧表にまとめて，必要な現金が確保できるかを確認する。この資金繰表は申立書に添付すべき書面である（民再規14条1項6号）。
> 　一般に，倒産手続の開始によって債務者の事業価値は急激に劣化するといわれており，再生手続は，申立て，開始決定，手続の終結まで迅速に進めるようスケジュールが組まれる。したがって，再生手続開始の申立て前の段階で，基本的な再生計画案の作成方針を検討しておく必要があり，この方針についての申立人の意見等は，申立書の必要的記載事項となっている（民再規12条1項）。
> 　再生手続開始の申立てに際しては，手元の資金不足により運転資金が底をつくのを回避するため，弁済禁止の保全処分を求めることが通例である。再生手続開始の申立てがあると，取引の締日から実際に代金が支払われるまでに設けられる猶予期間（支払サイト）が短くなるため，運転資金の確保に注意が必要である。裁判所は，再生手続開始の申立てを受けると速やかに保全処分の要否を判断し，適切な監督委員を選任する必要がある。そこで，東京地方裁判所民事第20部（倒産部）では，事前に債務者の事業内容，負債総額，債権者の状況，当面の資金繰り，再生の方針，保全処分発令の希望について情報を得るという運用を行っている。債務者がこれらの準備を行うに当たっては，**申立代理人**が大きな役割を果たす。
> 　　　　　　　　　　　　　　　　　　　　　　　　　　　　　K/T

## 3 再生手続開始の申立てに対する審理と裁判

### (1) 審理の対象

　再生手続開始の申立てを受けた裁判所は，予納金の納付（民再24条1項），再生手続開始の原因となる事実の疎明（民再23条1項），管轄（民再5条～6条），申立権（民再21条）等の申立ての適法性を判断したうえで，再生手続開始の原因となる事実（民再21条1項）の存否について審理を行い，それらが備わっていることが証明されたと判断する場合には，申立棄却事由（⇨**1**(2)）がある場合を除いて，**再生手続開始の決定**を行う（民再33条1項）。

### (2) 審理の方式

　再生手続に関する裁判は，口頭弁論を経ないですることができる（民再8条

1項。**任意的口頭弁論**）。これは，再生手続に関する裁判が，実体的権利関係の確定を目的とするものではないこと，手続の迅速さや事案に応じた適切な処分が要請されることなどを理由としたものであり，再生手続の開始の裁判のほか，再生債権の査定の裁判（民再105条）など，裁判所が再生手続内において行う裁判を含む。ここでの裁判の形式は決定である。また，裁判所は，職権で再生事件に関して必要な調査をすることができ（民再8条2項。**職権調査主義**），裁判の基礎として，関係人の主張しない事実を斟酌したり，事実認定のために関係人の提出しない資料を用いることができる。実際の審理は，申立書や添付書面についての書面審理と債務者の審尋，監督委員による調査をもとに行われる。

債務者事業の再生に当たっては従業員の協力が不可欠となることから，裁判所は，申立てについて決定をする前に，労働組合等の意見を聴かなければならない（民再24条の2）。

## 4 再生手続開始前の保全措置

### (1) 再生手続開始前の保全措置の必要性

再生手続開始の申立て後も，再生手続開始の決定があるまでは，再生債務者の公平誠実義務（民再38条2項）や，再生債権の弁済の禁止（民再85条1項）といった再生手続開始の決定の効果（後述⇨**5**）は発生しない（民再33条2項）。再生手続開始の申立てから決定までは一定の時間を要するため，その間に一部の債権者が抜け駆け的に債権を回収したり，債務者が特定の債権者だけに弁済を行ったり，財産を処分または隠匿したりする危険が生じる可能性は否定できない。それを許しておくと再生手続の目的の実現が困難となるため，民事再生法は，申立て後，再生手続開始の決定前のいわゆる保全段階において，開始決定後の効果につながるいくつかの**保全措置**を用意している。

### (2) 保全措置の態様

保全措置の内容は，再生手続開始の決定の効果と対応しており，大きく，①他の手続の中止命令等（民再26条）や，包括的禁止命令（民再27条～29条）といった債権者の権利行使を制限するものと，②処分禁止の仮処分（民再30条）や，保全管理命令（民再79条）といった債務者の財産管理処分権や業務遂行権

を制限するものに分類できる。これらは、破産法上の保全措置（⇨第2章**第2節 ❸**）と共通する部分もあるが、再生手続ならではの配慮もみられる。

(a) 他の手続の中止命令等

　裁判所は、再生手続開始の申立てがあった場合において、必要があると認めるときは、利害関係人の申立てによりまたは職権で、①再生債務者についての破産手続または特別清算手続、②再生債権に基づく強制執行、仮差押え、仮処分等の手続で、再生債務者の財産に対して既にされているもの、③再生債務者の財産関係の訴訟手続などの中止を命ずることができる（民再26条1項）。担保権の実行手続は、民事再生法31条の中止命令の対象となる（後述⇨(d)）。

　②の**強制執行等の中止命令**（民再26条1項2号）は、一部の再生債権者に対する偏頗的弁済や再生債務者の財産の散逸あるいは事業価値の毀損を回避するものである。ただし、当該中止命令の発令は、当該強制執行等の手続の申立人である再生債権者に、不当な損害を及ぼすおそれがない場合に限られる（同条項柱書ただし書）。強制執行の目的財産が、原材料や在庫商品、売掛債権の場合は、強制執行による差押えの効果によって再生債務者による財産の処分が禁じられ、強制執行等の中止命令が発令されても差押え等の効力は消滅しないことから、再生債務者の事業の継続は困難となる。そこで、裁判所は、再生債務者の事業の継続のために特に必要があると認めるときは、再生債務者の申立てにより、担保を立てさせて、中止した手続の取消しを命ずることができる（同条3項）。

　中止命令や、中止命令の変更または取消しの決定、中止した強制執行等の取消命令に対しては、即時抗告をすることができる（同条4項）。

(b) 包括的禁止命令

　多数の強制執行等の申立てが想定される場合に、その都度、強制執行等の中止命令（民再26条1項）で対応したのでは、適切に対処できず、事業の再生が困難になるおそれがある。そこで、裁判所は、再生手続開始の申立てがあった場合において、個別の強制執行等の中止命令によっては再生手続の目的を十分に達成することができないおそれがあると認めるべき特別の事情があるときは、利害関係人の申立てによりまたは職権で、すべての再生債権者に対して、再生債務者の財産に対する再生債権に基づく強制執行等の禁止を命じることができる（民再27条1項本文）。この保全処分は、すべての再生債権者に対して新たに

強制執行等をすることを禁止するとともに、すでにされている強制執行等の手続を中止する（同条2項）ものであり、**包括的禁止命令**と呼ばれる。

包括的禁止命令は、事前または同時に、再生債務者の主要な財産に関する仮差押え等の保全処分（民再30条1項）、監督命令（民再54条1項）、保全管理命令（民再79条1項）が発令されている場合といった、再生債務者の財産管理処分権に一定の制約が加えられている場合にのみ発令することができる（民再27条1項ただし書）。

包括的禁止命令の対象となる再生債権者の中には、強制執行等を行わなければ自らが倒産に直面するものが存在する可能性がある。そこで、裁判所は、再生債権に基づく強制執行等の申立人である再生債権者に不当な損害を及ぼすおそれがあると認めるときは、当該再生債権者等の申立てによって、その者に限って、包括的禁止命令を解除する旨の決定をすることができる（民再29条1項前段）。また、包括的禁止命令が発せられると、再生債権者は強制執行等をすることができず、**時効の完成猶予**（民147条1項）の措置がとれなくなるため、再生債権については、包括的禁止命令が効力を失った日の翌日から2か月を経過するまでの間は、時効は完成しない（民再27条7項）。

(c) **債務者の財産に関する保全処分**

裁判所は、再生手続開始の申立てがあった場合には、再生債務者の業務および財産に関して、処分禁止の仮処分等の保全処分を命じることができる（民再30条1項）。これは、再生債務者の財産の減少や散逸を防いで、財産の保全を図ることを目的とする。典型例は、再生債務者に対して、再生債権者に対する弁済その他の債務を消滅させる行為を禁止する**弁済禁止の保全処分**である（同条6項本文）。この保全処分の名宛人は再生債務者であるから、これによって再生債権者による再生債権に関する給付訴訟の提起や、強制執行の申立てが禁止されるわけではない。弁済禁止の保全処分の発令にもかかわらず、弁済その他の債務を消滅させる行為が行われたときには、再生債権者は、その行為の当時に当該保全処分の発令について悪意であるときには、再生手続の関係においては、これらの行為の効力を主張することはできない（同条項ただし書）。

(d) **担保権の実行手続に対する中止命令**

再生手続では、担保権は、別除権として再生手続によらない権利行使が認め

られる(民再53条1項2号)。しかし、会社の土地建物や工場等に設定された担保権が実行されると、債務者の事業の継続が困難となり、再生手続の目的が達せられないおそれがある。そこで、再生債務者が、担保権者との間で、担保の目的物の利用および処分時期や方法、被担保債権の弁済方法等について交渉するための時間を確保するために、裁判所は、一定の要件の下に、相当の期間を定めて、担保権の実行手続の中止を命ずることができる、**担保権の実行手続に対する中止命令**の制度が用意されている(民再31条1項本文。⇨第8節**3**)。この中止命令は上記(a)から(c)とは異なり、手続開始決定後でも利用可能である。

(e) **保全管理命令**

債務者が法人である場合に、裁判所は、再生債務者の財産の管理または処分が失当であるとき、その他再生債務者の事業の継続のために特に必要があると認めるときは、利害関係人の申立てによりまたは職権で、再生債務者の業務および財産に関して**保全管理人**による管理を命ずる処分をすることができる(民再79条1項。**保全管理命令**)。この場合、再生債務者の業務の遂行ならびに財産の管理および処分をする権利は、保全管理人に専属する(民再81条1項本文)。これは、再生債務者の事業には存続可能性があるが、経営陣に問題があるような場合を想定したものである。現在の実務では、多くの場合に監督委員(⇨第3節**3**)が選任されており、保全管理命令の発令は稀とされる。

> Column 3-2-2　保全処分の実情——東京地方裁判所民事第20部(倒産部)の場合
>
> 東京地方裁判所民事第20部(倒産部)では、再生手続開始の申立てから再生計画の認可決定までの標準スケジュールを策定し、公表している(図表3-1参照)。それによると、再生手続開始の申立てから開始決定までは約1週間とされており、裁判所は、再生手続開始の申立て直後(申立日または1日以内)に、原則として、弁済禁止の保全処分および担保提供禁止の保全処分を発令するとともに、監督命令を発令し、監督委員による同意を要する事項を指定する。これによって、再生債務者は監督委員の同意なくしては財産の処分ができなくなるため、監督委員の同意事項の対象と重なる行為に関しては保全処分を発令する必要性は乏しいとされる。標準的な保全処分の内容は、「共益債権、一般優先債権または少額債権等で開始決定後も再生計画によらずに弁済することが予定されている債権を対象外とし、それ以外の○年○月○日までの原因に基づいて生じた債務の弁済を禁ずる」とするものである。

## 5 再生手続開始の決定と効果

(1) 再生手続開始の決定

(a) 再生手続開始の決定の方式

裁判所は，申立権者による適法な再生手続開始の申立てがあった場合において，債務者に再生手続開始の原因となる事実があると認めるときは，申立棄却事由がある場合を除いて，**再生手続開始の決定**をする（民再33条1項）。再生手続開始の申立てについての裁判は，必ず裁判書を作成して行われなければならず（民再規17条1項），この裁判書には，決定の年月日および時刻を記載しなければならない（同条2項）。再生手続開始の決定は，その決定の時から効力を生ずる（民再33条2項）。

(b) 同時処分

裁判所は，再生手続開始の決定と同時に，再生債権の届出をすべき期間（債権届出期間）および再生債権の調査をするための期間（債権調査期間）を定めなければならない（民再34条1項）。これを**同時処分**という。

(c) 付随処分

(i) **公告・通知**　裁判所は，再生手続開始の決定をしたときは，直ちに，再生手続開始の決定の主文，再生債権の届出期間および再生債権の調査期間等について公告し（民再35条1項本文），再生債務者および知れている再生債権者，監督委員等には，これらの事項を通知しなければならない（同条3項）。

(ii) **再生手続開始の登記の嘱託**　法人である再生債務者について，再生手続開始の決定があったときは，裁判所書記官は，職権で，遅滞なく，再生手続開始の登記を再生債務者の本店または主たる事務所の所在地を管轄する登記所に嘱託しなければならない（民再11条1項本文）。

(2) **再生手続開始の申立てについての裁判に対する不服申立て**

再生手続開始の申立てについての裁判に対して，利害関係を有する者は，即時抗告をすることができる（民再36条1項・9条前段）。その期間は開始決定の公告が効力を生じた日から起算して2週間である（民再9条後段）。再生手続開始の申立ての棄却または却下の決定は公告の対象ではないから，これを再生手

続開始の申立てを行った者に告知しなければならない。この場合の抗告期間は，裁判の告知を受けた日から1週間である（民再18条，民訴332条）。

### (3) 再生手続開始の効果
#### (a) 再生債務者に対する効果
再生債務者は，再生手続開始の決定の後も財産管理処分権および業務遂行権を失わないが（民再38条1項），それらの権利を債権者に対し公平かつ誠実に行使する義務を負う（同条2項）。裁判所は，再生手続開始後において，必要があると認めるときは，再生債務者等が財産の処分や財産の譲受け等をするには，裁判所の許可を得なければならないとすることができる（民再41条1項）。監督命令が発令される場合には（民再54条1項），裁判所によって，監督委員の同意を得なければ再生債務者がすることができない行為が指定されて（同条2項），再生債務者はその監督に服する。

#### (b) 債権者による個別的権利行使の禁止
再生手続が開始されると，再生債権者は，再生債務者の財産に対する再生債権に基づく強制執行等の申立てをすることはできず，また，再生債務者の財産に対してすでにされている再生債権に基づく強制執行等の手続は中止する（民再39条1項）。再生債権者は，民事再生法に特別の定めがある場合を除いて，再生計画の定めるところによらなければ，弁済を受けることができない（民再85条1項）。再生債権者は，再生債権の届出を行うことで再生手続に参加し（民再94条1項），再生計画に基づいて弁済を受ける。他方，強制執行等の目的物が遊休資産であるなど，裁判所は，それを換価しても再生手続に支障を来さないと認めるときは，民事再生法39条1項により中止した再生債権に基づく強制執行等の手続の続行を命ずることができ，再生のため必要があると認めるときは，中止した再生債権に基づく強制執行等の手続の取消しを命ずることができる（民再39条2項）。ただし，強制執行の手続を続行した場合にも，再生計画によらない弁済は禁止される（民再85条1項）。

再生手続開始の決定によって様々な効果が生じるため，申立人は，開始決定後は当該申立てを取り下げることはできない（民再32条前段参照）。

## 第3節　再生手続の機関

### 1　総　説

　民事再生法は再建型手続の一般法であり，対象となる債務者が法人か自然人か，事業者か非事業者か，中小企業か大企業かを問わない。そこで，民事再生法は，多様な事件に対応するために，複数の手続機関を用意している。再生手続が開始された後も，再生債務者は，その業務を遂行し，財産を管理または処分する権利を有するのが原則である（民再38条1項）が，監督委員の同意を得なければ再生債務者がすることができない行為を指定することで，再生債務者の行為を緩やかに制約する監督命令（民再54条1項2項）や，再生債務者から財産管理処分権等を剥奪して，これを再生管財人に委ねる管理命令（民再64条・66条）も定められている。

　民事再生法は，「第3章　再生手続の機関」として，監督委員（民再54条～61条），調査委員（民再62条・63条），再生管財人（民再64条～78条），保全管理人（民再79条～83条）を定めている。この中に必置の機関はなく，当該事案に応じた機関を設置するものとされており，いずれの機関も設置しないことも可能である。この点，破産管財人が選任される破産手続（破31条1項・74条1項）や更生管財人が選任される更生手続（会更42条1項・67条1項）とは異なる。

　以下では，民事再生法第3章が定める機関のほかに，再生債務者（民再2条1号），債権者集会（民再114条），債権者委員会（民再117条），代理委員（民再90条），裁判所を取り上げる。

### 2　再生債務者

#### (1)　財産管理処分権および業務遂行権の帰属

　**再生債務者**とは，経済的に窮境にある債務者であって，その者について，再生手続開始の申立てがされ，再生手続開始の決定がされ，または再生計画が遂行されているものをいう（民再2条1号）。再生手続開始の決定があると，再生債務者財産は，再生計画を定めること等により，債務者と債権者との間の民事

上の権利関係を適切に調整し、もって債務者の事業または経済生活の再生を図るという目的（民再1条）に沿って管理される。この再生債務者財産を管理する者として、民事再生法は、**再生債務者**（民再38条1項）と**再生管財人**（民再66条）を定め、再生債務者がこの任に当たることを原則とする。

再生債務者による財産管理処分や業務遂行が原則とされるのは、民事再生法が一般的な債務者として中小企業を想定したことによる。すなわち、中小企業においては、事業価値が経営者個人の能力や信用に依存する部分が大きく、経営者を変えることで中小企業そのものが成り立たなくなる可能性があること、また、中小企業は、再生管財人を選任した場合の費用負担に耐えられないのではないかとの懸念があるためである。

### (2) 公平誠実義務

再生債務者は、再生手続が開始された後も、財産管理処分権や業務遂行権を有するのが原則であるが、再生手続開始の決定によって、再生債務者財産は、再生計画を通じて再生債権者に弁済を行うという目的の下に管理されるため、これらの権限を自己の利益追求のみのために用いることは適切ではない。そこで、再生手続が開始された場合には、再生債務者は、債権者に対し、公平かつ誠実に、財産管理処分権および業務遂行権を行使し、再生手続を追行する義務を負う（民再38条2項）。この義務を**公平誠実義務**という。

一般に、公平誠実義務とは、すべての再生債権者を平等かつ公平に扱い、債権者の利益を犠牲にして、専ら自己または第三者の利益を図ってはならない義務をいう。公平誠実義務違反の例として、弁済が禁止されている再生債権（民再85条1項）を裁判所の許可（同条5項参照）を得ずに弁済する場合や、不相当に過大な役員報酬や専門家報酬を支払う場合、あるいは財産評定において資産の価値を不相当に低く評価する場合がある（東京地判令和2・7・2 LEX/DB 25585664も参照）。再生債務者が公平誠実義務に違反した場合には、損害賠償義務が生じるほか、財産管理が不当であるとして管理命令が発令される可能性がある（民再64条1項）。

### (3) 再生債務者の職務およびその監督

　再生債務者は再生手続を追行する主体である（民再38条2項）。再生債務者は，再生手続開始後遅滞なく，再生債務者に属する一切の財産について再生手続開始の時における価額を評定し（民再124条1項），財産目録および貸借対照表を作成してこれを裁判所に提出しなければならない（同条2項）。また，再生手続開始に至った事情や再生債務者の業務および財産に関する経過および現状等を記載した報告書を，裁判所に提出しなければならない（民再125条1項）。再生債務者は，一方で，再生債務者財産を適切に管理しつつ，双方未履行双務契約の解除（民再49条1項）などを通じて財産関係を整理し（ただし，否認権は有しない〔⇨**第9節3**〕），他方で，再生債権についての認否書の作成・提出（民再101条1項・5項）を通じて再生債権の調査に関与する。そして，再生計画案を作成して裁判所に提出し（民再163条1項），再生計画認可の決定が確定したときは，速やかに再生計画を遂行する（民再186条1項）。

　再生債務者による財産管理処分権や業務遂行権の適正な行使を担保するために，裁判所は，再生債務者が財産の処分や譲受け，借財等の一定の行為を行う場合には，**裁判所の許可**を得なければならないものとすることができる（民再41条1項柱書）。裁判所の許可を得ないでした行為は無効となるが（同条2項本文），これをもって善意の第三者に対抗することはできない（同条項ただし書）。実務上は，大多数の事件で**監督委員**（民再54条1項。後述⇨**3**）が選任されており，監督委員の同意を得なければ再生債務者がすることができない行為の指定（同条2項）を通じて，再生債務者の財産管理処分権や業務遂行権は，監督委員による監督を受けるため，裁判所の許可を得なければならない行為が指定されることはほとんどないとされる。もっとも，債務者事業を譲渡する場合には，裁判所の許可を得なければならない（民再42条1項1号）（⇨**第4節3**参照）。

> **Column 3-3-1　再生債務者代理人（申立代理人）の役割と義務**
>
> 　再生債務者による再生手続の追行が原則であるとしても，法的手続について必ずしも十分な知識を有していない再生債務者が，事業自体も苦しい中で再生手続を進めるのは容易ではない。そこで，実務においては，再生手続開始の申立ての段階から再生債務者代理人が選任されて，重要な役割を担っている（破産手続における申立代理人の役割と義務について，⇨ **Column 2-2-1** 参照）。
> 　再生債務者代理人は，一方で，債務者の依頼によって事件を受任するため

(民643条または656条),依頼者である再生債務者の利益を実現するという代理人としての義務を負うが,他方で,債権者に対して公平誠実義務を負う再生債務者の代理人としての立場もあるため,これらをどのように調整すべきかは難問である。例えば,再生手続開始の申立て前になされた偏頗行為や財産隠匿行為など,再生債務者やその経営陣に関して職務上知り得た秘密について,再生債務者代理人は,再生手続開始後に本人の意思に反しても監督委員や裁判所に告知すべきかが問題となる。

申立代理人の義務が問題となった事案として,リゾート事業を営む株式会社の清算型民事再生手続に際して,営業譲渡を受けることを予定して設立された会社である原告が,民事再生手続の申立代理人に対して,説明義務違反や営業譲渡契約上の義務の不履行があったなどとして不法行為による損害賠償を求めたところ,申立代理人はこれらの義務を負わないとしたものがある(東京地判平成19・1・24判タ1247号259頁)。

## (4) 再生債務者の実体法上の第三者性

破産手続において,破産管財人は,差押債権者類似の地位を有するとして,対抗問題が生じる場合の「第三者」に当たると解されている(⇨第2章**第3節 1**(7))。再生手続において,再生債務者は,債権者に対する公平誠実義務を負い(民再38条2項),再生債権者の利益を代表すべき機関として差押債権者類似の地位に立つと考えられることから,再生債務者についても**第三者性**を認める考え方が一般的である。例えば,根抵当権設定契約を締結したが再生手続開始前に登記をしていない根抵当権者は,再生手続開始後は,再生債務者に対し,根抵当権を対抗することができず,登記手続を請求することはできない(大阪地判平成20・10・31判タ1300号205頁〔百選19〕)。

## 3 監督委員

### (1) 意 義

**監督委員**とは,再生債務者が,業務遂行権や財産管理処分権を有しながら再生手続を追行する(民再38条1項2項)過程で,再生債務者が行う一定の行為について同意を与えるという形で,再生債務者の行為を監督する手続機関である(民再54条1項2項)。監督委員は,財産管理処分権や業務遂行権を有しておらず,その点で,再生管財人とは異なる。

裁判所は，裁判所の許可を得なければならない行為を指定する（民再41条1項）ことで，再生債務者を監督できるものの，裁判所が，各事件における再生債務者の個々の行為をすべて確認して許可を与えるのは容易ではなく，手続の遅延を招来する可能性がある。そこで，監督委員が，同意権の行使を通じて再生債務者を監督することで，再生手続に対する再生債権者の信頼と再生手続の適正さを確保することが期待される。

### (2) 監督命令および監督委員の選任
#### (a) 監督命令の発令
裁判所は，再生手続開始の申立てがあった場合において，必要があると認めるときは，利害関係人の申立てによりまたは職権で，監督委員による監督を命ずる処分（**監督命令**）をすることができる（民再54条1項）。監督委員選任の要件は，裁判所が「必要があると認めるとき」であり，再生管財人の選任要件である「再生債務者……の財産の管理又は処分が失当であるとき，その他再生債務者の事業の再生のために特に必要があると認めるとき」（民再64条1項）と比べると緩やかである。

再生手続開始の申立て後であれば，開始の決定の前後を問わず監督委員を選任することができる。実務では，手続の途中から監督を開始するのは難しいこと，再生債務者による偏頗行為等は申立て直後に行われることが多いこと，再生債務者の財産状態の調査にはなるべく早く着手する方がよいと考えられること等から，再生手続開始の申立て直後に，保全処分の発令と同時にまたは発令後速やかに監督委員が選任されることが一般的である。

監督命令やその変更または取消しの決定に対しては即時抗告をすることができるが（民再54条6項），即時抗告は執行停止の効力を有しない（同条7項）。裁判所は，監督命令を発したとき，およびこれを変更または取り消す決定をしたときは，その旨を公告しなければならない（民再55条1項）。

#### (b) 監督委員の選任・報酬
裁判所は，監督命令を発令する際には，1人または数人の監督委員を選任し，かつ，その同意を得なければ再生債務者がすることができない行為を指定しなければならない（民再54条2項）。監督委員は，「その職務を行うに適した者」

の中から選任される（民再規20条1項）。監督委員になるために専門資格（国家資格，公的資格，民間資格等）は必要ではないが，監督委員の職務は法律面での知識や経験を要するため，倒産事件の経験を有する弁護士の中から選任されるのが一般的である。監督委員は，裁判所による監督を受け（民再57条1項），職務遂行に当たっては善管注意義務を負い（民再60条1項），善管注意義務違反があった場合には，利害関係人に対して損害賠償責任を負う（同条2項）。

監督委員は，裁判所の定める報酬を受けることができる（民再61条1項）。監督委員の職務は，すべての再生債権者の利益を保護するためのものであるから，その報酬請求権は共益債権となり（民再119条4号），再生手続によらずに随時弁済を受ける（民再121条1項）。再生手続開始の申立人が，申立てに当たって納める予納金（民再24条1項）の多くは，監督委員の報酬に充てられる。

### (3) 権限および職務

#### (a) 同意を要する行為

監督委員の基本的かつ最も重要な職務は，裁判所が監督命令を発令する際に指定した，監督委員の同意を得なければ再生債務者がすることができない行為（要同意行為。民再54条2項）を再生債務者がする際に，同意することである。要同意行為であるにもかかわらず，再生債務者が監督委員の同意を得ないでした行為は無効となる（同条4項本文）が，これを善意の第三者に対抗することはできない（同条項ただし書）。

民事再生法は，監督委員の要同意行為について具体的に定めておらず，裁判所が裁量によってこれを指定する。これについては，裁判所の許可を要する行為（民再41条1項各号）が参考となる。東京地方裁判所民事第20部（倒産部）では，財産の譲渡，担保権の設定，財産の譲受け，貸付け，金銭の借入れ，債務免除，別除権の目的である財産の受戻し等を監督委員の同意事項としている。

#### (b) その他の職務

そのほかの監督委員の主要な職務は，以下のとおりである。

① 裁判所の定めるところにより，再生債務者の業務および財産の管理状況その他裁判所の命ずる事項を裁判所に報告しなければならない（民再125条3項）。これは，裁判所が再生手続開始の決定に当たって，手続開始の原因（民再

21条1項)および申立棄却事由(民再25条各号)の有無や手続開始の相当性を判断する際のほか,再生計画の認可決定を判断する際に重要となる。

② 再生債務者が,再生手続開始の申立て後,再生手続開始前に,資金の借入れや原材料の購入その他再生債務者の事業の継続に欠くことができない行為をする場合に,それによって生ずべき相手方が有する請求権(そのままでは再生債権にすぎない〔民再84条1項〕)を共益債権とすることについて,裁判所の許可に代わる承認をすることができる(民再120条2項)。

③ 裁判所から特定の行為について否認権を行使する権限を付与された場合に,否認権を行使する(民再56条1項・135条1項。⇨**第9節3**(3))。

④ 裁判所が必要があると認めるときに,債権者集会に出席し,再生債務者の業務および財産の状況その他の事項について意見を述べる(民再規49条1項)。

⑤ 再生債務者の再生計画の遂行を監督し(民再186条2項),再生計画遂行の見込みがないことが明らかになったときは,裁判所に対して再生手続の廃止を申し立てる(民再194条)。もっとも,監督委員は,再生債務者が再生計画を履行するように責任をもって指導しなければならないわけではなく,下記の⑥の調査権を行使して,再生計画の弁済期に計画通りの弁済がなされているかを調査し報告する。

⑥ 上記のような職務を遂行する前提として,監督委員は,再生債務者の業務および財産の状況を把握するために,再生債務者などに対して,これらについての報告を求め,再生債務者の帳簿,書類その他の物件を検査することができる(民再59条1項)。

> **Column 3-3-2** 再生実務における監督委員の位置付け
> 
> 現在の再生実務において監督委員が重要な役割を果たしていることは多くの人が認めるところであろう。この実情に鑑みて,監督委員の選任を原則としようという考えもある一方で,民事再生法の原則に則って,純粋DIP型(監督委員の監督を受けずに再生債務者が手続を追行する再生手続)を進めるべきではないかという考え方もある。
> 
> *K*:「監督委員の職務を果たすに当たってどのようなことを念頭に置かれていますか。」
> 
> *T*:「まず,手続をきちんと進めることができるかを重視します。資金繰りが続かないと,途中で破産手続へ移行してしまうため,そのようなことがないように,月次の報告内容を確認します。手続が続くことを前提として,債権

者の取扱いが公平であるか，適切であるかに気をつけます。これらができている前提で，再建可能か，再生債務者のとろうとする再建策が実現可能か，適正なものかを確認します。」
K：「監督のあり方には積極的関与と消極的関与があるといわれていますが，具体的にはどこまで踏み込むことがあるのでしょうか，また監督委員の職務を最も簡素化した場合に残る役割は何でしょうか。」
T：「積極的関与の場合，毎週など，定期的に経営内容の報告を再生債務者から受け，意見を述べるなどのケースがあります。比較的大規模な会社の場合で，手続の進め方に慎重性が求められる場合などが考えられますが，どのように手続を進めるかは監督委員となった方の考え方による部分も多いと思います。私自身が積極的関与をしたケースは，申立代理人が機能していないケースにおいて，手続の継続が危なくなってきたため，毎週，状況確認をするミーティングを再生債務者と持ったことがあります。ただし，通常は，再生債務者の手続追行や，事業運営を尊重し，同意事項が生じた場合や毎月の報告の確認を通じて監督する消極的関与が原則的な運用であると思います。監督委員の仕事を簡素化した場合は，毎月の報告書による資金繰りの確認と，同意事項の同意のみ，という形が考えられます。」
K：「監督委員のいない形の再生手続を実施するために必要となる条件は何でしょうか。」
T：「該当するケースは少ないように思いますが，申立代理人が倒産手続に精通し，かつ，手続の公正を担保しても良いと考えられる経験や資質があり，裁判所における監督を密に実施できる状況が整っているケースか，または，親会社が大口債権者であまり外部の債権者がいないような場合で，スポンサー候補者がすでに用意されているというような簡易な手続で進めることができるケースではないかと思います。」

## 4 再生管財人

### (1) 管理命令および再生管財人の選任

再生手続開始の決定後も再生債務者が財産管理処分権や業務遂行権を有するのが原則である（民再38条1項）が，民事再生法は，債務者企業自体の存続や，従来の経営者が債務者企業の経営に関与し続けることを目的とするわけではない。粉飾決算や財産隠匿，偏頗弁済などの不当な財産管理や，監督委員の同意を要する事項への違反，多数の債権者による従来の経営陣への退陣要求があるなど，再生債務者に財産管理処分権や業務遂行権を委ねることは適切ではないと考えられる場合がある。このようなときにも，事業自体には存続可能性があ

って，経営者を変更すれば事業の価値を活かせる場合には，これらの権限を**再生管財人**に専属させる**管理命令**の発令が考えられる。

　裁判所は，再生債務者の「財産の管理又は処分が失当であるとき」，その他「再生債務者の事業の再生のために特に必要があると認めるとき」は，再生手続開始の決定と同時にまたはその決定後に，再生債務者の業務および財産に関して，再生管財人による管理を命ずる管理命令を発令することができる（民再64条1項。再生債務者が法人である場合に限る〔同条項かっこ書〕）。管理命令の発令は，再生債務者の利益に重大な影響を及ぼすため，発令に当たって，裁判所は原則として再生債務者を審尋しなければならない（同条3項本文）。再生管財人は，その職務を行うに適した者のうちから選任される（民再規27条1項・20条1項）。監督委員と同様，倒産事件の経験を有する弁護士から選任されるのが一般的である。

### (2) 権限および職務

　管理命令が発令されると，再生債務者の財産管理処分権および業務遂行権は再生管財人に専属する（民再66条）。その結果，再生債務者の財産関係の訴えについては，再生管財人が当事者適格を有することになり（民再67条1項），再生債務者の財産関係の訴訟手続で再生債務者が当事者であるものは中断し（同条2項前段），中断した訴訟手続のうち再生債権に関しないものは，再生管財人がこれを受継することができる（同条3項前段）。管理命令発令後に再生債務者が再生債務者財産に関してした法律行為は，再生手続の関係においては，その効力を主張することができない（民再76条1項本文）。このような効果が生じるため，裁判所は管理命令を発令したときは，その旨や再生管財人の氏名等，再生債務者の財産の所持者および再生債務者に対して債務を負担する者は再生債務者にその財産を交付したり弁済したりしてはならない旨を公告しなければならない（民再65条1項1号2号）。

　再生管財人は，再生債務者が手続を追行する場合と同様に，一方で，再生債務者財産を適切に管理しつつ，双方未履行双務契約の解除（民再49条1項）などを通じて財産関係を整理し，他方で，再生債権についての認否書の作成・提出（民再101条1項5項）を通じて再生債権の調査に関与し，これらを基礎とし

て，再生計画案を作成して裁判所に提出し（民再163条1項），再生計画認可の決定が確定したときは，速やかに再生計画を遂行する（民再186条1項）。裁判所は，必要があると認めるときは，再生管財人が，財産の処分や譲受け，双方未履行双務契約の解除等の一定の行為を行うには，裁判所の許可を得なければならないものとすることができる（民再41条1項）点も，再生債務者が手続を追行する場合と同じである。他方，再生管財人には，否認権の行使（民再135条1項）など，再生債務者を超える権限も認められる。また，再生管財人は，手続の過程で，再生債務者やその代理人，再生債務者の理事や取締役等，または従業員に対して，再生債務者の業務および財産の状況について報告を求め，再生債務者の帳簿等を検査するなどの調査権を有する（民再78条・59条1項）。なお，民事再生法の条文において**再生債務者等**とある場合には，再生管財人が選任されていない場合は再生債務者，再生管財人が選任されている場合は再生管財人をいう（民再2条2号）。

再生管財人には，監督委員に関する規定の一部が準用される。すなわち，再生管財人は，裁判所の監督に服し（民再78条・57条1項），善良な管理者の注意をもって職務を行わなければならず（民再78条・60条1項），その善管注意義務を怠った場合には，利害関係人に対して損害を賠償する責任を負う（民再78条・60条2項）。また，費用の前払および裁判所が定める報酬を受けることができる（民再78条・61条1項）。

## 5 保全管理人

### (1) 保全管理命令および保全管理人の選任

再生手続開始の申立てから決定までには，一定の時間を要する。再生債務者による財産管理が失当である場合，手続開始の決定後であれば管理命令を発令して再生管財人を選任できるが，開始の決定前にこの方法を採ることはできない。手続開始の申立て後，各種保全措置を用いて（⇨**第2節4**），再生債務者の財産の散逸や偏頗弁済に対処することも考えられるが，再生債務者に財産の管理処分を委ねること自体が適切でない場合には，再生債務者の財産管理処分権を剥奪して，これを**保全管理人**に委ねることができる。

裁判所は，再生手続開始の申立てから決定までの間，再生債務者の「財産の

管理又は処分が失当であるとき」,「その他再生債務者の事業の継続のために特に必要があると認めるとき」は,保全管理人による管理を命ずる処分をすることができる(民再79条1項。**保全管理命令**)。保全管理命令の発令も,管理命令と同様,再生債務者が法人である場合に限られる(同条項かっこ書)。

(2) **権限および職務**

保全管理命令が発令されると,再生債務者の業務遂行権と財産管理処分権は保全管理人に専属する(民再81条1項本文)。もっとも,保全管理命令は,あくまで再生手続開始の決定までの間の暫定的な処分であって,この間の再生債務者財産や事業価値を保持することが目的であるから,保全管理人の職務は現状を維持するものが中心となる(管理命令の発令要件は「事業の再生のため」に必要があるときであるのに対して〔民再64条1項〕,保全管理命令の発令要件は「事業の継続のため」である〔民再79条1項〕)。そのため,保全管理人は,再生債務者の常務に属しない行為をするには,裁判所の許可を得なければならない(民再81条1項ただし書)。具体的には,保全管理人は,通常の仕入れ,販売,製造,弁済期の到来した債務の弁済などは自身の判断でできるが,訴えの提起やDIPファイナンスによる借入などは裁判所の許可が必要となると考えられる。

## 6 調査委員

**調査委員**とは,裁判所が定めた事項を調査し,その結果を裁判所に報告する手続機関である(民再62条1項2項)。調査委員による調査は,裁判所が,手続開始の決定や再生計画認可の決定などの裁判をする場合や,再生債務者を監督する際に必要な資料を入手するためのものである。もっとも,実務では大多数の事件で監督委員が選任されており,裁判所は,監督委員やその補助者である公認会計士による調査を通じて情報を入手できるため,実際に調査委員が選任される例は少なく,債権者申立てのときにのみ利用されている。

**調査命令**は,再生手続開始の申立てがあった場合には,開始の決定の前後を問わず,裁判所が必要があると認めるときに発令することができる(民再62条1項)。調査命令において裁判所は,調査委員を選任するとともに,調査委員が調査すべき事項および裁判所に対して調査結果を報告すべき期間を定めなけれ

ばならない（同条2項）。調査の公平性や客観性を保つため，調査委員は，その職務を行うに適した者で利害関係のないものの中から選任しなければならないとされており（民再規26条1項），公認会計士，税理士，弁護士，監査法人等の選任が考えられる。

## 7 裁　判　所

### (1) 意　義

再生手続において裁判所は，再生手続の帰趨を決する重要な局面で判断を行うほか，手続の進行を管理し，再生手続の適正かつ公平な実施を確保する役割を担う。再生手続における裁判所の職務は，大きく，①個々の再生事件に関するものと，②再生手続上生じる各種の訴えについて裁判を行うものに分けることができる。民事再生法では，前者を担当する裁判体を単に**裁判所**と呼び，その裁判体が帰属する官署としての裁判所を**再生裁判所**と呼ぶ。しかし，一般に実務においては，官署としての裁判所の中で再生事件を担当する裁判体を再生裁判所と呼ぶことが多いため，注意が必要である。

再生事件を担当する裁判所の管轄は専属管轄であり（民再6条），地方裁判所が担当する（民再5条。再生事件の管轄については，⇨**第2節2**(3)）。

### (2) 再生事件に関する職務

個々の再生事件に関する裁判所の主な職務は，①再生手続の開始や終了に関する裁判（民再33条1項・188条1項〜3項・191条〜194条），②各種の保全処分の発令（民再26条〜31条），③監督委員や再生管財人等の手続機関の選任および監督（民再54条2項・57条1項・62条2項・63条・64条2項・78条・79条2項・83条1項），④再生債務者等の監督（民再41条1項），⑤債権者集会の招集や指揮（民再114条・116条），⑥再生債権届出の受理（民再94条1項），⑦再生計画の認可または不認可の決定（民再174条1項2項）等，多岐にわたる。

裁判所が再生手続の進行を管理しつつ重要な場面で関与することは，手続の迅速な進行や公正さを担保し，手続に対する信頼を確保するために重要と考えられる。しかし，裁判所が常に再生債務者を監督したり，自ら必要な情報を収集したりすることは再生手続の機動性を欠くため，現在の実務では監督委員の

選任が原則とされている。

### (3) 民事再生法上の各種訴えについての裁判

再生手続に付随して生じる、再生手続に利害関係を有する者の権利義務に関する争いを裁判によって解決することも裁判所（民事再生法上の「**再生裁判所**」）の職務である。再生債権の査定の申立てについての裁判に対する異議の訴え（民再106条1項2項）、否認の訴え、否認の請求や否認の請求を認容する決定に対する異議の訴え（民再135条1項2項・137条1項2項）、役員の責任に基づく損害賠償請求権の査定の裁判に対する異議の訴え（民再145条1項2項）、担保権消滅許可制度における価額決定の請求にかかる事件（民再149条1項3項）等は、再生事件を担当している裁判所が帰属する官署としての裁判所が担当する。これらは司法的判断を必要とする裁判所本来の職務である。

## 8 債権者集会，債権者委員会，代理委員

### (1) 債権者の関与

再生手続は、債務者と債権者との間の権利関係を適切に調整し、再生計画を通じて再生債権者に弁済を行う手続（民再1条参照）であり、再生債権者は再生手続の帰趨に強い利害関係を有するため、その意思を再生手続に反映することが重要となる。そこで、民事再生法は、**債権者集会**（民再114条）を定めるとともに、再生債権者の代表者が再生手続に関与する**債権者委員会**（民再117条）の制度を設けた。債権者集会の開催も債権者委員会の設置も任意である。民事再生法は、再生債務者に公平誠実義務を課すことで（民再38条2項）、再生手続の機関として債権者の利益を考慮した行動をとるよう求めるとともに、再生債権者が情報を得たり、意見を述べたり、一定の事項について決定をしたりする制度を用意することで、債務者と債権者が中心となって手続を進める制度となっているといえよう。

### (2) 債権者集会

**債権者集会**は、再生債権者全体として、再生債務者等から情報開示を受けたり、集団的な意思決定をしたりする場である。民事再生法は、再生債務者等が

財産状況を報告する財産状況報告集会（民再126条），再生計画案の決議のための債権者集会（民再169条2項1号3号前段），再生債務者等や債権者委員会，一定の額を有する再生債権者による申立てがあった場合の債権者集会（民再114条）について定める。

実務では，財産状況報告集会が開かれることは稀であり，手続開始申立て直後に，再生債務者等が主宰する債権者説明会（民再規61条・63条1項）が開催されている。これは，申立て直後に，債権者に対して，再生債務者の業務や財産状況，今後の手続進行に関する情報提供を行うことで，債権者の理解や協力を得ておくことが肝要と考えられるためである。また，再生計画案の決議のための債権者集会は，可決に至らなかった場合の期日続行の可能性（民再172条の5第1項本文）を考慮して，書面等投票との併用（民再169条2項3号）という形で開催されることが多い（⇨第14節**2**）。

### (3) 債権者委員会

すべての再生債権者で構成される債権者集会は機動性を欠き，債権者の意思を手続に反映させる手段として十分に機能しないおそれがある。そこで，民事再生法は，少数の債権者がすべての再生債権者の利益を代表して再生手続に関与することを可能とする**債権者委員会**の制度を設けた。

債権者委員会は，再生債権者が再生手続外で任意に委員会を組織しており（手続開始の前後を問わない），裁判所が，利害関係人の申立てを受けて，再生債権者の過半数が当該委員会が再生手続に関与することについて同意していると認められること（民再117条1項2号）や，当該委員会が再生債権者全体の利益を適切に代表すると認められること（同条項3号）といった要件を，当該委員会が備えていると認めた場合に，その委員会を民事再生法上の権限を行使できる債権者委員会として承認する制度である（同条項本文）。債権者委員会には，意見陳述権（民再42条2項ただし書・117条3項・118条2項）などが認められる。債権者委員会の活動が再生債務者の再生に貢献したと認められるときは，裁判所の許可により，必要な費用を支出した再生債権者は再生債務者財産から相当額の費用の償還を受けることができる（民再117条4項）。

### (4) 代理委員

　再生手続では，債権者集会の招集は任意であって，再生債権者が意見を述べる機会は限られる。また，再生債権者間の利害が対立する場合には，債権者委員会の承認も困難である。そこで，民事再生法は，再生債権者の意思を再生手続に反映するために，再生債務者等と交渉する主体として，再生債権者が，裁判所の許可を得て，共同でまたは個別に**代理委員**を選任することを認めている（民再90条1項）。

## 第4節　再生債務者財産

### **1** 再生債務者財産の意義・範囲

　**再生債務者財産**とは，再生債務者が有する一切の財産をいう（民再12条1項1号かっこ書。なお，民事再生法上，「**再生債務者の財産**」との文言が用いられることがあるが，これは再生債務者財産を構成する個々の財産を意味する）。日本国内にあるか外国にあるかは問わない（民再38条1項かっこ書）。

　再生債務者財産は，破産手続における破産財団とは異なり，その対象が手続開始時の財産に限定されないため（破34条1項参照。⇨第2章**第4節1**），再生手続開始の決定後に再生債務者に帰属した財産も再生債務者財産に含まれる。その一方で，再生債務者等による事業継続によって取引される商品や製品等は，再生債務者財産を離脱する。商品等が再生債務者財産を離れる場合，これらは民事再生法41条1項1号にいう財産の処分に含まれるため，裁判所の要許可事項の対象となり得るが，実務上，監督命令において通常の業務（常務）に属する行為を一括して同意事項から除外する対応がとられている。

### **2** 財 産 評 定

#### (1)　意義・目的

　再生債務者財産の状況を正確に把握することは，再生債務者等，再生債権者，裁判所にとって重要であるが，倒産に至る混乱の中で，会計帳簿等が整理されていなかったり，粉飾決算がされていたりといったことがある。そこで，民事

再生法は，再生債務者等は，再生手続開始後（再生管財人については，その就職の後）遅滞なく，再生債務者に属する一切の財産について再生手続開始の時における価額を評定しなければならないとする（民再124条1項）。これを**財産評定**という。再生債務者等は財産評定を完了したときは，直ちに再生手続開始の時における財産目録および貸借対照表を作成し，これを裁判所に提出しなければならず（同条2項），これらの資料は再生債権者による閲覧等の対象となる（民再16条1項）。

　財産評定は，再生債務者等にとっては，再生の方針を決定し，実現可能な再生計画案を作成する基礎となる。再生債権者にとっては，再生計画案による弁済が破産の場合よりも有利なものとなっているか，再生計画案に実現可能性があるか等を踏まえて，再生計画案への賛否を判断する（民再172条の3第1項）際の重要な情報源となる。裁判所にとっては，再生計画案を決議に付する旨の決定（民再169条1項）や再生計画の認可決定（民再174条1項2項）をするかどうか，特に再生計画による弁済率が破産清算による弁済率よりも有利であるかという**清算価値保障原則**を満たしているか（同条2項4号）を判断するための資料となる。また，再生債務者が債務超過に陥っていることが裁判所の許可の要件となっている場合，すなわち，事業譲渡の場合の株主総会決議による承認に代わる許可（民再43条1項），自己株式の取得等を定める条項の許可（民再166条1項2号），募集株式を引き受ける者の募集を定める条項の許可（民再166条の2第3項）について判断する際の資料としても用いられる。

### (2) 評価基準
#### (a) 評価方法

　財産評定は，原則として**財産を処分するもの**として行わなければならない（処分価額。民再規56条1項本文）。再生手続における財産評定は，再生計画が清算価値保障原則を満たしているかを判断するための資料として重要な意義を有するためである。ただし，例外として，必要がある場合には，処分価額の評定と併せて，全部または一部の財産について，再生債務者の事業を継続するものとして評定することができる（同条項ただし書）。これは，再生債務者の営業等の全部または一部の譲渡が予定されている場合に，譲渡代金を原資として弁済

を受けることになる再生債権者への情報提供であるとともに（民再42条2項参照），裁判所が営業等の譲渡を許可する際の判断資料となる（同条1項）。

(b) 時 期

　再生債務者等は，再生債務者に属する一切の財産につき再生手続開始の時における価額を評定しなければならない（民再124条1項）。再生債務者等が手続開始の時の財産の状態を正確に把握したうえで，手続の方針を定めて再生計画案を作成するため，および裁判所が，再生債務者の債務超過が裁判所の許可の要件となっている場合の判断の基礎とするためである。他方，再生計画（案）が清算価値保障原則を満たしているかの判断資料を提供するという，もう一つの財産評定の意義に照らすと，再生計画案の付議，決議，再生計画の認可の決定という，再生手続が進んだ時点で財産評定を行うことが適切であるとも考えられる。手続開始の決定後も再生債務者の事業の継続を前提とする再生手続では，その後の経済情勢や債務者事業の状況によって，再生債務者財産の価値が変動する可能性があるからである。しかし，再生手続は，中小企業の利用を想定した簡易な手続として構築されており，実務上も標準スケジュールによる迅速な手続進行が予定されていることから，再生手続の開始時と再生計画案の決議時等における財産評定は大きく違わないと考えられること，財産評定に要するコストが中小企業を典型とする再生債務者にとって負担となり得ることから，再生手続開始時の財産評定のみが求められていると考えられる。

> **Column 3-4-1** 財産評定の時期と清算価値保障原則の基準時
>
> 　一般に，倒産手続の開始によって会社の事業価値は下落するといわれており，再生計画（案）による弁済率が手続開始時の処分価額を前提とした清算配当率を下回ることもあり得る。そのような場合に，再生計画案を付議せず，または再生計画を不認可として破産手続に移行するという処理でよいか（この時点ではすでに手続開始時の清算価値を保障する手立てはない），再生計画による弁済率が，再生計画案作成時または再生計画認可時の清算価値を基準とした清算配当率を上回っていれば，再生計画を認可すべきではないかとの議論がある。
>
> 　これは，いつの時点の清算価値を清算価値保障原則の基準とするかという問題につながる。財産評定は再生手続を通じた様々な場面で意義を有するが，民事再生法は，再生手続開始の時の再生債務者財産の評価のみを要求している（民再124条1項）ため，清算価値保障原則を満たしているかどうかの判断にも手続開始の時の財産評定を用いることが考えられ，実務はそのように対応して

第4節　再生債務者財産

いる。これについては，①再生手続開始の時の清算価値を基準とする，②再生計画認可の決定時の清算価値を基準とする，③原則として手続開始の時の清算価値を基準としつつ，開始の決定後，再生計画認可の決定までに資産が減少して，予想清算配当率が開始決定時点の清算価値を基準とする清算配当率を下回った場合には，例外的に再生計画案提出時または認可の決定時の清算価値を基準とすることを許容する，④再生手続全体を通して清算価値は保障されるべきであるとして，手続開始時点や再生計画案の付議決定の時点，再生計画認可の決定時点など，各判断の時点で，その時における清算価値が保障されているか否かを判断すべきであるとして，作成された再生計画（案）がその時点の清算価値を上回る限り適法とする，といったように見解が分かれている。

## 3 営業等の譲渡

### (1) 再生手続における営業等の譲渡の必要性

事業を再生する方法として，事業を再生債務者の下にとどめて再生債務者自らが事業の再生を図る方法（自主再建型）と，事業の全部または重要な一部を第三者に譲渡して，第三者の下で事業の再生を図る方法（営業等譲渡型）がある。後者の場合，再生債務者の法人格は，清算型再生計画による一括弁済を経て消滅する。

**営業等の譲渡**によって，債務者自身は窮境にあっても，利益を上げている一部の事業を切り離してこれを活かすことができるし，債権者の信用を失った経営者と営業等を切り離すことで事業の再生が容易になったり，従業員の雇用確保につながったりするといったメリットがある。また，営業等の譲渡による方が財産を個別に売却するよりも高い価額で売却することができるため，再生債権者が，より高額の弁済を受けられるといったメリットや，譲渡代金から一括で弁済が行われるため将来収益を基礎とする再生計画の履行可能性を心配する必要がなくなる，といったメリットがある。

> Column 3-4-2　スポンサーと営業等の譲渡
>
> 　営業等の譲渡によって事業の再生を図る場合，スポンサーに事業を譲渡する方式が考えられる。スポンサーとは，再生会社の事業を支援するために，再生会社に対して新たな出資を行って経営に参画する事業会社やファンドである。事業会社がスポンサーになる場合には，再生会社との事業シナジーを得て，自らの事業をさらに発展させようとする目的で新たな出資を実施することが多い。したがって，再生会社の同業者や取引関係を構築することが想定できる事業会

社が候補者となりやすいが，時々，まったく異業種の事業会社が多角経営を図る目的で候補者となることもある。他方，ファンドがスポンサーとなる場合には，当該ファンドが継続的に再生会社を支援することは予定されておらず，再生会社に対して3年から5年程度，長期間でも10年間などの期間を区切って支援を行い，当該期間経過時において，主に事業会社に対してその出資した株式を売却する。ファンドとしては，資金等の支援によって再生会社の企業価値を上げて投資期間後に売却することで投資利益を得ることを目的としている。再生会社としては，ファンドがスポンサーとなる場合においては一時的な支援に限られるものの，その豊富な資金力や再生ノウハウを得ることによって，短期間で事業再生を図ることが期待できる。

　スポンサー支援によって再生計画を遂行する方法としては，再生会社にスポンサーが出資して新たな株主となり，役員を派遣して経営をサポートする形をとったうえで，事業計画を策定し，その事業収益から得られた資金を弁済原資として，再生債権への弁済を長期間において行う場合のほか，スポンサーが再生会社の事業を一括して譲り受け，その譲渡代金をもって再生債権への弁済原資とする場合がある。前者の場合は長期間の弁済となるが，弁済額の総額は比較的多額となる。これに対し，後者の場合は，弁済額は比較的抑えられた金額となるものの，一括して支払われるため履行の確実性は極めて高い。どちらの方法によるかは，スポンサーによる支援意向のほか，再生債権者の意向を勘案して方針を決定し，その内容に応じた再生計画を策定することになる。　　*T*

## (2) 営業等の譲渡一般

### (a) 再生手続における営業等の譲渡

　営業等の譲渡は，再生債務者等の財産管理処分権の範囲に属するが，譲渡の時点での継続企業価値（譲渡代金）の分配を受けるか，事業継続による将来収益からの弁済を受けるかという倒産処理の方法を決定するものであること，および，譲渡代金がいくらであるかによって再生債権者への弁済率が定まるため，実質的に再生計画を先取りするのと同じであることから，再生債権者の利益に大きな影響を与える。したがって，再生計画案に対する再生債権者の決議を通じて，営業等の譲渡に対する再生債権者の賛否を確認することも考えられる。しかし，一般に，再生手続の開始によって，取引先が不安を感じて再生債務者との取引条件を厳しくしたり，社会的な信頼やブランドイメージが低下して事業運営が困難になったりすることを考えると，再生計画案の立案までの間に事業価値が著しく毀損する可能性がある。そうなると，再生債務者の事業の再生

が困難となり，それによって再生債権者の利益を害することになりかねない。そこで，再生計画によらずに早期に営業等の譲渡を実施することが求められる。他方で，再生計画によらない営業等の譲渡を自由に認めると，その必要性や価額の相当性を欠く譲渡によって，再生債権者の利益が害される可能性もある。そこで，民事再生法 42 条は，再生手続開始後に，再生債務者等が再生債務者の営業または事業の全部または重要な一部の譲渡をするには，裁判所の許可を得なければならないとした（民再 42 条 1 項 1 号）。

(b) 要件・手続

再生手続開始後の営業等の譲渡は，裁判所が，「**再生債務者の事業の再生のために必要である**」と認める場合に限りすることができる（民再 42 条 1 項 1 号）。例えば，現在の経営陣に対する取引先の信用が失われているが，再生債務者から事業を切り離して第三者の下で事業を継続すれば，事業の再生が可能な場合が考えられる。民事再生法 42 条の許可を判断するに当たっては，譲受人の選定過程の公正さ，譲渡代金や譲渡条件の相当性なども斟酌される（東京高決平成 16・6・17 金法 1719 号 51 頁①事件〔百選 25〕参照）。裁判所の許可を得ないで行われた営業等の譲渡は無効であるが，これを善意の第三者に対抗することはできない（同条 4 項・41 条 2 項）。

裁判所が営業等の譲渡を許可する場合には，知れている再生債権者の意見を聴かなければならない（民再 42 条 2 項本文）。また，営業等の譲渡には労働者の協力が必要な場合が多く，その協力を得るために労働者に手続関与の機会を与える必要があるとともに，裁判所も労働者の協力を得られる見込みについて知る機会を持つことが望ましいことから，裁判所は，営業等の譲渡の許可をする場合には，労働組合等（民再 24 条の 2 かっこ書参照）の意見を聴かなければならない（民再 42 条 3 項）。

(3) 債務超過の株式会社に関する特則

(a) 代替許可決定の意義と要件

再生手続は，再生債権者の権利変更のみを手続の対象とし，株主およびその機関である株主総会を手続外に置くため，株主や株主総会は再生手続開始後も会社法所定の権限を保持する。そのため，再生債務者が株式会社である場合に，

事業譲渡をするには，民事再生法42条1項1号の裁判所の許可に加えて，株主総会の特別決議による承認が必要である（会社467条1項1号2号・309条2項11号）。しかし，一般に倒産状態に陥った株式会社の株主は会社の経営に関心を失い，株主総会決議の成立は困難になるといわれている。また，会社が債務超過に陥っている場合には，株主の株主権は実質的に価値を喪失しているとも考えられる（ただし，再生手続において，債務超過になることで当然に株主の権利が消滅するわけではない）。そこで，民事再生法43条1項は，再生手続開始後において，株式会社である再生債務者が債務超過である場合には，裁判所は，事業等の譲渡が事業の継続のために必要であることを要件として，会社法が定める**株主総会の特別決議による承認に代わる許可**（代替許可）を与えることができると定めている。

民事再生法42条1項1号による許可は，再生手続開始後に再生債務者が営業等の全部または重要な一部の譲渡をする場合に常に必要となるものであるのに対して，民事再生法43条1項による許可は，再生債務者が株式会社かつ債務超過であるときに，事業の全部または重要な一部の譲渡を行うために会社法上必要となる株主総会の特別決議による承認の省略を可能とするものである。両者は趣旨を異にし，裁判所による代替許可（民再43条1項）がなされた場合でも，事業譲渡を行うためには，民事再生法42条1項1号の許可が必要である。債務超過の株式会社が事業譲渡を行う場合には，株主総会の特別決議を経ることもできるし，民事再生法43条1項による代替許可を得る方法によることもできる。なお，再生計画による営業等の譲渡についての明文の規定は存在しないが，これを否定する理由もない。

民事再生法43条1項の代替許可の要件は，事業等の譲渡が**「事業の継続のために必要である」**ことである（同条項ただし書）。民事再生法42条1項1号の要件と比べると，代替許可がなければ事業の存続が危ぶまれるような厳しい状況であることが必要である。代替許可の要件については，営業等の譲渡をしないと，当該事業が遅かれ早かれ廃業に追い込まれるという事情がある場合でなければならないという立場や，株主権が実質的に無価値であることから，営業等の譲渡をしなければ事業の価値や規模に大きな変化が予想されるような場合も含まれるとする見解がある。裁判例には，営業譲渡をしないと当該事業が遅

かれ早かれ廃業に追い込まれるような事情がある場合や，当該事業の資産的価値が著しく減少する可能性がある場合に限り民事再生法43条1項の代替許可が認められるとするものがある（東京高決平成16・6・17金法1719号51頁①事件〔百選25〕）。

(b) 即時抗告

代替許可決定に対しては，株主は即時抗告をすることができる（民再43条6項）。抗告理由となり得るのは，代替許可の要件が欠けていること，すなわち，債務者会社が債務超過ではないこと，または当該事業譲渡が事業の継続のために必要とはいえないことである。即時抗告期間は，代替許可決定の要旨を記載した書面が株主に送達された日（同条2項）から，1週間の不変期間である（民再18条，民訴332条）。迅速な事業譲渡を可能にする趣旨から，この即時抗告は執行停止の効力を有しない（民再43条7項）。

## 4 法人の役員の責任追及

(1) 総 説

株式会社等の法人に再生手続が開始されるまでの間において，役員（「理事，取締役，執行役，監事，監査役，清算人又はこれらに準ずる者」をいう。民再142条1項）に，放漫経営などの違法行為がみられることがある。その任務懈怠等に基づく損害賠償請求権（会社423条1項）は再生債務者財産となるから，再生債務者等はこれを行使しなければならない。しかし，損害の賠償の実現には訴訟を提起するなど相当の時間と労力がかかるため，実効性に欠ける可能性がある。そこで，民事再生法は，法人の役員に対する責任追及としての損害賠償請求権の実効性を確保しつつ，その簡易・迅速な実現を図るために，①役員の責任に基づく損害賠償請求権についての役員の財産に対する保全処分（民再142条）と，②損害賠償請求権の査定手続（民再143条・144条）を用意している。破産手続と更生手続にも同様の制度があるが，再生手続では再生債務者自身が財産管理処分権を有すること（民再38条1項）による違いや，査定の対象となる請求権の違いがみられる（⇨第2章**第16節**，第4章第8節**4**）。

### (2) 役員の財産に対する保全処分

裁判所は，①法人である再生債務者について再生手続開始の決定があった場合において，必要があると認めるときは，再生債務者等の申立てによりまたは職権で，②緊急の必要があると認めるときは，再生手続開始の決定をする前でも，再生債務者（保全管理人が選任されている場合には保全管理人）の申立てによりまたは職権で，再生債務者の役員の責任に基づく損害賠償請求権につき，役員の財産に対する保全処分をすることができる（民再142条1項2項）。再生管財人や保全管理人が選任されていないときは，再生債権者もこの保全処分の申立てをすることができる（同条3項）。

### (3) 役員の責任の査定手続

裁判所は，法人である再生債務者について再生手続開始の決定があった場合において，必要があると認めるときは，再生債務者等の申立てによりまたは職権で，役員の責任に基づく損害賠償請求権の査定の裁判をすることができる（民再143条1項）。再生管財人が選任されていないときは，再生債権者も査定の裁判の申立てをすることができる（同条2項）。後者の場合において，再生債務者のみが査定の申立権者であるとすると，役員に対する実効性のある責任追及が期待できないため，再生手続に利害関係を有する再生債権者にも査定の申立権が認められている。裁判所は，査定に関する裁判をする場合には，役員を審尋しなければならない（民再144条2項）。

### (4) 役員責任査定決定に対する異議の訴え

役員の責任に関する査定の裁判に不服がある者は，その送達を受けた日から1か月の不変期間内に異議の訴えを提起することができる（民再145条1項）。これは，実体権である損害賠償請求権の存否・内容に関して，判決手続による判断の機会を保障するものである。

役員の責任に関する査定の裁判に対する異議の訴えが，査定の裁判の送達を受けた日から1か月の不変期間内に提起されないとき，または却下されたときは，査定の裁判は給付を命ずる確定判決と同一の効力を有する（民再147条）。

# 第5節 再生債権

## 1 意義・要件

### (1) 意 義

**再生債権**とは，再生債務者に対して再生手続開始前の原因に基づいて生じた財産上の請求権であって，共益債権または一般優先債権以外のものをいう（民再84条1項）。再生債権については，再生手続開始後は，民事再生法に特別の定めがある場合を除いて，再生計画の定めによらなければ，弁済をし，弁済を受け，その他これを消滅させる行為をすることができない（民再85条1項）。再生債権者は，その有する再生債権をもって再生手続に参加することができ（民再86条1項），再生計画に従って弁済を受ける。再生手続は，再生債権者の権利を変更する条項を定めた再生計画を定める手続であるから（民再2条3号4号），いかなる請求権が再生債権となるか，再生債権が再生手続上どのように扱われるかは重要な問題である。

### (2) 要 件

**再生債権の要件**は，①再生債務者に対する請求権であること，②再生手続開始前の原因に基づいて生じた請求権であること，③財産上の請求権であること，④強制執行可能な請求権であること，および⑤共益債権または一般優先債権に該当しない請求権であることであって，破産債権の要件とほぼ同様に考えてよい（各要件の具体的内容については，⇨第2章**第6節1**(2)）。

原則として，上記要件を満たす請求権は再生債権となるが，再生手続開始前の原因に基づいたものであっても，一般の先取特権その他一般の優先権がある債権は一般優先債権となり（民再122条1項），再生債務者が手続開始の申立て後再生手続開始前に行った資金の借入れ等によって生じた相手方の請求権で，これを共益債権とする旨の裁判所の許可を得たものは共益債権となる（民再120条1項。⇨ Column 3-7-1 ）。また，再生手続開始後の利息の請求権（民再84条2項1号）等は，再生債権に付随して発生するものなどであることから，再

生債権として扱われる（後述⇨**3**参照）。

**(3) 再生債権と破産債権の違い**

　破産手続では，原則として要件を満たした請求権を破産債権としたうえで，権利の種類に応じて破産債権の中で順位を設けて，法が定めた優先順位に従って金銭による配当を行う。再建型の手続においては，本来，各債権者の利害関係を適切に反映するために，計画案の内容およびそれに対する決議において権利の種類ごとに組分けをする必要があるが，中小企業者を典型的な債務者と想定し，簡易・迅速な手続の提供を意図した再生手続は，更生手続とは異なって，各種類の権利に応じた組分けを行わない（会更196条1項・168条1項参照）。再生手続では，再生債権の要件を満たす請求権であっても，優先的な地位にあるものは再生債権から除外し（一般優先債権），劣後的な地位にあるものは再生債権としながら議決権行使に一定の制約を定める等によって権利の種類に応じた取扱いをしている（約定劣後再生債権について⇨**3**(2)）。

## **2** 手続上の取扱い

**(1) 再生手続への参加**

　再生債権者は，その有する再生債権をもって再生手続に参加することができる（民再86条1項）。**再生手続に参加する**ということには，再生計画を通じて弁済を受けるという実体的な面と，再生計画案に対する議決権の行使を中心とする手続的な面がある。再生債権者は，原則として再生計画の定めによらなければ弁済を受けることができず（民再85条1項），再生手続開始の決定があったときは再生債権に基づく強制執行等をすることはできない（民再39条1項）。再生債権者は，再生債権についてその内容等を裁判所に届け出て（民再94条1項），再生債権の調査を経て確定した債権（民再100条〜107条）について，再生計画による権利変更を受ける（民再179条1項）。再生債権が確定すると，再生債権者は，再生計画の定めによって認められた権利を行使することができ（同条2項），再生債務者等による再生計画の遂行（民再186条1項）を通じて弁済を受ける。

## 第5節 再生債権

### (2) 再生債権の範囲・額・評価

再生債権者は、連帯債務者や保証人といった全部義務者や物上保証人から再生手続開始の決定後に弁済を受けたときであっても、その債権の全額が消滅した場合を除いて、再生手続開始の時において有する債権の全額について手続に参加することができること（**開始時現存額主義**）は、破産法と同様である（民再86条2項、破104条～105条。詳細については、⇨第2章**第6節4**）。また、別除権者は、別除権の行使によって弁済を受けることができない債権の額についてのみ、再生債権者として権利を行うことができる点も破産法と同様である（**不足額責任主義**。民再88条本文・182条本文。⇨第2章**第10節2**(2)）。

破産手続においては、非金銭債権や期限未到来の債権についても手続内で配当を行うために破産債権を等質化（金銭化・現在化）する必要があるが（破103条2項3項。⇨第2章**第6節2**）、再生手続では、再生計画の定めに従って再生債権の権利内容が変更されるため、再生計画との関係では、当然に再生債権の内容を配当に適した形に等質化する必要はなく、必要に応じて適切な権利変更の内容を再生計画に定めることになる。もっとも、再生債権者の有する議決権の額を算定するためには再生債権を均質化する必要があるため、各種債権の議決権行使に際しての金額評価基準が定められている（民再87条1項各号）。基本は、債権額である（同条項4号）。

### (3) 個別弁済禁止の例外

再生債権については、再生手続開始後は、民事再生法に特別の定めがある場合を除いて、再生計画の定めによらなければ、再生債務者等が任意に弁済をすることも、再生債権者が再生債務者等から弁済を受けることもできない（民再85条1項）。ここで禁止されるのは再生債務者財産の減少を伴う行為であって、例えば第三者である保証人による再生債権の弁済は妨げられない。また、再生債務者財産を減少させることのない再生債権の免除も認められる（同条項かっこ書）。

民事再生法85条1項にいう「特別の定め」に該当して、再生計画によらずに再生債権を消滅させることができるものとして、別除権の行使（民再53条2項）や相殺権の行使（民再92条1項）のほか、民事再生法85条2項～5項が定

める以下の場合がある。

### (a) 中小企業者の再生債権に対する弁済許可

再生債務者を主要な取引先とする中小企業者が，その有する再生債権の弁済を受けなければ，事業の継続に著しい支障を来すおそれがあるときは，裁判所は，再生債務者と当該中小企業者との取引の状況，再生債務者の資産の状態，利害関係人の利害その他一切の事情を考慮したうえで，再生計画認可の決定が確定する前でも，再生債権の全部または一部の弁済をすることを許可することができる（民再85条2項3項）。これは，再生債務者を主要な取引先とする中小企業者の利益の保護を目的としたものである。もっとも，民事再生法85条5項後半の創設に伴って，現在の実務ではこの規定はあまり用いられていない。

### (b) 再生手続の円滑な進行のための少額債権の弁済許可

「**少額の再生債権**を早期に弁済することにより再生手続を円滑に進行することができるとき」（民再85条5項前半）は，裁判所は，再生計画認可の決定が確定する前でも，再生債務者等の申立てによって，その弁済を許可することができる。これは，再生手続のコスト削減を目的とする規定である。少額の再生債権を弁済して再生債権を減らすことで，債権者集会の期日における届出再生債権者に対する呼出し（民再115条1項本文）や再生計画案の決議に関連する通知（民再169条3項）に要するコストを削減できるとともに，再生計画案の決議に参加する債権者数が減るために頭数要件（民再172条の3第1項1号）の充足が容易になるなど，再生手続の進行が円滑となって，ひいては再生債権者への利益に資すると考えられる。この弁済許可がなされる場合は，一定額以下のものについて画一的に弁済が認められることになる。

### (c) 再生債務者の事業の継続に著しい支障が生じることを避けるための少額債権の弁済許可

「少額の再生債権を早期に弁済しなければ**再生債務者の事業の継続に著しい支障を来すとき**」（民再85条5項後半）は，裁判所は，再生計画認可の決定が確定する前でも，再生債務者等の申立てによって，個別の弁済を許可することができる。これは，再生債務者の事業の継続を確保して，事業価値の毀損や劣化の回避を目的とする規定である。例えば，再生債務者が大規模小売業者であって，少額の再生債権（売掛債権）を有する商品納入業者が，再生債権の弁済を受け

なければ今後商品は提供しないと言ってきた場合，原則として再生債務者等は再生債権（売掛債権）を弁済することができないため，結果として商品が店頭に並ばなくなる。そうすると，再生債務者の事業の継続が困難となるため，このような場合には，再生債権（売掛債権）を弁済して商品納入を確保し，事業継続を図る方が，他の債権者にとっても利益になると考えられる。民事再生法85条5項後半の個別弁済の許可を判断するに当たって，裁判所は，当該債権者との取引継続の必要性や代替的な取引先確保の可能性等を考慮する。民事再生法85条5項前半は，一定額以下の少額債権を一律に弁済許可の対象とするのに対して，同条項後半は，少額債権であることを条件に，再生債務者の事業価値の毀損を避けるために，再生債権ごとに個別に弁済許可を与えるものである。

　民事再生法85条5項後半にいう「少額」かどうかは，再生債務者の負債総額，再生債務者の資金繰り，総再生債権に占める当該債権の規模などを考慮して判断され，民事再生法85条5項前半の場合と比べると比較的高額な債権であっても，「少額」要件に該当することもあり得る。

### 3　再生債権の順位

　再生債権は，**一般の再生債権**と**約定劣後再生債権**の2種類に分けられる。破産債権が，優先的破産債権，一般の破産債権，劣後的破産債権，約定劣後破産債権に分けられるのに対して（⇨第2章第6節3），再生債権の区分は上記2種類のみである（理由について，前述⇨1(3)参照）。

#### (1)　劣後的取扱いを受ける一般の再生債権

　一般の再生債権の中でも，再生手続開始後の利息の請求権，再生手続開始後の不履行による損害賠償および違約金の請求権，再生手続参加の費用の請求権（民再84条2項各号）は，再生計画の定めに関して劣後的取扱いをすることが認められ（民再155条1項ただし書），議決権も有しない（民再87条2項）。再生手続開始前の罰金等（民再97条1号）は，再生計画において減免その他権利に影響を及ぼす定めをすることができず（民再155条4項），免責の対象ともならない（民再178条1項ただし書）が，再生計画で定められた弁済期間が満了する時

までの間は弁済を受けられないという形で劣後的地位に置かれるほか（民再181条3項2項），議決権を有しない（民再87条2項）。これらの請求権は破産手続においては劣後的破産債権となる（⇨第2章**第6節3**(3)参照）。

　再生手続に参加しようとする再生債権者は，債権届出期間（民再34条1項）内に，再生債権についてその内容等を裁判所に届け出なければならない（民再94条1項）。しかし，公平の観点から，再生債務者等は，届出がされていない再生債権があることを知っている場合には，当該再生債権について自認する内容を認否書に記載しなければならない（民再101条3項。**自認債権**。詳細については，⇨**第6節2**(2))。このような債権も再生計画の定めによる弁済の対象となる（民再157条1項・179条1項）が，議決権は有しない（民再170条1項・104条1項）。

### (2) 約定劣後再生債権

　再生債権者と再生債務者との間において，再生手続開始前に，当該再生債務者について破産手続が開始されたとすれば当該破産手続におけるその配当の順位が劣後的破産債権に後れる旨の合意がされた債権を**約定劣後再生債権**という（民再35条4項かっこ書）。約定劣後再生債権については，再生債権との間で，再生計画において，再生計画の内容に公正かつ衡平な差を設けなければならず（民再155条2項），再生計画案の決議の際には，再生債権者との間で組分けを行わなければならない（民再172条の3第2項本文）。ただし，再生手続開始の時において，再生債務者がその財産をもって約定劣後再生債権に優先する債権を完済することができない状態にあるときは，当該約定劣後再生債権を有する者は議決権を有しないため（民再87条3項），組分けをする必要がなく（民再172条の3第2項ただし書），事実上手続が複雑にならないような配慮がなされている。

## 第6節　再生債権の届出・調査・確定

### 1 再生債権の届出

　民事再生法における再生債権の届出・調査・確定の手続は，破産法のそれと似た部分が多い（⇨第2章**第7節**）が，異なる点もある。再生債権者は，**債権届**

出期間（民再34条1項）内に，各債権の内容および原因，議決権の額等を書面で裁判所に届け出ることで，再生手続に参加することができる（民再86条1項・94条1項，民再規31条1項）。別除権者は，別除権の目的財産および別除権の行使によって弁済を受けることができないと見込まれる債権の額（不足額）も併せて届け出なければならない（民再94条2項）。債権届出を行わない再生債権者は，届出がされていない再生債権の再生債務者等による自認がなされない限り（民再101条3項。後述⇨**2**(2)参照），再生手続に参加することができない一方で，個別的権利行使の禁止（民再85条1項），再生計画による権利変更（民再156条・181条1項），再生債権の免責（民再178条1項本文）等の効果は受ける。

　再生債権の届出は，再生計画案の作成に支障が生じることを避けるため，再生手続開始の決定と同時に定められる債権届出期間（民再34条1項）内に行わなければならない（民再94条1項。破産債権について⇨第2章**第7節 7**）。ただし，再生債権者が，その責めに帰することができない事由によって債権届出期間内に届出をすることができなかった場合には，その事由が消滅した後1か月以内に限り，その届出の追完をすることができる（民再95条1項）。また，債権届出期間経過後に生じた再生債権（再生債務者が双方未履行双務契約を解除した結果として生じる相手方の損害賠償請求権〔民再49条5項，破54条1項〕など）については，その権利の発生した後1か月の不変期間内に，届出をしなければならない（民再95条3項）。いずれの場合であっても，再生計画案を決議に付する旨の決定がされた後は，再生債権の届出の追完をすることはできない（同条4項）。

　裁判所書記官は，届出があった再生債権および再生債務者等が認否書に記載した再生債権（民再101条3項）について，**再生債権者表**を作成しなければならない（民再99条1項）。

## **2** 再生債権の調査

### (1) 債権調査の方法

　届出のされた再生債権の調査は，再生債務者等による認否書の作成（民再101条1項）と，届出再生債権者および（再生管財人が選任されている場合の）再生債務者による書面による異議（民再102条1項2項）によって行われる（民再100条）。破産手続では，破産債権についての調査方法として期間方式（書面方

式）と期日方式（口頭方式）が定められているが（⇨第2章**第7節2**），再生手続では手続を簡素化するために，期間方式のみが採用されている。

### (2) 再生債務者等による認否と自認債権
#### (a) 再生債務者等による認否

再生債務者等は，債権届出期間内に届出があった再生債権について，その内容および議決権についての認否を記載した**認否書**を作成し（民再101条1項），これを裁判所に提出しなければならない（同条5項）。提出された認否書に届出があった再生債権の内容または議決権についての認否の記載がないときは，再生債務者等においてこれを認めたものとみなされる（同条6項前段）。

#### (b) 再生債務者等による自認

再生債権者が届け出なかった再生債権は，再生債権者表に記載されず，再生計画の定めの対象とならないため，再生計画認可の決定が確定すると免責されるのが原則である（民再178条1項本文）。しかし，再生手続では，従前の債務者が再生手続開始後も再生債務者として手続を追行するのが原則であるから（民再38条1項2項），再生債務者がその存在や内容等を知っている再生債権について，届出がないことを理由として免責されるものとすると，再生債務者と再生債権者の間の公平に反する。そこで，民事再生法は，以下の2つの制度を用意した。

まず，再生債務者等は，届出がされていない再生債権があることを知っている場合には，当該再生債権について，自認する内容等を認否書に記載しなければならない（民再101条3項）。このような債権は**自認債権**と呼ばれ，その内容が債権調査の対象となり（民再102条1項），異議がなければその内容が確定し（民再104条1項），再生計画の定めに従って権利変更を受け（民再157条1項本文・179条1項），再生計画の定めに従って弁済を受ける。ただし，自認債権の債権者は，自ら積極的に手続に参加しているわけではないので，債権調査における他の届出再生債権に対する異議権（民再102条1項参照），再生計画案提出権（民再163条2項参照），再生計画案に対する議決権（民再170条1項2項・171条1項2項・104条1項かっこ書）等の手続上の権限は持たない。約定劣後再生債権については，自認の制度は適用されない（民再101条4項）。

つぎに，再生債務者（再生管財人が選任されていない場合の再生債務者。再生管財人は含まれない）が，届出がされていない再生債権があることを知りながら，認否書に自認する旨を記載しなかった場合（民再101条3項。自認義務に違反した場合）には，その再生債権は免責されることなく，再生計画認可の決定が確定したときは，再生計画の一般的基準（民再156条）に従った権利変更を受ける（民再181条1項3号）。しかし，これによって変更された後の権利については，再生計画で定められた弁済期間が満了する時までの間は，弁済を受けることができない（同条2項）。

### (3) 債権調査期間における異議

#### (a) 債権調査期間

届出再生債権者は，債権調査期間内に，届出再生債権または自認債権について，書面で，異議を述べることができる。一般調査期間（民再34条1項）は，債権届出期間内に届出をした再生債権を中心とし（民再102条1項），特別調査期間（民再103条1項本文）は，主に債権届出期間後に届出をした再生債権を対象とする（同条4項）。

#### (b) 一般調査期間

届出をした再生債権者は，一般調査期間内に，裁判所に対し，届出再生債権の内容もしくは議決権，または自認債権の内容について，書面で**異議**を述べることができる（民再102条1項）。再生管財人が選任されている場合の再生債務者も，届出再生債権および再生管財人が自認した再生債権の内容について，書面で異議を述べることができる（同条2項）。しかし，この場合の再生債務者の異議に再生債権の確定を妨げる効力はない（民再104条1項参照）。この場合の再生債務者の異議は，再生計画不認可の決定が確定したときに，再生債権者表の記載が再生債務者に対して確定判決と同一の効力を生じることを妨げる点に意義がある（民再185条1項ただし書）。

#### (c) 特別調査期間

債権届出期間経過後に届出の追完があった再生債権（民再95条1項）や，届出事項の変更があった再生債権がある場合には，裁判所は，再生債務者等がこれらの再生債権の内容または議決権についての認否を認否書に記載をしている

場合(民再101条2項)を除いて,その調査をするための期間(**特別調査期間**)を定めなければならない(民再103条1項)。特別調査期間は,当該届出再生債権者のために定められるものであるから,それに要する費用は当該再生債権を有する者が負担する(同条2項)。

## 3 再生債権の確定

### (1) 異議等のない再生債権の確定

再生債権の調査において,再生債務者等が認め,かつ,債権調査期間内に届出再生債権者の異議がなかったときは,その再生債権の内容または議決権の額は確定する(民再104条1項)。再生債務者等が自認した債権についてはその内容のみが確定する(同条項かっこ書)。裁判所書記官は,再生債権の調査の結果を再生債権者表に記載しなければならず(同条2項),再生債務者等が認めて,届出再生債権者の異議がなく確定した再生債権については,再生債権者表の記載は,再生債権者の全員に対して確定判決と同一の効力を有する(同条3項)。確定した再生債権の内容が,その後の再生計画の作成や遂行の基礎となり,議決権の額もこれが基準となる(民再170条2項1号)。

### (2) 異議等のある再生債権の確定

再生債権の調査において,再生債権の内容について再生債務者等が認めず,または届出再生債権者が異議を述べた場合には,当該再生債権(異議等のある再生債権)を有する再生債権者は,その内容の確定のために,当該再生債務者等および当該異議を述べた届出再生債権者(異議者等)の全員を相手方として,裁判所に査定の申立てをすることができる(民再105条1項本文)。異議等のある再生債権に関して再生手続開始当時訴訟が係属する場合において,再生債権者がその内容の確定を求めようとするときは,異議者等の全員を当該訴訟の相手方として,訴訟手続の受継の申立てをしなければならないこと(民再107条1項)や,異議等のある再生債権のうち執行力ある債務名義または終局判決のあるものについては,異議者等は,再生債務者がすることができる訴訟手続によってのみ,異議を主張することができること(民再109条1項。⇨**第12節7**(1)),査定の申立てについての裁判に不服がある者が,その送達を受けた日から1か

月の不変期間内に異議の訴えをすることができること（民再106条1項）は，破産手続の場合と同様である（⇨第2章**第7節3**）。

## 第7節　共益債権・一般優先債権

### **1** 共益債権

#### (1) 意　義

　**共益債権**は，再生債権に先立って，再生手続によらずに，随時弁済することができる債権である（民再121条1項2項）。再生手続における共益債権は，破産手続における財団債権（⇨第2章**第8節**）に対応する概念であり，基本的には，再生手続を遂行し，再生手続の目的（民再1条）を実現するために，再生債権者が共同で負担しなければならない共益的な費用や支出に対応する請求権がこれに該当する。それに加えて，再生手続は，再生債務者の事業の継続や再生を目的とすることから，それに関連する費用の請求権も共益債権となる。また，政策的な理由から共益債権となる請求権もある。

#### (2) 範　囲

##### (a) 一般の共益債権

　共益債権となる請求権は，一般に民事再生法119条各号に規定されている。再生債権者の共同の利益のためにする裁判上の費用の請求権（民再119条1号），再生手続開始後の再生債務者の業務，生活ならびに財産の管理および処分に関する費用の請求権（同条2号），再生計画の遂行に関する費用の請求権（同条3号），監督委員，調査委員，再生管財人，保全管理人の費用償還請求権や報酬および報償金の請求権，再生債務者の再生に貢献する活動があったと認められて裁判所の許可を得た債権者委員会の費用償還請求権など（同条4号），再生債務者財産に関し再生債務者等が再生手続開始後にした資金の借入れその他の行為によって生じた請求権（同条5号），事務管理または不当利得により再生手続開始後に再生債務者に対して生じた請求権（同条6号），再生債務者のために支出すべきやむを得ない費用の請求権で，再生手続開始後に生じたもの（同条7

号)は共益債権となる。

### (b) 特別の共益債権

民事再生法 119 条以外の規定に基づく共益債権を,特別の共益債権といい,以下のものがある。再生手続開始の決定によって中止した破産手続における財団債権(民再 39 条 3 項 1 号),双方未履行双務契約について,再生債務者等が再生債務者の債務の履行をする場合において相手方が有する請求権(民再 49 条 4 項)や,再生債務者等が解除を選択した場合の相手方の価額償還請求権(民再 49 条 5 項,破 54 条 2 項),継続的給付の義務を負う双務契約の相手方が,再生手続開始の申立て後再生手続開始前にした給付にかかる請求権(民再 50 条 2 項),管理命令が発令されたために中断した訴訟手続を再生管財人が受継した場合における相手方の再生債務者に対する訴訟費用請求権(民再 67 条 5 項),再生債権者を害する行為が否認されたときに,再生債務者の受けた反対給付が再生債務者財産中に現存しない場合の相手方の反対給付の価額の償還を請求する権利(民再 132 条の 2 第 1 項 2 号)などを挙げることができる。

> **Column 3-7-1　DIP ファイナンスと共益債権**
>
> 再生債務者財産に関し再生債務者等が再生手続開始後にした資金の借入れその他の行為によって生じた請求権(民再 119 条 5 号)の典型例は,いわゆる DIP ファイナンスである。DIP ファイナンスとは,一般に,再生手続や更生手続などの再建型倒産処理手続の申立てを行った債務者に対する新規の融資を意味する。これらの申立てに至る前の段階における債務者に対する融資は,プレ DIP ファイナンスと呼ばれる(両者を合わせて DIP ファイナンスと呼ぶこともある)。倒産手続の申立てには多くの費用が必要となるうえ,申立てによって再生債務者の信用が低下して売上げが減少することが多く,相殺を受けることもあり,加えて,取引を継続するためには,短い支払サイトや現金での決済が必要となるため,債務者の資金繰りは厳しくなる。そこで,この段階での資金不足を補うための運転資金を供与するのが DIP ファイナンスである。また,DIP ファイナンスは,一括弁済による再生計画を作成することで,早期に再生手続を終結に導くために用いられることもある。
>
> 再生手続開始の申立て後から開始の決定までの間に,監督委員の同意を得て供与された DIP ファイナンスは,裁判所の許可または監督委員の承認を得ることで,共益債権として扱われる(民再 120 条 1 項〜3 項)。再生手続開始の決定後に再生債務者等に供与された DIP ファイナンスは,当然に共益債権となる(民再 119 条 5 号)。

第7節　共益債権・一般優先債権

> 　私的整理手続中に供与されたプレDIPファイナンスについて，その後に申し立てられた再生手続において優先的な取扱いを認めることができるかについては議論がある。プレDIPファイナンスは，再生手続開始前の原因に基づく請求権であるため，再生手続に進んだ場合には再生債権として扱われるのが原則（民再84条1項）であるが，私的整理段階における融資を保護しないと，このような融資を提供する貸し手を探すことが困難となり，再生債務者事業の継続や再生に支障が生じると考えられるためである。例えば，再生債務者等が，再生手続開始後に，裁判所の許可を得て，プレDIPファイナンスの供与者との間で和解契約を締結することで，プレDIPファイナンスを共益債権として扱うことができるかといった問題がある（民再41条1項6号・119条5号）。
>
> 　　　　　　　　　　　　　　　　　　　　　　　　　　　　　T

### (3) 共益債権の行使

#### (a) 随時・優先弁済性

　共益債権は，再生債権に先立って，再生手続によらずに，随時弁済する（民再121条1項2項）。ある債権者が自己の債権が共益債権であることを主張したところ，再生債務者等がそれを否定したり，債権の存否や内容を争ったりする場合には，債権者側から給付訴訟，あるいは共益債権性についての確認訴訟を提起することや，再生債務者等側から共益債権性についての消極的確認訴訟を提起することが考えられる。債権者が，本来は共益債権となる請求権を，予備的に再生債権として届出をする旨の付記もせずに，再生債権として届け出て，この届出を前提として作成された再生計画案を決議に付する旨の決定がされた場合には，もはや当該債権が共益債権であることを主張して，再生手続によらずにこれを行使することは許されない（最判平成25・11・21民集67巻8号1618頁〔百選49〕）。また，弁済による代位によって共益債権を取得した者は，同人が再生債務者に対して取得した求償権が再生債権にすぎない場合であっても，再生手続によらないで当該共益債権を行使することができる（最判平成23・11・24民集65巻8号3213頁〔百選48②〕）。⇨第2章**第8節❸(4)**）。

　共益債権は，再生計画による権利変更の対象とならないが，利害関係人に対する情報提供のために，再生計画中に共益債権の弁済に関する条項が定められる（民再154条1項2号）。

　再生手続が廃止されて破産手続に移行した場合には（民再249条1項・250条

1項参照），共益債権は，財団債権として扱われる（民再252条6項前段）。

　(b)　**共益債権に基づく強制執行**

　破産手続では，財団債権に基づく強制執行をすることはできない（破42条1項。⇨第2章**第8節3(1)**）のに対して，再生手続では，**共益債権に基づく強制執行は禁止されない**（民再39条1項参照）。再生手続では，共益債権を弁済期に全額弁済できない場合には再生債権への弁済をすることができず，再生手続は廃止されるであろうから（民再191条1号2号参照），再生手続が継続している限り，共益債権に基づく強制執行を否定する必要はないと考えられたためである。しかし，共益債権に基づく強制執行を何ら制約しないとすれば，再生債務者の主力工場が強制執行の対象となるなど，再生債務者事業の再生を図るうえで支障を生じるおそれもある。そこで，共益債権に基づく強制執行または仮差押えが再生に著しい支障を及ぼし，かつ，再生債務者が他に換価の容易な財産を十分に有する場合には，裁判所は，再生手続開始後において，その強制執行または仮差押えの中止または取消しを命ずることができる（民再121条3項）。本来，強制執行等における執行対象財産の選択は債権者の自由に委ねられるところ，この規定は，当該財産を再生債務者の事業の再生のために保持する必要があり，また他の財産を執行対象としても共益債権者に不利益が生じないという場合に，債権者による執行対象財産の選択に一定の制約を加えるものである。

## **2**　一般優先債権

### (1)　意義・範囲

　一般の先取特権その他一般の優先権がある債権であって，共益債権ではないものは，**一般優先債権**となる（民再122条1項。破産の場合について，⇨第2章**第6節3(2)**）。実体法上優先権のある債権に，再生手続においても優先的な地位を与えるものである。具体的には，労働債権（民306条2号・308条），租税債権（税徴8条），企業担保権によって担保される社債（企業担保2条1項）などが一般優先債権となる。一般優先債権は，発生原因が再生手続開始前にあるかどうかを問題としないが，共益債権となるものは一般優先債権から外れるため，労働債権であっても再生手続開始後に生じたものは，共益債権となって一般優先債権とはならない（民再119条2号参照）。

第7節　共益債権・一般優先債権

　一般優先債権は，再生計画による権利変更の対象とならないが，共益債権と同様に，利害関係人に対する情報提供のため，再生計画中に一般優先債権の弁済に関する条項を定めなければならない（民再154条1項2号）。
　後に破産手続に移行した場合には，共益債権は財団債権として扱われるのに対して（民再252条6項），一般優先債権は原則として優先的破産債権として扱われる。

(2)　**権利行使**
　一般優先債権は，再生手続によらないで，随時弁済する（民再122条2項）。再生手続では，手続を簡略化するために再生計画案の決議の際の組分けを避けたことや，労働債権や租税債権を順調に弁済できない再生債務者が事業を再建することは困難であると考えられることから，これらの債権は，再生手続の拘束を受けずに，随時弁済するものとされた。労働債権といった一般の先取特権がある債権に基づく強制執行や，一般の先取特権の実行も可能である（民再39条1項参照）。ただし，共益債権に基づく強制執行と同様に，一般優先債権に基づく強制執行等が再生に著しい支障を及ぼし，かつ，再生債務者が他に換価の容易な財産を十分に有する場合には，裁判所は，再生手続開始後において，強制執行や仮差押えの中止または取消しを命ずることができる（民再122条4項・121条3項）。他方，所得税などの国税で自力執行権がある債権に基づく国税滞納処分については，再生手続開始後にこれを新たに開始することもできるし，すでに開始されている滞納処分を中止することもできない（会更50条2項，破43条1項も参照）。

## 3　開始後債権

　再生手続開始後の原因に基づいて生じた財産上の請求権で，共益債権，一般優先債権，再生債権に当たらないものは，開始後債権となる（民再123条1項）。開始後債権の例としては，①再生管財人が選任された場合において，債務者会社の取締役等が株主総会の招集など組織法上の行為を行うこと等によって生ずる請求権で，やむを得ない費用とはいえないために共益債権（民再119条7号）に該当しないものや，②再生手続開始後の手形引受けに基づいて生じる債権で

253

あって，支払人等が悪意であるために再生債権者としての権利行使を認められないもの（民再46条1項参照）などがある。

これらの債権は，再生手続開始時に再生債務者財産を引き当てにしていた権利ではなく，また，再生債権者全体の利益を観念することもできないため，民事再生法は，開始後債権について，再生計画による権利変更の対象とならず，しかし，再生手続開始時から再生計画に定める弁済期間が満了する時までの間は，弁済を受けることも，強制執行等をすることもできないとしている（民再123条2項3項）。

## 第8節　別　除　権

### *1* 意義・範囲

(1) 意　義

破産手続と同様に（⇨第2章**第10節**），再生手続においても，再生手続開始の時において再生債務者の財産につき存する特別の先取特権，質権，抵当権または商事留置権を有する者は，その目的である財産について，**別除権**を有する（民再53条1項）。別除権は，再生手続によらないで，行使することができる（同条2項）。担保権の目的である財産が再生債務者等による任意売却その他の事由により再生債務者財産に属しないこととなった場合にも，当該担保権がなお存続するときにおける当該担保権を有する者も，その目的である財産について別除権を有する（同条3項）。

担保権に関する実体法上の優先弁済権とその実現のための換価権は，倒産手続においても尊重されなければならないというのが破産法の立場である（⇨第2章**第10節*1***）。担保権の優先性は再建型の手続でも尊重されるが，再建型手続の場合には，別除権の行使が事業の再生という目的（民再1条参照）の障害となることがある。例えば，スーパーマーケットチェーンを展開し，複数の店舗を有する株式会社が再生手続開始の決定を受けた場合，各店舗の土地や建物が抵当権の目的財産となっており，抵当権者が別除権の行使としてこれらの土地や建物に対して担保不動産競売手続を申し立てると，会社は商品を販売する店

舗を失い，事業の再生が困難となる。そこで，民事再生法は，**担保権の実行手続の中止命令**（民再31条1項）や**担保権消滅許可制度**（民再148条～153条）のように担保権（別除権）の行使を制約する制度を用意している。実務上は，担保権者と再生債務者等との間で**別除権協定**（⇨**2**(3)）を締結して，担保権者による債権回収と債務者事業の再生の調整を図ることが一般的である。

### (2) 別除権として認められる担保権

#### (a) 典型担保

再生手続開始の時において再生債務者の財産について存する特別の先取特権，質権，抵当権または商事留置権といった担保権を有する者は，その目的である財産について別除権を有する（民再53条1項）。一般の先取特権（民306条）は担保物権ではあるが，債務者の総財産を引当てとするため，別除権とならず，一般先取特権付債権は一般優先債権となる（民再122条1項。⇨**第7節2**）。

破産法と民事再生法とで異なる扱いを受ける担保権もある。破産法は，民事留置権は破産財団との関係では効力を失うと定めるが（破66条3項。⇨**第2章第10節1**(3)），民事再生法に同様の規定はなく，民事留置権は再生手続開始後も存続する。商事留置権は，破産法では特別の先取特権とみなされたうえで（同条1項），別除権として扱われる（破2条9項）のに対して（⇨**第2章第10節1**(2)），民事再生法ではそのような過程を経ずに直接別除権として扱われる。

#### (b) 非典型担保

譲渡担保や所有権留保，ファイナンス・リース契約等の**非典型担保**は，破産手続の場合と同様に（⇨**第2章第10節1**(2)(b)），再生手続でも別除権として扱われると解されている（仮登記担保については抵当権に準じて扱われることが明文で定められている。仮登記担保19条）。すなわち，非典型担保を有する者は，その目的である財産について別除権を有し，その別除権を再生手続によらないで行使することができ，不足額責任主義の適用を受ける。譲渡担保等によって担保された被担保債権は，再生計画における権利変更の対象とはならない。もっとも，非典型担保が後述（⇨**3**・**4**）の担保権の実行手続の中止命令（民再31条1項）や担保権消滅許可制度（民再148条～153条）の対象となるかについては議論がある。

> **Column 3-8-1　担保法改正と民事再生法**
>
> 　令和6（2024）年10月現在，法制審議会の担保法制部会において，担保法制の見直しに関する審議が行われており，その中で，譲渡担保権，所有権留保等について新たな規定を設けることが検討されている。破産法および民事再生法においては，新たな規定にかかる担保権を有する者を別除権者として，会社更生法においては，新たな規定にかかる担保権の被担保債権を有する者を更生担保権者として扱うものとすることが提案されている。また，新たな規定にかかる担保権の実行手続を民事再生法上の担保権の実行手続の中止命令の対象とすること，および新たな規定にかかる担保権を民事再生法上の担保権消滅許可制度の適用の対象とすることが検討されている。

## 2 別除権の行使

### (1) 行使方法

　別除権は，再生手続によらないで，行使することができる（民再53条2項）。別除権者は，別除権の基礎となる担保権について，届出やその存否の調査・確定，再生計画による権利変更を受けることなしに，通常の実行方法（民事執行法による担保権実行の方法または私的実行の方法）によって担保権を行使して，担保の目的となっている特定の再生債務者の財産から被担保債権について優先的な満足を得ることができる。

　抵当権のように，第三者にその権利を主張するためには登記という対抗要件を要する担保物権の場合，再生債務者等は，第三者対抗要件規定における「第三者」と考えられることから（⇨第3節2(4)），別除権者は，その担保権を別除権として行使するためには，再生手続開始の時点で対抗要件を具備している必要がある（民再45条1項参照）。

### (2) 別除権者による再生債権行使

#### (a) 不足額責任主義

　別除権者が同時に再生債権者である場合，被担保債権の額が担保目的財産の価額を上回る（被担保債権が別除権の行使によって完全な満足を得られない）ときには，別除権者は，別除権行使によって弁済を受けられない債権の部分についてのみ，再生債権者として権利を行使することができる（民再88条本文。**不足額責

任意主義。⇨第2章**第10節 2**(2))。再生手続開始後，別除権者と再生債務者等との合意によって被担保債権の範囲を変更して，被担保債権の全部または一部が手続開始後に担保されないこととなった場合（**別除権協定**を締結した場合）にも，別除権者は，その不足額部分の債権について，再生債権者として権利を行使することができる（同条ただし書）。

(b) 不足額に関する再生債権の行使

別除権者が不足額につき再生債権者として権利を行使するためには，再生債権の届出の際に，被担保債権である再生債権の内容や原因，議決権の額等に加えて（民再94条1項），別除権の目的である財産および別除権の行使によって弁済を受けることができないと見込まれる債権の額（予定不足額）を裁判所に届け出なければならない（同条2項）。

(c) 不足額の確定

別除権者は，別除権の行使によって弁済を受けることができない債権の部分が確定した場合に限って，その債権の部分について，認可された再生計画の定めによって認められた権利を行使することができる（民再182条本文）。再生計画案作成の段階で不足額が確定していない場合には，再生計画において，不足額が確定した場合における再生債権者としての権利の行使に関する適確な措置を定めなければならない（民再160条1項）。すなわち，権利変更の一般的基準（民再156条）に従った権利変更を行う旨等を定めることになる。ただし，根抵当権に関しては特則があり，根抵当権を実行しても極度額を超える部分の弁済は受けられない可能性が高いことに照らして，元本が確定した根抵当権については，その根抵当権の被担保債権のうち極度額を超過する部分について，権利変更の一般的基準に従って仮払いに関する定めをすることができ（民再160条2項前段），このような定めがある場合には，当該根抵当権者は，その定めに従って再生計画による仮払いを受けることができる（民再182条ただし書）。もっとも実務上は，根抵当権についても別除権協定で処理することが多い。

不足額は，一般に以下の場合に確定する。まず，担保権者と再生債務者等の合意によって，担保権者が有する再生債権の一部を被担保債権から除外する旨を定める場合である（民再88条ただし書参照）。例えば，スーパーマーケットがある土地に設定された抵当権の被担保債権額は3000万円であるが，土地の評

価額は2000万円であるという事例において，土地評価額を超える1000万円については被担保債権から除外して，これを予定不足額として確定させる。このような合意は，事業の継続に必要な財産に担保権が設定されている場合に，土地の評価額について分割して支払を行い，支払を終えた場合には抵当権を解除するという合意とともに，土地評価額を超える1000万円については再生計画に従って弁済を受けるという形で用いられることが多い（これは別除権協定の一種である）。そのほか，担保権の実行の完了や担保権消滅許可制度（後述⇨**4**）によって担保権が消滅する場合，担保権者による担保権の放棄によって担保権が消滅する場合が考えられる。

### (3) 別除権協定

　再生手続において，担保権は別除権として再生手続によらない権利行使が認められる。しかし，担保の目的となっている財産を継続して使用することを望む再生債務者等は，当該担保権者との間で担保の目的財産の評価を行って，その評価額に相当する額を将来の収益から分割して支払うこととし，分割弁済を行っている間は別除権を行使しないとの同意を担保権者から得るとともに，分割弁済を完了したときには担保権の解除を行うとの合意をすることがある。その際に，同時に不足額についての合意がなされることもある。これは，実務上，**別除権協定**と呼ばれている。別除権協定は，別除権の目的である財産の受戻しの一態様であって，裁判所の要許可事項（民再41条1項9号），または監督命令による監督委員の要同意事項（民再54条2項）となる。

　民事再生法には，担保権消滅許可制度（後述⇨**4**）があるが，これは，担保目的財産の価額相当の金銭を一括して納付しなければならないため（民再148条1項），資金の乏しい再生債務者等がこの制度を利用することは難しい。そうすると，再生債務者等は，事業を継続するために，再生手続の早い段階で，担保権者との間で，被担保債権の弁済方法，担保権の実行の猶予，担保目的財産の評価について話し合いをする必要がある。担保権者からすると，即時に担保権を実行するよりも，再生債務者等が事業を継続して，事業継続による収益から債権回収を図る方が望ましい場合もある。そこに再生債務者等と担保権者との間に合意が成立する契機がある。別除権協定は，再生手続において重要な意義

第8節 別除権

を持つが，法律上の制度ではなく，その効力や性質をめぐっては議論も多い（最判平成26・6・5民集68巻5号403頁〔百選63〕，東京地判平成24・2・27金法1957号150頁〔百選A13〕）。

> **Column 3-8-2** 別除権協定の実際
>
> K：「再生債務者の事業の継続に必要な財産に担保権が設定されている場合，まずは，担保権者との間で別除権協定締結に向けた話し合いがなされるのが一般的でしょうか。」
>
> T：「再生債務者事業の自主再建など，事業を継続する場合には，通常は事業用資産に関しては別除権協定を締結しています。」
>
> K：「再生手続において，別除権協定の成立が困難になる要因として，どのようなことが考えられるでしょうか。」
>
> T：「別除権の目的物に対する評価額の合意ができない場合や，分割弁済条件（期間や1回当たりの弁済額など）について合意できない場合に，別除権協定がなかなか成立しないことがあります。別除権者は，多額かつ早期の返済を希望しますが，再生債務者の側に弁済資金が乏しい場合には，それに応じられず，なかなか合意に至ることができません。また，再生債務者に対して別除権者が不信感を持っていて，再生債務者の再生支援に積極的でない場合も，別除権協定の成立が難しくなる場合があります。」
>
> K：「別除権協定を締結する場合，担保目的財産の評価は一般にどのような方法で行われているのでしょうか。」
>
> T：「担保目的物の評価については，別除権者と再生債務者とにおいて，それぞれが有する評価資料を根拠とした協議によって決めることになります。その上で，裁判所がその評価額の相当性について確認することになります（別除権の目的物の受戻し許可）。その際，不動産の場合には不動産鑑定のほか，不動産業者の査定書を複数取得して根拠資料とすることが行われています。動産の場合には，中古市場があれば，その中古市場価格が参考とされることになりますし，中古市場価格などの資料がない場合には，取得価格から減価償却を行った残価を根拠とすることもあります。いずれにしても担保権者と再生債務者との協議によることになるため，第三者への売却が難しいものである場合など，担保権を実行しても回収がうまくいかないような目的物の場合には，かなり低い価格で合意に至ることもあります。」

## 3 担保権の実行手続の中止命令

### (1) 意　義

別除権は，再生手続によらないで行使することができる（民再53条2項）が，

担保権の実行について手続的な制約が一切ないとすれば，再生債務者の事業または経済生活の再生の基礎となるべき財産について担保権が設定されている場合に，担保権者による別除権の行使によって当該財産が失われて，再生債務者の事業または経済生活の再生が困難となる事態が生じる。再生債務者等が担保権の実行の回避を望むのであれば，担保権者と交渉して別除権協定（前述⇨**2**(3)）を締結するか，後述（⇨**4**）の担保権消滅許可制度を利用しなければならない。ところが，再生債務者等が別除権協定の締結を考えている間に担保権者が担保権の実行に着手することも考えられる。このような場合には，再生債務者等と担保権者との交渉の機会を設けるための一定の期間を確保する必要がある。また，担保権消滅許可制度を実効的なものとするためには，担保権者が担保権の実行に着手した場合にも，実行が完了する前に手続を止める必要がある。そこで，民事再生法は，裁判所が決定によって担保権の実行手続の一時的な中止を命じることができるとする，**担保権の実行手続の中止命令**の制度を定めた（民再 31 条 1 項本文）。

### (2) 要　件

裁判所は，①再生手続開始の申立てがあった場合において，②再生債権者の一般の利益に適合し，かつ③別除権者（競売申立人）に不当な損害を及ぼすおそれがないものと認めるときは，利害関係人の申立てによりまたは職権で，相当の期間を定めて，別除権の対象となる再生債務者の財産について行われている担保権の実行手続の中止を命ずることができる（民再 31 条 1 項本文）。ただし，被担保債権が共益債権または一般優先債権であるときは，担保権の実行手続の中止命令の対象とならない（同条項ただし書）。これらの債権は，再生手続外で随時弁済すべき権利だからである。

①担保権の実行手続の中止命令は，再生手続開始の申立てがなされていれば発令が可能であり，再生手続開始の決定の前後を問わない。再生手続開始の申立てがあると，再生債務者が経済的に苦しい状況にあることが広く知られるため，再生手続開始の決定前には，一種の保全措置として，担保権の実行手続の中止命令を発令することが可能となる。

次に，②**再生債権者の一般の利益に適合する**ことが必要である。これは，担

保権の実行手続を中止することで，再生債務者等と担保権者が別除権協定を締結し，再生債務者の事業の再生に必要な担保の目的財産を再生債務者等が継続して利用することで，将来の収益が増加し，ひいては一般債権者への弁済額の増加が見込まれるような場合が典型例である。さらに，担保の目的財産の換価の方法や時期によって，より高価で売却できる場合にも，一般債権者への弁済額の増加が見込まれるため，民事再生法31条の適用が考えられる。

加えて，③担保権の実行手続の中止命令の発令に当たっては，裁判所は，当該中止命令が，別除権者（競売申立人）に**不当な損害を及ぼすおそれがない**と認めることが必要である。担保権の実行手続の中止命令の制度は，別除権者による担保権の実行の時期を遅らせるものであるから，換価時期を制約することで，担保の目的財産の資産価値が減少して，担保権による回収額が減るなど，優先弁済権が侵害される場合には，不当な損害を及ぼすおそれがあると考えられる。この要件の該当性は，事業の再生にとっての目的財産の必要性や中止期間の長さ，目的財産の担保余力，担保権者に即時の担保権の実行を認めないと担保権者が経済的苦境に陥るかどうか，再生債務者等による担保権者に対する弁済の方針や見込み等を総合的に判断するものとされる。

### (3) 手続・効果

担保権の実行手続の中止命令は，裁判所が，利害関係人の申立てによりまたは職権で，相当の期間を定めて発令する（民再31条1項本文）。裁判所は，中止命令を発令する際には，別除権者（競売申立人）に不当な損害を及ぼすおそれがあるかどうかを判断するために，別除権者（競売申立人）の意見を聴かなければならない（同条2項）。

裁判所が，中止命令を発令する場合には，**相当の期間**を定めなければならない（民再31条1項本文）。中止命令は，再生債務者等が担保権者との間で，担保の目的財産の処遇や今後の弁済の方法等を交渉する時間を確保するため，あるいは担保権消滅許可制度の実効性を確保するために用いられるものであるから，中止の効果は一時的なものにすぎない。東京地方裁判所民事第20部（倒産部）の事件では，一般に約3か月間と定められることが多いようであるが，別除権者との交渉に要する期間やそれまでの経緯を踏まえた具体的な事情を加味した

うえで期間が設定されている。

　中止命令の対象となった担保権の実行手続はそれ以上進行しないが，中止させるためには，再生債務者等が執行裁判所に対して，中止命令の決定書の謄本を担保権の実行手続の停止文書として提出する必要がある（民執183条1項6号）。中止命令は，定められた期間を過ぎれば当然に効力を失う。中止命令の決定書は，当事者に送達される（民再31条6項）。中止命令に対しては，別除権者（競売申立人）のみが即時抗告をすることができる（同条4項）。

### (4) 非典型担保の実行手続の中止

　上述のように，譲渡担保や所有権留保，ファイナンス・リース契約等の非典型担保も再生手続においては別除権として扱われる（⇨ **1** (2)(b)）が，これらの非典型担保に対して，民事再生法31条1項を類推適用して，中止命令を発令することができるかについては議論がある。債権を対象とする譲渡担保権に対して中止命令が類推適用されるとした裁判例がある（大阪高決平成21・6・3金判1321号30頁〔百選60〕）。

> **Column 3-8-3** 非典型担保への担保権の実行手続の中止命令の適用と担保法改正
>
> 　再生債務者の事業の再生のためには，非典型担保が設定されている債務者の財産を維持して活用することが必要な場面があり，中止命令の趣旨は非典型担保の場合にも当てはまる。しかし，民事再生法31条1項は「競売申立人」との文言を用いていることからもわかるように，民事執行法第3章の「担保権の実行としての競売等」を想定しており，担保権の実行手続の開始後，終了前に，当該手続を一旦中止することが予定されている。これに対して，私的実行が認められる非典型担保については，中止すべき実行行為が観念できるかという問題がある。例えば，ファイナンス・リース契約については，契約の解除という意思表示自体が担保権の実行であり，意思表示によって実行が終了すると解すると，中止すべき実行行為を観念することは困難となる。また，担保権の実行が瞬時に終了するとすれば，担保権者の意見を聴取すること（民再31条2項）自体が，担保権者に実行の機会を付与する可能性もある。さらに，担保権の存在が一見して明らかでなければ中止命令を発令することは困難であるが，非典型担保の場合には，この点も問題となる。
>
> 　現在進行中の担保法改正の審議によると，譲渡担保や所有権留保等に関する新たな担保の規定が置かれる予定であり，これらの担保権について，その実行

手続を中止命令の対象とすることが提案されている。また，現在の民事再生法31条1項が規定する中止命令は，すでに開始している担保権の実行手続を中止するものであるが，担保法改正の審議の中では，担保の実行を禁止する旨の命令を新たに導入することが提案されている。

## 4 担保権消滅許可制度

### (1) 意　義

　債務者の事業の継続に必要な財産に設定された担保権が実行されると，事業の再生が困難となるため，再生債務者等は別除権者と交渉して，別除権協定を締結する必要がある。別除権協定を締結せずに，再生債務者等が担保権の実行を回避しようとするならば，被担保債権の全額を弁済して，担保権の目的である財産の受戻しをすることになる。しかし，被担保債権の額が担保権の目的財産の価額を上回っている場合や担保権の実行による競売手続では配当を受けられない後順位の担保権者がいる場合には，目的財産の価額を超えて被担保債権全額を弁済しなければならない。この方法は，一般の再生債権者との公平を害するとも考えられる。そこで，民事再生法は，担保権の設定された財産が，再生債務者の事業の継続に欠くことのできないものであるときは，再生債務者等が担保権の目的財産の価額に相当する金銭を裁判所に納付することで，当該財産の上に存するすべての担保権を消滅させることを可能にする**担保権消滅許可制度**（民再148条1項）を用意した。

　担保権消滅許可制度の利用に際しては，目的財産の価額に相当する金銭を一括で納付しなければならず，再生債務者等はまとまった金銭を用意する必要があることから，実際には，事業譲渡に伴う利用が多いようである。担保権消滅許可制度は，オーバーローン（被担保債権の額よりも担保目的財産の価額が低い場合）であることが想定される手続であり，担保権消滅許可の申立書には被担保債権の額を記載しなければならない（民再148条2項4号）。

　破産法にも担保権消滅許可制度（破186条）があるが，これは，破産管財人による任意売却を容易にすることを目的としたものである（⇨第2章**第10節3**(3)）。これに対して，民事再生法の担保権消滅許可制度は，再生債務者の事業の継続に欠くことができない財産を再生債務者等に保持させることを目的とす

る。それぞれの目的に沿って要件等が異なっているために注意が必要である（会社更生法における担保権消滅許可制度について，⇨第 4 章**第 5 節❸**(2)(c)）。

## (2) 要　件
### (a) 対象となる担保権

担保権消滅許可制度の対象となる担保権は，別除権の対象となる範囲と同一であり，再生手続開始時に再生債務者の財産につき存する特別の先取特権，質権，抵当権および商事留置権（民再 148 条 1 項・53 条 1 項），再生債務者の土地等に存する仮登記担保権（仮登記担保 19 条 3 項）である。

譲渡担保や所有権留保，ファイナンス・リース契約といった非典型担保を有する者も，再生手続上，別除権を有するものとして扱われるのが一般的であるが，これらの非典型担保が，担保権消滅許可制度の対象となるかは問題となる（中止命令の対象に非典型担保が含まれるかについて，前述⇨❸(4)）。一方で，再生債務者の事業の継続に欠くことのできない財産を確保するという担保権消滅許可制度の趣旨は，非典型担保の場合にも妥当するとして，非典型担保にも民事再生法 148 条以下の規定の類推適用を認める見解がある。他方で，担保権消滅許可制度は，配当手続に民事執行法の規定を準用するなど（民再 153 条 3 項），典型担保を想定しており，他の担保権等との間における配当ルールが民事執行法に定められない限りは，非典型担保に同制度を類推適用することは困難であることや，目的財産に登記がある場合に，譲渡担保か真正な譲渡かが登記上明らかでないと，抹消登記の嘱託をすることができるか不明確であることなどを理由に，類推適用の余地は限られるとする見解もある。

> **Column 3-8-4**　**非典型担保と担保権消滅許可制度**
>
> 　診療報酬債権が譲渡担保に提供された事案で，譲渡担保も担保権消滅許可の対象とするとした裁判例（東京高決令和 2・2・14 判タ 1484 号 119 頁）がある。ファイナンス・リース契約についての担保権消滅許可制度の適用が問題となった大阪地決平成 13・7・19 判時 1762 号 148 頁〔百選 62〕は，リース会社が，解除権留保特約に基づいて発生した解除権に基づいて再生手続開始前にリース契約を解除したことにより，再生債務者がリース契約に基づいて本件動産について取得した利用権は消滅したから，本件動産は再生手続開始当時すでに再生債務者の財産ではなく，担保権消滅許可の対象とはならないとした。すなわち，

> 担保権消滅許可の対象となり得るのは，実行完了前の非典型担保であって，私的実行が完了することによってすでに担保権者が完全な所有権を取得している場合には，担保権消滅許可制度を利用することはできないことになる。
> 　現在進行中の担保法改正の審議において，動産や債権の譲渡担保や所有権留保等に関する新たな担保の規定が置かれる予定であり，これら新たな規定にかかる担保権を，担保権消滅許可制度の適用の対象とすることが提案されている。現在のところ，非典型担保は担保権の実行が短期間のうちに終了するため，担保権消滅許可制度を用いる余地は乏しいとの指摘もあったが，担保法改正の審議では，担保権実行手続の中止命令（禁止命令）に関する規定の整備が提案されていること等から，担保権消滅許可制度を利用できる余地は広くなる可能性がある。

### (b) 事業の継続のために不可欠であること

　担保権消滅許可の申立てが認められるためには，当該財産が「**再生債務者の事業の継続に欠くことのできないもの**」であることが必要である（民再148条1項）。これは，担保権が実行されて担保の目的である財産を利用できなくなった場合には，再生債務者の事業の継続が不可能となるような財産を意味する。担保権消滅許可制度は，再生債務者等が担保権の目的である財産の価額に相当する金銭を裁判所に納付することで，当該財産の上に存する担保権をすべて消滅させるという強力な効果を持つことから，その対象は，債務者事業の継続という再生手続の目的を達成するうえで必要な範囲に限定されている（東京高決平成21・7・7判時2054号3頁〔百選61〕参照）。もっとも，事業譲渡の場合に担保権消滅許可制度を利用することも考えられるから，事業を継続する主体が再生債務者である必要はない。いかなる財産が債務者の事業の継続に不可欠であるかの判断は，事案に即して行われる必要がある（前掲東京高決平成21・7・7）。なお，事業の継続と無関係な遊休資産については，一般に担保権消滅許可制度を利用することができないと考えられている。

### (3) 手　続

#### (a) 概　要

　担保権消滅許可の申立ては，再生債務者等が，担保権の目的である財産およびその価額，消滅すべき担保権，当該担保権によって担保される債権の額を記載した書面（申立書）を，裁判所に対して提出することで行う（民再148条1項

2項)。裁判所は，担保権消滅許可の要件が充たされていると判断すると，担保権消滅許可決定を行い，許可決定書と申立書を担保権者に送達する（同条3項）。これによって担保権者に不服申立ての機会を保障している。

再生債務者等は，担保権消滅許可決定が確定し，かつ，担保権者が申立書の送達を受けた日から1か月以内に担保の目的である財産についての**価額決定請求**（民再149条1項）をしなかった場合，または価額決定請求が取下げまたは却下された場合には，申出額（再生債務者等が担保権消滅許可の申立てを行った際に書面に記載した財産の価額）に相当する金銭を，価額決定請求が行われた場合には，その決定によって定められた価額（民再150条2項）に相当する金銭を，裁判所の定める期限までに裁判所に納付しなければならない（民再152条1項）。金銭が納付された時に担保権者の有する担保権は消滅し（同条2項），裁判所書記官は，消滅した担保権にかかる登記または登録の抹消を嘱託しなければならない（同条3項）。納付された金銭は，民事執行法の配当手続あるいは弁済金交付の手続に従って担保権者に配当または交付される（民再153条）。

(b) **担保権者の対抗手段**

担保権消滅許可制度は，担保権者からすると，別除権として本来再生手続によらない権利行使が認められているはずの担保権について，再生債務者等による財産の評価額が支払われることで，担保権が消滅する制度であって，担保権者の権利に大きな制約を加えるものである。そこで，担保権者の利益を保護するために，民事再生法は，再生債務者等による担保権消滅許可の申立てに対して，担保権者に以下の2つの対抗手段を認めている。

まず，当該財産が再生債務者の事業の継続に欠くことのできないものであるかどうかについて担保権者が争う場合には，担保権消滅許可決定に対して即時抗告をすることができる（民再148条4項）。次に，担保権者が，再生債務者等による申出額（当該財産の価額）が低すぎると考える場合には，申立書の送達を受けた日から1か月以内に，価額決定の請求をすることができる（民再149条1項。**価額決定請求**）。価額決定の公平さを確保するために，価額決定の請求を受けた再生裁判所は，不動産鑑定士等の評価人を選任して財産の評価を命じ，その評価人の評価に基づいて財産の価額を決定する（民再150条1項2項）。評価は財産を処分するものとして行われる（民再規79条1項）。価額決定請求につい

ての決定は，価額決定の請求をしなかった担保権者に対しても効力を有し（民再150条4項），これに対しては，再生債務者等および担保権者の双方が，即時抗告をすることができる（同条5項）。

## 第9節　取戻権・相殺権・否認権

### **1** 取戻権

**取戻権**とは，特定の財産が再生手続開始時において再生債務者に属しておらず，再生債務者財産を構成しないために，第三者がこれに対する再生債務者等の支配の排除を請求する権能をいう。再生手続における取戻権も，破産手続と同様に，取戻権の基礎となる権利が民法をはじめとする実体法に基づくものと，民事再生法に基づくものがあり，前者を一般の取戻権（民再52条1項），後者を特別の取戻権（民再52条2項，破63条・64条）という。いずれについても基本的には破産法上の取戻権についての記述が概ね妥当する（⇨第2章**第9節**）。

取戻権の基礎となる権利の典型例は所有権である。取戻権者が，その基礎となる権利につき，再生債務者等と実体法上の対抗関係に立つ場合には，その物権を差押債権者類似の地位にある「第三者」たる再生債務者等（⇨**第3節2**(4)）に対抗するには，再生手続開始時に対抗要件（民177条・178条）を具備していなければならない。

### **2** 相殺権

#### (1) 総説

相殺とは，互いに同種の目的を有する債務を負担する者が，双方の債務が弁済期にあるとき，相手方に対して意思表示を行うことで，その対当額について差引計算によりその債務を消滅させることをいう（民505条1項本文・506条1項前段）。自働債権の債務者について，破産手続や再生手続，更生手続などの倒産手続が開始される場合は，相殺のいわゆる担保的機能（⇨第2章**第11節1**）が最も効力を発揮する場面である。そこで，民事再生法は一定の範囲で再生債権者による相殺を保障している。すなわち，再生債権者は，一定の要件の下で，

再生手続開始当時に再生債務者に対して債務を負担する場合において、自己の有する再生債権を自働債権とし、再生債務者が有する再生債務者財産に属する債権を受働債権として相殺することができる。民事再生法は、再生債権者が相殺を通じて優先的な満足を得る権利を**相殺権**とし、再生債権者が再生計画の定めるところによらずに相殺することを認めている（民再92条1項）。もっとも、再生債権者は、再生計画の定めるところによらなければ弁済を受けることができないのが原則である（民再85条1項）から、他の再生債権者との公平を害する事由が認められる場合には、再生債権者による相殺権の行使は禁止される（**相殺禁止事由**。民再93条・93条の2）。

以上のことは、破産法における相殺権と同様である。また、再生債権者に相殺権の行使を認めるとしても、再生債権者間の実質的平等を図らなければならないことも、破産法における相殺権行使の場合と同じであるため、民事再生法における相殺禁止の規律は破産法のそれと共通する（⇨第2章**第11節3**）。他方で、破産法と民事再生法では、その目的や手続の構造が異なるため、相殺権の要件や行使方法の規律に関しては違いもみられる。以下では、主に破産法上の相殺権と異なる規律を中心に説明する。

### (2) 相殺権行使の要件

再生債権者による相殺権の行使は、①再生債権者が再生手続開始当時、再生債務者に対して債務を負担すること、②債権および債務の双方が債権届出期間の満了前に相殺適状になること、③再生債権者が債権届出期間内に相殺権を行使することを要件とし（民再92条1項前段）、かつ、④相殺の禁止事由（民再93条・93条の2）に該当しない場合に認められる。①と④は、破産法上の規律と同様である（⇨第2章**第11節2**・**3**）。②と③は破産法とは異なり、債権届出期間（民再34条1項）という時期的制限が加えられている。

#### (a) 自働債権の要件

民事再生法において相殺権の行使が認められるためには、第1に、再生債権と再生債務者財産に属する債権とが同種の目的を有する必要がある（民505条1項本文）。破産手続では、非金銭債権についても、破産手続開始の時における評価額が破産債権の額とされるため（金銭化。破103条2項1号イ）、自働債権が

非金銭債権であっても，受働債権が金銭債権であれば，両債務が同種の目的を有するものとして，相殺権の行使が許される（破67条2項前段。⇨第2章**第11節2**(1)）。これに対して，再生手続では，再生債権を弁済するために必要な権利変更は再生計画の定めによって行うため，自働債権である再生債権について，再生手続開始の時における評価額を再生債権の額とする規定はない。したがって，再生手続において相殺権を行使するためには，受働債権が金銭債権の場合には，自働債権である再生債権も金銭債権である必要がある。

第2に，再生債権と再生債務者財産に属する債権のいずれについても，債権届出期間満了前に弁済期が到来している必要がある。破産手続では，弁済期未到来の債権も，破産債権として，破産手続開始の時において弁済期が到来したものとみなされるため（現在化。破103条3項），破産手続開始の時に弁済期がいまだ到来していない債権も，自働債権とすることができる（破67条2項前段）。これに対して，再生手続には弁済期未到来の債権を現在化する旨の規定はない。したがって，再生債権者が相殺権を行使するためには，自働債権である再生債権について，債権届出期間満了前に弁済期が到来するか，あるいは期限の利益喪失条項に基づいて弁済期が到来したものと扱われる必要がある。

第3に，**解除条件付債権**を自働債権とする相殺も認められる。破産手続でも解除条件付債権を自働債権として相殺することができる（破67条2項前段）が，その場合には，破産債権者は，相殺によって消滅する債務の額について，破産財団のために担保を供するか，または寄託をしなければならない（破69条。⇨第2章**第11節2**(1)(b)）。再生手続では，解除条件付債権を自働債権として相殺をする際にも，担保の提供または寄託は必要とされていない。相殺権行使後に解除条件が成就すると，自働債権である再生債権は発生しなかったものとされるため，再生債務者等はあらためて受働債権の履行を求めることができる。

第4に，**停止条件付債権**を自働債権とする相殺権の行使は，債権届出期間満了前に停止条件が成就すれば認められる（民再92条1項前段）。債権届出期間満了後に停止条件が成就した際は相殺権の行使が認められず，破産手続のような弁済額の寄託を請求する制度もない（破70条前段。⇨第2章**第11節2**(1)(d)）。

(b) 受働債権の要件

再生手続において相殺権の行使が認められるためには，受働債権が自働債権

である再生債権と同種の債権であり（民505条1項本文），かつ債権届出期間満了前に受働債権の弁済期が到来する必要がある。

　再生債務者財産に属する債権が期限付債権である場合には，債権届出期間満了前に弁済期が到来すればもちろん，当該期間満了前に弁済期が到来しない場合も，再生債権者は，受働債権に関する期限の利益を放棄することで相殺適状を生じさせて，相殺権を行使することができる（民再92条1項後段）。

　再生債務者財産に属する債権が，**解除条件付債権**もしくは**停止条件付債権**または**将来の請求権**である場合に，再生債権者が相殺権を行使することができるかについては争いがある。破産法においては，これらの場合にも，相殺権者が受働債権についての条件成就または不成就の利益を放棄または喪失することによって相殺権の行使が可能となる（破67条2項後段。⇨第2章**第11節2**(2)）。しかし，民事再生法92条1項後段は，弁済期未到来の受働債権について定めるだけであり，解除条件付債権もしくは停止条件付債権または将来の請求権を受働債権とする場合については触れていない。そこで，民法の一般原則としては，期限の利益の放棄と同様に条件に関する利益の放棄も可能であるから，受働債権が条件付である場合にも，再生債権者の側で条件の成就あるいは不成就の利益を放棄して，相殺権を行使することができるとする見解と，条件の成就あるいは不成就は不確定であり，再生債権者が条件成就あるいは不成就の利益を放棄して相殺権を行使することは，再生債権者が負う債務を履行することに対する再生債務者等の利益を侵害する結果となり，債務者の事業の再生を目的とする再生手続においては許されないとする見解がある（⇨ Column 2-11-1 参照）。

### (3)　相殺権行使の方法

　再生債権者は，債権届出期間内に限り，再生計画の定めによらないで相殺をすることができる（民再92条1項前段）。相殺権の行使が遅れると，再生計画案作成の基礎となる再生債権の総額や弁済の基礎となる再生債務者財産の範囲が確定せず，再生手続の遂行に支障が生じるおそれがあるためである。債権届出期間満了後になされた相殺権の行使は無効となる。

　再生債権者は，再生債務者等に対し，裁判上または裁判外において相殺の意思表示を行うことによって，相殺権を行使することができ，再生債権の届出・

調査・確定の手続を経る必要はない。破産法と異なり、行使の時期について制限が設けられていることから、破産管財人からの確答催告権（破73条1項2項。⇨第2章第11節**5**）のような規律は置かれていない。

### (4) 民事再生法上の規整対象外の相殺

民事再生法上の相殺権に関する規律は、再生債権を自働債権とし、再生債務者財産に属する債権を受働債権とする相殺に関するものであり、再生債権に該当しない債権を自働債権としたり、再生債務者財産に属しない債権を受働債権としたりする相殺は、民事再生法上の相殺権の規整の対象となっていない。

#### (a) 非再生債権を自働債権とする相殺

共益債権（民再119条。⇨第7節**1**）は、再生債権に先立って、再生手続によらずに随時弁済する（民再121条1項2項）から、共益債権を自働債権として、再生債務者財産に属する債権を受働債権とする相殺は有効なものと認められる（破産手続における財団債権と破産財団に属する債権との相殺に対応している〔⇨第2章第11節**6**(3)〕）。

一般優先債権（民再122条。⇨第7節**2**）も、再生手続によらずに随時弁済するものであり（同条2項）、また、一般優先債権となるのは、実体法上優先弁済が認められる債権であるから（同条1項）、一般優先債権を自働債権とし、再生債務者財産に属する債権を受働債権とする相殺も有効なものと認められる。

#### (b) 再生債務者財産に属する債権を自働債権とする相殺

再生債務者等は、再生債務者財産に属する債権をもって再生債権と相殺することが再生債権者の一般の利益に適合するときは、裁判所の許可を得て、その相殺をすることができる（民再85条の2）。これは、再生債権の弁済の禁止（民再85条1項）の例外に該当する（⇨第2章第11節**5**(3)参照）。

## **3** 否 認 権

### (1) 民事再生法上の否認権――破産法との異同

否認権の基本的性質や要件、行使方法および効果に関する民事再生法上の規律は、基本的には破産法の規律と同様である（⇨第2章第15節）。ただし、否認権の行使権者に関する規律は、破産法と民事再生法で大きく異なる。

再生手続では、再生手続開始後も再生債務者が財産の管理処分権を有するのが原則である（民再38条1項）。したがって、破産法上の否認権が、破産財団に属する財産の管理処分権を有する破産管財人によって行使される（破173条1項）のと同様に、再生債務者自身が否認権を行使する制度も考えられる。しかし、民事再生法の立案過程では、否認の対象となる行為をした再生債務者自身が、自らの行為を否認することに対する違和感や、再生債務者には適正・公平な否認権の行使を期待できないのではないかという懸念が示された結果、そのような制度は採用されなかった。そこで、管理命令が発令された場合は再生管財人が否認権を行使し、再生管財人が選任されない場合には、裁判所によって否認権行使の権限を付与された**監督委員が否認権を行使する**という規律が設けられた（民再56条1項・135条1項）。再生管財人による否認権の行使は、破産手続における破産管財人の場合と同じである（⇨第2章**第15節6**）。監督委員自身は、再生債務者財産の管理処分権を有しないため、監督委員が否認権を行使するには、裁判所による特定の行為についての否認権限の付与が必要であり、訴訟手続についても、特別の規律が用意されている。

### (2) 監督委員への否認権限の付与

裁判所は、利害関係人（再生債権者や監督委員、再生債務者など）の申立てによりまたは職権で、監督委員に対して、特定の行為について否認権を行使する権限を付与することができる（民再56条1項）。**否認権限の付与**は、監督委員に否認権を行使する一般的権限を付与するものではなく、否認権行使が問題となる具体的行為があるときに行われる。裁判所は、否認権を行使する権限を付与する決定を変更し、または取り消すことができる（同条4項）。

監督委員は、否認権限を付与された場合には、その権限の行使に関して必要な範囲内で、再生債務者のために、金銭の収支その他の財産の管理および処分をすることができる（同条2項）。これは、監督委員が、否認権行使の結果として、自己の名で相手方に財産の返還を請求したり、否認の請求や訴訟を提起したり、復帰した財産を受領したりする権限がないと、否認権を実効的に行使することができないためである。

(3) **監督委員による否認権の行使**
 (a) **訴えまたは否認の請求**

　否認権限を有する監督委員は，**訴え**または**否認の請求**によって否認権を行使する（民再135条1項・136条。否認の請求の手続は破産手続の場合と同様である。⇨第2章**第15節 6**(2))。この場合，監督委員は，再生債務者に代わって自己の名で訴訟を追行する法定訴訟担当者であると解される。再生管財人は，抗弁によっても否認権を行使することができる（民再135条3項）が，監督委員には抗弁による否認権行使は認められない。監督委員は，再生債務者財産についての一般的な管理処分権を有していないため，例えば，第三者が原告として取戻権に基づく目的物引渡請求訴訟を提起したときに，監督委員には被告となる資格がなく，抗弁として否認権を行使することはできないと考えられるためである。もっとも，このような訴訟において，否認権限を有する監督委員が訴訟参加をする規律が設けられている（後述⇨(b)）。

　再生債権者による詐害行為取消訴訟または破産法上の否認訴訟もしくは否認の請求を認容する決定に対する異議の訴訟が，再生手続開始時に係属する場合には，これらの訴訟手続は中断する（民再40条の2第1項）。否認権限を有する監督委員は，中断した手続を受継することができ（民再140条1項前段），相手方も受継の申立てをすることができる（同項後段）。

 (b) **再生債務者を当事者とする訴訟への監督委員の参加**

　監督委員に対して，特定の行為について否認権を行使する権限が付与されたとしても，そのことによって再生債務者の財産管理処分権が奪われるわけではない。したがって，再生手続開始の決定前に締結した売買契約について，否認権限を付与された監督委員が，当該売買契約を否認して目的物の返還を求める可能性と，再生債務者が原告となって，買主を被告として虚偽表示による無効を主張して目的物の返還請求訴訟を提起する可能性が併存する。しかし，先に再生債務者による目的物返還請求訴訟が係属している場合には，否認権限を有する監督委員が別訴で訴えを提起しても，この否認訴訟は重複起訴の禁止（民訴142条）に抵触して，訴えが不適法とされる（先行訴訟と後行訴訟の訴訟物が同一であることを前提とする。(c)も同じ。）。また，再生債務者による目的物返還請求訴訟について請求棄却判決が確定すると，否認権限を有する監督委員による否

認を理由とする目的物返還請求訴訟は，再生債務者による目的物返還請求訴訟の既判力によって遮断されるため，否認権を利用した目的物返還の道が閉ざされてしまう。そこで，再生債務者を当事者とする訴訟が係属する場合，否認権限を有する監督委員は，否認権の行使にかかる相手方を被告として，当事者としてその訴訟に参加することができる（民再138条1項4項）。

### (c) 監督委員を当事者とする否認訴訟への再生債務者の参加

否認権限を有する監督委員が，売買契約を否認して目的物の返還請求訴訟を提起した後に，再生債務者が虚偽表示による無効を主張して目的物の返還請求を求めることはできるか。この場合も，再生債務者による別訴の提起は重複起訴の禁止（民訴142条）に抵触し，また，監督委員による否認権行使に基づく目的物返還請求訴訟について請求棄却判決が確定すると，再生債務者による目的物返還請求訴訟は，否認権行使による目的物返還請求訴訟の既判力によって遮断される。そこで，否認訴訟が係属する場合には，再生債務者は，虚偽表示による無効を理由とした目的物返還請求をするために，否認訴訟の相手方を被告として，当事者として当該訴訟に参加することができる（民再138条2項4項）。

### (d) 否認訴訟の相手方による再生債務者への訴えの併合提起

否認権限を有する監督委員が，売買契約を否認して目的物の返還請求訴訟を提起した場合，否認訴訟の被告（買主）は，この訴訟に勝訴しても後に再生債務者から目的物返還請求訴訟を提起されるおそれがある（訴訟物が同一であるとすれば，買主が否認訴訟で勝訴すると，再生債務者からの返還請求は即判力によって遮断されるが，訴訟物を別とする考え方もある）。買主が再生債務者（売主）を被告として，売買契約の有効を理由とする目的物返還義務不存在確認訴訟を提起すると，同一の目的物返還請求権についての給付訴訟と消極的確認訴訟とが係属することになり，重複起訴の禁止（民訴142条）に触れる。このような場合，否認訴訟の被告は，否認訴訟の口頭弁論の終結に至るまで，再生債務者を被告として，目的物返還義務不存在確認の訴えを否認訴訟に併合して提起できる（民再138条3項・4項）。

> **Column 3-9-1** 再生手続における否認権行使
>
> 　実務上，破産手続では否認権は多用されているが，再生手続ではあまり用いられていないという。破産手続では，破産債権者間の公平を確保しつつ，破産

> 財団の最大化を図って，破産債権者にできるだけ多くの配当を行うことを目指すため，破産手続開始前に逸出した財産を取り戻すことが強く要請される。これに対して，再生手続では，再生債務者の事業が継続しており，否認権を行使する前に相手方と話し合うことで解決することが多い。再生手続で否認権を行使したケースとしては，親族に弁済していた場合などがある。　　　K/T

## 第10節　再生手続開始後の法律行為等の効力

### 1 再生手続開始後の再生債務者による法律行為の効力

　再生債務者が，再生手続開始後に再生債務者財産に属する財産に関してした行為の効力は，管理命令の発令の有無で分けて考える必要がある。

　管理命令が発令されず，再生債務者が再生債務者財産に関する管理処分権を有する場合（民再38条1項）は，裁判所の許可を要する行為が指定される場合を除いて（民再41条1項各号），再生債務者が，再生手続開始の決定後に再生債務者財産に関してした法律行為は有効であり，相手方は，その法律行為の効果を再生債務者に対して主張することができる。また，監督命令が発令されて，監督委員の同意を要する事項が指定される場合は，監督委員の同意がなければ，その法律行為は原則として無効となる（民再54条4項本文）。ただし，これをもって善意の第三者に対抗することはできない（同条項ただし書）。

　管理命令が発令されて，再生管財人が選任された場合（民再64条1項2項）は，管理命令の発令後に，再生債務者が再生債務者財産に関してした法律行為は，再生手続の関係においてはその効力を主張することができない（民再76条1項本文。**相対的無効**。⇨第2章**第14節1**）。ただし，相手方がその行為の当時，管理命令が発せられた事実を知らなかったときは，この限りでない（同条項ただし書）。

### 2 再生手続開始後の再生債務者の行為によらない権利取得

　再生手続開始後に，再生債権について，再生債務者財産に関して再生債務者（管理命令発令の場合は再生管財人または再生債務者）の行為によらずに権利を取得しても，再生債権者は，再生手続の関係においては，その効力を主張することはできない（民再44条1項）。例えば，商人である再生債権者が，商人である

再生債務者の再生手続開始後に，第三者から再生債務者財産に属する有価証券を受け取ったことによって商事留置権（商521条）を取得しても，当該再生債権者は，再生手続との関係では商事留置権を主張することはできない。再生手続開始の決定の日に取得した権利は，再生手続開始後に取得したものと推定される（民再44条2項）。

民事再生法44条1項が，再生債権についての権利取得に限定しているのに対して，破産法48条1項はそのような限定を付していない。したがって，再生債権者が時効取得によって再生債務者の財産に関して権利を取得した場合など，再生債権と関係のない権利取得は，破産法48条1項の解釈としては争いがあるが（⇨第2章**第14節2**），民事再生法44条1項の対象とはならない。

### 3 善意取引の保護

#### (1) 再生手続開始後の登記・登録

不動産または船舶に関して，再生手続開始前に生じた登記原因に基づき再生手続開始後にされた登記または不動産登記法105条1号による仮登記は，再生手続の関係においては，その効力を主張することはできない（民再45条1項本文。⇨第2章**第14節3**(2)参照）。これは，権利者の地位を再生手続開始の時点で固定して，権利者間の平等や公平が害されるのを防ぐ趣旨である。ただし，登記権利者が再生手続開始の事実を知らないでした登記または仮登記は，例外的にその効力を認められる（同条項ただし書）。善意者を保護する規定である。

#### (2) 管理命令発令後の再生債務者に対する弁済

管理命令発令（民再64条1項）後は，再生債務者財産の管理処分権は再生管財人に専属する（民再66条）ため，再生債務者財産に属する債権の債務者は，再生管財人に対して弁済をしなければならず，再生債務者に弁済をした場合には，原則として，その弁済の効力を再生手続との関係では主張できないことになる。しかし，債権者（再生債務者）について再生手続が開始された事実を知らない債務者に，二重弁済の負担を強いるのは酷である。そこで，管理命令発令後に，再生債務者財産に属する債権の債務者が，管理命令発令の事実を知らないで再生債務者にした弁済は，再生手続の関係においても，その効力を主張

することができる（民再76条2項。⇨第2章**第14節3**(3)参照）。他方，当該債務者が管理命令発令の事実を知って再生債務者にした弁済は，再生債務者財産が受けた利益の限度においてのみ，再生手続の関係において，その効力を主張することができる（同条3項）。

## 第11節　契約関係の処遇

### 1 再生手続における双務契約の処遇に関する一般原則

　再生手続開始の時において，**双務契約**の当事者である再生債務者およびその相手方が共にまだその債務の履行を完了していないときは，再生債務者等は，契約の解除をし，または再生債務者の債務を履行して相手方の債務の履行を請求することができる（民再49条1項）。再生債務者等が，再生債務者の債務の履行を選択する場合には，相手方が有する請求権は共益債権となり（同条4項），契約の解除があった場合には，相手方は損害の賠償について再生債権者としてその権利を行使することができる（同条5項，破54条）。再生債務者等による契約の解除があった場合において，すでに契約上の義務の一部が履行されている場合には，相手方は，再生債務者の受けた反対給付が再生債務者財産中に現存するときは，その返還を請求することができ，現存しないときは，その価額について共益債権者としてその権利を行使することができる（民再49条5項，破54条）。これらの規律は破産法と同様である（⇨第2章**第12節1**）。

　再生手続開始の時に双方未履行である双務契約を解除するか履行するかの選択権は再生債務者等に専属し，しかも，その選択権の行使には時間的制約がない。そのため，再生債務者等が選択をしない場合には，相手方の地位が不安定なものとなる。そこで，民事再生法は，相手方は再生債務者等に対して，相当の期間を定めて，その期間内に契約の解除をするか債務の履行を請求するかを確答すべき旨を催告することができるとした（民再49条2項前段）。再生債務者等がこの期間内に確答をしないときは，双方未履行の双務契約を解除する権利を放棄したものとみなされ（同条項後段），相手方は，債務の履行が選択された場合と同じ地位に置かれる。破産法では，催告期間内に破産管財人が確答をし

ないときは，契約が解除されたものとみなされる（破53条2項後段。⇨第2章**第12節❶**(3)(c)）。この違いは，破産法が債務者の財産等の清算を目的とするのに対して，民事再生法は事業の再生を目的とするため，再生手続では，契約関係を維持して事業を継続することが原則と考えられるためである。そのため，再生債務者等が契約の解除を行う場合には，裁判所の許可または監督委員の同意を得なければならないとされることがある（民再41条1項4号・54条2項）。

　民事再生法は，双方未履行双務契約についての再生債務者等の選択権および相手方からの確答の催告に関する規律は，労働協約には適用しないと定める（民再49条3項。破産法には同様の規律はない）。労働協約には，民法上の契約理論によって律せられる部分とそうではない部分があることから，これを一種の双務契約として民事再生法49条の規定によって解除できるかが議論となり得るため，民事再生法は明文によってその適用がないことを明らかにしている。

## ❷ 各種契約の処遇

### (1) 総　説

　再生手続開始の決定の時において双方未履行である双務契約の処理については，上記の通則規定とともに各種の双務契約に関する特則がある。民事再生法は，一方で，継続的給付を目的とする双務契約（民再50条，破55条），対抗要件を備えた賃貸借契約等，市場の相場がある商品の取引にかかる契約，交互計算（民再51条，破56条・58条・59条）については，破産法と同様の規律を有する（⇨第2章**第12節❷**）。他方で，雇用契約における使用者（民631条），請負契約における注文者（民642条），委任契約における委任者または受任者（民653条2号，破57条）が，それぞれ破産手続開始の決定を受けた場合の規律等は，破産手続に固有の規定である（⇨第2章**第12節❷**）。再生手続では，これらの場合には，民事再生法49条の一般原則に則って処理される。例えば，使用者が再生手続開始の決定を受けた場合，使用者である再生債務者等が雇用契約を履行するか解除するかの選択権を有する（民再49条1項）。その場合，解雇予告期間など労働基準法上の要件（労基20条1項本文）が適用される。

(2) 賃貸借契約
　(a) 賃貸借契約の処遇
　**賃貸借契約**の期間中に，賃貸人か賃借人のいずれかについて再生手続開始の決定がされた場合には，賃貸人の物を使用および収益させる債務と，賃借人の賃料支払債務が双方ともに未履行の状態となるため，双方未履行の双務契約として民事再生法49条の適用が考えられる。しかし，賃貸人に再生手続開始の決定があった場合に，民事再生法49条が適用されると，賃借人は賃貸人である再生債務者等の解除権行使によって賃借権を失う結果となる。そこで，民事再生法は，破産法と同様に，賃借人を保護する観点から，賃貸人に再生手続開始の決定があった場合は，賃借権その他の使用および収益を目的とする権利を設定する契約について再生債務者の相手方が当該権利につき登記，登録その他の第三者に対抗することができる要件を備えている場合には，再生債務者等の選択権を排除している（民再51条，破56条1項。⇨第2章**第12節❷**(2)）。
　(b) **賃料債権を受働債権とする相殺**
　賃貸人に再生手続開始の決定がなされたときに，賃借人が賃貸人に対して再生債権（例えば，賃貸人が建物の現状を維持保存するために要した必要費の請求権〔民608条1項〕や建設協力金返還請求権など）を有している場合に，賃借人がこの再生債権を自働債権として，賃料債務を受働債権として**相殺**できるかが問題となる。一般的には，再生債務者である賃貸人が，実際に賃料の弁済を受けて資金繰りを確保することが，債務者事業の維持・再生につながると考えられる。そこで，民事再生法は，再生債権者が再生手続開始当時，再生債務者に対して負担する債務が賃料債務である場合には，再生債権者は，再生手続開始後にその弁済期が到来すべき賃料債務については，再生手続開始の時における賃料の6か月分に相当する額を限度として，債権届出期間内に限り，再生計画の定めによらないで，相殺をすることができる旨を定める（民再92条2項。相殺権について，⇨第9節❷）。賃借人の再生債権のうち，賃料債務6か月分相当額を超える部分については，再生計画の定めによって割合的な弁済を受けざるを得ない。
　(c) **敷金返還請求権の保護**
　賃貸人に再生手続開始の決定がなされた場合の**敷金返還請求権**の取扱いも問題となる。再生手続開始後も賃貸借契約が継続する場合には，賃借人は，賃貸

人（再生債務者）に対して賃料を弁済し続けなければならない。賃借人の有する敷金返還請求権は再生債権（民再84条1項）であるが、敷金返還請求権は、賃貸借契約が終了して賃貸物の返還が完了した時に発生する（民622条の2第1項1号）ため、賃借人は、賃貸物の返還終了時まで、民事再生法92条2項による相殺をすることはできない。破産手続では、敷金返還請求権を有する賃借人が、破産者である賃貸人に対して賃料債務を弁済する場合、敷金返還請求権の限度において弁済額の寄託を請求することができる（破70条後段。⇨第2章第12節**2**(2)(b)）。これに対して、民事再生法は、賃借人を保護するとともに、再生債務者である賃貸人が、実際に弁済される賃料を事業継続のために利用できる方が望ましいとして、賃借人である再生債権者が、再生手続開始後にその弁済期が到来すべき賃料債務について、再生手続開始後その弁済期に弁済したときは、再生債権者である賃借人が有する敷金返還請求権は、再生手続開始の時における賃料6か月分に相当する額（民事再生法92条2項の規定により相殺をする場合には、相殺により免れる賃料債務の額を控除した額）の範囲内におけるその弁済額を限度として、共益債権とする旨を定める（民再92条3項）。

　民事再生法92条3項かっこ書が示すように、賃借人である再生債権者は、同じ賃料債務について、民事再生法92条2項と3項の保護の両方を享受できるわけではない。6か月分の範囲内で相殺をするときは（民再92条2項）、相殺によって免れる賃料債務の額を控除した額が民事再生法92条3項の共益債権化の上限となる（同条3項かっこ書）。例えば、賃料を月額50万円、敷金を350万円とする賃貸借契約が締結されていたところ、賃貸人に再生手続開始の決定がなされた。この時、賃借人は敷金返還請求権とは別に、400万円の再生債権を有していたとする。①賃借人である再生債権者が、400万円の再生債権と、再生手続開始後に弁済期が到来する賃料債務とを相殺する場合、受働債権の限度額は賃料債務6か月分に相当する300万円であり（同条2項）、差額の100万円は再生計画を通じて弁済を受ける。この場合、350万円の敷金返還請求権も再生債権となって（民再84条1項）、再生計画を通じて弁済を受ける。②賃借人である再生債権者が、400万円の再生債権を自働債権とする相殺を行わず、再生手続開始後に再生債務者等に対して6か月分の賃料を弁済したとすれば、敷金返還請求権のうち賃料6か月分に相当する300万円が共益債権となり、賃

借人は，敷金返還請求権の残額である50万円と別口の400万円を再生債権として行使し，再生計画を通じて弁済を受ける。③賃借人が，4か月分の賃料を支払ったところで，2か月分の賃料（100万円）を自働債権として相殺をした場合には，4か月分に相当する200万円の限度で，敷金返還請求権が共益債権となる。この場合，賃借人は，別口の再生債権について300万円，敷金返還請求権について150万円を再生債権として行使する。

> **Column 3-11-1** 敷金返還請求権の再生計画による権利変更の範囲
>
> 　賃貸人Aが，賃借人Bに対して，甲建物を月額賃料50万円，敷金500万円で賃貸していたところ，Aが再生手続開始の決定を受けたとする。Bは，Aの再生手続開始の決定後，6か月分の賃料を滞納した。Aの再生手続において，再生債権の90％免除，10％弁済とする内容の再生計画の認可決定が確定し，その後，賃貸借契約の終了に伴ってBがAに甲建物を明け渡した。この場合，Bの敷金返還請求権がどのように扱われるかについて，見解が分かれている。
> 　①再生計画認可の決定の確定後に明渡し（停止条件成就）があった場合，先に敷金に未払賃料を充当した後，それによって具体化した敷金返還請求権の額について，再生計画による権利変更（民再179条1項）を受けるとする見解（当然充当先行説）がある。この場合，Bが甲建物を明け渡した際に具体化した敷金返還請求権の額，すなわち敷金である500万円から未払賃料の300万円を控除した200万円が再生債権となって，再生計画による権利変更を受けて，Bは20万円の弁済を受ける。これに対して，②再生計画による権利変更を受けるのは，停止条件付債権としての敷金返還請求権であって，先にこの敷金返還請求権について再生計画による権利変更を加えた後に，その変更後の金額が未払賃料に充当されるとする見解（権利変更先行説）がある。この場合，まず再生計画による権利変更によって50万円（敷金として差し入れた500万円について90％の免除を行った額）となった敷金返還請求権を未払賃料（300万円）に充当することになり，Bは未払賃料残額の250万円をAに支払わなければならない。これらに民事再生法92条3項の共益債権化の問題が絡むと，議論はより複雑化する。
> 　〔参考文献〕養毛良和「再生計画による敷金返還請求権の権利変更の範囲について」事業再生研究機構編『民事再生の実務と理論』（商事法務，2010年）95頁

## 第12節　係属中の手続関係の処遇

### 1 係属中の訴訟手続の処理

　再生手続開始の決定時に**係属中の訴訟手続**の処遇は，それが，再生債権に関するものか，それとも再生債務者財産に関するものか，さらに，管理命令が発令（民再64条1項）されているか否かによって異なる。

#### (1) 再生債権に関する訴訟手続の処遇

　再生手続開始後，再生債権は，個別的権利行使を禁止されて（民再85条1項），再生手続によらなければ権利を行使することができないため，再生手続開始の決定があったときは，再生債務者の財産関係の訴訟手続のうち再生債権に関するものは，管理命令の有無を問わず，**中断**する（民再40条1項）。この訴訟手続が中断した後，当該債権を有する再生債権者は，再生手続に参加するために（民再86条1項），再生債権につき届出を行い（民再94条1項），調査・確定の手続を経なければならない（⇨**第6節**）。

　再生債権の調査において，再生債務者等が認め，かつ，他の届出再生債権者の異議がなかったときは，その再生債権の内容と議決権の額は確定し（民再104条1項），中断した訴訟手続は当然に終了する。これに対して，再生債権の調査において，再生債権の内容について再生債務者等が認めず，または届出再生債権者が異議を述べた場合には，当該再生債権（異議等のある再生債権）を有する再生債権者は，再生債務者等および異議を述べた届出再生債権者（異議者等）の全員を当該訴訟の相手方として，中断した訴訟手続の**受継**を申し立てなければならない（民再107条1項。⇨第2章**第13節1**(2)参照）。中断した訴訟手続とは別に新たな訴えの提起を認めることは，費用と時間の浪費になるだけでなく，それまでの訴訟の結果を無視することになって，公平に反するためである。異議等のある再生債権のうち執行力ある債務名義または終局判決のあるものに関して，再生手続開始当時訴訟が係属する場合において，異議者等が異議を主張しようとするときは，異議者等は，当該再生債権を有する再生債権者を相手

方とする訴訟手続を受継しなければならない（民再109条2項）。

　管理命令が発令されている場合において，再生管財人がいったん中断中の訴訟手続を受継した（民再67条2項前段4項前段）後でも，再生手続が終了したり，管理命令取消決定が確定したりしたときは，当該訴訟手続は再度中断し（民再68条2項4項前段），再生債務者がその中断した訴訟手続を受継しなければならない（同条3項前段4項前段）。相手方も受継の申立てをすることができる（同条3項後段4項前段）。

　手続内での再生債権の確定が予定されていない小規模個人再生や給与所得者等再生（⇨**第17節**）では，再生手続開始の決定による訴訟の中断は生じない（民再238条・245条）。

### (2) 再生債務者財産に関する訴訟手続

#### (a) 管理命令が発令されていない場合

　再生債務者が財産管理処分権を有する場合には，再生債務者財産についての財産管理処分権の当事者適格に変動はないため，再生債務者の財産関係の訴訟手続のうち，再生債権に関しないものは中断しない（民再40条1項参照）。取戻権や一般優先債権に関する訴訟が考えられる。

#### (b) 管理命令が発令された場合

　管理命令が発令されると，再生債務者の財産管理処分権は再生管財人に専属し（民再66条），再生債務者の財産関係の訴えについては，再生管財人が原告または被告となる（民再67条1項）ため，破産手続の場合と同様の処理となる（⇨第2章**第13節⬛**(3)）。再生債務者の財産関係の訴訟手続で，再生債務者が当事者であるものは**中断**する（民再67条2項前段）。中断した訴訟手続のうち，再生債権に関しないものは，再生管財人が**受継**することができ（同条3項前段），相手方も受継の申立てをすることができる（同条項後段）。再生管財人が受継した後に，管理命令取消決定が確定した場合等の処理は，再生債権に関する訴訟手続の場合（⇨(1)）と同じである。

### (3) 債権者代位訴訟・詐害行為取消訴訟等
#### (a) 債権者代位訴訟・詐害行為取消訴訟の帰趨

再生手続開始当時に係属中の再生債権者の提起した**債権者代位訴訟**（民423条1項・423条の7）もしくは**詐害行為取消訴訟**（民424条1項），または破産法の規定による否認の訴訟（破173条1項）もしくは否認の請求を認容する決定に対する異議の訴訟（破175条1項）は，再生手続開始の決定があったときは中断する（民再40条の2第1項）。これらの訴訟手続は，債務者の責任財産の保全・回復を本来の目的としていることから，これを再生債務者等あるいは否認権限を与えられた監督委員（民再56条1項）に委ねることが適切と考えられるためである（再生手続中に新たに詐害行為取消権を行使することができないと判示した裁判例として，東京地判平成19・3・26判時1967号105頁〔百選A15〕）。

破産法は，中断の対象を破産債権者または財団債権者の提起した債権者代位訴訟や詐害行為取消訴訟とする（破45条1項。⇨第2章**第13節 1 (4)**）のに対して，民事再生法は，再生債権者の提起したものだけを中断の対象とし，共益債権者によるものは対象としていない（再生手続では，共益債権に基づく強制執行は禁止されない〔民再39条1項参照〕。⇨**第7節 1 (3)**）。

#### (b) 中断した債権者代位訴訟の受継

再生手続の開始によって中断した再生債権者の提起した債権者代位訴訟（民再40条の2第1項）は，再生債務者等がこれを受継することができる（同条2項前段）。受継の申立ては，相手方もすることができる（同条項後段）。再生債務者等が訴訟手続を受継した後に再生手続が終了したときは，当該訴訟手続は再度中断し（同条4項），再生債権者がこの手続を受継しなければならない（同条5項前段）。この場合，相手方も受継の申立てをすることができる（同条項後段）。

#### (c) 中断した詐害行為取消訴訟または否認権行使関係の訴訟の帰趨

再生手続の開始によって中断した，再生債権者の提起した詐害行為取消訴訟または破産法上の否認の訴訟もしくは否認の請求を認容する決定に対する異議の訴訟は，否認権限を有する監督委員（民再56条1項），または再生管財人がこれを受継することができる（民再140条1項前段）。相手方も受継の申立てをすることができる（同条項後段。受継義務の有無について，⇨第2章**第13節 1 (4)(c)**）。監督委員または再生管財人の受継後に再生手続が終了したときは，当該訴訟は

第12節　係属中の手続関係の処遇

再度中断し（同条3項），再生債権者または破産管財人が当該訴訟手続を受け継がなければならない（同条4項前段）。この場合において，相手方も受継の申立てをすることができる（同条項後段）。

## 2 係属中の執行手続等の処理

再生手続開始の決定があったときは，再生債務者の財産に対してすでにされている再生債権に基づく強制執行，仮差押えもしくは仮処分または再生債権を被担保債権とする留置権による競売（民再26条1項2号かっこ書参照）の手続は**中止**する（民再39条1項）。再生債権は，個別的な権利行使を禁止され（民再85条1項），再生計画を通じて弁済を受けるものとされているためである。

破産法では，手続開始時に係属中の強制執行等は，破産財団に対してその効力を失う（破42条2項本文。⇨第2章**第13節 2**(1)）のに対して，民事再生法では中止にとどめられている。これは，再生手続が途中で廃止された場合等に，再生債権者の強制執行等の手続を再開できるようにするためである。中止した強制執行等の手続が失効するのは，再生計画認可の決定の確定時である（民再184条本文）。また，民事再生法で中止の対象となる手続は再生債権に基づく強制執行等であり，破産法で失効の対象となる手続よりも限定されている（民再39条1項，破42条2項。⇨第2章**第13節 2**参照）。民事再生法には，国税滞納処分の禁止に関する規律（破43条，会更50条2項参照）は置かれていない。

裁判所は，再生に支障を来さないと認めるときは，再生債務者等の申立てによりまたは職権で，再生手続開始の決定によって中止した再生債権に基づく強制執行等の手続の続行を命じることができる（民再39条2項前半）。例えば，遊休資産を換価して弁済原資とすることが，再生に資するような場合が考えられる。もっとも，続行が命じられたとしても，再生債権に対する弁済は禁止されているため，続行された強制執行手続等において配当は実施されず，換価代金は再生債務者財産に帰属する。他方，銀行預金が差し押さえられた場合など，強制執行等の手続を中止しただけでは事業の再生が困難なときで，裁判所が再生のために必要があると認めるときは，裁判所は，再生債務者等の申立てによりまたは職権で，担保を立てさせて，または立てさせないで，中止した再生債権に基づく強制執行等の手続の取消しを命ずることができる（同条項後半）。

## 第13節　再生計画案の作成・提出

### 1 再生計画の意義

　**再生計画**とは，再生債権者の権利の全部または一部を変更する条項，その他共益債権および一般優先債権の弁済や，再生債務者が株式会社である場合における再生債務者の株式の取得に関する条項等を定めた計画をいう（民再2条3号・154条）。再生計画は再生手続の集大成である。再生債務者等は，一方で，再生債務者財産の管理・処分を行いながら事業を運営し，事業や財産の価値を適確に把握するとともに，将来得られる収益を予測する。他方で，再生債権の調査・確定手続を通じて，弁済を受ける再生債権の内容と額を確定する。両者を考慮したうえで，**再生計画案**を作成して，裁判所に提出する（民再163条1項2項）。再生計画（案）の中心は，再生債権者の権利の変更に関する条項（民再154条1項1号），つまり将来の収益を勘案したうえで導き出した，再生債権の減免や期限の猶予など，弁済方法を再調整する条項である。提出された再生計画案は，届出再生債権者による決議（民再172条の3第1項）と裁判所による再生計画の認可の決定（民再174条1項）を経て成立に至る。再生計画が，認可の決定の確定によって効力を生ずると（民再176条），再生債権者の権利は，再生計画の定めに従って変更され（民再179条1項），再生債務者等は，速やかに再生計画を遂行しなければならない（民再186条1項）。

### 2 再生計画の条項

#### (1) 必要的記載事項

　再生計画においては，全部または一部の**再生債権者の権利の変更**，共益債権および一般優先債権の弁済に関する条項を必ず定めなければならず，また，知れている開始後債権があるときにはその内容に関する条項も定めなければならない（民再154条1項1号～3号。**必要的記載事項**）。これらの記載がなければ，当該再生計画は不適法となり，裁判所は，再生計画不認可の決定をする（民再174条2項1号。また，その記載がなければ決議に付されない〔民再169条1項3号〕）。

(a) **全部または一部の再生債権者の権利の変更**

(i) **再生債権者の権利の変更**　再生債権者の権利を変更する条項においては，まず，債務の減免，期限の猶予その他の権利の変更の**一般的基準**を定めなければならない（民再156条。一般条項）。さらに，届出再生債権者および認否書に記載された未届出の再生債権者（自認債権の債権者。⇨**第6節2**(2)）の権利のうち変更されるべき権利を明示し，かつ，一般的基準に従って変更した後の権利の内容を個別具体的に定めなければならない（民再157条1項本文。個別条項）。具体的には，例えば，まず，権利の変更の一般的基準として，「再生債権の元本ならびに手続開始決定日の前日までの利息および遅延損害金の合計額について，再生計画認可決定確定時に90％の免除を受ける。権利変更後の債権額は3回に均等分割し，第1回は認可決定の確定した日から1か月経過した日の属する月の末日限りで支払い，第2回および第3回は，令和○年から○年まで各年○月末日限り支払う」と定める。そして，個別条項で，（実際には一覧表〔**図表3-2**参照〕にする形で）600万円の再生債権について，540万円の免除を受けて，残額の60万円について，第1回弁済は，弁済期を認可決定の確定した日から1か月経過した日の属する月の末日限りとして20万円，第2回弁済は弁済期を令和○年○月末日限りとして20万円，第3回弁済は弁済期を令和○年○月末日限りとして20万円として，3年間で弁済するといった内容が記載される。債務の減免については，破産手続によれば得られるであろう配当額以上の弁済を，再生債権者が得られる再生計画となっていること（清算価値保障原則）を遵守する必要がある。

(ii) **平等原則とその例外**　再生計画による権利変更の内容は，再生債権者の間では**平等**でなければならない（民再155条1項本文）。同一の種類の権利を有する者の間における権利変更の内容は平等でなければならないという債権者平等原則は，倒産手続を貫く原則であり（破194条2項，会更168条1項本文参照），民事再生法155条1項本文は，多数決によっても，この原則を侵すことができない旨を明らかにする。債権者平等原則に反する再生計画案は，再生計画案の決議に付することができず（民再169条1項3号），また，再生債権者による決議で可決された（民再172条の3第1項）としても，法律違反の再生計画として不認可の決定を受ける（民再174条2項1号本文）。

図表 3-2　再生債権一覧表

| 受付番号 | 債権者名 | 確定債権額 | | | 元本お定日の利息・ |
|---|---|---|---|---|---|
| | | 開始決定時の元本 | 開始決定日の前日までの利息・遅延損害金 | 開始決定日後の利息・遅延損害金 | |
| 1 | ○○販売株式会社 | 6,000,000 | 0 | 額未定 | |
| 2 | ○○信用金庫 | 15,000,000 | 10,000 | 額未定 | |
| 3 | ○○株式会社 | 880,000 | 0 | 額未定 | |
| | 合計 | 21,880,000 | 10,000 | 額未定 | |

　ただし，民事再生法は平等原則の例外を認めている。第1に，**不利益を受ける再生債権者の同意**がある場合には，その者の再生債権を他の債権者の再生債権と比べて不平等に扱うことが許される（民再155条1項ただし書）。例えば，再生債務者の経営破綻の原因を作った経営者が会社に対して貸金債権を有する場合に，その経営者の同意を得て当該債権の全額免除を定める場合がある。

　第2に，**少額の再生債権**については，弁済期間や弁済率に関して他の再生債権よりも有利に扱うことが認められる（民再155条1項ただし書）。再生計画に「再生債権のうち○万円までは免除を受けず，○万円を超える部分については□％の免除を受ける」旨を定める例がある。この規定は，民事再生法85条5項前半の再生手続の円滑な進行のための少額債権の弁済許可，および同条項後半の再生債務者の事業継続に著しい支障が生じることを避けるための少額債権の弁済許可と同旨である（⇨**第5節2**(3)）。

　第3に，再生手続開始後に発生する利息の請求権等（民再84条2項各号）については，劣後的な扱いをすることができる（民再155条1項ただし書）。これらの請求権等は，破産手続であれば劣後的破産債権となる（破97条1号2号7号・99条1項1号）。民事再生法は，再生計画案に対する決議が組分けによって複雑化するのを避けるため，劣後的再生債権という類型を設けなかった。そこで，これらの請求権が有する通常の再生債権に対する劣後的性質を反映して，再生計画において他の再生債権より劣位に扱うことを認めている。

　第4に，その他，再生債権者の間に差を設けても衡平を害しない場合には，特定の再生債権を有する債権者を他の再生債権者よりも有利に，または不利に

| 免除額 | | 弁済額 | | |
|---|---|---|---|---|
| および開始決定前日までの遅延損害金 | 開始決定日後の利息・遅延損害金 | 第1回（認可決定確定日から1か月経過した日の属する月の末日限り） | 第2回（令和○年○月末日限り） | 第3回（令和○年○月末日限り） |
| 5,400,000 | 全額 | 200,000 | 200,000 | 200,000 |
| 13,509,000 | 全額 | 501,000 | 500,000 | 500,000 |
| 792,000 | 全額 | 88,000 | 0 | 0 |
| 19,701,000 | 全額 | 789,000 | 700,000 | 700,000 |

(単位：円)

扱う定めを置くことができる（民再155条1項ただし書）。例えば，生命・身体を害する不法行為に基づく損害賠償請求権や下請業者の報酬請求権等を有利に扱ったり，同意がない場合でも親会社や支配株主の債権を劣位に扱ったりすることが考えられる（⇨ Column 2-6-1 参照）。また，再生手続開始前に，再生債務者との間で，劣後的な取扱いを受けることに同意している債権（**約定劣後再生債権**。民再35条4項）を有する者については，再生債権者との間で，再生計画の内容に公正かつ衡平な差を設けなければならない（民再155条2項）。

第5に，刑事制裁という性格を有する再生手続開始前の罰金等については，再生計画において，減免その他権利に影響を及ぼす定めをすることができない（民再155条4項）。もっとも利害関係人に対する手続の透明性を確保するため，再生計画への記載は必要である（民再157条2項）。

　(iii) **弁済期間**　再生計画によって債務の期限が猶予されるときは，特別の事情がある場合を除いて，その債務の期限は再生計画認可の決定の確定から10年を超えない範囲で定める（民再155条3項）。将来の収益を弁済原資とする再生計画では，弁済期間が長くなる場合もあり得るが，予想どおりの収益が得られるかどうかは不明確な部分もあり，弁済期間の長期化によって，再生計画の履行が不確実なものとなったり，再生債権者の権利が有名無実なものとなったりするおそれがあるためである（会社更生の場合につき，⇨第4章**第10節2**(2)(e)参照）。

　(b) **共益債権および一般優先債権の弁済に関する条項**

　**共益債権**および**一般優先債権**は，再生手続によらずに随時弁済する権利であ

って（民再121条1項・122条2項），再生計画による権利変更を受けない。しかし，その弁済額や弁済時期は，再生計画の内容や履行可能性に影響を及ぼし得るため，再生債権者が再生計画案への賛否を判断するための情報提供として，再生計画への記載が求められている（民再154条1項2号）。したがって，共益債権および一般優先債権については，将来弁済すべきものを明示するものとされており（民再規83条），すでに弁済したものを記載する必要はない。

(c) 知れている開始後債権

開始後債権とは，再生手続開始後の原因に基づいて生じた財産上の請求権で，共益債権，一般優先債権，再生債権ではないものをいう（民再123条1項。⇨第7節**3**）。知れている開始後債権があるときは，その内容に関する条項を再生計画に定めなければならない（民再154条1項3号）。開始後債権は，再生計画による権利変更の対象とならず，再生手続が開始された時から再生計画で定められた弁済期間が満了する時までの間は，弁済することができない（民再123条2項）が，後に支払わなければならない債権に関する情報を再生債権者に提示するために，再生計画への記載が求められる。実際には開始後債権が存在することは稀であり，実務上，再生計画への記載はほぼみられないという。

### (2) その他の条項

#### (a) 再生債権の権利の変更に関する条項

(i) **未確定の再生債権に関する定め**　再生債権の調査において，再生債務者等が認めず，または他の届出再生債権者が異議を述べたために，再生債権の内容を確定するための手続（査定の裁判または異議の訴え）が進んでいて（⇨第6節**3**），再生計画案の作成時点では，未だその内容が確定していない再生債権（**未確定の再生債権**）がありうる。再生計画案にこれらの再生債権の権利変更について具体的な条項を定めることはできないが，再生計画認可の決定が確定すると，再生計画の定めまたは民事再生法の規定によって定められた権利を除いて，すべての再生債権が免責の対象となる（民再178条1項）。このような結果を避けるために，権利確定の可能性を考慮して，再生計画において，未確定の再生債権に対する適確な措置を定めなければならない（民再159条）。未確定の再生債権が確定した場合には，他の同種の再生債権に関する権利変更の一般的基準

(民再156条)を適用するといった条項が定められることが多い。

(ii) 別除権者の権利に関する定め

(ア) 不足額についての権利行使　別除権者は，別除権の行使によって弁済を受けることができない債権の部分についてのみ，再生債権者として権利を行使することができる（民再88条本文。不足額責任主義。⇨第8節**2**(2)）。再生計画案作成時には，未だ**不足額**が確定しておらず（不足額の確定について⇨第8節**2**(2)(c)），再生計画案に具体的な条項を定めることができない場合もある。不足額に相当する部分が免責の対象となること（民再178条1項）を避けるために，不足額が確定していない再生債権者については，未確定の再生債権（民再159条）の場合と同様に，再生計画において，不足額部分が確定した場合における再生債権者としての権利の行使に関する適確な措置を定めなければならない（民再160条1項）。一般には，不足額が確定した場合には，不足額部分の再生債権について，再生債権に関する権利変更の一般的基準（民再156条）を適用するとの条項が定められることが多い。

(イ) 根抵当権に関する規律　別除権の行使によって弁済を受けることができない債権の部分が確定していない再生債権を担保する**根抵当権**の元本が確定している場合には，根抵当権の被担保債権のうち極度額を超える部分について，権利変更の一般的基準（民再156条）に従って仮払いに関する定めをすることができる（民再160条2項前段）。しかし，後に不足額が増減する可能性があることから，併せて不足額が確定した場合における精算に関する措置も定めなければならない（同条項後段）。実務上は，根抵当権についても別除権協定で処理する場合が多い（別除権協定について，⇨第8節**2**(3)）。

(b) 債権者委員会の費用負担に関する条項

債権者委員会（民再117条1項）が，再生計画の履行を確保するための監督等を行う場合において，再生債務者がその費用の全部または一部を負担するときは，その負担に関する条項を定めなければならない（民再154条2項）。

(c) 第三者による債務負担や担保提供に関する定め

再生債務者の事業の再生のために，再生債務者以外の者が，債務を引き受け，または保証人等として債務を負担し，あるいは物的担保を提供する場合には，再生計画において，その者を明示し，かつ，その債務や担保権の内容を定めな

291

ければならない（民再158条1項2項）。

　(d)　**資本構成の変更**

　再生債務者が株式会社である場合、事業の再生のために、資本構成を変更して新たな資本を得る必要があることが多い。更生手続は、株主も手続に取り込み、更生計画において株主の権利変更に関する条項を定めなければならないとして（会更167条1項1号）、更生計画を通じた資本構成の変更を可能とする。これに対して、再生手続は、中小企業を対象とした簡易な手続として立案されたため、再生計画による権利変更の対象を再生債権のみとし、株式を対象としていない。そのため、事業の再生のために資本構成を変更しようとすれば、それは、再生手続外で、会社法等で定められた手続を通じて行う必要がある。

　債務者の倒産処理において債権者の権利だけを変更の対象とすることは、本来、会社財産の分配において債権者に劣後すべき株主の権利を優遇することを意味するため、再生手続においても、資本金の額の減少を検討することになる。また、事業の再生を容易にするため、新たな出資者からの増資も検討する。資本金の額を減少するためには、株主総会の特別決議が必要となる（会社447条1項柱書・309条2項9号）が、破綻した株式会社の株主は、経営に関心を失うのが一般的であり、この株主総会の決議は困難になるといわれる。そこで、民事再生法は、限定的にではあるが、再生計画を通じて、再生債務者の資本構成を変更し、新たな出資を得る内容の再生計画案を作成することを認めている。

　(i)　**資本金の額の減少等に関する条項**　再生計画において、再生計画の定めによる再生債務者の株式の取得に関する条項、株式の併合に関する条項、資本金の額の減少に関する条項または再生債務者が発行することができる株式の総数についての定款の変更に関する条項を定めることができる（民再154条3項）。これらの条項を定めた再生計画案を提出しようとする者は、あらかじめ裁判所の許可を得なければならず（民再166条1項）、裁判所は、株式会社である再生債務者が**債務超過**である場合に限ってその許可をすることができる（同条2項）。裁判所の許可があれば、**資本金の額の減少**等に関する会社法上の手続は不要となる。債務超過を要件とするのは、再生債務者が債務超過である場合には、会社財産に対する株主の権利は実質的に価値を失っていると考えられ、株主総会を通じた決定権限を奪うこともできると考えられるためである。この

許可の決定に対しては、株主は即時抗告をすることができる（同条4項）。

　**(ii) 募集株式を引き受ける者の募集に関する定め**　株式会社である再生債務者が、第三者から資本の提供を受けるために、資本金の額を減少するとともに、募集株式の発行等（会社199条1項柱書）を行う場合には、株主総会の特別決議を必要とする場合がある（会社199条2項・309条2項5号。公開会社の場合は取締役会の決議による〔会社201条1項〕）。会社が倒産すると、株主は会社に対する関心を失って、特別決議が困難な場合も多く、事業の再生のための資金調達が困難となることがある。そこで、民事再生法は、再生計画において、**募集株式を引き受ける者の募集に関する条項**を定めることができるとした（民再154条4項）。募集株式の発行は、再生債務者の株主以外の者に会社の支配権を移すことになるため、このような条項を定めた再生計画案は、再生債務者のみが提出することができる（民再166条の2第1項）。募集株式を引き受ける者の募集に関する条項を定めた再生計画案を提出しようとする再生債務者は、あらかじめ裁判所の許可を得なければならず（同条2項）、裁判所は、株式会社である再生債務者が債務超過の状態にあり、かつ、当該募集株式を引き受ける者の募集が再生債務者の事業の継続に欠くことのできないものであると認める場合に限って、許可をすることができる（同条3項）。裁判所による許可の決定に対しては、株主は即時抗告をすることができる（同条4項・166条4項）。

## 3 再生計画案の作成・提出

### (1) 再生債務者等の作成・提出義務

#### (a) 再生計画案の作成・提出

　再生債務者または管理命令が発令された場合の再生管財人（民再64条1項）は、債権届出期間の満了後裁判所の定める期間内に、再生計画案を作成して裁判所に提出しなければならない（民再163条1項）。再生債務者等は、再生手続において財産管理処分権と業務遂行権を有しており（民再38条1項・66条）、不要な資産の売却、非採算部門の整理、業務の改善などを通じて事業の収益力の向上を図る主体であり、特に再生債務者は、債務者の事業について最もよく知る者であるため、適切な再生計画案を作成しやすい。再生債務者等は、成立した再生計画を遂行する主体でもある（民再186条1項）。

裁判所の定めた期間内に再生計画案の提出がないとき、または提出された計画案が決議に付する（民再169条1項）に足りないものであるときは、裁判所は、職権で、再生手続廃止の決定をしなければならない（民再191条2号）。

(b) **提出時期**

再生債権の存在および内容や額が明らかにならなければ、再生計画案の作成は困難である。そこで、再生計画案の提出は、原則として、再生債権に関する一般調査期間の末日から2か月以内に行うものとされる（民再規84条1項）。再生手続の進行状況に応じた柔軟な対応を可能とするために、裁判所は、再生計画案の提出期間を伸長することができるが（民再163条3項）、期間の伸長は、特別の事情がある場合を除いて、2回を超えてすることはできない（民再規84条3項）。

(c) **再生計画案の事前提出**

再生計画案は、再生手続開始後に提出されるのが一般的であるが、手続開始申立て前から私的整理等が先行し、債権者と債務者の間で事業の再生や債務整理に関する交渉が行われているなど、すでに再生計画案の内容がほぼ固まっている場合もある。このような場合には、再生手続開始の申立てと同時に再生債務者等が再生計画案を提出し、再生手続を迅速に進めることが可能である。そこで、再生債務者等は、再生手続開始の申立て後、債権届出期間満了前に再生計画案を提出することができる（民再164条1項）旨が定められた。

この場合、再生債権が未確定のため、権利変更の一般的基準（民再156条）のみを定めて、個別的な再生債権者の権利に関する定め（民再157条）や未確定の再生債権に関する定め（民再159条）を置かずに、再生計画案を提出することができる（民再164条2項前段）。この場合においては、債権届出期間の満了後、裁判所の定める期間内に、これらの事項について、再生計画案の条項を補充しなければならない（同条項後段）。

(2) **届出再生債権者等による作成・提出権**

(a) **再生計画案の作成**

届出再生債権者または再生管財人が選任されている場合の再生債務者も、再生計画案の作成および提出が可能である（民再163条2項）。一般に、再生債権

者が，再生債務者の事業や財産に関する情報を入手することは難しく，実際には，届出再生債権者による再生計画案の提出は困難な場合が多い。

(b) **提出時期**

届出再生債権者や再生管財人が選任されている場合の再生債務者による再生計画案の提出時期は裁判所が定める。一般調査期間の末日から2か月という制約はない（民再 163 条 2 項，民再規 84 条 1 項参照）。

> **Column 3-13-1　再生計画案の作成**
> 
> K：「再生計画案を作成する際に特に意識されている点を教えてください。」
> T：「まずは，履行可能性や経済合理性を満たしている内容とすることです。そのため，再生計画案の中でも，再生債権者に対して，再生計画案が清算価値保障原則を満たしている旨を説明することになります。履行可能性については，自主再建の再生計画案の場合には，今後の事業内容や事業収益の内容を記載して，弁済原資を確保できるということを明確にします。特に，債務免除を受けると，その免除の分が，税法上，利益と扱われますので，再生計画案の作成にあたっては，税理士や公認会計士のアドバイスを得て，その税務リスクについての対応を行った内容とする必要があります。」
> K：「再生計画案の記載事項について，注意されていることはありますか。」
> T：「まずは，記載事項を漏らさないということです。特に，共益債権や一般優先債権の弁済に関する事項は絶対的記載事項ですが，その存在を意識していない場合もあるため，記載漏れが生じやすい事項となっています。また，未確定の再生債権や別除権の行使によって弁済を受けることができない債権の部分が確定していない再生債権を有する者があるときは，それらの権利に関する条項を見落とさないように注意しています。」
> K：「そのほか，実務上工夫されていることはありますか。」
> T：「再生債権額等によって権利変更の内容を場合分けしたり，条件を付けたりするような場合には，厳格に権利変更の内容を記載するとわかりにくくなってしまうことがあります。このような場合には，適宜補足説明を行うなどわかりやすい記述になるように心がけています。また，裁判所に再生計画案を提出した後に，監督委員の指摘を受けて再生計画案の修正を迫られることもあるため，再生計画案の提出前に監督委員に再生計画案についての事前チェックを受けて，指摘事項があればそれを反映したものを再生計画案として裁判所に提出しています。さらに，当然のことながら，提出期限を遵守する必要があります。提出期間を徒過すると再生手続廃止となってしまうため，もし再生計画案の策定に必要な事項が確定していないなど，計画案の作成に時間を要すると見込まれるような場合には，あらかじめ裁判所に対して再生計画案の提出期間の伸長の申立てを行う必要があります。」

## 第14節　再生計画の成立

### 1　決議に付する旨の決定

#### (1)　再生計画案提出後から付議決定まで

##### (a)　再生計画案の修正

再生計画案の提出者は，裁判所の許可を得て，再生計画案を**修正**することができる（民再167条本文）。ただし，再生計画案を決議に付する旨の決定がされた後は，再生計画案を修正することができない（同条ただし書）。再生計画案の修正は，弁済額算出の誤りや一部の再生債権者の記載漏れなど再生計画案の作成過程の不備を補ったり，主要な再生債権者の意見を反映したり，計画案提出後の再生債務者を取り巻く状況の変化に対応したりするために行われる。

##### (b)　労働組合等の意見聴取

事業の再生には従業員の協力が不可欠であり，また，従業員は再生債務者の実情に通じているため再生計画の遂行可能性について有益な情報を有することから，裁判所は，再生計画案について**労働組合**等の意見を聴かなければならない（民再168条前段）。

##### (c)　決議に付するに足りる再生計画案の提出がないとき等

決議に付するに足りる再生計画案の作成の見込みがないことが明らかになったとき，裁判所の定めた期間もしくはその伸長した期間内に再生計画案の提出がないとき，またはその期間内に提出されたすべての再生計画案が決議に付するに足りないものであるときは，裁判所は，職権で，**再生手続廃止**の決定をしなければならない（民再191条1号2号。廃止について，⇨第16節**2**）。

#### (2)　決議に付する旨の決定

再生計画案の提出があったときは，裁判所は，民事再生法169条1項各号のいずれかに該当する場合を除いて，当該**再生計画案を決議に付する旨の決定**（**付議決定**）を行う（民再169条1項柱書）。実務上，裁判所は，監督委員（民再54条1項）が提出する当該再生計画案を決議に付することの相当性等に関する意見

第14節　再生計画の成立

書を踏まえたうえで付議決定の判断を行っている。

付議決定がされない場合とは、①一般調査期間（民再34条1項）が終了していないとき（民再169条1項1号）、②財産状況報告集会（民再126条）における再生債務者等による報告または再生債務者等が作成した報告書（民再125条1項）の提出がないとき（民再169条1項2号）、③裁判所が再生計画案について不認可事由（民再174条2項各号。ただし、3号を除く）があると認めるとき（民再169条1項3号）、および④裁判所の定めた期間内に再生計画案の提出がないとして再生手続を廃止するとき（同条項4号）である。①は、議決権者および議決権額が未確定であって、再生計画案に対する決議を行う条件が整っていないこと、②は、再生債権者に対して決議の前提となる適切な情報提供が行われていないこと、③は、いずれ再生計画が不認可となるような場合に再生計画案の決議を行うことはできないと考えられること、④は、再生計画案の提出がないなどの理由によって再生手続が廃止される場合に再生計画案を決議に付すことはないことが考慮されたことによる。

裁判所は、付議決定において、議決権を行使することができる再生債権者（**議決権者**）の議決権行使の方法、および議決権を不統一行使する場合における裁判所に対する通知の期限を定めなければならない（民再169条2項柱書前段）。また、不統一行使をする場合の通知の期限を公告するとともに、その期限および再生計画案の内容またはその要旨を、届出再生債権者、再生債務者、再生管財人および再生のために債務を負担しまたは担保を提供する者に通知しなければならない（同条3項）。

## 2　再生計画案の決議

裁判所が、再生計画案を決議に付する旨の決定を行い、議決権行使の方法等を定めると、再生手続は、再生債権者による再生計画案の決議へと進む。

### (1)　議決権の行使

#### (a)　行使の方法

議決権行使の方法には、①**債権者集会の期日において議決権を行使する方法**（民再169条2項1号）、②**書面等投票**により裁判所の定める期間内に議決権を行

297

使する方法（同条項2号），③上記①・②のうち議決権者が選択するものにより議決権を行使する方法（同条項3号）がある。いずれの方法によるかは，裁判所が，付議決定をする際に定めなければならない（同条項柱書後段）。ただし，②が定められた場合において，債権者集会招集申立権者（民再114条前段）が，書面等投票の議決権行使期間内に再生計画案の決議をするための債権者集会の招集を申し立てたときは，裁判所は，②の定めを取り消して，①または③を定めなければならない（民再169条5項）。

②には，決議のための集会が開催される日に都合がつかなかったり，遠隔地に居住したりしている場合にも決議への参加が可能となるという利点がある。他方，債権者集会が開催される①・③の場合には，再生計画案の提出者は，再生債権者に不利な影響を与えないときに限り，債権者集会において，裁判所の許可を得て再生計画案を変更することができること（民再172条の4）に加えて，再生計画案の可決に至らなかった場合でも，債権者集会の期日を続行して，再度再生債権者の賛否を問う機会を得ることができる（民再172条の5第1項）といった手続的な利点がある。

(b) **議決権者と議決権額**

**議決権**を行使できるのは，再生債権を届け出て，再生手続に参加する意思を明らかにしたもの（届出再生債権者）である。自認債権（民再101条3項）の再生債権者は議決権を行使することができない（民再170条1項2項・171条1項2項・104条1項かっこ書）。

届出再生債権者の**議決権の額**は，再生債権の調査において，再生債務者等が認め，かつ調査期間内に届出再生債権者の異議がなかったときに確定する（民再104条1項）。裁判所が議決権行使の方法として，上記(a)の①または③の方法を定めた場合においては，民事再生法104条1項により議決権の額が確定していない場合には，再生債務者等または届出再生債権者は，債権者集会の期日において，届出再生債権者の議決権につき異議を述べることができる（民再170条1項本文）。民事再生法104条1項により確定した議決権を有する届出再生債権者は，その確定した額で議決権を行使することができる（民再170条2項1号）。この債権者集会での異議のない議決権を有する届出再生債権者は，その届出額で（同条2項2号），この債権者集会で議決権につき異議を述べられた届出再生

債権者は，裁判所が定める額で，議決権を行使することができる（同条項3号）。裁判所が，議決権行使の方法として上記(a)の②を定めた場合には，民事再生法104条1項によってその額が確定した議決権を有する届出再生債権者は，その確定額によって（民再171条1項1号），それ以外の届出再生債権者は，裁判所が定める額によって，議決権を行使する（同条項2号）。一般に，実務では，議決権者に再生計画案の内容等を通知する際に（民再169条3項），再生計画案に対して賛成か反対かを記載する議決票を配布して，議決権者がそれに賛否を記入したうえで提出する方法がとられている。書面等投票による場合は，この議決票を付議決定で定められた投票期間（議決権行使期間）内に裁判所に送付する方法がとられる。

### (2) 可決の要件

再生計画案の可決のためには，①債権者集会に出席し，または書面等投票を行った議決権者の過半数の同意（**頭数要件**）（民再172条の3第1項1号），および②議決権者の議決権の総額の2分の1以上の議決権を有する者の同意（**議決権額要件**）（同条項2号）が必要である。①は，実際に債権者集会に出席または書面等投票を行った議決権者を分母とする（同条項1号かっこ書）が，②は，議決権を行使しない者を含めたすべての議決権者の議決権の総額を基準とする。そのため，議決権を同意にも不同意にも行使しない者の議決権は，①の場合には棄権扱いとなって分母に算入されないのに対して，②の場合にはその議決権の額が分母に算入されて，反対したのと同じ効果をもつ。

### (3) 否決の場合

再生計画案が可決に至らなかったときでも，再生計画案についての議決権行使の方法として，債権者集会の期日において議決権を行使する方法（上記(1)(a)の①および③。書面等投票との併用型を含む）が定められており，かつ，再生計画案の可決要件（頭数要件または議決権額要件）のうちいずれかの同意が得られている場合，または可決要件のいずれも充足しない場合であっても，債権者集会の期日に出席した議決権者の過半数であって，出席した議決権者の議決権の総額の2分の1を超える議決権を有する者が期日の続行に同意した場合には，裁

判所は**続行期日**を定めて言い渡さなければならない（民再172条の5第1項本文）。引き続き再生計画案の可決の可能性を探るためである。債権者集会までに，特に主要な再生債権者による賛否の意思決定が間に合わなかった場合など，ただちに再生計画を不成立として再生手続を廃止することが適切ではないときがこれに該当すると考えられる。ただし，続行期日において当該再生計画案が可決される見込みがないことが明らかである場合は，この限りでない（同条項ただし書）。

　再生計画案が否決されたとき，または決議のための債権者集会の続行期日が定められた場合において，定められた期間内に再生計画案が可決されないときは，裁判所は，職権で，再生手続廃止の決定をしなければならない（民再191条3号）。

> **Column 3-14-1**　再生計画案が複数提出された場合の処理
>
> 　再生計画案の作成・提出義務を負う再生債務者等に加えて，届出再生債権者や再生管財人が選任された場合の再生債務者にも再生計画案の提出が認められるため，複数の再生計画案が提出されることが起こり得る。これは，手続遂行主体だけでなく，利害関係人にも再生計画案の提出を認めることで，それを前提にした交渉が促されて，より望ましい再生計画案が提出されることを期待するものである。
>
> 　複数の再生計画案が提出された場合にも，最終的に認可される再生計画は1つにせざるを得ない。そのためには，①再生計画案の提出後，付議決定までの間において，いずれかの再生計画案の提出者が当該計画案を撤回したり，提出者相互で話し合いを行ったりして，再生計画案をすりあわせる方法，②付議決定の段階で裁判所がいずれかの再生計画案に絞り，それ以外のものを排除する方法，③複数の再生計画案に付議決定を行ったうえで，再生債権者の投票によって1つに決める方法が考えられる。①のように，再生計画案の提出者間で調整して一本化した再生計画案を作成し直すことが適切と考えられるが，実際には，再生債務者による自主再建を前提とした収益弁済型の計画案と，届出再生債権者によるスポンサーへの事業譲渡型の計画案が提出されるなど，方向性の違いから一本化が困難な場合もある。東京地方裁判所民事第20部（倒産部）では，債務者案と債権者案の双方を付議するに至った事例があると報告されている（ゴルフ場経営会社の再生事件やスカイマーク㈱の再生事件）。

## 3 再生計画の認可または不認可

### (1) 認可決定と不認可事由

再生債権者によって可決された**再生計画**は，**裁判所による認可**の決定の確定によって効力を生ずる（民再176条）。裁判所は，**不認可事由**がある場合を除いて，再生計画認可の決定を行い（民再174条1項），不認可事由（同条2項各号）がある場合には，再生計画不認可の決定を行う（同条2項柱書）。再生計画が有効に成立するために，再生債権者による再生計画案の可決に加えて裁判所の認可の決定を必要とするのは，裁判所が後見的に介入することで，再生計画に賛成しない少数派債権者の利益の保護や適正な手続の確保，違法な再生計画による再生債権者の利益侵害の防止，再生の目的を達し得ないような再生計画の実施から生じる社会的不経済の回避などを確実にするためである。

### (2) 不認可事由

再生計画不認可の事由は，民事再生法174条2項1号から4号までに定められている。第1に，再生手続または再生計画が法律の規定に違反し，かつ，その不備を補正することができないものであるときである（民再174条2項1号本文）。再生手続が法律の規定に違反する場合として，申立資格をもたない者の申立てによって再生手続が開始された場合（民再21条）や届出再生債権者を呼び出すことなく債権者集会の期日を開催した場合（民再115条1項），法定多数の同意がないのに再生計画案を可決とした場合（民再172条の3第1項）などを挙げることができる。再生計画が法律の規定に違反する場合として，再生計画において全部または一部の再生債権者の権利の変更に関する条項を定めていない場合（民再154条1項1号）や，再生計画による権利の変更の内容が，不利益を受ける者の同意等がないにもかかわらず（民再155条1項ただし書），再生債権者の間で平等でない場合（同条項本文。東京高決平成16・7・23金判1198号11頁〔百選92〕参照）などが考えられる。再生手続の法律違反の程度が軽微であるときは，当該再生計画は不認可とならないが，再生計画が法律の規定に反する場合は，違反の程度にかかわらず不認可となる（民再174条2項1号ただし書）。

第2に，再生計画が遂行される見込みがないときである（民再174条2項2号）。

再生計画による弁済の原資となる資金の調達が難しく，再生計画の定める弁済ができない蓋然性が高い場合などが考えられる。民事再生法は，再生計画の遂行可能性の不存在を不認可要件とするのに対して，会社更生法は遂行可能性の存在を認可要件とする（会更 199 条 2 項 3 号。⇨第 4 章 第 10 節 **4**(1)）。

　第 3 に，再生計画の決議が不正の方法によって成立するに至ったときである（民再 174 条 2 項 3 号）。議決権を行使した再生債権者が詐欺や脅迫または不正な利益の供与を受けていた場合に加えて，再生計画案の可決が信義則に反する行為に基づいてされた場合も含まれる（最決平成 20・3・13 民集 62 巻 3 号 860 頁〔百選 93〕）。本号に当たらないとされた事例として，最決令和 3・12・22 LEX/DB25571876）。

　第 4 に，再生計画の決議が再生債権者の一般の利益に反するときである（民再 174 条 2 項 4 号）。債権者一般の利益に反するときとは，再生計画に基づく弁済額が破産手続による配当を下回る場合を典型例とする。たとえ再生計画案について再生債権者の多数の同意を得たとしても，再生計画による弁済の内容が，債務者を破産清算した場合に受ける価値を下回る場合には，当該再生計画は不認可となる。本号によって，再生債権者は，再生計画を通じて破産手続による配当額以上の弁済を受けることが保障され，この建前を**清算価値保障原則**という。再生手続の開始により中断した詐害行為取消訴訟を監督委員が受継せず（⇨第 12 節 **7**(3)），それを前提に再生計画が作成された事案で，当該訴訟を受継せずに債権の回収を放置したままで再生計画を成立させたときは，再生計画は債権者一般の利益に反するときに該当するとした事例がある（東京高決平成 15・7・25 金判 1173 号 9 頁〔百選 95〕）。

### (3) 認可決定・不認可決定に対する即時抗告

　再生計画の認可または不認可の決定に対しては，利害関係を有する者は，**即時抗告**をすることができる（民再 175 条 1 項・9 条）。即時抗告の理由となるのは，不認可事由の存在または不存在である。利害関係を有する者としては，再生計画の効力を受ける地位にあるために，再生計画に効力が付与されまたは付与されないことで自己の利益が害されるもの，例えば，再生債権者（ただし議決権を有しなかった再生債権者が即時抗告をするには再生債権者であることを疎明しなければならない。民再 175 条 3 項）や再生債務者，そのほか再生計画案を提出した再

生管財人などが考えられる。

## 4 再生計画の効力

### (1) 効力発生時期

再生計画は，**認可の決定**の確定によって効力を生ずる（民再176条。更生手続について，⇨第4章**第10節4**(3)参照）。認可の決定は，即時抗告が提起されなかったときは即時抗告期間が満了した時に，即時抗告が提起されたときは即時抗告の棄却または却下の決定が確定した時に確定する。再生計画認可の決定が確定したときは，裁判所書記官は，再生計画の条項を再生債権者表に記載しなければならない（民再180条1項）。

### (2) 再生債権の免責

#### (a) 免責の対象となる債権

再生計画認可の決定が確定したときは，再生債務者は，再生計画の定めまたは民事再生法の規定によって認められた権利を除いて，すべての再生債権について，その責任を免れる（民再178条1項本文）。再生債務者は，原則として，再生計画に定められた権利について責任を負担し，再生計画に定めのないすべての再生債権が**免責**の対象となる。

#### (b) 免責の対象とならない再生債権

**免責の対象とならない再生債権**として，まず，再生手続開始前の罰金等がある（民再178条1項ただし書）。この罰金等については，再生計画において減免その他権利に影響を及ぼす定めをすることができず（民再155条4項。⇨**第13節** **2**(1)），再生計画に定めがなくても免責の対象とはならない。ただし，再生手続開始前の罰金等は，再生計画で定められた弁済期間が満了する時までの間は，弁済を受けられない（民再181条3項）。

つぎに，民事再生法の規定によって認められた権利（民再178条1項本文）があり，これには民事再生法181条1項各号が定める権利がある。第1に，①再生債権者がその責めに帰することができない事由により債権届出期間内に届出をすることができなかった再生債権で，その事由が再生計画案を決議に付する旨の決定の前に消滅しなかったもの（民再181条1項1号）である。例えば，大

地震や火災などの天変地異といった客観的な事由のほかに，再生債権者が長期間入院していた場合や，不法行為等の債権で原因となるべき事由は再生手続開始の決定前に生じていたが，具体的な損害は，再生計画案を決議に付する旨の決定がなされた後に発生した場合が考えられる（最判平成23・3・1判時2114号52頁〔百選99〕参照）。

　第2に，②再生計画案を決議に付する旨の決定後に生じた再生債権（民再181条1項2号）である。再生債務者等が双方未履行の双務契約を解除した（民再49条1項）結果として生じる相手方の損害賠償請求権（民再49条5項，破54条1項）、⇨第11節**1**，第2章**第12節1**(3)(b)）や，再生管財人や否認の権限を付与された監督委員によって，特定の債権者に対する債務の消滅に関する行為が否認された（民再127条の3第1項）場合において，相手方がその受けた給付を返還し，またはその価額を償還したときに復活する相手方の債権（民再133条）などがこれに該当する。これらの債権は，権利の変更の一般的基準（民再156条）に従って変更される（民再181条1項柱書）。

　第3に，③再生債務者が，届出がされていない再生債権があることを知りながら，当該再生債権について**自認**する内容を認否書に記載（民再101条3項）しなかった再生債権（民再181条1項3号）である。これは，自認義務を負っている再生債務者が，その義務を怠ることで免責の効果を享受するのは不当であることから，また，再生債務者による自認義務の不履行の防止という政策的考慮から，再生債務者に対する一種の制裁として免責の例外とするものである。このため，民事再生法101条3項の自認の主体は，再生管財人も含む再生債務者等であるが，免責の対象外となるのは再生債務者が自認しなかった場合のみである。③の再生債権も権利変更の一般的基準（民再156条）に従って変更される（民再181条1項柱書）が，これについては，再生計画で定められた弁済期間が満了する時までの間は，弁済をし，弁済を受け，その他これを消滅させる行為（免除を除く）をすることはできない（同条2項）。③の債権は，届出の機会が与えられていたにもかかわらず，期間内の届出を懈怠したものであるから，弁済時期について他の届出債権者と比べて劣位に置かれる（時期的劣後）。

　なお，届出のなかった約定劣後再生債権は，原則どおり免責される（民再181条1項柱書かっこ書）。

(3) 再生債権の権利変更
　(a) 権利の変更
　再生計画認可の決定が確定したときは、届出再生債権者および自認債権（民再101条3項）を有する再生債権者の権利は、再生計画の定めに従って変更される（民再179条1項）。**再生計画の定め**とは、再生計画における再生債権者の権利の変更の条項において（民再154条1項1号）、債務の減免や期限の猶予等の権利の変更の一般的基準（民再156条）を、個々の再生債権に当てはめて変更した後の権利の内容（民再157条1項本文）のことである。権利の変更は、再生手続においてのみ効力を有するわけではなく、権利は実体的に変更される。再生計画による権利の変更を受けた再生債権者は、その有する債権が確定している場合に限り、再生計画の定めによって認められた権利を行使することができる（民再179条2項）。したがって、異議の訴えが係属中の場合など、未確定の再生債権については、その債権が確定した後に、再生計画における適確な措置（民再159条）に従って弁済を受ける。
　(b) 再生債権者表への記載等
　再生計画認可の決定が確定したときは、裁判所書記官は、再生計画の条項を**再生債権者表**に記載しなければならない（民再180条1項）。この再生債権者表への記載により、再生債権に基づいて再生計画の定めによって認められた権利については、その再生債権者表の記載は、再生債務者、再生債権者および再生のために債務を負担し、または担保を提供する者に対して、**確定判決と同一の効力**を有する（同条2項）。すなわち、再生債務者や再生債権者は、成立した再生計画によって権利の変更を受けた再生債権の存否や内容および額について争うことができない。さらに、再生計画の定めによって認められた権利についての再生債権者表の記載は、債務名義（民執22条7号）となる。すなわち、再生計画の定めによって認められた権利で、金銭の支払その他の給付の請求を内容とするものを有する者は、再生計画によって変更された権利を実現するために、再生債務者および再生のために債務を負担した者（民再158条1項）に対して、再生債権者表の記載によって、強制執行をすることができる（民再180条3項本文）。再生債権者は、再生債務者が再生計画の履行を怠った場合には、再生手続の継続中であっても強制執行をすることができる（更生手続について、⇨第4

章**第 10 節 4**(3)参照)。

(c) 再生計画による株式の取得等

　再生計画において再生債務者の株式の取得に関する条項を定めたとき（民再154条3項）は，再生債務者は，再生計画によって定めた再生債務者が株式を取得する日（民再161条1項2号）に，認可された再生計画の定めによってその株式を取得する（民再183条1項）。自己株式の取得において必要となる株主総会の決議（会社156条1項本文）は必要ない。また，再生計画において株式の併合に関する条項や資本金の額の減少に関する条項を定めたとき（民再154条3項）は，認可された再生計画の定めによって，株式の併合（民再183条2項前段）や，資本金の額の減少（同条4項前段）をすることができる。この場合において，会社法の規定は適用されない。

(4) 効力が及ぶ範囲

　(a) 再生計画の効力が及ぶ者

　再生計画は，再生債務者，すべての再生債権者（届出再生債権者に限られない），再生のために債務を負担し，または担保を提供する者に対して効力を有する（民再177条1項）。

　(b) 再生計画の効力が及ばない者

　再生計画は，**別除権者**（民再53条1項）が有する担保権には影響を及ぼさない（民再177条2項）。譲渡担保や所有権留保などの非典型担保についても同様である（⇨第8節**1**(2)(b)参照）。民事再生法は，一定の担保権を別除権として，再生手続によらない権利行使を認めている（民再53条2項）ためである。他方，別除権の行使によって弁済を受けることができない債権の部分や担保権を放棄した部分（別除権協定の場合など）については（民再88条。不足額責任主義），再生計画の影響を受ける。

　再生計画は，再生債権者が，再生債務者の保証人その他再生債務者と共に債務を負担する者に対して有する権利，および，再生債務者以外の者が再生債権者のために提供した担保には，影響を及ぼさない（民再177条2項）。保証人や物上保証人の責任には主債務との附従性が認められており，主債務について減免がされた場合は，保証人の責任も減免されるのが原則である（民448条1項

など参照)。しかし，再生債権者が保証人や物上保証人に対して有する権利は，再生債務者が無資力の場合にこそ効力を発揮すべきものであるから，これらについては，再生計画の影響を及ぼさないものとされた。

### (5) 中止した手続の失効

再生計画認可の決定の確定により，中止していた再生債権に基づく強制執行等の手続（民再39条1項。⇨**第2節5**(3)(b)参照）は失効する（民再184条本文）。再生計画によって変更された権利の実現は，再生債務者等による再生計画の履行に委ねられるためである。

## 5 再生計画不認可の決定の確定

再生計画不認可の決定が確定したときは，原則として再生手続は終了する（⇨**第16節**）。再生手続が終了すると，再生債権については，個別に権利を行使することができる（民再85条1項参照）。そこで，再生計画不認可の決定が確定したときは，（再生管財人が選任されている場合の）再生債務者が債権調査期間において，再生債権の内容について異議を述べた場合（民再102条2項・103条4項）を除いて，確定した再生債権については，再生債権者表の記載は，再生債務者に対して**確定判決と同一の効力**を有し（民再185条1項），再生債権者はこの再生債権者表を債務名義（民執22条7号）として，再生債務者に対して強制執行をすることができる（民再185条2項）。

> **Column 3-14-2** 簡易再生・同意再生
> 　再生債権の調査・確定の手続には相当の時間を要し，再生手続の簡易・迅速性を害するとの指摘を踏まえて設けられたのが，**簡易再生**と**同意再生**の制度である。
> 　**簡易再生**の特徴は，再生債権の調査および確定手続を省略することにある。裁判所は，債権届出期間の経過後一般調査期間の開始前において，再生債務者等の申立てがあったときは，簡易再生の決定をする（民再211条1項前段）。債権調査等の手続を経るかどうかについては，再生債権者の利益にも配慮する必要があるため，再生債務者等の申立ては，届出再生債権者の総債権について裁判所が評価した額の5分の3以上に当たる債権を有する届出再生債権者が，書面により，①再生債務者等が提出した再生計画案について同意し，かつ，②再生債権の調査および確定の手続を経ないことについて同意している場合に限り，

することができる（同条項後段）。

簡易再生の決定があった場合には，一般調査期間に関する決定は効力を失い（民再212条1項），再生債権の調査および確定の手続に関する規定は適用されない（民再216条1項）。したがって，債権の調査および確定手続は行われず，裁判所は，簡易再生の決定と同時に，議決権行使の方法としての債権者集会の期日において議決権を行使する方法を定めて，再生債務者等が提出した再生計画案を決議に付する旨の決定をしなければならない（民再212条2項）。再生計画案の決議のための債権者集会においては，簡易再生の申立てに当たって届出再生債権者が同意した（民再211条1項後段）再生債務者等による再生計画案のみを，決議に付することができる（民再214条1項）。再生債権者による決議によって再生計画が成立し，裁判所による再生計画認可の決定が確定したときは，すべての再生債権者の権利（届出がなかった約定劣後再生債権および再生手続開始前の罰金等を除く）は，権利の変更の一般的基準（民再156条）に従って変更される（民再215条1項）。しかし，個々の再生債権者の権利の変更についての定めは，再生計画案の内容ではないため（民再216条1項による157条・159条・164条2項後段の適用除外），個々の権利についての変更内容は確定しない（民再216条1項による179条の適用除外）。また，簡易再生における再生計画の記載には失権効がないため，すべての再生債権は一般的基準に従って変更されて（民再216条1項による178条・181条1項2項の適用除外），再生計画の履行の対象となる。

**同意再生**の特徴は，届出再生債権者全員の同意があることを前提として，再生債権の調査および確定の手続に加えて，再生計画案についての決議も省略することにある。裁判所は，債権届出期間の経過後一般調査期間の開始前において，再生債務者等の申立てがあったときは，同意再生の決定をする（民再217条1項前段）。この場合の再生債務者等の申立ては，すべての届出再生債権者が，書面により，再生債務者等が提出した再生計画案について同意し，かつ，再生債権の調査および確定の手続を経ないことについて同意している場合に限り，することができる（同条項後段）。同意再生の決定によって，一般調査期間に関する決定は効力を失い（民再217条6項・212条1項），再生債権の調査および確定の手続に関する規定は適用されない（民再220条1項）。さらに，同意再生は，再生計画案についての決議も省略する。同意再生の決定が確定したときは，再生債務者等による同意再生の申立てに際して届出再生債権者が書面によって同意した再生計画案について，再生計画認可の決定が確定したものとみなされる（民再219条1項）。再生計画の効力等は，簡易再生の場合と同様である。

簡易再生や同意再生の導入に当たっては，再生手続開始の申立て前に私的整理が試みられて，相当数の債権者が再建の基本的な方向に同意している場合などが想定されていたが，実務上はあまり使われていないようである。令和4（2022）年には，大手自動車部品メーカーのマレリホールディングスが事業再

生 ADR 手続（⇨第 6 章**第 3 節3**）を試みたものの不成立に終わり，その後，簡易再生の決定を受けたことが話題となった。

## 第 15 節　再生計画認可後の手続

### 1 再生計画の遂行

#### (1) 再生計画の遂行

再生計画認可の決定が確定したときは，再生債務者等は，速やかに再生計画を遂行しなければならない（民再 186 条 1 項）。再生計画を遂行する主体は，財産管理処分権および業務遂行権を有する再生債務者または再生管財人である。

再生計画の遂行は，再生計画の条項に基づく再生債権に関する債務の弁済が中心となるが，その他，再生計画の定めによる再生債務者の株式の取得（民再 183 条 1 項）や株式の併合（同条 2 項），資本金の額の減少（同条 4 項），再生債務者が発行することができる株式の総数についての定款の変更（同条 6 項），募集株式を引き受ける者の募集に関する募集事項の決定（民再 183 条の 2 第 1 項）を含む。再生管財人は，株式の取得等の組織法的事項を遂行することはできないため，取締役など，再生債務者の機関がこれらの行為を行う必要がある。

裁判所は，再生計画の遂行を確実にするため必要があると認めるときは，再生債務者等または再生のために債務を負担し，もしくは担保を提供する者に対して，再生計画の定めによって認められた権利を有する者等のために，相当な担保を立てるべきことを命ずることができる（民再 186 条 3 項。**担保提供命令**）。

#### (2) 再生計画の遂行の監督等

##### (a) 再生債務者が再生計画を遂行する場合

(i) **監督委員が選任されていない場合**　再生計画認可の決定が確定したときは，裁判所は，監督委員または再生管財人が選任されていない場合には，**再生手続終結の決定**をしなければならない（民再 188 条 1 項）。この場合には，基本的に，再生債務者による再生計画の遂行を監督する機関はない。ただ，債権者委員会が，再生計画で定められた弁済期間内に，その履行を確保するため

の監督や関与を行う制度がある（民再154条2項参照）。

 **(ii) 監督委員による監督**　監督委員が選任されている（民再54条1項2項）ときは，当該監督委員が，再生債務者の再生計画の遂行を監督する（民再186条2項）。再生計画認可の決定が確定したときに監督委員が選任されている場合には，裁判所は，再生計画が遂行されたとき，または再生計画認可の決定が確定した後3年を経過したときは，再生債務者もしくは監督委員の申立てによりまたは職権で，再生手続終結の決定をしなければならない（民再188条2項）。監督委員による監督もその時点まで継続する。監督委員は，裁判所が指定する要同意事項がある場合（民再54条2項）には，再生計画認可の決定後も，再生債務者の行為に対する同意または不同意を通じて，さらに必要があれば，再生債務者の帳簿，書類その他の物件を検査すること（民再59条1項）で再生債務者による弁済状況等を確認することによって，再生債務者による計画の遂行を監督する。

 **(b) 再生管財人が再生計画を遂行する場合**
再生計画認可の決定が確定したときは，再生管財人が，速やかに再生計画を遂行し（民再186条1項），裁判所が再生管財人を監督する（民再78条・57条1項）。裁判所は，再生計画が遂行されたとき，または再生計画が遂行されることが確実であると認めるに至ったときは，再生債務者もしくは再生管財人の申立てによりまたは職権で，再生手続終結の決定をしなければならない（民再188条3項）。

## 2 再生計画の変更

### (1) 意義と要件

再生債務者等による再生計画の完遂が望ましいのはもちろんであるが，経済情勢の変動等によって，再生計画の遂行が困難になることがある。そのような場合に，再生計画の取消しや再生手続の廃止によって再生手続を終了する方法がある（⇨第16節）。しかし，それまでの経緯や，再生手続の終了による再生債務者や再生債権者への影響を考えると，再生計画の変更によって手続を維持する方が，再生債権者をはじめとする利害関係人の利益となる場合がある。そこで，再生計画認可の決定があった後，やむを得ない事由で再生計画に定める

事項を変更する必要が生じたときは，裁判所は，再生手続終了前に限り，再生債務者，再生管財人，監督委員または届出再生債権者の申立てによって，再生計画を変更する（**再生計画の変更**）ことができる（民再187条1項）。自然災害や経済情勢の変化，取引先の業績不振や倒産など，再生計画の成立時には予想し得なかった事態の発生により，再生計画で定めた再生債権への弁済等が困難となるなど，再生計画の遂行が困難となる場合がこれに当たる。

(2) 手 続

再生計画の変更は再生手続の終了前に限られる（民再187条1項）。その理由は，再生債権者に不利な影響を及ぼすものと認められる再生計画の変更の申立てがあった場合には，再生計画案の提出があった場合の手続に関する規定が準用されるため，再生計画案の決議における再生債権者の議決権額は，原計画案の作成過程で確定したものを用いること，および，再生手続終了後は再生債権でも共益債権でもない債権が発生する可能性があることによる。

再生債権者に不利な影響を及ぼすものと認められる再生計画の変更の申立てがあった場合には，あらためて再生債権者による決議および裁判所による認可の手続を経る必要がある（民再187条2項本文）。ただし，再生計画の変更によって不利な影響を受けない再生債権者を変更後の再生計画案の決議に参加させる必要はなく，また，変更計画案について議決権を行使しない者であって，従前の再生計画に同意したものは，変更計画案に同意したものとみなされる（同条項ただし書）。

## 3 再生計画の取消し

(1) 意義と要件

**再生計画の取消し**とは，再生計画認可の決定が確定した場合に，再生債務者と再生債権者との間の衡平を考慮して，再生計画を維持することが相当ではないと認められる一定の事由が生じたときに，再生債権者の申立てによって，裁判所が，再生計画を取り消すことができるとする制度である。再生債権者の利益の保護を目的としており，再生債権者の申立てを要する（民再189条1項柱書）。再生計画の取消しは再生手続終了後にも行うことができる（この点で再生計画の

変更と異なる)。

　取消事由は次の３つである。第１は，**再生計画が不正の方法により成立したこと**である（民再189条１項１号）。再生計画の不認可事由である「再生計画の決議が不正の方法によって成立するに至ったとき」（民再174条２項３号）と同旨であり（⇨**第14節🕉(2)**），再生債権者が，詐欺や脅迫，または不正な利益の供与を受けて議決権を行使した結果として，再生計画が成立した場合などがこれに該当する。不認可事由と同様であるため，再生債権者は，再生計画認可の決定に対する即時抗告で再生計画が不正の方法により成立したことを主張したとき，もしくはこれを知りながら主張しなかったとき，再生債権者がこの取消事由に該当する事由があることを知った時から１か月を経過したとき，または再生計画認可の決定が確定した時から２年を経過したときには，これを理由とする再生計画取消しの申立てはすることができない（民再189条２項）。

　第２は，**再生債務者等が再生計画の履行を怠ったこと**である（民再189条１項２号）。再生債務者等が再生債権の弁済という再生計画の履行を怠った場合には，再生債権者は再生債権者表の記載によって，強制執行をすることができる（民再180条３項本文）。しかし，再生債務者等が，再生計画による権利変更後の債務すら履行できない場合には，再生債務者が再生債権の減免等の利益を享受することはできないと考えられるため，再生計画を取り消すことで再生計画による権利変更の効力を失わせて，再生債権を原状に復することとしている（民再189条７項本文）。本事由によって申立てができる債権者は，再生計画の定めによって認められた権利の全部（履行された部分を除く）について裁判所が評価した額の10分の１以上に当たる権利を有する再生債権者であって，その有する履行期限が到来した当該権利の全部または一部について履行を受けていないものに限られる（同条３項）。例えば，再生債権の総額が２億円であり，再生計画においてその９割の免除を定めたため，再生計画による弁済総額は2000万円であったとする。再生債務者が，再生計画で定められた債務の３割を履行した後に弁済することができなくなった場合，残債務は1400万円であるから，未履行の再生債権の額が140万円以上である再生債権者が，本事由による再生計画取消しの申立てをすることができる。これは，再生計画の取消しの申立てを，今後の再生計画の遂行に関して相当程度の利害関係を有する者であって，実際

に自ら不利益を受けているものに限るためである。

　第3に，再生債務者が，裁判所の許可を得なければならない行為（民再41条1項・42条1項）や監督委員の同意を得なければならない行為（民再54条2項）について，**裁判所の許可や監督委員の同意を得ないでこれを行ったことである**（民再189条1項3号）。これらの行為は，再生債務者の不誠実さの現れと評価できるとともに，再生の基礎を危うくする重大な手続違反とみなされるためである。

### (2) 効　果

　再生計画取消しの決定の確定によって再生計画の効力は失われるため，再生計画認可の決定の確定によって生じた再生債権の免責の効力（民再178条1項本文）や権利変更の効力（民再179条1項）は失われて，再生計画によって変更された再生債権は原状に復する（民再189条7項本文）。ただし，再生債権者が再生計画の履行によって得た弁済は有効であり，再生計画によって得た担保や保証等（民再158条）も影響を受けない（民再189条7項ただし書）。原状に復するのは，再生計画によって変更された再生債権であるから，再生債務者の株式の取得（民再183条1項）や定款の変更（同条6項）は影響を受けない。

　再生計画取消しの決定が確定した場合には，原状に復した再生債権のうち，確定した再生債権については，再生債権者表の記載は，再生管財人が選任されている場合の再生債務者が，債権調査期間において，債権の内容について異議（民再102条2項・103条4項）を述べた場合を除いて，再生債務者に対して，確定判決と同一の効力を有し，再生債権者は，再生債務者に対して，再生債権者表の記載によって強制執行をすることができる（民再189条8項前半・185条1項2項。ただし，破産手続に移行した場合には強制執行はできない）。

　再生手続終了前であれば，監督命令や管理命令は，再生計画取消決定の確定時に効力を失う（民再189条8項後半・188条4項）。再生計画取消決定の確定によって再生手続は終了するが，その後，破産手続が開始される可能性がある（民再249条・250条）。

> **Column 3-15-1**　**再生計画が遂行されない場合の対応**
> 　再生債務者等による再生計画の遂行が困難となったときに，直ちに清算する

よりも，再生計画を変更して再生手続を継続する方が，再生債務者や再生債権者にとって有利な場合には，再生手続終了前であれば，再生債務者や再生管財人は裁判所に対して再生計画変更の申立てをすることができる（民再187条1項）。再生計画の変更では対応できないときには，再生手続廃止の申立て（民再194条）を検討することになろう。再生債務者による再生計画の遂行を監督する監督委員も，再生債務者と同様に，再生計画変更の申立て（民再187条1項）や再生手続廃止の申立て（民再194条）をすることができる。

　再生債権者は，再生計画の定めによって認められた権利について，弁済期が到来したにもかかわらず弁済がない場合には，再生債務者あるいは再生のために債務を負担した者に対して，再生債権者表の記載に基づいて強制執行をすることができる（民再180条3項）。また，再生計画を変更して再生手続を継続する方が，再生債権者にとって有利であると考えるときには，届出再生債権者は，再生手続終了前であれば，裁判所に対して再生計画変更の申立てをすることができる（民再187条1項）。さらに，再生債権者は，再生計画認可の決定が確定した場合において，再生債務者等が再生計画の履行を怠ったときには，裁判所に再生計画の取消しの申立てをすることができる（民再189条1項2号）。再生計画の取消しの決定が確定すると，再生計画によって変更された再生債権は原状に復し（民再189条7項），再生債務者に対して，再生債権者表の記載によって強制執行をすることができる（民再189条8項前半・185条2項）。再生債権者には，再生手続廃止（⇨**第16節2**）の申立ては認められていない（民再194条参照）。

## 第16節　再生手続の終了

### 1　再生手続の終結

　**再生手続の終了**には，再生手続が，本来の目的を達成して終了する場合（再生手続の終結）と，本来の目的を達成することなく終了する場合がある（終了原因は複数あり，**第15節3**の再生計画の取消しによる終了もここに含まれる）。本来の目的を達成したとして，裁判所が，再生手続終結決定によって再生手続を終了することを**再生手続の終結**という。再生手続の終結時期は，再生計画を遂行する機関や，監督機関の選任状況によって異なる。①監督委員も再生管財人も選任されていない場合には，裁判所は，再生計画認可の決定が確定したときは，再生手続終結の決定をしなければならない（民再188条1項）。②監督委員が選

任されている場合には，裁判所は，再生計画が遂行されたとき，または再生計画認可の決定が確定した後3年を経過したときに，再生債務者もしくは監督委員の申立てによりまたは職権で，再生手続終結の決定をしなければならない（同条2項）。③再生管財人が選任されている場合には，裁判所は，再生計画が遂行されたとき，または再生計画が遂行されることが確実であると認めるに至ったときに，再生債務者もしくは再生管財人の申立てによりまたは職権で，再生手続終結の決定をしなければならない（同条3項）。少なくとも再生計画の遂行が確実であることが認められるまでは，再生手続を継続して再生計画の遂行を再生管財人に委ねることが適切と考えられたためである。

## 2 再生手続の廃止

### (1) 意 義

**再生手続の廃止**とは，再生手続開始後から手続終結までの間に，民事再生法が定める一定の事由がある場合に，裁判所の決定によって，再生手続の目的を達成することなく再生手続を将来に向かって終了させることをいう。**廃止事由**には，再生手続の進行段階に応じて再生計画認可前の手続廃止（民再191・192条）と認可後の手続廃止（民再194条）があり，さらに，認可決定の前後を問わず再生債務者の義務違反行為に着目する廃止（民再193条）がある。

### (2) 廃止事由

#### (a) 再生計画認可前の手続廃止

**再生計画認可前の手続廃止**には，再生計画の成立に至らないことを理由とするもの（民再191条）と，再生手続開始の申立事由のないことが明らかになったこと（民再192条1項）を理由とするものがある。

前者は，①決議に付するに足りる再生計画案の作成の見込みがないことが明らかになったとき（民再191条1号），②裁判所の定めた期間内に再生計画案の提出がないとき，または提出されたすべての再生計画案が決議に付するに足りないものであるとき（同条2号），③再生計画案が否決されたとき，または債権者集会の続行期日が定められた場合（民再172条の5第1項本文4項）において，所定の期間内に再生計画案が可決されないとき（民再191条3号）である。再生

計画案の作成，提出，決議，可決という再生計画の成立に至るいずれかの段階で問題が生じ，再生手続が再生計画の成立に至らずに再生手続の目的（民再1条）を達する見込みがないことが明らかになったときに，裁判所は職権で，再生手続廃止の決定をしなければならない（民再191条柱書）。

　後者は，債権届出期間の経過後，再生計画認可の決定の確定前において，再生手続開始の申立ての事由（民再21条1項）のないことが明らかになったときは，裁判所は，再生債務者，再生管財人または届出再生債権者の申立てにより，再生手続廃止の決定をしなければならない（民再192条1項）とするものである。再生手続を申し立てる事由がない（なくなった）のであるから，もはや再生手続を進める必要はないからである。この場合には，裁判所が職権で廃止決定をすることはできない。

　(b)　**再生計画認可後の手続廃止**

　再生計画認可の決定が確定した後に，再生計画が遂行される見込みがないことが明らかになったときは，裁判所は，再生債務者等もしくは監督委員の申立てによりまたは職権で，再生手続廃止の決定をしなければならない（民再194条）。再生計画認可の決定の際には，再生計画が遂行される見込みがないとき（民再174条2項2号）とはいえなかったが，経済状況や取引先の状況が変わったことで，収益弁済型の再生計画における弁済ができない場合など，後に再生計画遂行の見込みがないことが明らかになる場合が考えられる。

　(c)　**再生債務者の義務違反による手続廃止**

　**再生債務者の義務違反による手続廃止**は，再生計画認可の前後を問わない廃止事由である。裁判所は，以下のいずれかの事由に該当する場合には，監督委員もしくは再生管財人の申立てによりまたは職権で，再生手続廃止の決定をすることができる（民再193条1項）。すなわち，再生債務者が，①再生債務者の業務および財産に関する仮差押えなどの保全措置（民再30条1項）に違反した場合（民再193条1項1号），②裁判所の許可（民再41条1項・42条1項）または監督委員の同意（民再54条2項）を受けなければならない行為を，これらの許可や同意を得ないでした場合（民再193条1項2号），③債権調査期間前の裁判所が定めた期限（民再101条5項または103条3項）までに認否書を提出しなかった場合（民再193条1項3号）である。もっとも，違反の程度や態様は様々で

第16節　再生手続の終了

あり，直ちに手続を廃止することが相当ではない場合や，監督委員や再生管財人を選任したうえで手続を継続することが望ましい場合もあることから，裁量的な廃止事由となっている（同条項柱書）。

再生債務者の義務違反による手続廃止は，義務に違反した再生債務者に対する一種の制裁である。そのため，廃止決定をする場合には，再生債務者を審尋しなければならない（民再193条2項）。

(3)　効　果　等

裁判所は，再生手続廃止の決定をしたときは，直ちにその主文および理由の要旨を公告しなければならない（民再195条1項）。廃止の決定に対しては，利害関係人は，即時抗告をすることができる（同条2項・9条）。再生手続廃止の決定の確定によって，再生手続は，将来に向かって終了する。その後，当該事件は，破産手続に移行する可能性がある（民再249条・250条）。

再生手続の廃止の場合には，手続が遡及的に効力を失うわけではない。したがって，再生計画認可の決定の確定前だが，再生債権が調査を経て確定した後に再生手続廃止決定が確定した場合には，確定した再生債権については，再生債権者表の記載は，（再生管財人が選任されている場合の）再生債務者が債権調査期間において債権の内容について異議（民再102条3項・103条4項）を述べていない限り，再生債務者に対して確定判決と同一の効力を有し，再生債権者は，再生債務者に対して強制執行をすることができる（民再195条7項・185条）。再生計画認可の決定が確定した後になされた再生手続の廃止は，再生計画の遂行や民事再生法の規定によって生じた効力に影響を及ぼさない（民再195条6項）。したがって，再生債権者が再生計画の履行として受領した弁済や別除権者が受領した弁済は有効であり，再生債権の免責（民再178条1項）や権利の変更（民再179条1項・181条1項），再生計画に基づく債務負担や担保提供（民再177条1項），再生計画の定めによって認められた権利に関する再生債権者表記載の効力（民再180条2項）などは，再生手続の廃止後も効力を維持する。

> **Column 3-16-1**　再生計画の取消しと再生手続の廃止
> 再生計画の取消事由は，①再生計画が不正の方法により成立したこと，②再生債務者等が再生計画の履行を怠ったこと，③再生債務者が裁判所の許可（民

再41条1項・42条1項）または監督委員の同意（民再54条2項）を受けなければならない行為を，これらの許可や同意を得ないでしたことである（民再189条1項1号～3号）。②は，再生計画認可後の廃止事由である，再生計画が遂行される見込みがないことが明らかになったとき（民再194条）と実質的には同様の状況にあることが多いと思われるし，③は，再生債務者の義務違反による手続廃止（民再193条1項2号）と同じである。しかし，再生計画の取消しと再生手続の廃止には違いがある。

再生計画の取消しは，再生債権者の利益保護を目的としており，再生債権者の申立てを要する（民再189条1項）。これに対して，再生手続の廃止は，場面に応じて，裁判所の職権によるもの（民再191条柱書），再生債務者，再生管財人または届出再生債権者の申立てによるもの（民再192条1項），監督委員もしくは再生管財人の申立てまたは職権によるもの（民再193条1項柱書），再生債務者等もしくは監督委員の申立てまたは職権によるもの（民再194条）といったように，廃止事由に応じて分かれる。また，再生計画の取消しに関しては，取消事由がある場合にも，裁判所の裁量が認められるのに対して（民再189条1項柱書），再生手続の廃止に関しては，再生債務者の義務違反による手続の廃止（民再193条）を除いて，裁判所の裁量は認められていない（民再191条柱書・192条1項・194条）。

再生計画の取消しの決定が確定すると，再生計画によって変更された再生債権が原状に復する（民再189条7項本文）という重大な効果が生じる。それゆえ，再生計画の取消しは，これによって，その利益に重大な影響を受ける再生債権者の申立てを必要とし，取消しの決定に際しては，裁判所が様々な事情を考慮して判断ができるように裁量の余地が残されている。これに対して，再生手続の廃止の効果は，再生手続を将来に向かって終了させるにとどまる。再生計画認可後に再生手続が廃止された場合には，再生計画そのものの効力は影響を受けず，再生計画によって変更された権利は，変更後の内容で存在し（民再195条6項），その効力が維持されることになる。

## 3 破産手続への移行

### (1) 移行手続と保全処分

再生手続が目的を達成することなく終了する場合には，破産手続によって債務者の財産を清算する必要が生じることも多い。そこで，再生手続の終了後に関して，申立てによる場合と裁判所の職権による場合という2つの**破産手続への移行手段**が用意されている。

破産手続開始前の再生債務者について，再生手続開始の決定の取消し，再生

手続廃止もしくは再生計画不認可の決定または再生計画取消しの決定（再生手続の終了前にされた申立てに基づくものに限る）があった場合には，当該決定の確定前においても，破産手続開始申立権を有する者は，再生裁判所に当該再生債務者についての破産手続開始の申立てをすることができる（民再249条1項前段）。破産手続開始後の再生債務者について，再生計画認可の決定の確定によって破産手続が効力を失った後に，民事再生法193条もしくは194条による再生手続廃止または再生計画取消しの決定があった場合も，同様である（民再249条1項後段）。再生手続開始の決定があったときは，破産手続開始の申立てをすることはできない（民再39条1項）が，上記の再生手続廃止の決定等があった場合には，破産手続への円滑な移行を確保するため，申立てに基づく**牽連破産**が認められている。ただし，再生手続廃止の決定などが確定した後でなければ，当該申立てによる破産手続開始の決定をすることはできない（民再249条2項）。

　破産手続開始前の再生債務者について，再生手続開始の申立ての棄却，再生手続廃止，再生計画不認可または再生計画取消しの決定が確定した場合において，裁判所は，当該再生債務者に破産手続開始の原因となる事実があると認めるときは，職権で，破産法に従って，破産手続開始の決定をすることができる（民再250条1項。**任意的決定**）。他方，破産手続開始後の再生債務者について，再生計画認可の決定の確定によって破産手続が効力を失った後に，民事再生法193条もしくは194条の規定による再生手続廃止または再生計画取消しの決定が確定した場合には，裁判所は，職権で，破産法に従って，破産手続開始の決定をしなければならない（民再250条2項本文。**必要的決定**）。これは，再生手続が頓挫した後に，破産手続によって再生債務者の財産を清算する必要があるためである。

　再生手続の廃止等，再生手続を途中で終了させる決定があっても，それが確定するまでは，裁判所は，破産手続開始の決定をすることができない。そこで，破産手続開始の決定までの間に財産が散逸する危険に対処するため，裁判所は，職権で，破産法が定める各種保全処分（⇨第2章第2節**3**）を命じることができる（民再251条1項）。実務上，ほぼこれらの保全処分が発令されている。典型例は，保全管理命令（破91条1項）や包括的禁止命令（破25条1項）であり，

多くの事案で，再生手続における監督委員が保全管理人となり，その者が破産手続開始の決定後に破産管財人となっている。

### (2) 先行の再生手続と後続の破産手続との調整

　先行の再生手続と後続の破産手続は別の手続であるが，同じく倒産処理を目的とすることを考慮して，両手続を一体として処理するための調整規定が設けられている。

#### (a) 否認や相殺禁止の基準時

　破産法における否認や相殺禁止に関する規定には，破産手続開始の申立て時を基準時とするものがある（破160条1項2号・71条1項4号等）。再生手続から破産手続に移行する場合には，職権による破産手続の開始の場合のように，破産手続開始の申立てが存在しないものがある。また，破産手続開始の申立てがある場合にも，倒産手続開始前の詐害行為や特定の債権者への偏頗的な弁済を事後的に否定するという否認や相殺禁止の趣旨に鑑みれば，再生手続が頓挫した後の破産手続開始の申立て時を，否認や相殺禁止の基準時とするのは適切ではない。そこで，再生手続の終了に伴って破産手続が開始した場合における，否認や相殺禁止に関する規定をはじめとする破産法の関係規定（民再252条1項参照）の適用については，再生手続開始の申立て等の前に破産手続開始の申立てがないときに限って，再生手続開始の申立て等を破産手続開始の申立てとみなすものとされている（民再252条1項柱書）。破産手続開始後の再生債務者について，破産手続開始の申立て（民再249条1項後段）または職権（民再250条2項本文）によって牽連破産に移行した場合の破産法の関係規定の適用については，再生債務者の義務違反による手続廃止もしくは再生計画認可後の手続廃止または再生計画の取消しの決定（再生手続の終了前にされた申立てに基づくものに限る）の確定に伴って破産手続開始の決定があった場合には，再生計画認可の決定の確定によって効力を失った破産手続における破産手続開始の申立てがあった時に，それ以外の再生計画の取消しの決定の確定に伴って破産手続開始の決定があった場合には，再生計画取消しの申立てがあった時に，破産手続開始の申立てがあったものとみなされる（民再252条3項1号2号）。

### (b) 共益債権の財団債権化

再生手続の終了に伴う破産手続開始の決定があった場合には，再生手続における共益債権で再生手続終了時に未弁済のものは，移行後の破産手続において財団債権となる（民再252条6項前段）。この規定は，再生手続中に再生債務者が借入れ（**DIPファイナンス**〔⇨ **Column 3-7-1** 〕）を受けた場合に意義を有する。破産法の一般原則に従えば，再生手続中のDIPファイナンスにかかる債権は後の破産手続では破産債権となるが，それでは，貸し手は，貸倒れリスクを懸念して，DIPファイナンスの提供に消極的になる。後続の破産手続においてDIPファイナンスが財団債権となることを明らかにすることで，積極的なDIPファイナンスの実施が期待される。また，再生手続の終了に伴う破産手続開始の決定があった場合における使用人の給料の請求権（破149条1項）は，再生手続開始の時を起算点として，その開始前3か月間の範囲で財団債権となる（民再252条5項）。

### (c) 債権届出の活用

再生手続から破産手続へ移行した場合の債権届出についても，両手続を一体とみる取扱いがなされる。裁判所は，牽連破産の場合において，終了した再生手続において届出があった再生債権の内容等その他の事情を考慮して相当と認めるときは，破産手続開始の決定と同時に，破産債権であって当該再生手続において再生債権としての届出があったものを有する破産債権者は，当該破産債権の届出をすることを要しない旨の決定をすることができる（民再253条1項）。この決定があった場合には，再生手続において再生債権としての届出があった債権については，当該再生債権としての届出をした者が，破産手続における債権届出期間の初日に，破産債権の届出をしたものとみなされる（同条3項）。

## 第17節　個 人 再 生

### 1　総　　説

個人の再生債務者も，**通常再生手続**（前節までで扱ってきた一般の再生手続を「通常再生手続」という）を利用することができる。しかし，通常再生手続は，

主に中小企業を念頭においた制度であり，個人債務者が利用するにはコストがかかり過ぎるという問題があった。そこで，個人債務者向けの簡易化された手続が用意されている。以下では，まず小規模個人再生を概観し，給与所得者等再生については，小規模個人再生の特則となる部分について説明を加える。

> **Column 3-17-1** 通常再生手続，小規模個人再生，給与所得者等再生の関係
>
> 　小規模個人再生と給与所得者等再生は，利用対象者を一定の個人債務者に限定し，通常再生手続の構造を基本としながらも，個人である再生債務者が利用しやすいように，手続をより合理化，簡素化したものである。小規模個人再生は，通常再生手続の特則であり，小規模個人再生（民事再生法第13章第1節）に関する民事再生法221条〜237条までの規定と，同法238条で適用が除外されていない通常再生手続に関する規定が適用される。給与所得者等再生は，小規模個人再生のさらなる特則であり，給与所得者等再生（民事再生法第13章第2節）に関する民事再生法239条〜243条までの規定，および同法244条が準用する小規模個人再生の規定，さらに同法245条で適用が除外されていない通常再生手続に関する規定（民再238条におけるよりも広い範囲の規定が適用除外となっている）が適用される。いずれの手続を利用するかは，債務者の判断に委ねられる。

## 2 小規模個人再生

### (1) 手続開始の要件等

#### (a) 利用資格

　**小規模個人再生**の利用は，個人債務者であり，将来において継続的にまたは反復して収入を得る見込みがあり，かつ，（住宅資金貸付債権の額，別除権の行使によって弁済を受けることができると見込まれる再生債権の額および再生手続開始前の罰金等の額を除く）再生債権の総額が5000万円を超えないものに限られる（民再221条1項）。小規模個人再生は，個人債務者の収入を弁済原資として，原則として，弁済期が3か月に1回以上到来する分割払の方法で，3年以内に（特別の事情がある場合には5年以内に）弁済する手続である（民再229条2項1号2号）ため，手続の利用は，このような弁済が可能な債務者に制限される。負債総額の上限が設けられているのは，再生債務者の収入を原資とする場合，再生債権の総額が多額であれば，債務の減免額も多くなることが予想され，そのような場合に手続を簡素化した小規模個人再生を利用することは，債権者に与える不

利益が大きいと考えられるためである。

　(b)　**小規模個人再生の申述**

　小規模個人再生の利用を求める者は，再生手続開始の申立てと同時に（債権者が再生手続開始の申立てをした場合には，再生手続開始の決定があるまでに），小規模個人再生を行うことを求める申述をしなければならず（民再221条2項），その際には，**債権者一覧表**を提出しなければならない（同条3項）。

　(c)　**手続の開始**

　小規模個人再生は通常再生手続をベースとするため，裁判所は，債務者による小規模個人再生を求める旨の申述があり，債務者が小規模個人再生の要件（民再221条1項），および通常再生手続開始の要件（⇨**第2節**❶）を満たしている場合に，小規模個人再生による再生手続を開始する決定を行う。

　裁判所は，再生手続開始の決定と同時に，債権届出期間のほか，届出があった再生債権に対して異議を述べることができる期間を定めて（民再222条1項前段。**異議申述期間**），これらを公告しなければならない（同条2項）。一般調査期間を定める必要はない（同条1項後段）。

(2)　**手続機関**

　(a)　**概　要**

　小規模個人再生では，手続の簡素化や手続費用の低廉化を図るため，監督委員や調査委員の制度は設けられていない（民再238条による同法第3章第1節・第2節の適用除外）。再生管財人の選任は，再生債務者が法人の場合に限られるため（民再64条1項かっこ書），小規模個人再生では，再生債務者が財産管理処分権（および業務遂行権）を持ち（民再38条1項），裁判所の監督の下で手続を遂行する。裁判所あるいは再生債務者を補助する機関として，**個人再生委員**の制度が設けられている（民再223条1項本文）。

　(b)　**個人再生委員**

　裁判所は，小規模個人再生を利用する旨の申述があった場合において，必要があると認めるときは，利害関係人の申立てによりまたは職権で，個人再生委員を選任することができる（民再223条1項本文）。個人再生委員の選任は裁判所の裁量に委ねられるが，再生債権の評価の申立て（民再227条1項本文）があ

ったときは，裁判所は，個人再生委員を選任しなければならない（民再223条1項ただし書）。個人再生委員の職務は，①再生債務者の財産および収入の状況の調査（同条2項1号），②再生債権の評価に関する裁判所の補助（同条項2号），③再生債務者が適正な再生計画案を作成するための必要な勧告（同条項3号）である。裁判所は，個人再生委員を選任する場合に，その職務として，①から③までのうちから1つ以上を指定する（同条項柱書）。

### (3) 再生債権の届出・調査

小規模個人再生では，通常再生手続とは異なり，再生債権の内容について確定判決と同一の効力によって確定することは予定しておらず（民再238条による同法第4章第3節の適用除外。⇨第6節**3**），再生債権は，再生計画案の決議における議決権や最低弁済額要件の判断に必要な範囲でのみ確定することになる。

#### (a) 届　出

再生債権者は，債権届出期間（民再222条1項）に再生債権を届け出ることができる。また，再生債務者が小規模個人再生を行うことを求める申述をする際に提出した債権者一覧表（民再221条3項）に記載されている再生債権については，そこに記載されている再生債権者が債権届出期間内に裁判所に当該再生債権の届出または当該再生債権を有しない旨の届出をした場合を除き，当該債権届出期間の初日に，債権者一覧表の記載内容と同一の内容で再生債権の届出をしたものとみなす制度（**みなし届出**）がある（民再225条）。

#### (b) 調査・確定

再生債権の調査は，**一般異議申述期間**内に，再生債務者および届出再生債権者が，裁判所に対して，届出再生債権の額または担保不足見込額について，書面で，異議を述べる方法で行われる（民再226条1項本文）。ただし，再生債務者が異議を述べるためには，小規模個人再生の利用を申述する際に提出する債権者一覧表に，再生債権の額等について異議を述べることがある旨をあらかじめ記載していなければならない（同条項ただし書）。

異議が述べられなかった届出再生債権（**無異議債権**。ただし，民再226条5項に規定する債権を除く）については，届出があった再生債権の額が，議決権行使や最低弁済額要件を判断する際の基礎となる（民再230条8項・231条2項3号4号）。

再生債務者または届出再生債権者が異議を述べた場合には，異議を述べられた再生債権を有する再生債権者は，裁判所に対して，異議申述期間の末日から3週間の不変期間内に，再生債権の評価の申立てをすることができる（民再227条1項本文）。評価の申立てを受けた裁判所は，個人再生委員の調査結果を踏まえて，再生債権の評価を行い，再生債権の存否や額等を定める（民再227条5項～8項）。

(4) 相殺権，否認権等

小規模個人再生において，双方未履行双務契約の処理（民再49条），別除権（民再53条），相殺禁止（民再93条・93条の2）に関する規定はそのまま適用されるが，否認権に関する規定は適用が除外される（民再238条による民事再生法第6章第2節の適用除外）。小規模個人再生では再生管財人も監督委員も選任することができず，また，否認権は最終的に訴訟によって行使せざるを得ないため（民再135条1項・137条1項），相当の時間を要することから，簡易迅速な手続という小規模個人再生の趣旨が損なわれるためである。ただし，否認権行使を回避するという不当な目的で小規模個人再生開始の申立てがなされた場合には，当該申立てが棄却されることも考えられる（民再25条4号）。小規模個人再生の開始後に否認対象行為の存在が明らかになった場合には，再生手続の廃止（民再191条1号2号・230条2項）または再生計画の不認可（民再174条2項・231条1項）となる（東京高決平成22・10・22判タ1343号244頁〔百選97〕参照）。

(5) 再生計画
 (a) 再生計画案の作成・提出

小規模個人再生では，再生債務者が再生計画案を作成して提出する。再生債権者は，再生計画案を提出することはできない（民再238条による163条2項の適用除外）。

 (b) 再生計画案の内容

小規模個人再生では再生債権の実体的な確定が行われないため，再生計画による権利変更において個々の再生債権の権利変更を定めることはできず（民再238条による157条の適用除外），権利変更の一般的基準（民再156条）を定めるに

とどまる。

　再生計画における権利変更の内容について，通常再生手続と小規模個人再生とで異なるのは以下の点である。①小規模個人再生の場合は，不利益を受ける再生債権者の同意がある場合または少額の再生債権の弁済の時期もしくは再生手続開始後の不履行による損害賠償および違約金の請求権などについて別段の定めをする場合を除き，衡平の観点に基づいた例外を認めず，再生債権者の間での形式的な平等を貫いている（民再229条1項。⇨第13節**2**参照）。②小規模個人再生の再生計画において債務の期限の猶予を定める場合には，(i)弁済期が3か月に1回以上到来する分割払の方法によること，(ii)最終の弁済期を原則として3年（特別の事情があるときは最長5年）とすることとしなければならない（同条2項）。③再生債権のうち，破産手続における免責手続であれば非免責債権（⇨第2章**第19 2**(8)）となる請求権については，当該再生債権者の同意がある場合を除いて，債務の減免や期限の猶予を定めることができない（同条3項）。

　(c)　**再生計画案の決議**

　**議決権行使の方法**は，手続コスト軽減の観点から，書面等投票に限られる（民再230条3項・238条による民事再生法第7章第3節の適用除外）。**可決要件**については，再生計画案に同意しない旨を書面等投票の方法によって回答した議決権者が議決権者総数の半数に満たず，かつ，その議決権の額が議決権者の議決権の総額の2分の1を超えないときに，再生計画案の可決があったものとみなされる（民再230条6項）。すなわち，不同意の議決権者数および議決権額に着目する消極的同意の仕組みが取られている。これは，同意を得るための再生債務者の負担を軽減すること，債権者の多くは消費者金融業者であることが想定されるため，これらの者に不同意の場合の回答を求めることが過大な負担とはならないと考えられたことによる。

　(d)　**再生計画の認可・不認可の決定**

　再生計画案が可決された場合には，裁判所は，**不認可事由**がある場合を除いて，再生計画認可の決定をする（民再231条1項）。不認可事由には，一般の不認可事由（民再174条2項。⇨**第14節 3**(2)）と，小規模個人再生の不認可事由（民再231条2項各号）がある。通常再生手続と共通の不認可事由が適用され（最決平成29・12・19民集71巻10号2632頁〔百選94〕），**清算価値保障原則**も適用さ

れる（東京高決平成 15・7・25 金判 1173 号 9 頁〔百選 95〕）。

小規模個人再生特有の不認可事由として，①再生債務者が将来において継続的にまたは反復して収入を得る見込みがないとき（民再 231 条 2 項 1 号），②無異議債権の額および評価済債権の額の総額（住宅資金貸付債権の額，別除権の行使によって弁済を受けることができると見込まれる再生債権の額等を除く）が 5000 万円を超えているとき（同条項 2 号），③再生計画に基づく弁済の総額が最低弁済額を下回っているとき（同条項 3 号 4 号）がある。③の**最低弁済額要件**は，個人債務者は高価な資産を持つことが少ないため，清算価値保障原則だけを基準とすると，継続的・反復的収入を得ながら，簡易・迅速な手続を通じてわずかな弁済を行うのみで，債務の免除を認める場合が多くなり，いわゆるモラル・ハザードを生じるおそれがあることを考慮したものである。最低弁済額の具体的な計算方法は**図表 3-3** のとおりである。

**図表 3-3　最低弁済額要件の内容**

| 基準債権*の総額 | 最低弁済額・弁済率 |
| --- | --- |
| 〜100 万円未満 | 基準債権の総額 |
| 100 万円以上〜500 万円未満 | 100 万円 |
| 500 万円以上〜1500 万円以下 | 基準債権の総額の 20% |
| 1500 万円超〜3000 万円以下 | 300 万円 |
| 3000 万円超〜5000 万円以下 | 基準債権の総額の 10% |

＊基準債権とは，無異議債権および評価済債権から別除権の行使によって弁済を受けると見込まれる再生債権および民事再生法 84 条 2 項各号に掲げる請求権を除いたものをいう（民再 231 条 2 項 3 号）。

(e)　**再生計画認可決定確定の効果**

小規模個人再生においては，再生債権の実体的な確定を行わないため，再生計画認可の決定が確定した場合も，再生債権についての免責の効力は生じない（民再 238 条による 178 条の適用除外）。認可の決定の確定により，民事再生法 87 条 1 項 1 号〜3 号が定める期限未到来の債権，金額および存続期間が確定している定期金債権，非金銭債権，条件付債権等は，同条項の定める金額の再生債権に変更される（民再 232 条 1 項）。そして，これらの債権を含むすべての再生債権が，民事再生法 156 条の一般的基準に従って変更される（民再 232 条 2 項）。権利変更の対象となるすべての債権には，債権届出がされず，債権者一覧表にも記載がない債権や，異議に基づく裁判所の評価において存在が認められなかった債権も含まれる。しかし，手続内で確定していない再生債権も弁済期間内に弁済しなければならないとすると，再生計画の遂行が困難となる可能性がある。そこで，変更された再生債権であって**無異議債権**および**評価済債権**（民再

230条8項）以外のものについては，再生計画で定められた弁済期間が満了する時までの間は，弁済をし，弁済を受け，その他これを消滅させる行為をすることができない（民再232条3項本文）。再生債権のうち，破産手続の免責手続において非免責債権（⇨第19節**2**(8)）となる請求権（民再229条3項）については，民事再生法156条に基づく権利変更の効力を及ぼすことはできない（民再232条2項かっこ書）。これらの減免対象外の債権のうち，無異議債権および評価済債権であるものは，民事再生法156条の一般的基準に従って弁済を行い，かつ，再生計画で定められた弁済期間の満了時に，残額を一括して弁済しなければならない（民再232条4項）。

### (6) 再生手続の終了

#### (a) 再生手続の終結

小規模個人再生においては，再生手続は，再生計画認可の決定の確定によって当然に終結し（民再233条），個人再生委員の職務も終了する。再生計画の履行を監督する機関に費用や報酬を支払うことは，手続費用の低廉化を図る小規模個人再生では適切ではないと考えられるためである。

#### (b) 再生手続の廃止

小規模個人再生においては，通常再生手続の**廃止**に関する規律（民再191条～193条）が適用されるほか，小規模個人再生特有の廃止事由が存在する。すなわち，再生計画案に対する不同意の旨を裁判所に回答すべき期間内に，その旨を書面によって回答した議決権者が，議決権者総数の半数以上となるか，またはその議決権の額が議決権者の議決権の総額の2分の1を超えた場合には，裁判所は，職権で，再生手続廃止の決定をしなければならない（民再237条1項前段）。再生債務者が，財産目録に記載すべき財産を記載せず，または不正の記載をした場合には，裁判所は，届出再生債権者もしくは個人再生委員の申立てによりまたは職権で，再生手続廃止の決定をすることができる（同条2項前段）。再生管財人や監督委員等を選任することができない小規模個人再生においては，手続を適正に進めるうえで財産目録が重要な意味を持っており，それを適切に記載しないことは，重大な手続違反とみなされるためである。

### (7) 再生計画認可後の手続等

#### (a) 再生計画の遂行

小規模個人再生では，再生手続は再生計画の認可決定の確定によって当然に終結し（民再233条），再生債務者が手続機関による監督を受けずに再生計画を遂行する。

#### (b) 再生計画の変更

再生債務者は，継続的・反復的な収入を弁済原資として最低弁済額を原則3年間で弁済する再生計画案を作成しなければならないため，収入の減少や病気等の事情によって，直ちに再生計画の遂行が不可能となる事態に追い込まれるおそれがある。そこで，再生計画認可の決定後に，やむを得ない事由で再生計画を遂行することが著しく困難となったときは，再生債務者の申立てにより，再生計画で定められた債務の期限を最長2年延長することができる（民再234条1項）。手続の終結後も変更が認められること（通常再生の場合について，民再187条1項参照），および変更による再生債権者への影響を最低限にとどめるために弁済額の減額は認められず，変更は期限の延長に限られることが特徴である。再生計画の変更に当たっては，再生計画案の提出があった場合と同様に，再生債権者による消極的同意と裁判所の認可が必要である（民再234条2項）。

#### (c) ハードシップ免責

（i）**要　件**　再生債務者による再生計画の遂行が困難となり，再生計画の変更（民再234条）も難しい場合には，再生計画の履行を怠ったとして再生計画が取り消されて（民再189条1項2号），牽連破産に進むことが考えられる（民再250条1項参照）。しかし，債務者が残債務の免責を受けるためには，別途，破産手続の免責手続（⇨第2章**第19節**）を利用しなければならないとするのは，債務者にとって酷である。そこで，再生計画の遂行が極めて困難となった場合に，厳格な要件のもとで，再生債務者が，破産手続を利用せずに残債務の免責を受けることができる制度が**ハードシップ免責**である。

ハードシップ免責の基本的な要件は，再生債務者の責めに帰することができない事由により，再生計画の遂行が極めて困難になったこと（民再235条1項柱書前半）である。例えば，体調不良で勤務先を退職後，病気を発症して就労不能になった場合などが考えられる。

(ii) **手続・効果** ハードシップ免責を受けるためには，上記の基本的要件に加えて，①再生計画によって権利変更されて弁済期間中に弁済をなすべき再生債権のそれぞれに対して，その4分の3以上の額の弁済を終えていること（民再235条1項1号），②破産手続の免責手続であれば非免責債権となる再生債権で，民事再生法232条4項（⇨前述(5)(e)）により弁済期間中に弁済をすべきものについて，その4分の3以上の額の弁済を終えていること（同条項2号），③免責の決定をすることが再生債権者の一般の利益に反するものでないこと（同条項3号），④再生計画の変更（民再234条）によって対応することが極めて困難であること（民再235条1項4号）のいずれにも該当しなければならない（同条項柱書）。①・②は，再生債権者の利益を考慮したものである。再生債務者が破産した場合に再生債権者が得られたであろう金額を下回る弁済しか行っていないにもかかわらず，ハードシップ免責を認めることは，再生債権者の利益を不当に害することになるため，③の要件が定められている。また，再生計画の変更による対応が可能であれば，そちらを利用して再生計画を履行すべきであると考えられる（④の要件）。

　裁判所は，再生債務者の申立てにより，届出再生債権者の意見を聴いたうえで，ハードシップ免責の決定をすることができる（民再235条1項2項）。免責の決定が確定すると，再生債務者は，履行した部分を除き，再生債権者に対する債務の全部についてその責任を免れる（同条6項。ただし，非減免債権〔民再229条3項各号〕と再生手続開始前の罰金等を除く〔民再235条6項かっこ書〕。責任を免れることの意味について，⇨第2章**第19節2**(7)）。また，免責の決定の確定は，別除権者が有する担保権等には影響を及ぼさない（同条7項）。ハードシップ免責の決定が確定した場合には，当該免責の決定にかかる再生計画認可の決定が確定した日から7年以内に，給与所得者等再生を行うことを求める旨の申述があったときは，給与所得者等再生の利用は認められず（民再239条5項2号ロ），また，同じく7年以内に破産免責の申立てがあったときは，免責許可の決定を受けることができない（破252条1項10号ハ）。

(d) **再生計画の取消し**

(i) **要件** 再生計画認可の決定が確定した場合には，計画弁済総額が，再生計画認可の決定があった時点で再生債務者につき破産手続が行われた場合

における基準債権に対する配当の総額を下回ることが明らかになったときは，裁判所は，再生債権者の申立てによって，再生計画取消しの決定をすることができる（民再236条前段）。小規模個人再生においては通常再生手続におけるような監督機関がないため，債務者の財産状態が十分に把握できず，再生計画認可決定の確定後に再生債務者による財産の隠匿等が明らかになることがあり得る。そこで，清算価値保障原則に反する事由が後に判明した場合を取消事由としている。

　　(ii)　**効　果**　再生計画の取消しの決定の効果は，通常再生手続の場合と同様であり，取消しの決定の確定により，再生計画によって変更された再生債権は原状に復する（民再189条7項本文）。

## 3 給与所得者等再生

　**給与所得者等再生**は，小規模個人再生の特則であり，基本的な手続は小規模個人再生に準ずる。以下では，小規模個人再生と異なる給与所得者等再生の特徴を中心に扱う。

### (1) 給与所得者等再生の開始

　給与所得者等再生を利用できるのは，小規模個人再生の利用資格（民再221条1項）を有する債務者のうち，①給与またはこれに類する定期的な収入を得る見込みがある者であって，かつ，②その額の変動の幅が小さいと見込まれるものである（民再239条1項）。給与所得者等再生は，再生計画について債務者の**可処分所得**の2年分以上の額を原資とすること（民再241条2項7号）を条件として，再生債権者による再生計画案の決議を省略するため，収入を確実に把握できる債務者のみを対象とする。②の額の変動の幅が小さいと見込まれるものかどうかは，再生債務者の職種や給与の算定基準，収入の状況や経済情勢などを総合的に考慮して判断される。

　給与所得者等再生を行うことを求める旨の申述は，再生手続開始の申立ての際にしなければならない（民再239条2項）。給与所得者等再生の開始を妨げる事由は，①再生債務者が，給与またはこれに類する定期的な収入を得る見込みがある者に該当しないか，またはその額の変動の幅が小さいと見込まれる者に

該当しないこと（同条5項1号），②給与所得者等再生を求める旨の申述が，(i)給与所得者等再生における再生計画が遂行された場合には，当該再生計画認可の決定の確定の日から，(ii)ハードシップ免責の決定が確定した場合には，当該免責の決定にかかる再生計画認可の決定の確定の日から，(iii)破産手続の免責手続における免責許可の決定が確定した場合には，当該免責許可決定の確定の日から，7年以内になされたことである（同条項2号）。

裁判所は，通常再生手続開始の基本的な要件，小規模個人再生の要件，および給与所得者等再生の要件のすべてが満たされていると認めるときは，給与所得者等再生による再生手続を開始する旨を決定する。

### (2) 再生計画
#### (a) 意見聴取

給与所得者等再生では，再生計画の成立のために再生債権者による決議は（積極にも消極にも）必要ではない（民再245条による民再238条に規定する民事再生法第7章第3節〔民再172条を除く〕の適用除外および民再245条による民再172条の適用除外）。これは，再生計画の認可要件として，**可処分所得基準**（後述⇨(b)）が定められているためである。再生計画案の提出があった場合には，裁判所は，再生計画案を認可すべきかどうかについて，届出再生債権者の意見を聴取しなければならない（民再240条1項）。

#### (b) 不認可要件——可処分所得基準

裁判所は，再生計画案に関する届出再生債権者の意見聴取期間が経過したときは，不認可事由がある場合を除いて，再生計画認可の決定を行う（民再241条1項）。給与所得者等再生に特有の**不認可事由**として，再生債務者が給与もしくはこれに類する定期的な収入を得ている者，またはその額の変動の幅が小さいと見込まれる者という手続の利用資格要件を満たさないとき（民再241条2項4号）や，可処分所得基準（同条項7号）に反するときなどがある。

**可処分所得基準**とは，原則として3年間の弁済期間（最長5年。民再244条・229条2項2号）内に，再生債務者の可処分所得の2年分以上の弁済をすることを求めるものである（民再241条2項7号）。可処分所得は次のように計算する。まず，再生債務者の平均年収額を算定する。具体的には，①再生債務者の給与

またはこれに類する定期的な収入の額について，再生計画案の提出前2年間に，再就職等で年収について5分の1以上の変動を生ずべき事由が生じた場合には，当該事由が生じた時から再生計画案を提出した時までの間の収入の合計額から，これに対する所得税等に相当する額を控除した額を，1年間当たりの額に換算した額を算出する（同条項7号イ）。②再生債務者が自営業を廃業して給与所得者になった場合など，再生計画案の提出前2年間に，給与またはこれに類する定期的な収入を得ている者でその額の変動の幅が小さいと見込まれるものに該当することとなるといったように，給与所得者等再生の対象となり得る要件（民再239条1項）を満たした場合には，この要件に該当することとなった時から再生計画案を提出した時までの間の収入の合計額から，これに対する所得税等に相当する額を控除した額を1年間当たりの額に換算した額を算出する（民再241条2項7号ロ）。①②以外の場合には，③再生計画案の提出前2年間の再生債務者の収入の合計額から，これに対する所得税等に相当する額を控除した額を2で除した額を算出する（同条項7号ハ）。次に，それぞれの額から，再生債務者およびその扶養を受けるべき者の最低限度の生活を維持するために必要な1年分の費用の額を控除する。この控除後の額が可処分所得の額である。そして，再生計画の弁済総額が，この可処分所得の額に2を乗じた額以上の額でなければならないとする（同条項7号柱書）。

(3) 手続の終了・再生計画の認可後の手続

給与所得者等再生においても，手続内で再生債権の確定を行わないため，再生計画認可の決定が確定した場合にも，再生債権についての免責の効力や個別的権利変更の効力は生じない（民再245条・238条による178条・179条の適用除外）。再生計画認可の決定の確定の効果として，再生債権そのものが現在化・金銭化された権利に変更されて，権利の変更の一般的基準（民再156条）に従って変更される（民再244条・232条1項2項）。給与所得者等再生による再生手続は，再生計画認可の決定の確定によって終了する（民再244条・233条）。手続の廃止（民再243条），再生計画の取消し（民再242条）については，給与所得者等再生に特有の規定がある。

## 4 住宅資金貸付債権に関する特則

### (1) 総　説

　個人が居住用住宅を購入するに当たって、金融機関等から融資を受ける際には、当該金融機関の貸付債権またはその債務を保証するための保証会社の求償権を担保するために、当該住宅に抵当権が設定されることが多い。住宅資金貸付債権の債務者が再生手続を利用すると、住宅に設定された抵当権は別除権となって（民再53条1項）、再生手続によらずに行使することができる（同条2項）ため、債務者は住宅を失うおそれがある。そこで、再生債務者が住宅を手放さずに経済的再生を果たすことを可能にするため、民事再生法第10章に**住宅資金貸付債権に関する特則**が定められている。この特則は、個人である再生債務者が利用できるものであり、小規模個人再生や給与所得者等再生のほか、通常再生手続の場合にも適用される。

### (2) 適用対象

　住宅資金貸付債権に関する特則の対象となるためには、個人である再生債務者が住宅を保有していなければならない。住宅とは、個人である再生債務者が所有し、自己の居住の用に供する建物であって、その床面積の2分の1以上に相当する部分が専ら自己の居住の用に供されるものをいう（民再196条1号本文）。権利変更の対象となる住宅資金貸付債権とは、住宅の建設もしくは購入、または住宅の改良に必要な資金の貸付けにかかる分割払の定めのある再生債権であって、当該債権または当該債権にかかる債務の保証人（保証を業とする者に限る）の主たる債務者に対する求償権を担保するための抵当権が住宅に設定されているものをいう（同条3号）。住宅の上に他の抵当権が設定されている場合には、その実行によって再生債務者が住宅を失うおそれがあるため、本特則を利用することはできない（民再198条1項ただし書）。

### (3) 住宅資金特別条項

　**住宅資金特別条項**とは、再生債権者の有する住宅資金貸付債権の全部または一部を、以下で述べる民事再生法199条1項から4項までの規定によって変更

する再生計画の条項をいう（民再196条4号）。その内容は，抵当権を有する住宅資金貸付債権者または保証会社の地位を考慮して，期限の猶予を中心とした4つの類型に分けることができる。住宅資金特別条項を定めた再生計画案を提出できるのは，再生債務者のみである（民再200条1項）。

　基本的な定めは，①再生計画認可の決定の確定時までに弁済期が到来する住宅資金貸付債権の元本およびこれに対する再生計画認可の決定の確定後の住宅約定利息，ならびに損害金の全額を，住宅資金特別条項を除く再生計画の弁済期間（当該期間が5年を超える場合には，再生計画認可の決定の確定から5年）内に支払い，再生計画認可の決定の確定時までに弁済期が到来しない住宅資金貸付債権の元本およびこれに対する再生計画認可の決定の確定後の住宅約定利息については，住宅資金貸付契約における債務の不履行がない場合についての弁済の時期および額に関する約定に従って支払うものである（民再199条1項。**期限の利益回復型**）。これは，認可の決定の確定時にまでに弁済期が到来する債務について，いったん失われた期限の利益を回復させたうえで，遅滞した分を法定の弁済期間内に弁済し，残りの部分は本来の約定に従って支払うものである。

　①の住宅資金特別条項を定めた再生計画の認可の見込みがない場合には，②住宅資金貸付債権にかかる債務の弁済期を，住宅資金貸付契約において定められた最終の弁済期（約定最終弁済期）から後の日に定めることができる（民再199条2項柱書。**リスケジュール型**）。対象となるのは，住宅資金貸付債権の元本および利息ならびに損害金の全額であり（同条項1号），加えて，住宅資金特別条項による変更後の最終の弁済期が，約定最終弁済期から10年を超えず，かつ，変更後の最終の弁済期における再生債務者の年齢が70歳を超えないものでなければならない（同条項2号）。

　②の住宅資金特別条項を定めた再生計画の認可の見込みがない場合には，③住宅資金特別条項を除く再生債権についての再生計画で定める弁済期間（一般弁済期間）の範囲内で定める期間（元本猶予期間）中は，住宅資金貸付債権の元本の一部および住宅資金貸付債権の元本に対する元本猶予期間中の住宅約定利息のみを支払うものとすることができる（同条3項前段。**元本猶予期間併用型**）。この場合，住宅資金貸付債権の元本およびこれに対する再生計画認可の決定の確定後の住宅約定利息の金額を支払うものである等の要件を満たさなければな

らない（同条項各号）。この期間中は，元本の弁済の一部の猶予によって負担が軽減され，再生計画の履行が容易となる。

④住宅資金特別条項によって権利の変更を受ける者の同意がある場合には，約定最終弁済期から10年を超えて住宅資金貸付債権にかかる債務の期限を猶予したり，①〜③に規定する変更以外の変更をしたりすることを内容とする住宅資金特別条項を定めることができる（同条4項。**合意型**）。

### (4) 手続上の特則
#### (a) 住宅資金貸付債権者の議決権の否定
住宅資金特別条項を定めた再生計画案の決議においては，住宅資金特別条項によって権利の変更を受けることとされている者および保証会社は，住宅資金貸付債権または住宅資金貸付債権にかかる債務の保証に基づく求償権については，議決権を有しない（民再201条1項）。これは，住宅資金貸付債権者の利益は，一方で，住宅資金特別条項の内容が法定されることで守られており，他方で，住宅資金貸付債権は多額であることが通常であるため，これについて議決権を認めると，住宅資金貸付債権者や保証会社の意向によって，再生計画案についての決議が左右されるおそれがあることを考慮したことによる。ただし，裁判所は，当該住宅資金特別条項によって権利の変更を受けることとされている者の意見を聴かなければならない（同条2項前段）。

#### (b) 住宅資金貸付債権の弁済許可
裁判所は，再生債務者が，再生手続開始後に住宅資金貸付債権の一部を弁済しなければ住宅資金貸付契約の定めにより当該住宅資金貸付債権の全部または一部について期限の利益を喪失することとなる場合において，住宅資金特別条項を定めた再生計画の認可の見込みがあると認めるときは，再生計画認可の決定が確定する前でも，再生債務者の申立てにより，その弁済を許可することができる（民再197条3項）。

#### (c) 抵当権の実行手続の中止命令
裁判所は，再生手続開始の申立てがあった場合において，住宅資金特別条項を定めた再生計画の認可の見込みがあると認めるときは，再生債務者の申立てにより，相当の期間を定めて，住宅または再生債務者が有する住宅の敷地に設

定されている抵当権の実行手続の中止を命ずることもできる（民再197条1項）。

(5) **不認可要件と認可決定の効力**
　(a)　認可または不認可の決定
　住宅資金特別条項を定めた再生計画の**不認可事由**のうち，特別条項に特有の不認可事由として，まず，再生計画が遂行可能であると認めることができないとき（民再202条2項2号）がある。住宅資金特別条項は長期間にわたるものであって，住宅価格の低下等のリスクを担保権者が負担することや，住宅資金貸付債権者の議決を必要としないで特別条項の効力を及ぼすことに鑑みて，住宅資金貸付債権者の利益の保護を考慮したものである。また，住宅資金貸付債権に関する特則は，個人の再生債務者が，生活の基盤となる住宅を保持することを目的とするため，再生債務者が住宅の所有権または住宅の用に供されている土地を住宅の所有のために使用する権利を失うこととなると見込まれるときも，不認可事由となる（同条項3号）。

　(b)　認可決定の効力
　住宅資金特別条項を定めた再生計画の認可の決定が確定すると，権利変更の効力は，住宅資金貸付債権を担保するために住宅や敷地に設定された抵当権や保証に及ぶ（民再203条1項本文による177条2項の適用除外）。期限の利益の回復や弁済期限の猶予といった住宅資金特別条項の効力は，担保権との関係でも効力をもち，抵当権の実行はできなくなる。再生債務者は，住宅資金特別条項を定めた再生計画に基づく弁済を続けている限り，抵当権の実行を回避することができる。

　(c)　保証会社が保証債務を履行していた場合の効力（巻戻し）
　住宅資金貸付債権については，保証会社による保証が付されるのが一般的である。債務者が住宅資金貸付債権の返済を遅滞すると，保証会社が，住宅資金貸付債権を有する者に対して代位弁済を行い，求償権に基づいて住宅に対する抵当権を実行して，債権を回収することが多い。一方で，代位弁済がなされたときに住宅資金特別条項を定めることができないとすれば，再生債務者による住宅の保持という住宅資金貸付債権に関する特則の趣旨は果たされない。他方で，保証会社は，代位弁済に要した資金については，抵当権を実行することで

早期に回収することを想定しており，住宅資金特別条項のような長期間の弁済を余儀なくされると，不利益を受けると考えられる。

　そこで，保証会社が，住宅資金貸付債権にかかる保証債務を履行した場合において，当該保証債務の全部を履行した日から6か月を経過する日までの間に再生手続開始の申立てがされたときは，住宅資金特別条項を定めることができ（民再198条2項），住宅資金特別条項を定めた再生計画の認可の決定が確定した場合には，当該保証債務の履行はなかったものとみなされる（民再204条1項本文。**巻戻し**）。これにより，履行により消滅した保証債務が復活し，保証会社が取得した求償権が消滅する。そして，保証会社が代位によって取得した住宅資金貸付債権は，当初の住宅資金貸付の債権者の下に復帰する。保証債務の履行として支払われた金銭は，当初の住宅資金貸付債権の債権者が，不当利得として，保証会社に返還する。

# 第4章 会社更生法

- 第1節　会社更生法の概観
- 第2節　更生手続の開始
- 第3節　更生手続の機関
- 第4節　更生会社財産
- 第5節　更生債権・更生担保権
- 第6節　更生債権および更生担保権の届出・調査・確定
- 第7節　共益債権・開始後債権・株主の権利
- 第8節　更生会社の事業運営・法律関係
- 第9節　会社再建策の構築
- 第10節　更生計画の成立
- 第11節　更生計画認可後の手続・更生手続の終了

## 第1節　会社更生法の概観

### 1 手続の全体像

(1) 更生手続の目的・特徴

**更生手続**は，窮境にある株式会社について，更生計画の策定およびその遂行に関する手続を定めること等により，債権者，株主その他の利害関係人の利害を適切に調整し，もって当該株式会社の**事業の維持更生を図る**ことを目的とする（会更1条）。

更生会社の事業の維持更生を図るため，裁判所に選任された更生管財人（会更67条1項）が，更生会社の事業経営権と財産管理処分権を有したうえで更生会社の事業運営を行いながら（会更72条1項），**更生計画案**を作成し，関係人集会等における更生債権者・更生担保権者による更生計画案の決議を得て，裁判

所による更生計画認可（会更 199 条）をめざす。更生計画案には，事業の維持更生のため，会社分割や合併など組織再編についても規定することができる。更生計画の認可後，更生管財人は当該更生計画を遂行し，原則として更生計画がすべて遂行されたことをもって，更生手続は終結する（会更 239 条 1 項）。なお，更生管財人については，事業再生手続の経験が豊富な弁護士が選任されるほか（**法律家管財人**），必要に応じて，事業経営経験者が管財人として選任されることがあり（**事業家管財人**），法律家管財人と事業家管財人の 2 人体制で更生手続を進める場合がある。また，更生管財人に事業経営権と財産管理処分権が専属することになるため（会更 72 条 1 項），従前の取締役の業務執行権は失われる。

　更生会社に対する更生手続開始前の原因に基づいて生じた財産上の請求権は**更生債権**とされ（会更 2 条 8 項），更生手続で認められている場合以外の権利行使を禁じられる（会更 47 条 1 項・50 条 1 項）。担保権を有する更生債権（担保権の被担保債権）も**更生担保権**とされ（会更 2 条 10 項），同様に，当該担保権の手続外の権利行使（担保権実行）を禁じ，更生手続内での権利行使しか認めていない（会更 47 条 1 項・50 条 1 項）。また，**租税債権**についても更生手続内での権利行使しか認められておらず（会更 47 条 1 項 7 項），滞納処分などの更生手続外の権利行使は認められていない（会更 50 条 2 項 3 項）。このように，更生手続は，債権者に対して，権利行使を手続内に制限する強い効力を有する手続である。

> **Column 4-1-1　更生手続を利用する企業**
>
> 　更生手続を利用する企業は，負債総額 2 兆 3000 億円と言われた株式会社日本航空など事業規模が大きい企業か，または北海道と本州の物流を担っていた東日本フェリー株式会社など，地域経済において重要な事業を営む企業が中心であった。他方，再生手続によっても大規模企業の再建が可能であることから，近年，更生手続の利用の幅を広げ，大規模企業のみを対象とするのではなく，中規模以下の企業の再建案件も受け入れる傾向が生じている。実際にも，担保権や公租公課を手続に取り込む特殊性に注目し，そのようなニーズがある負債総額 30 億円以下の中小企業において，更生手続が利用されるケースも生じている。また，放漫経営を行う経営者から経営権限を奪ったうえで再建手続を進めるため，債権者である金融機関等が中小企業に対して更生手続を申し立てる案件も多くなっている。

## (2) 手続の概要

### (a) 事前相談

更生手続開始の申立てにおいては，裁判所の担当部に対し，事前相談を実施することが通例である。事前相談によって，裁判所は手続の見通しを立て，保全管理人候補者を用意するなど準備する。

### (b) 保全期間

更生手続開始の申立てがなされた場合，通常は即日に**保全管理命令**（会更30条）と**弁済禁止等の保全処分**（会更28条1項）が発令される。

保全管理命令は，**保全管理人**を選任し，更生会社（更生手続開始の決定前の債務者会社を「開始前会社」というが〔会更2条6項〕，本書では更生会社と表示することもある）の業務および財産の管理を命ずるものである（会更30条1項2項）。

保全処分の主なものは，申立ての前日までの原因に基づいて生じた債務の弁済を更生会社に対して禁ずるもの（弁済禁止の保全処分）であり，これによって事実上，債権者は回収行為を行うことができなくなる。さらに，担保権者が担保権を実行すれば，裁判所は利害関係人の申立てまたは職権によって，当該行為について**中止命令**を発令することになる（会更24条）。

保全期間中は，裁判所の監督の下にて，保全管理人が事業運営や債権者対応などの手続を実施するとともに，更生手続の開始の原因の有無などを調査する。保全期間は東京地裁の標準スケジュールでは約1か月とされているが，ケースバイケースであり，また他の裁判所では1か月を超える場合が多い。

### (c) 手続開始

更生手続が開始されると，**更生管財人**が選任され（会更67条1項），更生会社の財産を管理し，更生手続の遂行や会社の事業経営を担うことになる（会更72条1項）。通常は，保全管理人がそのまま更生管財人に選任される。開始時の更生会社の財産について，更生管財人は，資産を時価評価した**財産評定**を実施する（会更83条）。

弁済禁止の保全処分によって弁済が凍結されていた債権は，更生債権（会更2条8項）や更生担保権（会更2条10項）とされ，債権の届出（会更138条1項）がなされたうえで，債権調査手続（会更144条等）を経ることになる。

### (d) 更生計画案

　更生会社の再建手法は，事業を改善して収益体質としたうえで，収益によって債権者への弁済原資を捻出し，長期の分割弁済を実施する**自主再建型**のほか，最近は，スポンサー企業を募ったうえで，スポンサーが事業価値相当額について資金を拠出し，当該資金を原資として一括弁済し，残債務の免除を求める**スポンサー支援型**が多くなっている。

　更生管財人は更生計画案を作成して裁判所に提出し（会更 184 条 1 項），裁判所が内容を確認して問題なければ，**決議に付する旨の決定**（**付議決定**）がなされる（会更 189 条 1 項）。決議は，関係人集会を開催したうえで議決権者が当該集会の期日において投票する場合（同条 2 項 1 号）のほか，書面等投票で実施する場合（同条項 2 号）や関係人集会の期日において議決権を行使する方法と書面等投票による方法を議決権者が選択する方法（同条項 3 号）で実施される。更生債権と更生担保権の組に分けて決議されることが通常であり（会更 196 条 1 項 2 項），それぞれの組において法定多数の同意が得られれば，更生計画認可の決定がなされ（会更 199 条），更生管財人は以後，更生計画を遂行することになる（会更 209 条 1 項）。開始決定から認可決定まで，東京地裁標準スケジュールでは約 11 か月とされているが，実際の運用はケースバイケースであり，期間が延びることも少なくない。

### (e) 終　結

　原則として更生計画が遂行されるまで手続が継続する（会更 239 条 1 項）。したがって，更生計画の内容が長期分割弁済を規定している場合には，原則として当該弁済期間中は更生手続は終結せず，更生管財人が事業経営を実施する状態が継続することになる。

## 2 再生手続との比較

### (1) 再生手続と異なる特徴

　更生手続は，更生会社の事業の維持更生を図るため，かなり強力な制度として設計されている。すなわち，更生手続では，従前の経営陣が退陣して更生管財人が事業経営と更生手続を担うものとされ，担保権者や租税債権者の権利行使を手続内に取り込んで制約し，さらに，事業の維持更生に必要な組織再編

第1節　会社更生法の概観

図表 4-1　東京地方裁判所・標準スケジュール（管理型スケジュール）

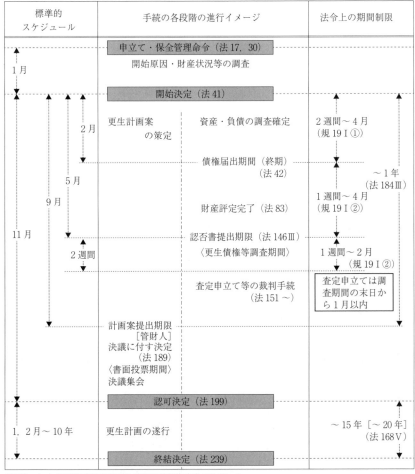

(注1)　（　）内の数字は会社更生法規の根拠条文を示している。
(注2)　上記のスケジュールは、会社申立てに基づき手続が開始され更生計画が遂行されて終結に至る標準的なケースを想定して作成したものである。
(出典：東京地裁会社更生実務研究会編著『会社更生の実務〔新版〕上』〔金融財政事情研究会、2014年〕)

ついて更生計画にて容易に実施することができるものとしている。
　他方、再生手続は、**再生管財人**を選任する場合もあるが（民再64条1項2項）、それは例外であって、原則は、従前の経営陣がそのまま経営を継続し、再生手

続を担う**DIP型**を採用している（民再38条1項）。また，担保権の実行を制約しておらず，**別除権**として再生手続外の行使が認められており（民再53条），租税債権についても手続外の権利行使が可能である（民再122条）。さらに，会社分割や合併等の組織再編については，再生計画によることはできず，会社法上の手続を履践しなければならない。

手続終結時期について，再生手続は，再生計画の遂行が終わっていなくても，通常，再生計画認可の決定が確定した後3年を経過すれば手続は終結するとされているが（民再188条2項），更生手続は，原則として，更生計画が遂行された場合でないと手続は終結せず（会更239条1項），裁判所の監督が長期間にわたる（再生手続の概要について⇨第3章**第1節**参照）。

### (2) 運用面における更生手続と再生手続の接近
#### (a) DIP型更生手続

更生手続は，担保権者や租税債権者の権利行使を手続内に取り込む極めて強力な手続であるから，公正な第三者たる更生管財人が裁判所によって選任され，更生手続を担うことになる。しかしながら，会社更生法は従前の取締役が更生管財人や更生管財人代理に就任することを禁じてはいない（会更67条3項・70条1項参照）。したがって，近年，更生会社の事業運営が円滑に進み事業の維持更生が容易となる場合には，従前の取締役らを更生管財人や更生管財人代理に選任する運用が行われている。申立時に当該会社から，取締役が更生管財人に就任する形や申立代理人が更生管財人に就任する形での手続としたい旨の希望が示された場合には，裁判所は，会社と利害関係のない第三者（弁護士）を**監督委員兼調査委員**に選任して，保全期間中の当該株式会社の行為を監督させ（会更35条），並行して取締役等が更生管財人に就任することの適否を調査させる（会更37条・39条）。監督委員兼調査委員による調査の結果，問題がないと判断した場合には，開始決定と同時に，裁判所は従前の取締役等を更生管財人に選任し，他方において，監督委員兼調査委員を改めて**調査委員**に選任して（会更125条），そのまま継続して更生管財人を監督させるという形態となっている。

この形態は「**DIP型更生手続**」と呼ばれているが，再生手続のように管財人

を選任せずに従前の経営陣が手続を進めるのではなく，従前の経営陣が更生管財人に選任されるものである。したがって，当該会社の経営陣は，従前は株主総会決議事項については自ら決定し実施することができなかったが，更生管財人となることで，裁判所の許可を得れば株主総会に関係なく事業運営を行うことができることになるため，その権限が従前よりも広範かつ強力なものになるとも言える。そこで，裁判所は調査委員を必要期間において常置し，更生管財人が事業経営および財産管理処分において重要事項を行う場合には，調査委員の同意を得なければならないとする運用が行われている。

(b) **弁済条件**

現行法（平成14年成立）以前の旧会社更生法では，財産評定の算定基準が継続事業価値とされていたことから，更生計画によって財産評定における継続事業価値を更生債権者に分配するという考え方が支配的であり，更生手続において更生会社は観念的に一旦清算するという考え方が主流であった。そのため，財産評定の結果として明確になった「資産」をその「負債」で分配することを前提とし，財産評定の結果によって弁済率が決定される傾向があった。

しかし，現在の会社更生法は財産評定の算定基準を時価とし（会更83条2項），財産評定の手続を，粉飾などを是正して更生会社の資産・負債の実態を会計上明確にする等の手続と位置付けているため，財産評定の結果は，必ずしも更生計画案の内容に直結していない。そのため，現在は事案ごとに相当な弁済条件が策定される運用となっており，この点において再生計画案と更生計画案とで特に違いはない。

(c) **利用者による手続選択**

管理型手続を特徴としていた更生手続がDIP型手続の運用を認めたことで，再生手続に近い運用が可能となっているが，他方，再生手続においても，経営陣の経営を信用できない債権者によって，管理型の再生手続開始の申立てがなされるケースが最近散見されるようになっている。

最近，それぞれの手続の運用の幅が広がり，手続選択の幅が広がっている。今後も，利用者のニーズに応じて手続が柔軟になり，更生手続と再生手続の内容はさらに接近していく可能性がある。

## 第2節　更生手続の開始

### 1 更生手続開始の申立て

#### (1) 申立権者と更生手続開始の原因

##### (a) 更生能力

　更生手続開始の決定を受けることができる一般的資格を**更生能力**という。更生手続開始の申立ては，**株式会社**についてのみ行うことができる（会更1条・2条1項・17条）。**特例有限会社**（会社法整備法2条1項）も株式会社として扱われ，更生能力が認められるが，自然人や他の法人には更生能力は認められない。

##### (b) 申立権者

　更生手続開始の申立ては，①債務者たる株式会社のほか，②当該株式会社の資本金の額の10分の1以上に当たる債権を有する債権者，③当該株式会社の総株主の議決権の10分の1以上を有する株主や，④株式会社が解散した場合に破産手続開始または特別清算手続開始の申立義務を有する清算人において，行うことができる（会更17条・18条）。濫用的な申立てを防ぐため，債権者および株主については，前記の各数量要件が付いているが，この数量要件は複数の申立権者の保有数を合算して充足する場合も認められる。なお，当該株式会社が清算手続中であっても更生手続を申し立てることができる。

　以上のとおり，株主に申立権が認められている点や，債権者の申立てについて一定の債権額が必要とされている点は，再生手続と異なる点である。

##### (c) 更生手続開始の原因

　債務者たる**株式会社**による申立ては，①破産手続開始の原因となる事実が生ずるおそれがある場合，または②弁済期にある債務を弁済することとすればその事業の継続に著しい支障を来すおそれがある場合のいずれかに該当する必要がある（会更17条1項）。

　当該株式会社が解散して**清算人**が申し立てる場合は，株主総会特別決議が必要となる（会更19条，会社309条2項）。この場合，規定はないものの，通常は清算手続中において事業継続を想定し得ないことから，前記①（破産手続開始

の原因となる事実が生ずるおそれがある場合）のみが要件となる。**株主**が申し立てる場合にも，前記①（破産手続開始の原因となる事実が生ずるおそれがある場合）に限られる。前記②（弁済期にある債務を弁済することとすれば，その事業の継続に著しい支障を来すおそれがある場合）に該当するかは，当該株式会社でなければ判断することができない事由であるからである。

申立人は，申立てに際して更生手続開始の原因となる事実を**疎明**しなければならず（会更20条），また，**手続費用**を予納しなければならないため（会更21条），実際には，多くの場合，事業再構築の機会や過大債務の免除を得る目的で当該株式会社による申立てが行われている。しかしながら，従前の経営陣を排除し更生管財人によって事業の維持更生が図られることを求めて，債権者によって申立てがなされることも少なくない。

### (2) 管　轄

申立ては，当該株式会社が日本国内に営業所を有するときに限り行うことができる（会更4条）。その場合，申立人は，当該株式会社の①**主たる営業所の所在地**（外国に主たる営業所がある場合にあっては，日本における主たる営業所の所在地）や②**本店の所在地**を管轄する**地方裁判所**に更生手続開始の申立てをすることができる（会更5条1項2項）。

そのほか，親株式会社と子株式会社の更生事件についての管轄は，民事再生法5条3項から5項までの規定と同様（⇨第3章**第2節2**(3)(c)）である（会更5条3項～5項）。また，東京地方裁判所と大阪地方裁判所に対しても，更生手続開始の申立てを行うことができる（会更5条6項）。

これらは専属管轄であるため，当事者間の合意等にて変更することはできない（会更6条）。

### (3) 申立ての手続

#### (a) 申立書および添付書類

更生手続開始の申立てを行うときは，更生手続開始申立書において，①申立人の氏名または名称および住所ならびに法定代理人の氏名および住所，②被申立会社の商号および本店の所在地ならびに代表者の氏名および住所，③申立て

の趣旨，④更生手続開始の原因となる事実（⇨前記(1)(c)の①②），⑤債権者申立ての場合は，その有する債権の内容および原因，⑥株主申立ての場合は，その有する議決権の数を記載しなければならない（会更規 11 条）。これらは必要的記載事項とされ，記載を欠く場合は不適法であり補正の対象となり，補正に応じない場合には申立ては却下される（会更 13 条，民訴 137 条）。さらに，会社更生規則 12 条には，訓示的記載事項（記載不備が直ちに不適法となるものではない事項）が規定されている。

また，申立書を管轄裁判所に提出する際には，被申立会社の登記事項証明書，定款，申立て前 3 年以内に作成された被申立会社の貸借対照表および損益計算書，株主名簿，新株予約権原簿，社債原簿，労働協約，就業規則，更生債権者一覧表，更生担保権者一覧表，財産目録，申立て前 1 年間の被申立会社の資金繰りの実績を明らかにする書面および申立て後 6 か月間の被申立会社の資金繰りの見込みを明らかにする書面を申立書に添付しなければならない。なお，これらについて，債権者や株主が申し立てる場合に，保有しておらず，入手・作成が著しく困難であれば対象外とされている（会更規 13 条）。

これらの申立書や添付書類をもって，申立人は，更生手続開始の原因となる事実（⇨前記(1)(c)の①②）を疎明しなければならない。債権者や株主が申立人の場合，その有する債権額や議決権の数も疎明しなければならない（会更 20 条）。

> **Column 4-2-1** 申立書の記載事項・添付書類の意義
>
> 　更生手続開始の申立てがなされ，保全管理命令が発せられると，裁判所の監督の下で，保全管理人が事業の経営と財産管理処分を担うことになり，それ以前の会社経営陣による経営との連続性が断ち切れることになる。この場合，取引先等の関係者への対応の混乱とも相まって，更生会社（開始前会社）の内外において混乱が生じる事態となることが容易に想定される。
> 　裁判所と保全管理人候補者は，そのような混乱状態にある更生会社に対し，できるだけ円滑に事業を経営し，適切に財産管理を行っていくため，申立ての事前相談がなされた時点から，資産保全対応や取引上の問題対応など，できる限りの対応策を講じる準備を行うことになる。これらの準備のためには，更生会社の組織や事業活動，財産などの状況に関する事前情報は必要不可欠であり，申立書記載事項や添付書類はすべて，このような対策準備には欠かせない情報である。特に，更生手続を進めるため，手続期間中に資金繰りが続くことは最重要課題であり，裁判所と保全管理人候補者は，申立て前 1 年間の資金繰り実

績を確認し，さらに，提出された今後6か月間の資金繰り予定の資料について，その実現可能性を検証する。

(b) 予納金

申立人は申立てにおいて，裁判所が定める金額を予納しなければならない（会更21条1項）。予納金額は事件の事情を考慮して定めるとされているが（会更規15条1項），通常は，更生手続の開始後に生じた費用は共益債権として更生会社から支払われるため，更生手続の開始前までの手続費用を一応の基準としていることが多い。

(c) 意見聴取

申立てがあった場合，裁判所は使用人の過半数で組織する労働組合の意見，または，労働組合がない場合は使用人の過半数を代表する者の意見を聴かなければならない（会更22条1項）。債権者や株主が申し立てた場合には，裁判所は開始前会社の代表者を審尋しなければならない（同条2項）。

(d) 取下げ制限

申立て後においては，更生手続開始の決定前に限り，申立てを取り下げることができる。ただし，後記の保全措置（保全管理命令，監督命令等）があった後は，裁判所の許可を得ないと申立ての取下げはできない（会更23条）。

## 2 保　全　措　置

(1) 保全管理命令

更生手続開始の申立てがなされると，裁判所は手続を開始するか否か調査し，検討する。この調査・検討期間中に，更生会社において不適切な経営がなされ，または不平等な弁済がなされることを避けるため，裁判所は，更生手続の目的を達成するために必要があると認めるときは，利害関係人の申立てまたは職権にて，更生手続開始の申立てにつき決定があるまでの間，開始前会社の業務および財産に関し，保全管理人による管理を命ずる処分（**保全管理命令**）をすることができる（会更30条1項）。当該会社が更生手続開始の申立てを行った場合には，原則として，申し立てたその日に保全管理命令が発令される。

**保全管理人**には，開始前会社と利害関係のない事業再生実務の経験豊かな弁護士が選任され，保全管理人は，自らの職務遂行を補助する弁護士を保全管理

349

人代理に選任して（会更33条），当該会社の事業の経営ならびに財産の管理および必要な処分を行う（会更32条）。

すなわち，保全管理命令により，従前の業務執行者である取締役は業務執行権限を失い，保全管理人に業務執行権限は専属する（会更32条1項）。保全管理人は通常の業務（常務）の範囲に属しない行為を行う場合には裁判所の許可を得なければならない（同条項ただし書）。通常，裁判所は，保全管理人に対し，更生手続開始の原因となる事実の有無など更生手続開始の申立てに関する事項や更生手続を開始することの当否等について調査するよう命じ，その調査報告に基づいて，更生手続の開始の当否を判断することになる。

>  Column 4-2-2   **保全管理人の業務**
> 
> 　**保全管理人**は，就任後すぐに開始前会社において，自らを頂点とする新しい指揮命令系統を構築することになる。すなわち更生手続開始の申立て前においては，取締役が取締役会の決議に基づき業務執行を実施していたところ，保全管理命令により，これら取締役の業務執行権限は喪失し，代わって保全管理人が保全管理人代理とともに業務執行を担当し，その後，更生手続が開始されると，保全管理人は更生管財人として新たに選任され，引き続き更生会社の業務執行を行っていくことになるからである。
> 　保全管理人は，**保全管理人室**を設置し，**保全管理人団**会議や幹部社員を含めた**経営会議**を開催して社内の各部署との連携対応に努め，新しく稟議決裁方法を決めるなど社内組織を整備しながら，業務を実施することになるが，対外的業務の内容は大きく2つに分かれる。
> 　1つは，**弁済禁止の保全処分**が発令されて，それまでに発生した債権の支払が凍結されることから，混乱が生じている債権者への対応を行う必要がある。保全処分の直後に開催される申立代理人主催の**債権者説明会**に出席し，さらに大口債権者には個別に説明を行うなどにより，債権者に対して，秩序ある行動と更生手続における再建への協力を依頼する。債権者が実力行使にて債権回収を図る場合には適切な保全措置を講じ，また，債権者が強制執行や担保権実行を実施するような事態においては，裁判所に対してこれらの行為を中止する命令の申立てを行うことになる（会更24条1項）。
> 　保全管理人が行うもう1つの対応は，事業の継続・維持である。そのためにまず資金繰りを確認し，今後の事業に必要な資金を確保することが必須となる。十分な資金が確保されていなければ，メインバンク等に対し必要資金額について新規融資を求め交渉することも少なくない。さらに，主要取引先に対して面談し，今後の取引を支障なく実行できることを説明して事業継続に理解を求めることになる。しばしば，取引基本契約に規定されている**倒産解除条項**（再生

手続や更生手続開始の申立てを解除権発生事由とする規定）を理由として契約を解除する旨を主張する取引先が現れるが，倒産解除条項は会社更生法の趣旨，目的を害するものであるとして無効とした判例（最判昭和57・3・30民集36巻3号484頁〔百選76〕）を示すなどにより，取引継続を求めて説得活動を行う。

## (2) 業務および財産に関する保全処分

裁判所は，利害関係人の申立てによりまたは職権で，更生手続開始の決定があるまでの間，開始前会社の業務および財産に関し，開始前会社の財産の処分禁止の仮処分その他必要な**保全処分**を命ずることができる（会更28条1項）。再生手続の場合と同様に，**弁済禁止・借財禁止**を命じるものが一般的である。

## (3) 他の保全措置

### (a) 他の手続の中止命令

裁判所は，必要があると認めるときは，利害関係人の申立てまたは職権にて，更生手続開始の決定があるまでの間，更生債権等に基づく強制執行等の中止を命ずることができる（会更24条1項2項）。再生手続と異なり，担保権の実行や国税滞納処分等を中止の対象としている（⇨第3章**第2節4**）。

### (b) 包括的禁止命令

中止命令では目的を達成することができないおそれがある場合，裁判所は，すべての更生債権者等に対し，強制執行等や国税滞納処分の禁止を命ずることができる（会更25条1項本文）（⇨第2章**第2節3**(2)(d)，第3章**第2節4**(2)(b)）。

### (c) 否認権のための保全処分

裁判所は，否認権を保全するため必要な保全処分を命ずることができる（会更39条の2）（⇨第2章**第2節3**，第3章**第2節4**）。

### (d) 役員責任追及のための保全処分

更生手続開始の決定までの間，**緊急の必要があると認められるとき**は，開始前会社（保全管理人が選任されている場合には，保全管理人）の申立てまたは職権で，裁判所は，損害賠償請求権等を保全するため**役員等の財産に対する保全処分**を行うことができる（会更40条）。再生手続にはない制度である。

(e) 商事留置権の消滅請求

　更生会社の財産につき商事留置権がある場合，当該財産が更生会社の事業の継続に欠くことのできないものであるときは，更生会社（保全管理人）は，裁判所の許可を得て，更生手続開始の決定までの間，留置権者に対して，留置権の目的財産の価額に相当する金銭を弁済して，当該留置権の消滅を請求することができる（会更29条）。更生手続開始後は，担保権消滅許可制度（会更104条参照）によることができるため，更生手続開始の前までとされている。

(4) 調査命令・監督命令
　(a) DIP型更生手続の場合

　開始前会社の役員等が更生管財人への就任を希望して申立てがなされた場合，当該管財人候補者が更生管財人にふさわしいか等を調査する必要があるため，通常，裁判所は，弁済禁止等の保全処分を発令すると同時に，事業再生に精通した弁護士に対し，開始前会社を監督させ，当該管財人候補者について調査することを内容とする**監督命令**および**調査命令**を発令する（会更35条1項・37条・39条1項）。この場合，保全管理命令は発令されないため，開始前会社の経営陣が経営を継続することになり，これを監督委員が監督することになる。通常は，監督委員は調査委員を兼ね**監督委員兼調査委員**となる。

　(b) 債権者申立ての場合

　債権者申立てがなされた場合，開始前会社の経営陣が更生手続の開始に反対する場合がある。その場合，裁判所は更生手続を開始することが相当であるか調査するため，**調査命令**を発令し（会更39条1項），**調査委員**に調査を命ずる。

　他方，開始前会社の経営陣がその資産を隠匿するなど不正を行う危険性が極めて高いと認められる場合には，調査委員が調査するだけでなく，開始前会社の経営陣の行為を制約する必要があるため，裁判所は**監督命令**を発令し（会更35条1項），経営陣を監督しながら，調査を進めることになる。

　さらに，例えば反社会的勢力が会社を乗っ取っていたり，現経営陣が私利私欲を図り開始前会社の資産が著しく毀損される可能性があるなど，開始前会社の経営陣を直ちに排除しなければ，開始前会社の再建が著しく困難になり，または公正な更生手続を実施することができないことが明らかな場合には，調査

命令や監督命令ではなく，**保全管理命令**を発令し（会更30条1項），経営陣の業務執行権限を喪失させ，**保全管理人**において業務や資産を管理させる。

なお，大口債権者である金融機関が更生手続を申し立てたような場合には，開始前会社の経営陣において，更生手続が開始されることに対し積極的に反対する意思を示さない場合も少なくなく，その場合，裁判所は当該会社が申し立てた場合と同様に，保全管理命令を発令して手続を進めることもある。

> Column 4-2-3　再生手続中の会社に対して更生手続開始の申立てがなされた場合
>
> 　ゴルフ場の再生案件にて，しばしば再生手続と更生手続開始の申立てが重なり，どちらの手続を進めるべきかが問題となる。ゴルフ場経営会社が再生手続を申し立て，その後，会員債権者有志等が従前の経営者を排除した公正な手続の実施を求めて更生手続を申し立てるようなケースである。更生手続が開始されれば，先行する再生手続は中止する（会更50条1項）。
> 　この場合，更生手続開始の申立てを受けた裁判所は，どちらの手続で進めることが相当であるか調査をする必要があるため，**調査命令**を発令し（会更39条1項），調査委員の報告に基づいて更生手続開始の可否を判断することになる。**調査委員**の調査においては，再生手続が公正かつ円滑に進行することができない事情があるか否か，再生手続の進行状況からみて，再生計画案が早期に可決される可能性があるか否か等に特に留意することになる（大阪高決平成18・4・26判時1930号100頁，東京地決平成20・5・15判時2007号96頁①事件等）。

## 3　更生手続開始の条件

### (1)　更生手続開始の条件に関する審理

　更生手続開始の申立てが有効となるためには，更生手続開始の原因となる事実があることが必要である（会更17条1項）。この更生手続開始の原因となる事実は，①破産手続開始の原因となる事実が生ずるおそれがある場合か，②弁済期にある債務を弁済することとすれば，その事業の継続に著しい支障を来すおそれがある場合であり，民事再生法21条1項と同様である。

### (2)　更生手続開始の条件となる事項

　裁判所は，更生手続開始の原因となる事実があると認めるときは，①更生手続の費用の予納がないとき，②裁判所に破産手続，再生手続または特別清算手

続が係属し,その手続によることが債権者の一般の利益に適合するとき,③事業の継続を内容とする更生計画案の作成もしくは可決の見込みまたは事業の継続を内容とする更生計画の認可の見込みがないことが明らかであるとき,④不当な目的で更生手続開始の申立てがされたとき,その他申立てが誠実にされたものでないときのいずれかに該当する場合を除き,更生手続開始の決定をする(会更41条)。民事再生法25条と同様の規定である(⇨第3章**第2節 1**(2)参照)。

## 4 更生手続開始の決定と効果

### (1) 更生手続開始の決定

#### (a) 更生手続開始の決定と即時抗告

裁判所は**更生手続開始の決定**をした場合,更生手続開始の決定の年月日時を記載した裁判書を作成しなければならない(会更規18条)。更生手続開始の決定の効力は,開始の決定の時から生ずる(会更41条2項)。

更生手続開始の申立ての裁判に対しては,**即時抗告**をすることができる(会更44条1項)。即時抗告の手続は再生手続と同様である(⇨第3章**第2節 3**)。

#### (b) 同時処分

裁判所は,更生手続開始の決定と同時に1人または数人の**更生管財人を選任**し,かつ,**更生債権等の届出をすべき期間**および**更生債権等の調査をするための期間**を定めなければならない(会更42条1項)。これを**同時処分**という。

更生債権等の届出期間は,更生手続開始の決定の日から2週間以上4か月以下となっており,再生手続と同じ内容であるが,調査期間は,届出期間の末日から1週間以上4か月以下の期間を置いたうえで1週間以上2か月以下とされており(会更規19条1項),再生手続より長い期間となることが予定されている。更生手続においては,更生担保権についても調査が必要となり,担保権の目的である財産の価額調査に相当期間を要するため,再生手続より長い期間となることが予定されている。また,再生手続の場合(民再34条2項)と同様の同時処分を行うことができる(会更42条2項)。

#### (c) 付随処分

裁判所は,更生手続開始の決定後,直ちに,更生手続開始の決定の主文,更生管財人の氏名または名称,更生債権等届出期間および調査期間などを**公告**し,

更生管財人，更生会社，知れている更生債権者等，知れている株主などに**通知**しなければならない（会更43条1項3号）。これらを**付随処分**という。なお，更生会社が債務超過であることが明らかである場合には，知れている株主への通知を要しないとされている（同条4項）。また，更生手続開始により，滞納処分が制約されることから，裁判所書記官は更生手続開始の申立てがあったときは，更生会社の主たる営業所の所在地を管轄する税務署長，都道府県知事，市町村長にも通知をしなければならない（会更規7条1項）。さらに，裁判所書記官は，更生手続開始後遅滞なく，更生会社の本店所在地の登記所に対して，更生手続開始の**登記を嘱託**しなければならない（会更258条1項）。

(2) **事業経営権・財産管理処分権**

更生手続が開始されると，更生会社の事業の経営ならびに日本国内にあるかどうかを問わず財産の管理および処分をする権利（**事業経営権**および**財産管理処分権**）は更生管財人に専属する（会更72条1項）。この結果，更生会社の取締役，執行役または清算人（以下，取締役等という）の権限は，株主総会の開催等の組織に関する一定の範囲内に限られ，職務執行をせず，報酬を更生会社に請求することはできない（会更66条）。更生会社の財産管理処分権は更生管財人に帰属するため，更生会社がその財産に関して法律行為を行っても，更生手続との関係においては，その効力を主張することはできない（会更54条1項）。

裁判所は，更生手続開始後において，必要があると認めるときは，更生管財人が一定の行為を行う場合に裁判所の許可を得なければならないとすることができる（会更72条2項）。会社更生法72条2項各号の事項は，通常，更生管財人選任時に要許可事項として指定され，これらの許可手続を通じて裁判所は更生管財人を監督する。

また，更生計画の定めるところによらなければ，更生会社の組織に関する基本的事項を変更することはできないが（会更45条），事業の更生の観点から，早期に事業を譲渡する必要がある場合には，更生計画によらずに，裁判所の許可を得て，更生管財人は事業を譲渡することができる（会更46条2項）。

更生会社に属する財産に関する訴訟は更生手続開始により中断する（会更52条1項）。中断後の手続は再生手続と同様である（⇨第3章**第12節 1 (2)**）。

### (3) 弁済禁止等

更生債権等については，更生手続開始後は，法律に特別の定めがある場合を除き，更生計画の定めるところによらなければ，弁済をし，弁済を受け，その他これを消滅させる行為（免除を除く）をすることができない（会更47条1項）。

しかしながら，この弁済禁止については，民事再生法85条2項から5項までの規定と同様の例外がある（会更47条2項～5項）（⇨第3章**第5節3**(3)）。

### (4) 他の倒産手続・強制執行手続等の中止等

更生手続が開始されると，破産手続開始等の申立て，更生会社の財産に対する強制執行等の申立てを行うことはできず，すでに申立てがなされているこれらの手続は中止し，特別清算手続は失効する（会更50条1項）。これら中止した手続は，更生計画認可決定により失効する（会更208条）。この規定の趣旨は，個別執行手続より倒産手続が優先し，倒産手続の中では更生手続が破産手続や再生手続に優先するとされていることによる。国税滞納処分についても，開始決定日から1年間はすることができず，すでにされている処分は中止する（会更50条2項）。

担保権者は，再生手続における別除権と異なり，更生手続が開始されると，担保権の実行を禁じられ（会更50条1項），担保権の目的物の時価の範囲内において更生担保権として，更生手続内において権利行使することになる（会更135条1項）。しかし，更生手続が廃止し牽連破産に移行した場合には別除権としての権利を有することになるため，更生計画が認可されるまでは担保権を喪失するわけではない（会更204条1項）。

## 第3節　更生手続の機関

### 1 総　論

更生手続の開始と同時に，裁判所は**更生管財人**を選任する（会更42条1項・67条1項）。更生管財人は，裁判所の監督の下で（会更68条），更生会社の事業経営権および財産管理処分権を有し，取締役等に代わって更生会社の事業を運

営し，再建策を実施する。また，**DIP型更生手続**である場合には，更生管財人のほか，**調査委員**が選任され，裁判所から命じられた調査事項につき調査を実施する（会更39条・125条）（DIP型更生手続につき，⇨ Column 4-3-3 ）。

なお，更生手続の開始前の機関として，保全管理人，監督委員および調査委員がある。保全管理人は保全管理命令において裁判所により選任され（会更30条），開始前会社の業務および財産の管理を実施する。監督委員は，主に保全管理人が選任されず，開始前会社の経営陣が経営を継続する場合に，監督命令において裁判所により選任され，開始前会社の監督を実施する（会更35条1項）。そのほか，裁判所は必要な調査を調査委員に命ずることができる（会更39条）。

## 2 裁 判 所

**裁判所**は，更生手続を主宰し，手続を遂行する。裁判所は，更生管財人を選任するほか，更生手続開始や，更生計画認可について判断する重要な役割を負っている。担当裁判官のほか，担当書記官においても更生管財人団と連絡を密にとり，更生手続が円滑に進行するよう必要な事務手続を行う。その職務は，更生手続の開始や終了に関わる裁判（会更41条・236条・237条・239条・241条），更生管財人選任や更生計画認可決定等の更生手続の進行において必要な裁判（会更67条・199条等），更生管財人等の手続機関を通じて行う更生会社の監督，更生債権者等の査定申立てに対する裁判など個別権利義務に関する裁判（会更151条等）に分類することができる。なお，会社更生法においては，当該更生事件を取り扱う裁判体を「裁判所」（会更2条5項）と規定し，その裁判体が所属する官署としての裁判所を「**更生裁判所**」（同条4項）と規定している。

> **Column 4-3-1** **更生手続における裁判所による積極関与**
> 　管理型手続である更生手続と，DIP型手続を原則とする再生手続を比べた場合，明確に異なる点は管財人が選任されているか否かであるが，裁判所による手続への関与の機会や実質的な関与の度合いも大きく異なる。
> 　再生手続では，裁判所は，監督委員を通じて従前の経営陣による再建を監督する「監督者」的な役回りが多くなるが，更生手続においては，更生管財人が更生会社の経営および財産管理処分を担ってはいるものの，更生管財人の行為の多くは裁判所の要許可事項とされており，裁判所は数多くの許可を行うことで，更生会社の経営および財産管理処分の多くの判断に深く関与している。ま

> た，更生管財人との定期的な打ち合わせも初期段階においては毎週のように実施され，状況によっては夜間や休日においても更生管財人団と連絡が取れる準備を行い，実際にもそのような場合に懸案事項について協議を実施することもある。大きな懸案事項が生じた場合には，更生管財人団は数限りなく対応策について会議を重ねることになるが，裁判所においても裁判体にて協議を重ね，そのうえで更生管財人団とも協議を重ねるという対応がなされる。

## 3 保全管理人と監督委員

### (1) 保全管理人

　更生手続開始の申立てがなされても，更生手続が開始するまでは，取締役または執行役が，開始前会社の経営を担い，財産の管理処分を行う状況にある。しかしながら，取締役等による経営や財産管理処分が不適切になされた場合には，開始前会社の財産は散逸し，または偏頗な債権者対応がなされてしまい，更生手続開始後に，更生手続を円滑に進めるうえで支障が生じてしまう危険性がある。このように更生手続の目的を達成するために必要がある場合には，裁判所の監督の下で開始前会社の事業の経営および財産管理処分を実施するため，裁判所は，利害関係人の申立てによりまたは職権で，更生手続開始の申立てにつき決定があるまでの間，開始前会社の業務および財産に関し，**保全管理人**による管理を命ずることができる（会更30条1項）。

　裁判所が**保全管理命令**を発する場合には，1人または数人の保全管理人を選任しなければならないが，会社更生法100条1項の役員等責任査定決定を受けるおそれがあると認められる者は保全管理人に選任することはできない（会更30条2項・67条3項）。保全管理命令に対して，即時抗告を行うことができるが，当該即時抗告に執行停止の効力はない（会更30条4項5項）。

　実務では，更生手続開始の申立てがなされれば，基本的に保全管理人が選任され，裁判所の監督の下で開始前会社の業務および財産管理処分を行う。

### (2) 監督委員

　更生手続開始の申立て後に保全管理命令が発せられない場合には，従前の経営陣が開始前会社の経営や財産管理処分を担うことになるが，これらの経営陣

に対する監督の方法として，裁判所は，利害関係人の申立てによりまたは職権で，その経営陣に対して，**監督委員**の同意がなければ実施できない事項を指定して，監督委員（1人または数人）による監督に服する旨の命令を発することができる（会更35条1項2項）。監督命令に対しては即時抗告することができるが，当該即時抗告には執行停止の効力はない（同条5項6項）。開始前会社が，監督命令にて要同意事項として掲げた行為を監督委員の同意を得ずに行っても無効となるが，善意の第三者には対抗することができない（同条3項）。

## 4 更 生 管 財 人

### (1) 職務権限等

**更生管財人**は，更生手続開始の決定と同時に裁判所により選任される（会更42条1項）。通常は，更生手続に精通した弁護士が，まず保全管理人に選任され，開始時に更生管財人として改めて選任を受ける。弁護士である更生管財人は更生手続を進める中で，経営者として適任な者を探したうえで，裁判所に対し事業家更生管財人候補として推薦し，裁判所がこれを適任と認めた場合には事業家更生管財人として選任する。すなわち，弁護士である更生管財人（**法律家管財人**）と，事業経営の適任者たる更生管財人（**事業家管財人**）の2人体制となる。

更生管財人は裁判所の監督下にて（会更68条），報酬を得て（会更81条1項），更生会社の事業の経営を行い，財産を管理・処分するが（会更72条1項），事業家管財人が選任されて更生管財人が2人体制の場合，共同してその職務を行うとされ，裁判所の許可を得て職務分掌を行って対応することもある（会更69条1項）。裁判所は更生管財人が業務および財産の管理を適切に行っていない等の場合には，更生管財人を審尋したうえで，解任することができる（会更68条2項）。

更生管財人は自らの職務につき**善管注意義務**を負い，この義務に違反した場合には利害関係人に対して損害賠償義務を負う（会更80条）。また，自己取引や競業取引を行う場合には裁判所の許可が必要である（会更78条・79条）。

さらに，更生管財人は，更生手続を進める手続実施者として，財産評定を実施し（会更83条1項），債権届出の内容を調査して認否書を作成し（会更145条・146条1項），更生計画案を作成して裁判所に提出する（会更184条1項）。更生

計画の認可後は，速やかに，更生計画の履行または更生会社の事業の経営ならびに財産の管理および処分の監督を開始しなければならない（会更209条1項）。そのほか，必要に応じて，否認権行使（会更95条1項），担保権消滅許可の申立て（会更104条1項），役員等の責任の査定の申立て（会更100条1項2項）を行い，更生計画変更の申立て（会更233条1項），更生手続終結の申立て（会更239条1項），更生手続廃止の申立て（会更237条・241条1項）を行う。

> **Column 4-3-2　法律家管財人の初期業務**
>
> 　通常，**法律家管財人**には保全管理人がそのまま選任されることが多く，更生管財人代理を含めた**更生管財人団**も，保全管理人団がそのまま移行することが多いため，更生会社内において，保全管理人のときに構築した新しい指揮命令系統をそのまま継続して使用し，円滑に経営を継続することができる。当初は，保全管理人団に対して，どのように対応したらよいのか戸惑っていた従業員も，更生手続が開始し，更生管財人団に移行するころには対応に慣れ，会社一丸となって更生に向けて走り出すことができる状況となっていることが多い。更生管財人団においても個々の従業員の仕事状況を把握しつつあり，個々の従業員の特性に応じた新しい人事体制の構築に着手するのもこのころである。また，更生管財人団は，更生手続開始の時における更生会社の財産内容を調査するとともに，債権届出の内容を確認し，高額の更生担保権を主張する更生担保権者との間では，更生担保権額をめぐって厳しい交渉を行うことになる。
>
> 　更生手続が開始されるころには，更生手続が申し立てられたことの影響により止まっていた取引についても新しい信用を得て動き出し，または取引継続を断念して双方未履行双務契約の解除権を行使するなど，取引関係への対応が活発となる。さらに，新規受注をとらなければ事業継続ができないため，更生管財人団は更生会社の営業担当者と同行して新規受注の獲得に励み，更生管財人団の資金繰り担当者は，事業活動が活発となることに応じて仕入資金を確保し，人件費等の固定費のための資金を確保するため資金繰りに頭を悩ませることになる。弁済禁止の保全処分や更生手続開始の効果によって，過去に発生した負債の支払義務を一時的に免れている状況にあるものの，仕入先は更生手続開始の申立て前と同じような支払期間（サイト）をもって取引をしてくれることは難しく，現金と引換条件（キャッシュオンデリバリー）または短い期間での決済条件での取引となるため，資金需要は依然として高い状態が継続し，売掛金の回収が十分に見込み得ない場合には，メインバンク等に新規の融資支援（**DIPファイナンス**）を求める必要が生ずることも少なくない。
>
> 　更生管財人団は，目の前の取引を維持継続しながら，将来において取るべき再建策を調査し，自力での再建が可能か，それとも**スポンサー支援**が必要であるのか見極め，徐々にその再建策へ向けた手続を進めていくことになる。不採

算事業を廃止し，事業に必要のない資産を売却処分しながら，スポンサー支援が必要であれば，**フィナンシャルアドバイザー（FA）** と契約して，有力なスポンサー候補者を調査し，スポンサー選定手続を実施する。

### (2) 更生管財人代理

更生管財人は必要があるときは，裁判所の許可を得て，その職務を行わせるため，自己の責任で1人または数人の**更生管財人代理**を選任することができる。ただし，更生会社の元取締役であった者などが責任査定決定を受けるおそれがある場合には，選任対象とすることはできない（会更70条1項・67条3項）。通常，法律家管財人は，更生手続の規模や内容に応じて，更生手続に精通した弁護士数名を裁判所の許可を得て更生管財人代理に選任し，経験年数が足りていない弁護士については**更生管財人補佐**とする。また，事業評価や税務判断に関し，事業再生に精通した公認会計士を裁判所の許可を得て，補助者とする。

更生管財人代理は，包括的に更生管財人が有する権限を行使することが認められており，更生手続開始の決定を受けて取締役や執行役が職務権限を喪失している状況の更生会社において，更生管財人を補佐して，積極的に事業遂行や財産管理処分に関わる重要な職責を担っている。

> **Column 4-3-3　DIP型更生手続**
>
> 　更生手続は担保権を手続内に取り込み，従前の取締役に代わって更生管財人が経営権等を掌握する強力な手続であるため，更生管財人については，更生会社と利害関係のない第三者の弁護士をもって選任するのが一般的であった。しかし，事業活動を円滑に承継していくためには，従前の会社経営陣を事業家管財人や事業家管財人代理とすることが望ましい場合もあるため，そのような場合には，当該対象となる経営陣において，①不正行為等の経営責任がないこと（会更70条1項ただし書参照）や，②主要債権者において反対がないこと，③スポンサー候補者がいる場合にはその了解が得られていること，④更生手続の適正な遂行が損なわれるような事情が認められないことを要件として，裁判所の判断にて，従前の取締役を事業家管財人に選任し，または事業家管財人代理とすることを許可することが行われている。また，更生会社から委任を受けて更生手続開始の申立てを行った代理人弁護士が，法律家管財人や法律顧問（会更71条）となる場合もある。
>
> 　近年，更生会社が申立人として申立てがなされる案件においては，更生手続申立代理人が法律家管財人に選任されるケースを含め，DIP型更生手続の割合

はかなり高くなっている。
〔参考文献〕難波孝一ほか「東京地裁商事部における会社更生手続の保全措置の新しい運用について」NBL900号124頁（2009年）

## 5 調査委員

　裁判所は，更生手続を進めるうえで必要な事項について，**調査委員**を選任して調査を命ずることができる（会更39条・125条）。調査委員には通常，更生手続に精通した利害関係のない弁護士が選任される。債権者申立ての事案やDIP型更生手続の事案においては，手続開始要件の有無，DIP型更生管財人の適否，更生計画案の当否等について調査して裁判所に対して意見を述べる。

　調査委員は調査事項につき，一定の調査期間において調査を実施し，また，更生管財人や保全管理人に調査協力を求めることができる（会更規33条）。他方，DIP型更生手続においては，更生管財人の業務および財産管理処分に関するすべての裁判所許可事項について，調査委員の調査・報告の対象とする運用が取られるため，更生管財人としては，事前に調査委員の意見を聞いたうえで裁判所に許可申請しなければならない。

## 6 関係人集会・更生債権者委員会等・代理委員

### (1) 関係人集会

　関係人集会は，更生債権者，更生担保権者，株主などの利害関係人が集まり，更生会社や更生手続について裁判所や更生管財人から情報を受け，意見を述べる集会である。更生管財人や更生債権者委員会等から開催の申立てがある場合には，裁判所は**関係人集会**を招集しなければならないが，そうでない場合には，裁判所において開催が相当と認める場合に招集することができるとされている（会更114条1項）。法律上，**財産状況報告集会**（会更85条），再生手続における債権者集会に当たる**更生計画案審議・投票のための集会**（会更189条2項1号3号）が規定されているものの，実務では裁判所において関係人集会を招集しない場合も少なくない。裁判所が財産状況報告集会を開催しないと決めた場合には，更生管財人は財産状況に関する報告書（**84条報告書**）の要旨を更生債権者等に書面で送付し，または関係人説明会を開催して説明するなどをしなければなら

ない（会更規25条）。

更生計画案の審議・投票のための手続（会更189条2項）は，再生手続と同様である（⇨第3章**第14節❷**）。

### (2) 更生債権者委員会等

更生債権者等は，**更生債権者委員会**，**更生担保権者委員会**，**株主委員会**を組成し，裁判所の承認を得て更生手続に関与することができる。これらの委員会は，委員数は3名以上10名以内であり，当該関係人（更生債権者委員会であれば更生債権者）の過半数が更生手続に関与することに同意していると認められることと，当該委員会が当該関係人全体の利益を代表していると認められることが必要である（会更117条1項）。これらの委員会は，裁判所または更生管財人に対して意見を述べることができ（同条3項），裁判所が必要があると認めるときは，意見の陳述を当該委員会に求めることができる（同条2項）。

更生債権者等の関係人が更生手続に関与することに対し，意見をまとめて行動することは現実的には難しいため，更生担保権者において，更生担保権者委員会が承認されたケースが数件ある程度で，あまり利用されてはいない。

### (3) 代理委員

更生債権者等や株主は，更生裁判所の許可を得て，更生手続において自らの権利行使の一切を代わって行う代理委員を選任することができる（会更122条1項3項）。制度趣旨は，同じ利害を持つ関係人が同一の代理委員を選任することによって，一体的行動を可能とし，手続を進めるにおいても効率的に行うことができることにある。実際には，ほとんど利用されていない。

## 第4節　更生会社財産

### ❶ 更生会社財産の意義と範囲

**更生会社財産**は，更生会社に属する一切の財産のことであり（会更2条14項），日本国内にあるものだけでなく外国にあるものも含まれ，更生管財人の管理処

分権に服する（会更72条1項）。

　更生管財人は，就職の後，直ちに更生会社財産の管理に着手しなければならない（会更73条）。また，更生会社財産の調査と適正な管理のため，裁判所の嘱託によって更生会社宛の郵便物や信書便物について配達を受け，開封し中を見ることができるほか（会更75条・76条），更生会社の取締役等に対し，更生会社の業務および財産の状況につき報告を求め，または更生会社の帳簿，書類等を検査することができる（会更77条1項）。さらに，必要があるときは，更生会社の子会社に対しても報告を求め，検査することができる（同条2項）。

　更生管財人は，更生会社財産を用いて，事業活動を行い，更生債権者等への弁済原資を取得して，更生計画案を策定し，認可された更生計画を遂行していくことになる。このようにして更生管財人が更生会社の財産を活用する場合，破産手続のように更生会社の財産を高額に売却処分するなどによって更生債権者等への弁済原資の最大化を図るのではなく，更生会社の事業の維持更生を図ることを目的として活用し，その結果，当該事業活動による収益または事業の譲渡対価をもって，更生債権者等への弁済原資を取得することになる。

　もし事業の維持更生を図ることができなければ，清算価値程度の弁済原資となってしまうため，事業の維持更生を図ることは更生債権者等の利益に資することにもなる。ただし，事業の維持更生を図る方法は千差万別であり，その内容によって弁済原資の内容も異なることから，事業の維持更生の内容および当該事業によって得られる弁済原資の内容を反映した更生計画案について，最終的には，更生債権者等による議決権行使によって賛否が問われる。他方，事業活動に利用しない資産は，適切に売却処分することによって，事業更生のための資金や弁済原資を生み出す。

## 2　84条報告書と財産状況報告のための関係人集会

　更生管財人は，更生手続開始後，遅滞なく，更生手続開始に至った事情，更生会社の業務および財産に関する経過および現状，役員等に対する損害賠償請求権等を保全するための保全処分または役員等責任査定決定を必要とする事情の有無，その他更生手続に関し必要な事項を記載した報告書（**84条報告書**）を裁判所に提出しなければならない（会更84条1項）。再生手続における民事再

生法125条に規定する報告書と同様である（⇨第3章**第3節2**(3)）。

さらに，財産状況を報告するための関係人集会（**財産状況報告集会**）が開催された場合には，更生管財人は84条報告書記載事項の要旨を報告しなければならない（会更85条1項）。この関係人集会において，裁判所は，更生管財人，更生会社，届出をした更生債権者等または株主から，更生管財人の選任ならびに更生会社の業務および財産の管理に関する事項について意見を聴かなくてはならず，労働組合等はこれらについて意見を述べることができる（同条2項3項）。実務においては財産状況報告集会が開催されない場合も多く，その場合には，裁判所は，更生会社，届出をした更生債権者等または株主に対し，更生管財人の選任について裁判所の定める期間内に書面により意見を述べることができる旨を通知しなければならない（同条4項）。

## **3** 財 産 評 定

### (1) 更生手続開始時および更生計画認可時の財産評定

更生管財人は，更生手続開始後，遅滞なく，更生会社に属する一切の財産につき，その価額を評定しなければならない（**財産評定**。会更83条1項）。その評定は，更生手続開始の時における時価（すなわち，その時点における市場価格）によるものとされ，更生管財人が財産評定を完了したときは，直ちに更生手続開始時における貸借対照表および財産目録を作成し，これらを裁判所に提出しなければならない（同条2項3項）。更生管財人は，裁判所に提出した貸借対照表および財産目録について，更生計画認可決定の確定，更生手続開始の決定を取り消す決定の確定，更生計画不認可決定の確定および更生手続廃止決定の確定のいずれかが生ずるまで，更生債権者等または株主が更生会社の主たる営業所において閲覧することができる状態に置く措置をとらなければならない（会更規24条1項）。また，更生計画認可決定があったときにも，更生管財人は，更生計画認可の決定の時における貸借対照表および財産目録を作成し，これらを裁判所に提出しなければならない（会更83条4項）。

再生手続においても財産評定の手続が規定されているが，再生手続開始の時における財産を処分するものとして価額を評定しなければならないとされている（民再124条1項，民再規56条1項）（⇨第3章**第4節2**参照）。

これに対して，更生手続の財産評定は「時価」で評価するものとされ，開始決定時の更生会社財産の内容を早期に把握して，利害関係人にこの内容を開示する目的のほか，会計帳簿にその評定内容を反映させ会計処理の基礎とするために行われる（会更則1条）。更生会社は，破産手続と同様に，更生手続開始の決定によりその事業年度が終了し，新たな事業年度が翌日から始まり更生計画認可決定時に終了する（会更232条2項）。したがって，更生手続開始の決定時および更生計画認可決定時の財産評定の結果を反映させた会計帳簿をもとに，会社はそれぞれの時期において決算手続を行うことになる。

　また，財産評定により，更生会社が更生手続開始の時においてその財産をもって債務を完済することができない状態（債務超過）であることが明らかになれば，株主は議決権を有さず（会更166条2項），その権利行使に制約が及ぶことになる。さらに，更生担保権の目的物の価額は更生手続の開始時における「時価」とされていることから（会更2条10項），基本的に財産評定の評価（「時価」）をもって更生担保権の目的物の評価を行うことになる。ただし，その後の債権調査手続において，担保権の目的である財産についての価額が，財産評定における評価と異なる結果となることも少なくない。

### (2) 清算価値保障原則との関係

　明文規定はないものの，更生計画案に対して**清算価値保障原則**の適用があると解されている（会更41条1項2号・199条2項1号参照）。したがって，更生計画案の適否を判断するためには，更生会社財産の清算価値を評価する必要があり，裁判所は更生管財人に対し，更生会社財産の清算価値での評価書類の提出を命ずることができる（会更規51条1項）。

　問題は，更生会社財産の清算価値評価を行う基準時について，更生手続が開始された時点で評価すべきという考え方と，更生計画案作成・提出期限に接着した時点で評価をすべきという考え方があり，そのどちらを採用するかによって大きな違いが生ずる場合があることである（⇨ Column 3-4-1 参照）。そもそも更生手続は，更生手続を行う方が破産手続よりも債権者の一般の利益に適合することを更生手続開始の条件としており（会更41条1項2号），更生手続開始時を清算価値保障原則の充足性を判断する時点としていることを重視すれば，

更生計画案に関する判断においても，更生手続開始時における清算価値にて判断すべきという考え方となる。再生手続の実務では再生手続開始時を基準時としており，更生手続の実務でも更生手続開始時を基準時とする運用が多く行われているが，債権者にとって，更生計画案を検討する時点の清算価値にて判断することに実益があるとし，更生計画案が策定・提出された時点とすべきという考え方も有力である。実務でも，更生手続開始時に，裁判所は更生管財人に対し，更生計画案作成の時における清算価値を記載した書面の作成・提出を求める運用（会更規51条1項）がなされている裁判所もある。

### (3) 更生計画案の合理性判断との関係

更生計画案の内容が合理的であるか否かは，更生計画認可の要件ではないものの，更生債権者等には，その議決権行使において重要な判断要素となる。しかし，何をもって合理性を判断するかは，当該更生計画案がスポンサーへの事業譲渡を前提とする計画であるのか，または自主再建を内容とする計画であるのかなど，状況によって異なり一義的には定まらない。財産評定においては「時価」をもって財産を評価するとしており，更生計画における弁済内容とは切り離されていることから，財産評定の結果とは別個に，更生計画の合理性を説明するための資料を作成することが望ましい場合がある。

このような場合，裁判所は更生管財人に対し，更生計画案の提出に際して，財産評定とは異なる評定方法による財産評価書類の提出を命ずることができ（会更規51条1項），例えば，事業収益力を中心とした評価を行う必要がある場合には，DCF法（Discounted Cash Flow法。企業価値をキャッシュ・フローの割引現在価値によって計算する方法）等によって算出した評価書類の提出を命ずることがある。

## 4 事業譲渡

更生会社の事業の維持更生を図る方法として，その事業の全部または一部を第三者に譲渡する方法（**事業譲渡**）がある。更生会社の中心となる事業をスポンサーに譲渡する場合のほか，いくつか事業を営んでいる場合に，今後の経営資源の集中を図るために非主力事業や不採算事業を譲渡することもある。事業

譲渡は株主総会特別決議（会社467条1項2項・309条2項11号）によって実施される重要事項であることから，更生手続でも，更生計画にその内容を記載することによって実施することを原則としている（会更46条1項本文・167条2項）。

　しかしながら，事業価値の毀損が日々進んでいる場合や，更生会社の資金繰りが長期間は持たないような場合において，更生計画認可まで待つことができず，早期に事業譲渡を実施する必要が生ずることも少なくない。したがって，当該事業譲渡が当該更生会社の事業の更生のために必要であると認める場合に限り，更生手続開始後，更生計画案を決議に付する旨の決定がされるまで，更生管財人は，裁判所の許可を得て，事業譲渡を実施することができるとされている（会更46条2項）。この場合，株主総会決議等の会社法の手続は不要となる（同条10項）。ただし，裁判所は，許可をする場合には，知れている更生債権者等の意見のほか，労働組合等の意見を聴かなければならない（同条3項）。更生会社が債務超過の場合を除き，更生管財人は，あらかじめ，当該事業譲渡に関する事項について公告し，または株主に通知しなければならない。更生管財人はこの株主への通知等を行ってから1か月以内に事業譲渡の許可申請を裁判所に対して行わねばならず，通知等から2週間以内に更生会社の総株主の議決権の3分の1を超える株主から事業譲渡に反対の通知が書面でなされた場合には，当該事業譲渡を行うことはできない（同条4項～7項）。なお，債務超過の場合は，前記公告および株主への通知は不要である（同条8項）。

　再生手続では，債務超過でない場合，株主総会特別決議を経なければならないが，更生手続では，株主への事前の通知等を行うことによって，株主総会決議を経ずに裁判所は事業譲渡を許可することができる（⇨第3章**第4節3**）。

## 第5節　更生債権・更生担保権

### **1** 総　　説

　更生会社に対する権利として，**更生債権**，**更生担保権**，**共益債権**，**開始後債権**，**株主の権利**があり，また，更生債権においては，**優先的更生債権**や**約定劣後更生債権**があるなど，多彩に区分されている。

第5節　更生債権・更生担保権

　更生債権等は，更生手続開始後は，会社更生法に特別の定めがある場合を除き，更生計画の定めるところによらなければ，弁済をし，弁済を受け，その他これを消滅させる行為（免除を除く）をすることができない（会更47条1項）。他方，共益債権は，更生計画の定めるところによらずに，更生債権等に先立って，随時弁済する，とされている（会更132条1項2項）。また，開始後債権は，更生計画による弁済期間満了までの間は弁済をし，弁済を受け，その他これを消滅させる行為をすることはできないことから（会更134条2項），時期的に更生債権等に劣後した取扱いがなされている。株主は，更生管財人が有する事業経営権・財産管理処分権（会更72条1項）に抵触する限りにおいて，自益権や共益権の行使が否定されるが，他方，株主名簿の記載または記録に従って，その保有株式をもって更生手続に参加することができる（会更165条）。更生手続では，株主は1株式につき1個の議決権を有するが，更生手続開始時において更生会社が債務超過であるときは議決権を有しない（会更166条）。

　これら更生会社に対する権利のうち，更生計画によって権利変更の対象となるものは，更生債権，更生担保権，株主の権利とされているが，会社更生法168条3項は，更生計画において，異なる種類の権利を有する者の間においては，同条1項各号に掲げる種類の権利の順位（①更生担保権〔1号〕，②一般の先取特権その他一般の優先権がある更生債権〔優先的更生債権〕〔2号〕，③同2号および4号に掲げるもの以外の更生債権〔一般更生債権〕〔3号〕，④約定劣後更生債権〔4号〕，⑤残余財産の分配に関し優先的内容を有する種類の株式〔5号〕，⑥同5号に掲げるもの以外の株式〔6号〕）を考慮して，更生計画の内容に公正かつ衡平な差を設けなければならない，としている（**公正・衡平原則**）。なお，公的性質を有する租税債権，更生手続開始前の罰金等の請求権（会更142条2項）は，上記**公正・衡平原則**の例外とされている（会更168条4項）（更生計画における公正・衡平原則については，⇨**第10節 2**(2)(b)参照）。

## 2　更　生　債　権

### (1)　更生債権・優先的更生債権・約定劣後更生債権

　**更生債権**とは，①更生会社に対し更生手続開始前の原因に基づいて生じた財産上の請求権のほか，②更生手続開始後の利息の請求権，更生手続開始後の不

履行による損害賠償または違約金の請求権等の会社更生法2条8項に規定されている権利である。更生債権は，更生手続開始後は，原則として，更生計画の定めまたは会社更生法の規定によらなければ，弁済をし，弁済を受け，その他これを消滅させる行為をすることができない（会更47条1項）。更生債権者は，更生債権をもって更生手続に参加することができ（会更135条1項），原則としてその債権額に応じて議決権を有する（会更136条1項）。

更生債権のうち，一般の先取特権その他一般の優先権があるものは**優先的更生債権**とされ，その他の更生債権より優先的な取扱いがなされる（会更168条1項2号3項）。一般先取特権を有する**労働債権**や国税徴収法8条に基づく優先権を有する**租税債権**などがこれに該当する。

また，更生手続開始後の利息の請求権，更生手続開始後の不履行による損害賠償または違約金の請求権等は，更生計画において**劣後的取扱い**をすることが許され（会更168条1項ただし書），議決権を有しない（会更136条2項）。通常，更生計画での権利変更において全額免除を受ける対象となる。なお，破産手続での劣後的破産債権と異なり，劣後的更生債権という概念は存在しない。

さらに，更生手続開始前に，当該会社について破産手続が開始されたとすれば配当の順位が劣後的破産債権に後れる旨の合意がなされた債権である**約定劣後更生債権**（会更43条4項1号）には，議決権は認められるものの，一般更生債権より劣後した取扱いをすることとされている（会更168条1項4号3項）。

このように更生債権は，再生債権と構造が極めて類似しているが，再生手続では，一般の優先権がある債権は，再生債権ではなく一般優先債権として，再生手続によらずに随時弁済とされているのに対し（民再122条1項2項），優先的更生債権は，更生債権の一部として，更生手続の中で権利行使を行うことになる。国税等の租税公課について，再生手続は手続内に取り入れることができないため，租税公課による取立てが厳しい場合には事業継続に支障を来すおそれが生ずることになるが，そのような場合には，租税公課を手続内に取り込んでいる更生手続が利用されることもある。

(2) **弁済禁止とその例外**

更生債権等については，更生手続開始後は，会社更生法に特別の定めがある

場合を除き，更生計画の定めるところによらなければ，弁済をし，弁済を受け，その他これを消滅させる行為（免除を除く）をすることができない（会更47条1項）。更生債権等を等しく更生手続内に取り込むことによって，更生債権等を有する者に対して平等に手続参加の機会を保障し，会社更生法の理念である**債権者間における公正・平等・衡平**を実現しようとするものである。

しかしながら，債権者間における公正・平等・衡平を形式的に適用しては，社会的に保護が必要とされる債権を保護できず，あるいは，更生会社の事業の維持更生を図ることが難しい場合が生ずるため，会社更生法47条2項から5項までにて，再生手続と同様の例外が設けられている（⇨第3章**第5節3**）。なお，事業再生ADRから更生手続に移行する場合には，商取引債権等につき，会社更生法47条5項後半に基づく少額弁済許可の対象とすることについて，裁判所の検討を求める制度（産競59条・64条・65条）がある（⇨第6章**第3節3**）。

(a) **更生会社を主要な取引先とする中小企業者が，弁済を受けなければ，事業の継続に著しい支障を来すおそれがあるとき**

更生会社の取引先たる中小企業者の債権が弁済禁止の対象となることによって，当該中小企業者が連鎖倒産に至ってしまうなど，当該中小企業者がその有する更生債権等の弁済を受けなければ，事業の継続に著しい支障を来すおそれがあるときは，更生会社と当該中小企業者との取引の状況等，その他一切の事情を考慮したうえで，裁判所は，更生計画認可の決定をする前でも，更生管財人の申立てによりまたは職権で，その全部または一部の弁済をすることを許可することができる（会更47条2項3項）。民事再生法85条2項3項と同様の規定である。

(b) **少額の更生債権等を早期に弁済することにより更生手続を円滑に進行することができるとき**

少額の更生債権等に対して平等に手続参加の機会を与えることが，時間的，または費用面にて，更生手続の円滑な進行を妨げる場合には，裁判所は，更生計画認可の決定をする前でも，更生管財人の申立てにより，当該少額の更生債権等へ弁済をすることを許可することができる（会更47条5項前半）。民事再生法85条5項前半と同様の規定である。

(c) 少額の更生債権等を早期に弁済しなければ更生会社の事業の継続に著しい支障を来すとき

　少額の更生債権等を早期に弁済しなければ更生会社の事業の継続に著しい支障を来すときは，裁判所は，更生計画認可の決定をする前でも，更生管財人の申立てにより，その弁済をすることを許可することができる（会更47条5項後半）。民事再生法85条5項後半と同様の規定である。

> **Column 4-5-1　事業継続に必要な少額債権への弁済**
>
> 　ビル建設中のゼネコンが更生手続を開始した場合，ビル建設に不可欠な生コンクリートの仕入れに困ることがある。生コンクリート業者は，その業界組合の規定によって一地域に一業者しか営業を行っていない場合が多いため，更生手続開始前に納入された生コンクリートの買掛債務の支払ができておらず，更生債権となっているときに，当該更生債権者たる生コンクリート業者が今後の納入をしない旨の態度を示した場合，他に代替して生コンクリートを納入してくれる業者を近隣地域にて見つけることは困難である。遠方の業者から仕入れようとしても生コンクリートの性質上，製造から運搬・納入まで短時間で実施しなければならず，業者を見つけることができる可能性は低い。
>
> 　以上から，ゼネコンの更生手続において，取引先の生コンクリート業者が，過去の買掛債務が支払われないことを理由として，今後の生コンクリートの搬入を止めた場合には，更生管財人は，従前と同様の取引条件にて今後も取引することを条件とするなどして，裁判所から許可を得て，当該生コンクリート業者の有する更生債権を弁済することがある（会更47条5項後半）。

## 3　更生担保権

### (1) 更生担保権

　**更生担保権**とは，更生手続開始当時，更生会社の財産につき存する担保権（特別の先取特権，質権，抵当権および商法または会社法の規定による留置権に限る）の被担保債権であって，更生債権となるもののうち，当該担保権の目的である財産の価額が更生手続開始の時における時価であるとした場合における当該担保権によって担保された範囲のものである。誤解する場合が多いので重ねて述べるが，更生担保権は，担保権ではなくその被担保債権である。更生会社に対する債権であることは要件とはされていないため，更生会社が第三者の債務のために物上保証している場合も，当該第三者を債務者とする被担保債権は，更

生担保権となる。なお，利息または不履行による損害賠償等は，更生手続開始後1年を経過する時までに生ずるものに限られる（会更2条10項）。

　更生手続では，担保権付債権は更生担保権として手続に取り込まれ，更生債権と同様に，更生手続開始後においては，更生計画または会社更生法の規定によらずに弁済をし，弁済を受けるなどこれを消滅させる行為はできず（会更47条1項），また，担保権の実行は禁止・中止される（会更50条1項）。更生担保権者は更生担保権をもって更生手続に参加し（会更135条1項），原則としてその債権額に応じた議決権を有し（会更136条1項），更生計画においては，優先的更生債権よりも優先的な取扱いがなされる（会更168条1項1号・3項）。

> **Column 4-5-2　更生担保権の「時価」**
> 　**財産評定**における財産評価は「**時価**」によって行われるとされていることから（会更83条2項），通常，この財産評定の「時価」と**更生担保権**の価額たる「時価」は一致するものとされている。更生担保権の目的物の価額決定の基準を定めた会社更生規則48条が，民事再生規則79条1項を準用していないことから，「時価」は処分価格ではないと考え，通常はその担保目的物が把握する市場価格であり，不動産が担保目的物である場合には，不動産鑑定に基づき定めることが多い。
> 　動産が担保目的物である場合には，市場にて新たに取得する場合の新品価格から減価償却を実施した価格とし，または市場中古価格がある場合にはその価格を適用するなどして定める。例えば，所有権留保が付いている自動車の場合には，同種同年型の中古車販売価格が参考とされ，また，更生会社が製造業の場合の材料が譲渡担保権の対象となっているような場合には，その取得価格や更生手続開始時の取引価格を参考とするなどの方法により定める。他方，市場にて流通していない機械装置が担保目的物である場合には，市場価格を得ることができないためその価格算定に困難を伴うことになるが，更生会社の帳簿価格（減価償却を行うべきものである場合には適正に減価償却がなされているもの）を基準に合理的な修正を加えるなどして定めることが多い。また，**ファイナンス・リース**においては，リース物件の利用権が担保権の目的物とされるため，その評価方法について争いとなることが多いものの，当該リース物件の市場価格をもとに合理的な修正を行うなどして定めることが多い。

### (2) 担保権の設定がある資産の取扱い

#### (a) 担保権の処遇

　更生手続開始後においては担保権実行手続を行うことはできず，すでになさ

れている担保権の実行手続は中止し（会更50条1項），最終的に更生計画が認可された時点で失効する（会更208条）。したがって，更生会社は事業に必要な財産に対して担保権が設定されていたとしても，担保権の実行をされるおそれはなく，安心して使用することができる。

しかしながら，更生計画が認可されるまでは，担保権は設定されたままであり解除されたわけではない。もし更生手続が廃止されて破産手続に移行した場合には，担保権者は当該担保目的物に対して別除権を有することになるため（破2条9項10項），更生手続が円滑に進行した場合，将来的には更生計画が認可されて担保権が消滅するとしても（会更204条1項），更生計画認可前において，担保権者は容易に担保権を解除しない。

### (b) 担保変換の手続

更生会社が更生計画によらずに事業譲渡を試み，事業上重要な資産を譲渡する場合には，そこに設定されている担保権を解除する必要がある。また，担保目的となっている遊休資産を高額で処分することで運転資金を確保できる場合などにおいても，担保権を解除する必要が生じる。

このような場合，更生管財人はまずは担保権者と協議を持ち，担保権の解除を要請することになるが，担保権者としては，少なくとも更生担保権額の範囲においては何らかの代担保の提供を求めることになる。そこで，通常は，更生管財人は裁判所の許可を得て（会更72条2項9号），預金口座を新たに開設し，更生担保権相当額の預金を積み，その預金返還請求権に対して当該更生担保権者を権利者とする質権を設定する対応を行う（**預金担保変換**）。

### (c) 担保権消滅許可制度

更生担保権者は，更生計画が認可されるまで原則として実体法上の担保権を有している。しかし，事業の更生のために必要であると認めるときは，裁判所は，更生管財人の申立てにより，当該財産の価額に相当する金銭を裁判所に納付して当該財産を目的とするすべての担保権を消滅させることを許可する旨の決定をすることができる（**担保権消滅許可制度**。会更104条）。再生手続においても同様の制度があるが，担保権の対象となる財産について，「再生債務者の事業の継続に欠くことのできないものであるとき」として不可欠性要件が課されており（民再148条1項），更生手続における「事業の更生のために必要である

と認めるとき」と比べ，要件が厳格である。

　更生管財人による担保権消滅許可の申立てに対し，再生手続（民再149条）と同様に，被申立担保権者において，**価額の決定を請求**することができる（会更105条）。この場合の価額の評価は，担保目的物の交換価値たる処分価格として評価される価額であり（会更規27条，民再規79条1項），「時価」を基準とする更生担保権額と異なる。また，この価額決定の効力は，当該担保目的物に対して担保権を有する他の担保権者に対しても効力が及ぶ（会更106条4項）。

　申立人より当該財産の価額相当額の金銭が納付された場合には，当該担保権は消滅する（会更108条3項）。そのうえで，更生計画が認可されたときには，当該更生担保権に対して更生計画に記載された内容の弁済がされることになるため，納付された金銭は役目を終え，更生計画に基づき更生管財人が処理する（会更109条・167条1項6号ロ）。他方，更生計画が認可されずに手続が終了した場合には，担保権者に対して当該金銭の配当が実施される（会更110条1項）。

> **Column 4-5-3　預金担保変換と担保権消滅許可制度**
>
> 　更生計画が認可されるまでの間は，更生担保権者は担保権を有するため，担保権が設定されている在庫資産について，更生会社が換価処分する必要が生じた場合には，更生管財人は更生担保権者との協議により，同意を得て，当該担保権の価値相当額の更生会社財産である預金の上に更生担保権者を質権者とする質権を設定することを条件に，在庫資産に対する担保権を解除する（**担保変換**。会更72条2項9号参照）。この結果，担保権者の権利を維持しながら，担保の対象となっていた資産の換価処分が可能となる。もし，更生担保権者との協議が調わない場合には，更生管財人は，**担保消滅許可制度**を利用することになる（会更104条）。
> 　担保変換した預金も，担保権消滅許可において納付された金銭においても，更生担保権者に対してすぐに支払われるものではなく，更生計画の定めに従って弁済が行われることになる。

### (d)　更生計画における担保権の取扱い

　更生計画が認可された場合には，担保権はすべて消滅する（会更204条）。しかし，更生担保権につき，更生計画において長期分割弁済の条件を定めている場合には，牽連破産に移行するおそれがあるため，通常，更生計画にて当該担保目的物に対する担保権が存続することとする取扱いを規定している。

### 4 複数債務者関係の取扱い

数人が連帯債務を負っている場合や連帯保証をしているような場合，その全部義務者の全員またはその中の数人（1人の場合を含む）において更生手続が開始したときの取扱いについて，会社更生法135条2項は，破産法104条および105条を準用しており，破産手続と同様である（⇨第2章**第6節4**参照）。

## 第6節　更生債権および更生担保権の届出・調査・確定

### 1 更生債権等の届出

更生債権者等が，更生手続において権利行使するためには，債権の内容および原因等を，**債権届出期間**内に裁判所に届け出なければならない（会更138条）。債権届出の制度は再生手続と同様である（⇨第3章**第6節1**）。

更生債権者等が届出を行う事項は，会社更生規則36条にて定められた事項である（会更138条）。

なお，**使用人の退職手当の請求権**や**取締役等の退職手当の請求権**についての更生債権等の届出は，退職後に行うとされ，当該使用人等が債権届出期間の経過後，更生計画認可の決定以前に退職した場合には，その退職後1か月の不変期間内に限り届出を行うことができる（会更140条）。

**租税等の請求権**や**開始前の罰金等の請求権**については，遅滞なく，請求権の額，原因および担保権の内容等を裁判所に届け出なければならない（会更142条）。

### 2 更生債権等の調査・確定

更生債権等の調査・確定（会更144条以下）も再生手続と同様である（⇨第3章**第6節2**・**3**）。ただし，更生管財人には自認義務（民再101条3項）はなく，一般調査期間は，債権届出期間の末日から1週間以上4か月以下の期間を置いたうえで，1週間以上2か月以下の期間とされ，再生手続より長い（会更42条1項，会更規19条1項2号）。また，退職手当の請求権については，届出がなされた場合に裁判所は直ちに更生管財人および更生会社に通知を行い，更生管財

## 第6節　更生債権および更生担保権の届出・調査・確定

人はこの通知を受け取った日から3日以内に裁判所に対し，書面で，異議を述べることができる（会更149条）。

租税債権や罰金等の請求権は，更生管財人において，各請求権に対する不服申立て方法により異議を主張することになる（会更164条）。

> **Column 4-6-1** 争いのある更生債権等の取扱い
>
> 　債権調査手続には期間制限があり，早期に更生債権等の内容を確定する必要があるが，その債権の内容によっては慎重な審理が必要となり，早期に確定できない場合も少なくない。早期に査定決定を出し，その査定決定に対する異議訴訟に移行した場合には，さらに債権の内容が確定するために時間を要することとなるため，**査定手続**の間に和解による解決が図られることが多い。和解協議が成立した場合，更生債権者等は和解において認められなかった部分の債権について届出を取り下げ，他方，更生管財人は取下げ後の届出内容について認否を変更して認める扱いとし，また，届出債権者が異議を述べていた場合にはその異議の一部を撤回する方法にて，更生債権等の内容を確定させる方法が取られている。これらの手続が取られた後，当該査定手続は取下げにて終了する。
>
> 　更生計画案の立案時期までに更生債権等の内容が確定しない場合には，更生計画案においてこれら未確定の更生債権等のために適確な措置を定めなければならず（会更172条），具体的には**「未確定の更生債権等」**という項目を設定し，その中で，その後の確定手続によって確定した内容に対し，他の同種の更生債権等に対する権利変更にかかる定めを適用するという定めを規定する。
>
> 　そして，関係人集会にて議決権行使を行う必要が生じた場合には，裁判所がその議決権額を決定することとされており（会更191条2項4号・192条1項2号），実務においては，争いのある届出債権額の50％相当額を議決権と認めるというような運用がなされている。

更生担保権につき，更生管財人が認めず，または届出更生債権者等から異議が述べられたため，当該更生担保権者によって査定申立てがなされ，担保権の評価について争いがある場合には，当該担保権の目的の価額を決める必要があるため，査定手続とは別に，**担保権の目的の価額を決定する手続**が設けられている。この申立ては，更生担保権者が，異議者等全員を相手方として，査定申立てをした日から2週間以内に，裁判所に対して行わなければならない（会更153条）。評価人を選任して評価を命じなければならず（会更154条1項），この評価人の費用等について，申立てをする更生担保権者は裁判所の定める金額を予納しなければならない（会更153条3項）。評価人は更生手続開始時における

*377*

時価にて評価を行い（会更2条10項），裁判所は評価人の評価に基づき，決定で価額を定めなければならず，この決定に対し当事者は即時抗告をすることができる（会更154条2項3項）。

担保権の目的の価額決定の手続は，更生担保権に関する査定手続を前提としているため，当該価額決定による担保権の目的の価額は，更生担保権に関する査定手続や異議訴訟を拘束する。また，査定手続においては，担保権の目的の価額決定の申立てがなされる可能性があるため，当該申立期間たる査定申立ての日から2週間以内には査定決定を出すことはできない（会更155条）。

同一の担保目的財産に対して複数の更生担保権がある場合，そのうちの一つの更生担保権の内容を確定するに当たり，他の更生担保権の内容を考慮する必要があるのか問題となる。会社更生法159条はこのような場合の対応について，他の更生担保権の確定した内容は，更生担保権に関する査定申立てまたは更生担保権の確定に関する訴訟が係属する裁判所を拘束しないと規定し，それぞれの担保権の内容は相対的に決めるものとしている。

## 第7節　共益債権・開始後債権・株主の権利

### 1　共益債権

更生手続の遂行に必要な費用や更生管財人の行為によって生じた債権，すなわち，会社更生法127条に規定する請求権は，**共益債権**とされる。また，更生手続開始前6か月間の使用人の給料，更生計画認可決定前に退職した使用人の退職金のうち6か月分の給料相当額または退職金の3分の1相当額のいずれか多い方の金額についても共益債権とされている（会更130条1項2項）。

共益債権は，更生計画の定めるところによらずに随時弁済され，更生債権等に先立って弁済される（会更132条，再生手続の共益債権につき⇨第3章**第7節1**）。

### 2　開始後債権

更生手続開始後の原因に基づいて生じた財産上の請求権（共益債権または更生

債権等以外のもの）は，**開始後債権**とされ，更生計画による弁済期間満了までの間は弁済をし，弁済を受け，その他これを消滅させる行為をすることはできない（会更 134 条）。更生計画認可決定に基づいて免責や権利変更の対象とならず（会更 204 条 1 項柱書・205 条 1 項），更生債権等と比べて時期的劣後した取扱いがなされる。

## 3 株主の権利

　**株主**は，更生管財人が有する事業経営権・財産管理処分権（会更 72 条 1 項）に抵触する限りにおいて，自益権や共益権の行使はできないが，株主名簿の記載または記録に従って，その保有株式をもって更生手続に参加することができる（会更 165 条）。株主は 1 株式につき 1 個の議決権を有するが，更生手続開始時において更生会社が債務超過であるときは議決権を有しない（会更 166 条）。なお，株主の過半数が同意し，かつ裁判所が承認すれば，3 人以上 10 人以下の株主で構成される株主委員会を組成し，更生手続に関与することができるが（会更 117 条 7 項 1 項，会更規 30 条），ほとんど利用されていない。

　更生計画によらずに，裁判所の許可を得て事業譲渡を行う場合の株主の取扱いは**第 4 節 4**参照。なお，更生会社が更生手続開始時において債務超過であれば，株主への手続は必要ない（会更 46 条 4 項〜8 項）。このように，更生会社が更生手続開始時において債務超過か否かについては，その後の手続において株主の権利を認めるか否かに関わる重要事項であるため，更生管財人は開始後遅滞なく財産評定を実施し（会更 83 条），債務超過であるか否かを明確にする。

　株主の権利は更生計画によって変更され（会更 205 条 1 項），その権利変更においては更生債権に劣後する取扱いとしなければならず（会更 168 条 1 項 3 項），通常はすべて無償で更生会社が株式を取得し，全て消却される。

> **Column 4-7-1　上場企業における上場維持の可否**
> 　上場企業が更生手続により再建をめざすことは少なくない。その場合，通常は，当該証券取引所における有価証券上場規程における上場維持の条件を充足することができず，上場廃止となる。しかしながら，もし，この上場規程をクリアすることができた場合，上場を維持したままでの更生計画の認可の可否は，会社更生法 168 条 3 項の解釈によることになる。
> 　同法 168 条 3 項は，更生計画による権利変更について，「第 1 項各号に掲げ

る種類の権利の順位を考慮して，更生計画の内容に公正かつ衡平な差を設けなければならない」とされており，いわゆる**公正・衡平の原則**を規定しているが，各種類の権利の順位を考慮した差について，絶対的に優先させなければならない場合（**絶対的優先説**）には，更生債権に対して100％満足を与えたうえでないと株主の権利を残すことができないことになり，上場維持は望めない結論となる。

他方，満足の度合いが相対的に上位の権利者の方が大きい内容であれば足りるとする考え方（**相対的優先説**）では，更生債権に対する権利変更の内容よりも実質的に株主の権利変更の内容が劣後するのであれば，更生計画によって株主の権利を残すことが許容され，上場維持の可能性は残されることになる。会社更生に至ったことによって株式価値は下がっていて大幅に価値は希釈化されており，他方，一定割合の減資がなされた株主の権利を残すことにより上場を維持する方が，更生会社の信用を維持することができ，その結果として，更生債権に対する弁済率を増加させることができる場合には，更生債権の権利変更と比較しても，衡平な差が認められる余地があるとされている。

## 第8節　更生会社の事業運営・法律関係

### 1 更生会社の経営体制

(1) **事業経営権**

更生会社の事業経営権は**更生管財人**に専属する（会更72条1項）。そのため，更生管財人は，更生手続期間中，通常の株式会社において代表取締役が業務執行を行うのと同様に，更生会社の業務執行を行う。更生会社の取締役は業務執行権を失い，更生管財人の事業経営権に抵触しない会社組織上の権限のみ保持する形骸化した役職となる。

更生管財人は，通常は，複数名の更生管財人代理を選任し，これら更生管財人代理とともに**更生管財人団**を形成し，組織的に更生会社の経営に当たる。更生管財人団は，更生会社内に更生管財人室を設置し，更生管財人室を担当する職員を配置して，更生管財人団の執務に関する事務作業を行わせる。当該更生管財人室を担当する職員は，更生管財人団の指示により，社内への連絡や調整，更生手続に関する社内外からの問い合わせの対応，裁判所との連絡，更生債権

者等や株主に発送する書面等の準備，財産状況報告集会や債権調査の準備など，更生手続に関する様々な事務処理を担当する。

　さらに，これら更生管財人団を中核として，更生会社の各部門責任者等を含めた経営会議を定期的に開催し，更生会社の経営事項について協議し，各部門責任者等に業務事項を指示しながら会社経営を進めていくことになる。職務権限規程も新たに作成し，事業活動を適正かつ円滑に行うため，更生管財人団を頂点とする経営組織体制を新たに構築して経営に当たっていく（⇨ Column 4-3-2 参照）。

### (2) 従業員との関係

　更生管財人は，従業員が会社との間で締結している**労働契約**を継続する。労働契約は双務契約であり，雇用の継続が必要な場合には，更生管財人は履行を選択することになる（会更61条1項）。他方，**労働協約**については双務契約における更生管財人からの解除権はないため（同条3項），更生管財人は更生会社が労働組合と締結した従前からの労働協約に拘束される。更生手続開始前に給与が未払の状態であった場合，従業員は，更生手続開始前6か月間の給料債権について共益債権として（会更130条1項前半），更生手続開始前の給料債権で共益債権とならないものは優先的更生債権として（民306条2号・308条，会更168条1項2号），権利行使することができる。

　他方，従業員を整理解雇する必要がある場合，更生管財人は双方未履行双務契約の解除権（会更61条1項）を行使することができるが，この解除権行使においても労働法上の要件（労基20条，労契16条等）を満たす必要がある。

　労働者の**退職手当債権**の取扱いは，破産手続や再生手続と比べると複雑な取扱いが定められている。更生手続では，更生管財人が解雇した場合の退職手当債権は共益債権となるが（会更127条2号），定年退職の場合や従業員が自らの意思で退職する場合には，更生計画の認可前であれば，退職手当債権は退職前6か月間の給料総額に相当する額または退職手当の額の3分の1に相当する額のいずれか多い額が共益債権となり（会更130条2項），残額は優先的更生債権になる。他方，更生計画の認可後に退職した場合には，全額について優先的更生債権となるとされている（⇨第2章**第8節5**，第3章**第7節**）。

更生管財人は，従業員に対し，使用者としての地位を有し，従業員に対して指揮命令権を有するとともに，団体交渉応諾義務（労組7条2号）等の使用者としての義務を負うと解されている。

### (3) 取締役・株主総会・株主との関係

取締役は，保全管理命令の発令後や更生手続開始後においても存続するものの，更生管財人の業務経営権（会更72条1項）に抵触しない限りにおいて，会社組織上の権限のみを有することになり，その範囲は極めて限定的であり，機関としての意義は実質的に形骸化する。また，更生手続開始後においては，株式の消却等や合併等の組織に関する基本的事項を変更することは更生計画の定めによらなければ行うことができないため（会更45条），株主総会の権限も大きく制限される。

他方，株主は，更生管財人が有する事業経営権・財産管理処分権（会更72条1項）に抵触する限りにおいて，自益権や共益権行使が否定されるが，債務超過である場合を除き，利害関係人として手続への関与が認められている。

## 2 第三者との取引・契約の取扱い

### (1) 更生会社の権利帰属主体としての更生管財人

更生管財人は，更生会社が第三者との間で実施する取引や契約の権利義務の帰属主体となる。したがって，更生管財人は，更生会社や利害関係人の利害調整を図りながら，更生手続開始前からの更生会社と第三者との間の契約について，履行もしくは解除し，または更生会社のために新たな契約を締結し，取引を行う。更生手続開始後の更生会社の代表取締役が更生会社財産に関して法律行為を行ったとしても，更生手続との関係では効力を主張することはできない（会更54条1項）。ただし，更生管財人はこの行為の効力を承認することはできる。会社更生法55条（管財人等の行為によらない更生債権者等の権利取得の効力），同法56条（登記及び登録の効力），同法57条（更生会社に対する弁済の効力），同法58条（為替手形の引受け又は支払等），同法59条（善意又は悪意の推定），同法60条（共有関係），同法61条（双務契約），同法62条（継続的給付を目的とする双務契約），同法63条（双務契約についての破産法の準用）については，民事再生法

44条から51条までの規定と同様の規定である（⇨第3章**第10節**，**第11節**）。

他方，更生管財人には差押債権者と類似の地位が認められ（この点は，破産管財人〔⇨第2章**第3節1**〕，再生債務者または再生管財人〔⇨第3章**第3節2**，**4**〕と同様である），更生手続開始前に更生会社が行った取引における物権変動の相手方との間では対抗関係に立ち（民177条・178条・467条2項等），または，更生会社による意思表示に欠缺がある場合の第三者保護規定（民94条2項・95条4項・96条3項）や契約解除の場合の第三者保護規定（民545条1項ただし書）が適用される。また，更生管財人には，更生手続開始前に更生会社が行った詐害行為や偏頗行為を否認する権限が与えられている（会更86条以下）。

> **Column 4-8-1** 建造物建設請負契約における履行請求の判断
> 　建造物の建築を請け負った建設会社（ゼネコン）が，下請業者に仕事を出しながら工事を進めている途中に，当該建設会社（ゼネコン）に対し更生手続が開始された場合，更生管財人は，当該建設請負契約を履行するのか，それとも解除するのか判断を迫られる。この場合，例えば，施工不良が発生しており，請負金額以上の費用がかかってしまうことが明らかであれば，このまま工事を続行しても，得られる請負代金以上の費用支出となるため，更生管財人は発注者との請負契約を解除することになる。反対に，施工不良などもなく順調に建設が進んでいる状況において，発注者からは前受金をあまり受け取っておらず，あとわずかの未施工部分の建設が完成すれば多額の請負代金を請求することができるのであれば，更生管財人はこれからの支出以上の収入を得ることが可能となり，更生管財人としては工事を続行するため契約の履行を選択することになる（会更61条1項）。
> 　発注者との請負契約の履行を選択する場合，更生管財人は，次に下請業者との請負契約を処理しなければならない。この場合，例えば，下請業者が発注工事全体の半分の施工をすでに終えているが，下請代金の既払額は下請代金全体額の2割相当額に過ぎない状況で，更生手続が開始した場合，これから施工する工事の下請代金が共益債権となることに異論はないが（同条4項），すでに施工が終了していて，未だ下請代金の支払がなされていなかった下請代金の3割部分（すでに施工が終了している発注工事全体の半分のうち支払を受けている2割部分を控除した残りの部分）についても共益債権となるのか，それとも更生手続開始前に発生している債権として更生債権と扱われるのか，議論がある。下請契約について，最初から最後までの工事施工全体を一体の契約と考え，既履行部分についての請求権についても会社更生法61条4項により共益債権となるとする有力説がある中で，当該下請工事が工事の進捗状況に応じて出来高を算定できるような場合には，出来高部分ごとに請負代金を請求することが請

> 負慣行であり，また，民法634条は仕事の割合に応じた報酬の請求を認めていることから，実務においては，更生手続開始前にすでに施工した部分についての下請代金請求権は，更生管財人がその後に下請契約につき履行を選択したとしても，更生手続開始前に発生していたものとして，更生債権として取り扱われている。

### (2) 係属中の訴訟手続等

　更生債権等は，更生手続開始後，個別の回収行為を行うことができない（会更47条1項・50条1項）。また，更生会社の財産関係の訴訟手続は**中断**し，更生債権等に関しないものについては，更生管財人において**受継**することができる（会更52条1項2項）。更生債権者等が実施していた債権者代位訴訟や詐害行為取消訴訟についても，中断し，更生管財人において受継することができる（会更52条の2第1項2項）。この取扱いも再生手続と同様である（⇨第3章**第12節**）。

## 3 取戻権・相殺権・否認権

### (1) 取　戻　権

　更生会社に属しない財産を更生会社から取り戻す権利は，更生手続が開始された場合であっても影響を受けない（会更64条1項。**取戻権**）。会社更生法64条2項は，破産法63条および64条を準用しており，取戻権の内容は，破産手続や再生手続と同様である（⇨第2章**第9節**，第3章**第9節 1**参照）。

### (2) 相　殺　権

　取引の場面において，相殺（民505条1項）は担保的機能を有し，相手方に対する債務と対当額にて自らの債権の満足を得ることを目的として，一種の債権保全策として利用されていることから，更生手続開始後においてもその期待を保護する必要性がある（会更48条。**相殺権**）。この相殺権行使の要件および相殺禁止に関する規定は，民事再生法における規定と同様である（民再92条・93条・93条の2）（⇨第3章**第9節 2**(2)(4)参照）。

### (3) 否　認　権

　更生会社は，更生手続開始前は，原則として自由に自らの資産を処分するこ

とができ，債権者に対してどのように弁済するかも原則として自由であるが，更生手続開始前であっても更生会社が経済的危機時期にある場面において，更生会社財産を毀損し，または債権者に対して偏頗弁済を行う場合には，その後に開始された更生手続との関係においては許容することはできず，是正されるべき場合がある。このため，更生管財人は一定の条件の下において，これらの行為に対して**否認権**を行使して取り戻すことができる（会更95条1項）。

否認権の行使については，破産法160条以下や民事再生法127条以下の規定と同様である（⇨第2章**第15節**，第3章**第9節3**参照）。

### 4 法人の役員の責任追及

放漫経営など更生会社の役員等の行為によって更生会社が損害を被った場合には，当該役員等の個人責任を追及し，損害の賠償を求める必要がある。その場合，裁判所は，当該**役員等の財産に対する保全処分**をすることができる（会更99条1項）。

さらに裁判所は，損害賠償請求権等の額その他の内容を査定する裁判（**役員等責任査定決定**）をすることができる（会更100条1項）。これらは再生手続と同様である（⇨第3章**第4節4**参照）。

## 第9節　会社再建策の構築

### 1 事業の再建

更生手続の目的は，更生計画の策定およびその遂行に関する手続を定めること等により，債権者，株主その他の利害関係人の利害を適切に調整し，もって当該株式会社の事業の維持更生を図ることである（会更1条）。

更生会社の事業を維持更生する手法としては，①更生会社がスポンサー支援を得ずに自らの経営改革等によって事業の維持更生を実施する場合（いわゆる**自主再建の場合**）と，②**スポンサー支援**を受けて事業の維持更生を図る場合がある。自主再建とするのか，スポンサー支援を受けるのかについては，当該更生会社における様々な事情に鑑みて，更生管財人が判断することになる。通常そ

の判断においては，そもそも更生会社は自主再建が可能な状態であるのか，という点を最初に検討することになる。

例えば，事業継続が困難となった原因が，事業投資の失敗により金融負債が過大となったことにあり，金融負債を整理すれば事業活動を維持継続し，その収益によって更生債権等への弁済原資を確保できることが見込まれ，更生計画によって，返済可能な水準にまで債務免除を求める内容とすることで，事業の維持再生を図ることができる場合がある。この場合は特にスポンサー支援は必要不可欠ということにはならず，自主再建が可能な場合となる。

他方，更生会社の事業が，事業環境の変化等により，そのままの状態では収益を生み出すことができない状況にあれば，スポンサー支援を受ける必要性が生じる。この場合，更生会社は，スポンサーから新しい資金を得て必要な設備投資を実施し，スポンサーの支援によって新しい顧客の獲得を図って売上げを増加させ，さらに，スポンサーが有するノウハウによりコスト削減などの合理化を実践していくことによって，事業の維持再生を図ることになる。

更生管財人は，更生会社の再建策を構築するうえで，まずは自主再建が可能かを判断し，自主再建に困難な事情がある場合にはスポンサー支援による再建を模索する。また，自主再建が可能であったとしても，更生会社の事業の更生をより確実に実施するためにスポンサー支援を受ける必要がある場合には，スポンサー候補者を探索することになる。結果として，現在はほとんどの更生会社はスポンサー支援を受けて更生を図る方法を選択し，スポンサー候補者が見つからなかった場合に，自主再建策を実施することとなっている。

## 2 スポンサー支援による再建

### (1) スポンサー選定

**スポンサー**とは，更生会社の事業を支援するため，更生会社に対し新たな出資を行って経営に参画する事業会社やファンドである（⇨ **Column 3-4-3** 参照）。

更生会社のスポンサー候補者は，取引先などの更生会社関係者がなる場合のほか，債権者を含めた関係者から紹介がなされる場合や，**フィナンシャルアドバイザー**（**FA**）等を通じて紹介を受ける場合，さらに更生会社が更生手続を実施していることを知って申し出がなされる場合など多岐にわたる。

複数のスポンサー候補者が現れた場合，更生管財人は，どのスポンサー候補者が更生会社の事業の維持継続に最もふさわしいか，選定することになる。特にスポンサーが更生会社の事業を一括して譲り受ける場合には，その譲渡代金が更生債権等への弁済原資となるため，更生債権者等にとっても弁済額の多寡に関わる重要事項となる。したがって，更生管財人がスポンサーを選定する際には，更生債権者等への弁済がより多額となるよう配慮する必要がある。更生管財人は，複数のスポンサー候補者に対し，更生会社の事業の維持更生の方法のほか，資金支援予定額を提案させ，その提案内容を比較したうえで，一番ふさわしい候補者を選定する入札手続（ビッド手続）を実施することが多い。

> **Column 4-9-1** スポンサー選定方法の議論
>
> 菓子製造業の株式会社東ハトの再生手続では，再生手続を申し立てたことによって風評被害が生じ事業価値が毀損することを避けるため，再生手続開始の申立ての直前時に，非公開方式にてスポンサー選定手続をあらかじめ実施し，再生手続開始の申立てと同時にスポンサー候補者が支援意向を表明する，いわゆる**プレパッケージ型の手続**が実施された。この方法によって，円滑かつ迅速に事業譲渡を実施する予定であったが，再生手続開始の申立て後に複数のスポンサー候補者が現れ，再生手続前のスポンサー選定手続のやり方等に異論を述べたことから，事態を収拾するために，改めてスポンサー選定のための再調整手続が実施されるに至った。
>
> この事件を契機として，プレパッケージ型の再生・更生手続の場合に，手続開始申立て後に申立て前のスポンサー選定手続が覆されないようにする必要性が唱えられ，倒産法研究者および実務家によって，プレパッケージ型手続の場合のスポンサー選定手続のガイドラインが策定された。このうち，最初に策定されたガイドラインは，その発表場所にちなんで「お台場アプローチ」と呼ばれ7要件を設定していたが，基準が厳しいことに課題が生じ，プレパッケージ型以外のスポンサー手続のあり方にも議論が及んだことから，その後，スポンサー入札手続（ビッド手続）が必要なケースとそうでないケースを分けて基準を立てた「二重の基準論」などが発表され，利用されるに至っている。
>
> さらに，プレパッケージ型にて最初に選定されたスポンサー候補者が，その後，スポンサーになれないこととなった場合の手当てについても議論がなされ，再生会社への貢献度に応じてブレイクアップフィーを支払う方法や，スポンサー選定のやり直しの場合にはラストルック（最終申込権）等の一定の優先権を与える方法などが議論され，実務に利用されている。
>
> 〔参考文献〕須藤英章「プレパッケージ型事業再生に関する提言」事業再生研究機構編『プレパッケージ型事業再生』（商事法務，2004年），髙井章光「スポンサー選定の実体

的要件」山本和彦＝事業再生研究機構編『事業再生におけるスポンサー選定のあり方』（商事法務，2016年）

### (2) 事業譲渡・会社分割・合併による再建

　スポンサー支援を受けて更生会社の事業の維持継続を図るため，更生会社の事業を譲渡し，または**会社分割・合併**を必要とする場合がある。これらの組織再編等は更生会社財産にとって重大な影響をもたらすため，平時においては原則として株主総会の特別決議による承認を要する事項であるが，更生手続では更生計画によって行うものとされている（会更45条・46条1項・167条2項・180条～182条の2）。しかしながら，更生計画が策定されるまでには，更生会社が抱える諸問題が整理され，債権者の債権の内容等が確定する必要があり，一定の時間を要することから，**事業譲渡**について早期に実施する必要がある場合には，裁判所の許可を得て事業譲渡を実施することができる（会更46条2項）。（⇨**第4節4**参照）。

　更生会社の事業が事業譲渡や会社分割によってスポンサーに移転し，更生会社の事業がすべてなくなった場合には，更生会社は解散し清算することになる。

## 第10節　更生計画の成立

### 1 更生計画案の作成・提出

　更生会社の事業の維持継続を図るためには，更生管財人が構築した事業再建策を実現する必要がある。そこで，事業再建策の内容に応じて，更生債権等の減額や弁済期限の猶予など更生債権等の権利の内容を変更する必要がある。また，更生会社がスポンサー支援を受けてその事業の維持継続を図る場合などにおいては，そのスポンサー支援の内容を実現するため，既存株式の消却を前提とした減増資，事業譲渡，会社分割，合併などの手続が必要となる。

　更生管財人は，以上のような更生会社の事業の維持継続に必要な事項（更生債権等の権利変更，更生会社の組織再編等）を実現するため，これらの必要事項を規定した**更生計画案**を作成して裁判所に提出し（会更184条1項），**関係人集会**に

おける更生計画案の可決を得て，最終的に裁判所による**更生計画認可の決定**（会更199条）を得て更生計画を成立させることを目指す。

　更生管財人は，債権届出期間の満了後の裁判所が定める期間内に，更生計画案を作成して裁判所に提出する義務（会更184条1項）を負うが，更生会社や届出をした更生債権者等または株主も，更生手続開始の決定の日から1年以内の日を末日として裁判所が定める期間内に，更生計画案を作成して裁判所に提出することができる（同条2項〜4項）。更生計画案の提出者は，決議に付する旨の決定（**付議決定**）までの間は，裁判所の許可を得て，更生計画案を修正することができる（会更186条）。裁判所は，更生計画案について，労働組合等の意見を聴かなければならず（会更188条），行政庁の許可，認可，免許そのほかの処分を要する事項を定めた更生計画案については，当該事項につき当該行政庁の意見を聴かなければならない（会更187条）。

## 2 更生計画案の内容

### (1) 更生計画の記載事項

　更生計画は，更生会社の事業の維持更生を図るという目的のために作成されるため，更生会社の事業再建策が記載されるほか，そのために必要な更生債権等の権利変更の内容や組織再編の内容が記載されることになる。

　具体的には，①全部または一部の更生債権者等または株主の権利の変更（会更167条1項1号），②更生会社の取締役，会計参与，監査役，執行役，会計監査人および清算人（同条項2号），③共益債権の弁済（同条項3号），④債務の弁済資金の調達方法（同条項4号），⑤更生計画において予想された額を超える収益金の使途（同条項5号），⑥続行された強制執行等（会更51条1項本文）における配当等に充てるべき金銭の額または見込額および使途（会更167条1項6号イ），⑦担保権消滅請求手続において裁判所に納付された金銭の額および使途（同条項6号ロ），⑧知れている開始後債権があるときは，その内容（同条項7号）については，必ず更生計画に定めなければならない（**必要的記載事項**）。さらに，事業再建策を実施するうえで必要な事業譲渡や組織再編行為がある場合には，更生計画に記載することで効力を生じさせることができる（**任意的記載事項**）。

　なお，事業を更生会社が継続すること，または，事業譲渡，合併，会社分割，

新会社の設立によって事業が継続されることを内容とする更生計画案の作成が困難な場合には，債権者の一般の利益を害しない限り，裁判所の許可を得て，**事業の全部廃止を内容とする更生計画案**を作成することができる（会更 185 条）。

## (2) 権利変更の内容
### (a) 債権者平等原則
**更生債権等の権利変更**の内容は，平等かつ衡平でなければならない（会更 168 条 1 項）。この**債権者平等原則**は，同一の種類の権利を有する者の間における平等であり，その種類としては，①更生担保権，②一般の先取特権その他一般の優先権がある更生債権，③前記②と後記④以外の更生債権，④約定劣後更生債権，⑤残余財産の分配に関し優先的内容を有する種類の株式，⑥前記⑤以外の株式，が規定されている。ただし，不利益を受ける者の同意がある場合または少額の更生債権等もしくは手続開始後の利息の請求権等（会更 136 条 2 項 1 号〜3 号）について，別段の定めをしても衡平を害しない場合その他同一の種類の権利を有する者の間に差を設けても衡平を害しない場合は，平等原則の例外として許される（会更 168 条 1 項）。

### (b) 公正・衡平原則
更生計画においては，異なる種類の権利を有する者の間においては，会社更生法 168 条 1 項各号に掲げる種類の権利の順位を考慮して，その内容に**公正かつ衡平な差**を設けなければならない（会更 168 条 3 項）。同条 1 項各号の種類の権利の順位は，前記(a)において記載した①から⑥に該当する。租税等の請求権（会更 2 条 15 号）および更生手続開始前の罰金等の請求権（会更 142 条 2 号）は，公正・衡平原則の適用対象から除外されている（会更 168 条 4 項）。

この**公正・衡平原則**の内容については，①先順位の種類の権利について全額の満足が得られない限り，次順位の種類の権利への弁済ができないとする絶対的優先性と考えるべきか，②先順位の種類の権利者への弁済条件が次順位の種類の権利者への弁済条件より相対的に優遇されたものでなければならないとする相対的優先性と考えるべきかという解釈論上の対立があるが，相対的優先性と考える立場が通説である（⇨ Column 4-7-1 参照）。

なお，既存の株式については，更生会社が債務超過である場合，自主再建型

の事業再建策を予定していても，実務では原則としてすべて消却される扱いが採られている。既存株式の全部消却がされた後においては，自主再建型の場合は多額の出資を得ることが予定されていないため，更生会社の取引先や従業員等の関係者による少額の出資を得るなどの対応がなされている。

> **Column 4-10-1** 更生担保権の弁済方法としての処分連動方式
>
> 　更生会社において事業活動に供しない遊休不動産や価格変動が生じやすい販売用資産など，売却処分を予定している資産に対して担保権が設定されている場合，担保権者が有する更生担保権の債権額を弁済するのではなく，実際に処分した時点において，処分価格から処分経費を控除した金額を弁済する旨を更生計画にて規定する場合がある。このような更生計画における弁済規定は**処分連動方式**と呼ばれており，一般的に採用されている。
>
> 　処分連動方式においては，当該担保目的物が高額で売却処分されれば，更生担保権者はすでに確定している更生担保権額を超えて弁済を受けることができるが，逆に低額にて売却処分に至った場合には，更生担保権額を下回る弁済となる。更生計画においては，当該担保目的物の売却処分に関し，当該更生担保権者の意向を一定程度反映する内容としていることが多いことから，更生担保権者には，いわば別除権的取扱いとして合理的な方法として受け入れられているものの，他の更生担保権者への弁済と比較すると高額にも低額にもなる可能性があるため，**債権者平等原則**との関係で問題となる。
>
> 　この点，処分連動方式が採用される更生担保権は，担保目的物が更生計画において売却処分を前提としているものを対象としていることからすれば，個々の更生担保権者間において恣意的に有利不利に取り扱っているわけではなく，上記事情を有する更生担保権者の間では同様の取扱いがなされており，また，そのような取扱いを行うことについて合理的な理由があることからすれば，「同一の種類の権利を有する者の間に差を設けても衡平を害しない場合」（会更168条1項ただし書）に該当すると考えることができる。なお，処分連動方式が規定された更生計画案の決議における可決要件は，「更生担保権の減免の定めその他期限の猶予以外の方法により更生担保権者の権利に影響を及ぼす定め」として取り扱われ，更生担保権者の議決権の総額の4分の3以上の同意を要する（会更196条5項2号ロ）とする取扱いがなされている。

(c)　清算価値保障原則

　会社更生法には，民事再生法174条2項4号のような明文の規定はないものの，**清算価値保障原則**が適用されるものと解されている（会更41条1項2号参照）。したがって，清算価値保障原則に反する更生計画案は付議されない（会更189条1項3号・199条2項1号2号）。

391

(d) **租税等の請求権の取扱い**

租税等の請求権について権利変更を求める場合には，徴収権限を有する者の同意が必要である（会更169条1項本文）。ただし，3年以下の期間の納税の猶予もしくは滞納処分による財産の換価の猶予の定めをする場合，または更生手続開始の決定の日から1年を経過する日までの間に生ずる延滞税，利子税または延滞金ならびに，納税の猶予または滞納処分による財産の換価の猶予の定めをする場合におけるその猶予期間にかかる延滞税または延滞金にかかる請求権について，影響を及ぼす定めをする場合には，徴収権限を有する者の意見を聴けば足りる（同条項ただし書）。

   (e) **弁済期限の猶予期間**

弁済期限の猶予期間は，①更生担保権に関しては，担保物の耐用期間または15年（特に有利となる特別事情があれば20年）のいずれか短い期間，②更生担保権以外の更生債権に関しては，15年（同上）である（会更168条5項）。ただし，社債を発行する場合にはこの猶予期間は適用されない（同条6項）。

## 3 更生計画案の決議

### (1) 付議決定

更生計画案が提出された場合，裁判所は，①債権調査において一般調査期間（会更146条3項）が終了していないとき，②更生管財人が会社更生法84条1項の規定による報告書の提出または同法85条1項の規定による関係人集会における報告をしていないとき，③裁判所が更生計画案について更生計画認可要件（会更199条2項各号〔4号を除く〕）のいずれかを満たさないものと認めるとき，④更生計画案提出期間に更生計画案の提出がなされず，または期間内に提出されたすべての更生計画案が付議するに足りないものであることを理由として更生手続を廃止する（会更236条2号）とき，のすべてに該当しない場合には，**付議決定**を行う（会更189条1項）。

付議決定に際し，裁判所は，議決権行使方法を定めなければならない（同条2項）。この議決権行使方法は再生手続と同様である（⇨第3章**第14節2**(1)）。

## 第10節　更生計画の成立

### (2) 更生計画案の可決要件

更生計画案の決議は，会社更生法168条1項各号の種類の権利に分かれて行うが，裁判所において相当と認めるときは，更生債権，更生担保権，株式を別々の種類の権利としたうえで，2つ以上の種類の権利を1つの種類の権利としてまとめ，または2つ以上の種類の権利に分けて行うことができる（会更196条1項2項）。実務では，更生担保権の組，更生債権の組，および株式の組に分けて行うものとすることが一般的であるが，更生会社が開始決定時において債務超過であるときは株主は議決権がなく，更生会社は債務超過であることが多いため，**更生担保権の組**と**更生債権の組**の2つに分けて行われている。

これらの組に分かれて実施された議決権行使により，①更生債権の組では，議決権の総額の2分の1を超える議決権者からの同意，②更生担保権の組では，(イ)更生担保権の期限の猶予の定めをする更生計画案については議決権の総額の3分の2以上の議決権者からの同意，(ロ)更生担保権の減免の定めそのほか期限の猶予以外の方法により更生担保権者の権利に影響を及ぼす定めをする更生計画案については議決権の総額の4分の3以上の議決権者からの同意，(ハ)更生会社の事業の全部の廃止を内容とする更生計画案については議決権の総額の10分の9以上の議決権者からの同意，③株式の組では，議決権の総数の過半数に当たる議決権を有する者の同意がすべてあった場合に，更生計画案は可決される（同条5項）。議決権者の頭数要件は，決議要件に組み入れられていない。

### (3) 関係人集会での可決に向けての対応

議決権行使方法が，関係人集会にて投票する方法か，または書面投票と併用している場合には，更生債権者等および株主に不利な影響を与えないときに限り，裁判所は関係人集会にて**更生計画案の変更**を許可することができる（会更197条）。

また，関係人集会にて可決に至らなかった場合には，更生管財人は裁判所に対し，**関係人集会期日の続行**を申立て，2か月以内に実施される続行期日での可決をめざすことになる。この関係人集会期日の続行には，更生債権の組では議決権の総額の3分の1以上の議決権者から期日続行についての同意が，更生担保権の組では議決権の総額の2分の1を超える議決権者の同意が，株式の組

では議決権の総数の3分の1以上の議決権者の同意が、それぞれ必要とされている（会更198条1項）。

## 4 更生計画の認可・不認可

### (1) 更生計画認可・不認可の決定

更生計画案が可決された場合、裁判所は認可要件（①更生手続または更生計画が法令および最高裁判所規則の規定に適合するものであること、②更生計画の内容が公正かつ衡平であること、③更生計画が遂行可能であること、④更生計画の決議が誠実かつ公正な方法でされたこと、⑤他の会社との間で組織再編〔会更45条1項7号〕を実施する内容の更生計画については、更生計画の認可の決定の時において、他の会社が当該行為を行うことができること、⑥行政庁の許可、認可、免許そのほかの処分を要する事項を定めた更生計画については、当該行政庁の意見〔会更187条〕と重要な点において反していないこと）のいずれにも該当するときは**更生計画認可の決定**をしなければならない（会更199条2項）。

再生手続では、不認可事由が法定され（民再174条2項各号）、その事由に該当しない限り再生計画は認可されるが（同条1項）、更生手続では、更生計画が認可されるためには上記の認可要件をすべて充足する必要がある。

なお、更生手続が法令または規則に違反している場合であっても、その違反の程度、更生会社の現況そのほか一切の事情を考慮して更生計画を認可しないことが不適当と認めるときは、裁判所は更生計画認可の決定をすることができる（会更199条3項）。裁判所は、更生計画認可の決定をしない場合には、**更生計画不認可の決定**を行わなければならない（同条4項）。

また、更生管財人、更生会社、届出をした更生債権者等などの関係者（会更115条1項本文）および労働組合等（会更46条3項3号）は、更生計画を認可すべきかどうかについて意見を述べることができる（会更199条5項）。

### (2) 権利保護条項

決議において、一部の組の同意を得られなかったことで可決されなかった場合、裁判所は、更生計画案を変更し、同意が得られなかった種類の権利を有する者のために権利を保護する条項（**権利保護条項**）を定めて、更生計画認可決

をすることができる（会更200条1項）。

この権利保護条項の内容は，①更生担保権者については，その更生担保権の全部をその担保権の被担保債権として存続させ，またはその担保権の目的である財産を裁判所が定める公正な取引価額（担保権の負担がないものとして評価するものとする）以上の価額で売却し，その売得金から売却の費用を控除した残金で弁済し，またはこれを供託すること，②更生債権者については，破産手続が開始された場合に配当を受けることが見込まれる額，株主については清算の場合に残余財産の分配により得られることが見込まれる利益の額を支払うこと，③当該権利を有する者に対して裁判所の定めるその権利の公正な取引価額を支払うこと，さらに，④前記①～③に準じて公正かつ衡平に当該権利を有する者を保護することのいずれかによるとされている。

また，決議前であっても一部の組の同意を得られないことが明らかな場合には，裁判所の許可を得て，権利保護条項を更生計画案に定めることができる（同条2項）。この場合，裁判所は同意を得られないことが明らかな種類の権利を有する者のうち1名以上の意見を聴かなければならない（同条3項）。

### (3) 更生計画認可・不認可の決定の効力

更生計画の認可または不認可の決定があった場合には，裁判所は，その主文，理由の要旨および更生計画またはその要旨を公告しなければならず（会更199条6項），決定があった旨を労働組合等に通知しなければならない（同条7項）。更生計画の認可または不認可の決定に対しては，即時抗告ができるが（会更202条1項），即時抗告がなされたことは更生計画の遂行に影響を及ぼさない。ただし，決定取消しの原因となることが明らかな事情および更生計画の遂行によって生ずる償うことができない損害を避けるべき緊急の必要があることにつき疎明があったときは，抗告人の申立てにより，当該即時抗告につき決定があるまでの間，担保を立てさせてまたは立てさせないで，当該更生計画の全部または一部の遂行を停止し，そのほか必要な処分をすることができる（同条4項）。

更生計画が認可された場合，更生計画は認可の決定の時から効力が生じる（会更201条）。これにより，更生会社は，更生計画の定め，または会社更生法によって認められた権利等の会社更生法204条1項記載の権利を除き，すべて

の更生債権等につき責任を免れ、株主の権利および更生会社の財産を目的とする担保権はすべて消滅する。更生手続では自認債権制度はなく、届出がなされなかった更生債権等はすべて失権する。

届出をした更生債権等は、更生計画の定めに従って権利変更され（会更205条1項）、更生計画認可の決定が確定したときは、裁判所書記官は、更生計画の条項を更生債権者表および更生担保権者表に記載しなければならず、更生債権者表および更生担保権者表の記載は、更生会社、更生債権者等などに対し、確定判決と同一の効力を有する（会更206条）。

また、更生計画認可の決定により、会社更生法50条1項の規定により中止していた破産手続等の手続は、その効力を失う（会更208条）。

## 第11節　更生計画認可後の手続・更生手続の終了

### *1* 更生計画の遂行・変更

#### (1) 更生計画認可決定後の事業経営・財産管理処分権限

更生計画認可の決定があったときは、更生管財人は、速やかに、**更生計画の遂行**または更生会社の事業の経営ならびに財産の管理および処分の監督を開始しなければならない（会更209条1項）。更生計画が認可された後においても、更生会社の事業経営が安定し、事業経営に対する信頼を回復するまでは、更生管財人による事業経営や財産管理等が必要となる。

他方、事業経営が安定した場合には、更生会社本来の経営体制に戻すことが相当場合があり、更生手続中であっても、事業経営権および財産管理処分権を更生会社の取締役等の機関に戻すことができる。具体的には、裁判所において、更生管財人の専権であった事業経営権と財産管理処分権を失効させる決定を行い（同条4項）、これにより更生会社の取締役等の機関が会社法に基づき有していた更生会社の事業経営権および財産管理処分権が回復することになる。なお、更生計画によっても、更生管財人の事業経営権等の権限を失効させることができる。事業経営権等の権限が失効した後、更生管財人は、更生会社の事業経営等について監督する役割を担うことになる。

更生計画認可決定後の更生管財人の権限のあり方は，事案に応じて柔軟に対処することになるが，事業経営権等の権限を失効させずに，法律家管財人と事業家管財人の役割分担において，事業家管財人が事業経営等の中心となり，法律家管財人は監督役にまわる形態や，法律家管財人のみ退任して法律顧問（会更71条）となることも多い。

### (2) 更生計画の遂行

更生計画においては，更生債権等に対する弁済に関する規定のほか，今後の事業経営方針に併せて，合併，資本金の減少や新株発行などの組織再編に関する事項が規定されることが多い。したがって，更生管財人は，更生債権等に対する弁済のほか，更生計画に規定された組織再編を実施することになるが，これら組織再編について，更生管財人は会社法や定款による手続を経ることなく実施することができる（会更210条1項）。

なお，更生計画によって，更生会社が取得していた許認可など行政庁から得ていた権利義務について新会社に移転する旨を定めた場合には，当該新会社は他の法令による規定にかかわらず，当該許認可等の行政庁から得ていた権利義務を承継するとされている（会更231条）。

### (3) 更生計画の変更

スポンサー支援が予定どおりに実施されなくなってしまった場合や，事業計画どおりに収益が上がらないなどによって，更生計画の履行が困難となった場合には，更生手続を廃止して破産手続に移行するか，更生計画を変更したうえで，更生手続を進めるかを選択することになる。

やむを得ない事由で更生計画に定める事項を変更する必要が生じたときは，裁判所は，更生手続終了前に限り，更生管財人，更生会社，届出をした更生債権者等または株主の申立てにより，更生計画を変更することができる（会更233条1項）。変更後の更生計画は，裁判所による変更の決定の時から，効力を生ずる（同条5項）。しかしながら，**更生計画の変更**によって更生債権者等または株主に不利な影響を及ぼすと認められる場合には，裁判所の変更決定ではなく，通常の更生計画案の提出があった場合の手続をもって変更することになる。

この場合，変更により不利な影響を受けない更生債権者等または株主は，手続に参加させることを要せず，また，変更計画案について議決権を行使しない者であって従前の更生計画に同意したものは，変更計画案に同意したものとみなされる（同条2項）。裁判所により変更計画認可決定が発令された場合には，その決定時から，変更計画の効力が生ずる（同条5項）。

## 2 更生手続の終了

### (1) 更生手続終了事由

　更生手続は，①更生手続開始の申立てを棄却する決定の確定（会更234条1号），②更生手続開始の決定の取消決定の確定（同条項2号），③更生計画不認可の決定の確定（同条項3号），④更生手続廃止の決定の確定（同条項4号）⑤**更生手続終結の決定**（同条項5号）のいずれかが生じた時に終了する。

　これらのうち，更生手続終結の決定の場合は更生手続の目的が達成されて終了する場合であるが，それ以外の終了事由においては目的を達成できないままに終了するため，原則として**破産手続に移行**することになる（会更252条1項）。

　なお，更生手続開始前に再生手続や破産手続が開始されており，更生手続の開始によって手続が中止していたとき（会更50条1項）は，更生手続終結決定以外の事由によって更生手続が終了した場合には，中止していた再生手続や破産手続は続行し（会更257条参照），更生計画認可の決定によって破産手続が失効していた場合には，裁判所は，職権で，破産法に従い，破産手続開始の決定をしなければならない（会更252条2項）。

### (2) 更生手続の終結

　裁判所は，①更生計画が遂行された場合（会更239条1項1号）のほか，②更生計画の定めによって認められた金銭債権の総額の3分の2以上の額の弁済がなされた時において，当該更生計画に不履行が生じていない場合（ただし，裁判所が，当該更生計画が遂行されないおそれがあると認めたときは，この限りでない）（同条項2号），③更生計画が遂行されることが確実であると認められる場合（同条項3号）には，終結決定をしなければならない。

## (3) 更生手続の廃止

　更生手続開始後，様々な事情により手続を進めることができず，更生手続を途中で廃止せざるを得ない場合がある。手続が廃止される場合，**更生計画認可前の手続廃止**の場合と**更生計画認可後の手続廃止**の場合に区別される。

　認可前の廃止には，①決議に付するに足りる更生計画案の作成の見込みがないことが明らかになったとき（会更236条1号），②裁判所の定めた期間もしくはその伸長した期間内に更生計画案の提出がないとき，またはその期間内に提出されたすべての更生計画案が決議に付するに足りないものであるとき（同条2号），③更生計画案が否決されたとき，または関係人集会の続行期日が定められた場合において，法定の期間内に更生計画案が可決されないとき（同条3号），④更生手続開始の原因となる事実のないことが明らかになったとき（会更237条1項）がある。①〜③の場合は，裁判所は職権で，④の場合は管財人等の申立てにより，更生手続廃止の決定をしなければならない。

　認可後の廃止としては，更生計画が遂行される見込みがないことが明らかになったときであり，裁判所は，更生管財人の申立てによりまたは職権で，更生手続廃止の決定をしなければならない（会更241条1項）。

　裁判所は，更生手続廃止の決定をしたときは，直ちに，その主文および理由の要旨を公告しなければならず（会更238条1項・241条4項），廃止決定に対しては即時抗告ができる（会更238条2項）。即時抗告がなされない場合，即時抗告期間を経過することで廃止決定は確定し効力を生ずる（同条5項）。この場合，更生債権者表または更生担保権者表の記載は，更生会社であった株式会社に対し，確定判決と同一の効力を有し，更生債権者等は確定した更生債権等について，当該株式会社に対し，更生債権者表または更生担保権者表の記載により強制執行をすることができる（会更238条6項・241条4項・240条・235条1項）。

## 3 破産手続への移行

　更生手続が終了した場合，更生手続終結決定以外の手続終了事由においては，破産手続開始の原因が存在する場合が多く，そのような場合，裁判所は，職権にて破産手続開始の決定をすることができる（会更252条1項）。また，更生手続開始前に破産手続が開始されていた場合には，裁判所は職権で破産手続開始

の決定をしなければならない（同条2項本文）。更生手続から移行した破産手続を**牽連破産**という。牽連破産の場合の手続は再生手続と同様である（⇨第3章第16節**3**）。

## **4** 再生手続への移行

　更生手続の開始によってすでに開始されていた再生手続が中止していたとき（会更50条1項）に，更生手続終結決定以外の事由によって更生手続が終了した場合，中止していた再生手続は続行する（会更257条）。

# 第5章 特別清算

第1節 特別清算手続の概観
第2節 特別清算開始の申立てまでの手続
第3節 特別清算開始の申立て
第4節 特別清算開始の決定
第5節 和解・協定
第6節 特別清算手続の終了

## 第1節 特別清算手続の概観

### 1 特別清算手続の意義

**特別清算手続**は，会社法第2編第9章「清算」の中の第2節（会社510条以下）を中心として，さらに，同法第7編第2章「訴訟」の中の第4節（会社857条・858条）および同編第3章「非訟」の中の第3節（会社879条以下）に規定されている。すなわち，株式会社が解散した後の清算手続の一態様として位置付けられ，解散した株式会社たる清算株式会社において，清算の遂行に著しい支障を来すべき事情があること（会社510条1号），または債務超過の疑いがあること（同条2号）に該当する場合に，清算人等の申立てにより手続が開始される。これら特別清算開始の原因が生じている場合には，円滑に清算手続を進めることができないため，裁判所の監督下に入り，倒産手続としての特別清算手続を利用することとされている。

### 2 法的整理と私的整理の両面性

特別清算手続を倒産手続の中で分類する場合には，通常，裁判所の監督の下

で進める手続として法的整理に位置付けられる。

　しかしながら，その機能に着目した場合，法的整理の一種ではあるものの，実質的には私的整理の一手法として活用される場面が少なくない。法的整理の特徴は，原則として債権者平等原則の下で，すべての債権者を等しく手続内にて取り扱うことにあるが，特別清算手続では，多くの場合において，金融債権のみを対象とし，それ以外の債権は特別清算開始の申立て前に弁済を終えるなどして，手続の対象としないとする運用がなされている。例えば，債務超過となった株式会社を清算する場合，金融債権者と債務者会社との間における事前協議により，金融債権以外の取引債権については弁済を随時実施し，その後，特別清算手続の中で，最後に残った資産をもって金融債権に対して按分弁済を実施することで，取引債権者の連鎖倒産を防ぎ，債務者会社の売掛金や在庫などの資産換価を円滑に進める，というような形で手続が実施されている。

　また，特別清算手続は，手続の対象となる**協定債権者**全員と同一内容にて和解を締結するか，もしくは出席した議決権者の過半数の同意かつ議決権者の議決権の総額の3分の2以上の議決権を有する者の同意を得て，協定を可決しなければならず（会社567条1項），取引債権者を含めすべての債権者を対象とした場合には，議決権の総額の3分の2以上の議決権者からの同意を得て協定を可決させることは極めて困難となる。したがって，金融債権以外の多くの債権を対象としなければならない場合には，特別清算手続ではなく破産手続を選択することとなり，他方，金融債権者との協議により，金融債権のみを対象債権とすることに事前の同意を得ることができれば，その前提で特別清算手続を実施する，という運用がなされている。この場合，金融債権者にとっては，破産の場合よりも特別清算手続の場合の方が，①弁済率を高くすることができ，②取引債権者や地域経済に与える影響を少なくすることができ，③比較的迅速に手続を進めることができる，という点に大きな利点を見出している。

　┃ Column 5-1-1　**第二会社方式での再建案件における特別清算手続の利用**
　┃　　特別清算手続は，債務超過の株式会社を清算する場面で利用される手続であり，一般的には清算型手続として分類されている。
　┃　　しかしながら，再建型私的整理の一環として利用される場合も少なくない。例えば，中小企業活性化協議会の再建型私的整理において，スポンサー企業が用意した受け皿会社に事業を譲渡し，その譲渡代金から一定の弁済を実施する

再生計画（いわゆる**第二会社**方式の再生計画）を履行したうえで，当該協議会手続後に改めて特別清算開始の申立てを行い，その特別清算手続において，残りの資産換価金を原資にわずかでも弁済を行うことを条件として，残債務の免除を受ける方法である。

このように再建型私的整理の最終段階にて特別清算手続が利用される理由は，再建型私的整理の中で金融債権者が債務免除を行う場合，再生手続では一般的に行われているような一定の弁済を条件として残債務免除を受ける再生計画案よりも，いったん事業を受け皿会社（第二会社）に譲渡し，または会社分割にて移したうえで，その譲渡対価等が相当であることを前提として，最終的に事業譲渡・会社分割後の債務者会社を特別清算手続にて清算する中で債務免除するという形の計画案の方が，金融債権者にとって受け入れやすいためである。

また，中小企業の信用力不足を補う趣旨にて，信用保証協会法に基づき各当道府県等に設置されている**信用保証協会**が，金融機関の融資に対して保証を行っている場合，当該融資の返済ができなくなれば当該金融機関は信用保証協会に保証履行を求めることになり，この求めに応じて代位弁済を実施した信用保証協会は，中小企業に対して**求償権**を有することになる。保証制度によっては，代位弁済資金の一部について，地方公共団体が損失補償することになるため，代位弁済によって取得した求償権の債務免除を実施するには，法的整理によらない場合，条例において特別の規程がない限り，当該地方公共団体の議会承認を得る必要があるとされている。議会承認を得ることは現実的には実施困難であるため，私的整理が行われたのち，さらに法的整理たる特別清算手続にて最終的に求償権の債務免除を求める方法が採用されることがある。

## 第2節　特別清算開始の申立てまでの手続

### 1　解　　散

特別清算手続は，**解散**した株式会社を対象とするため，その開始申立て前において，債務者会社は解散している必要がある。株式会社は，会社法471条の規定する事由によって解散するが，一般的には，株主総会の特別決議による（会社471条3号・309条2項11号）。

解散した場合，当該株式会社は**清算**をしなければならず（会社475条1号），清算の目的の範囲内において存続することになる（会社476条）。すなわち，解散の登記がなされ（会社926条），それまでの取引を終了させ，資産を換価処分

するなどをしていくことになるが、破産手続に入った場合と異なり、事業継続がすべて禁止されるわけではなく、清算の目的の範囲内にて事業活動を継続しながら、取引の終了などを実施することになる。

## 2 清 算 人

　株式会社が解散するとその取締役は地位を失い（会社477条7項）、取締役、定款で定める者および株主総会決議によって選任された者が**清算人**となり（会社477条1項・478条1項）、**清算株式会社**の業務を執行する（会社482条1項）。清算人が2人以上ある場合には、清算株式会社の業務は、定款に別段の定めがある場合を除き、清算人の過半数をもって決定する（同条2項）。

　清算株式会社は、定款の定めによって、**清算人会**、監査役または監査役会を置くことができる（会社477条2項）。清算人会は、①清算人会設置会社の業務執行の決定、②清算人の職務の執行の監督、③**代表清算人**の選定および解職の職務を行い（会社489条2項）、清算人の中から代表清算人を選定しなければならない（同条3項）。

　清算人の職務は、①現務の結了、②債権の取立ておよび債務の弁済、③残余財産の分配とされており（会社481条）、その就任後遅滞なく、清算株式会社の財産の現況を調査し、解散日における財産目録および貸借対照表（財産目録等）を作成しなければならず（会社492条1項）、清算人会設置会社においては、財産目録等は、清算人会の承認を受けなければならない（同条2項）。清算人は、財産目録等を株主総会に提出し、または提供し、その承認を受けなければならない（同条3項）。解散日の翌日から**清算事業年度**が開始するため、解散日をもって決算手続を行うことになる。

## 3 債権者の取扱い

　清算株式会社は、清算開始事由に該当することとなった後、遅滞なく、当該清算株式会社の債権者に対し、2か月以上の一定の期間内にその債権を申し出るべき旨を**官報に公告**し、かつ、**知れている債権者には**、**各別にこれを催告**しなければならない（会社499条1項）。この公告には、当該債権者が当該期間内に申出をしないときは清算から除斥される旨を付記しなければならない（同条2

項)。これは，清算手続が進む中で，清算株式会社の資産を引当てにしている債権者に対して，必要な対応を行うことを促すとともに，債権者にその債権の内容の申出をさせることにより，清算株式会社が清算手続を円滑に進められるようにする目的を有する。この期間内に債権の申出をしなかった債権者は，清算株式会社において知れている場合を除き，清算から**除斥**される（会社503条1項)。清算から除斥された債権者は，すでに他の債権者に分配された財産からの分配を求めることはできず，未だ分配がされていない残余財産に対してのみ，弁済を請求することができる（同条2項)。

清算株式会社は，上記期間内は債務の弁済をすることができないが（会社500条1項)，その債務の不履行によって生じた責任は免責されるわけではないため，上記期間内であっても，清算株式会社は裁判所の許可を得て，少額の債権，清算株式会社の財産につき存する担保権によって担保される債権その他これを弁済しても他の債権者を害するおそれがない債権にかかる債務について，その弁済をすることができる（同条2項)。

## 第3節　特別清算開始の申立て

### 1 特別清算能力

**特別清算能力**とは，特別清算開始の決定を受けることのできる一般的な資格をいい，清算手続中の株式会社（清算株式会社）に限って認められている（会社510条)。特例有限会社には特別清算能力は認められていないため（会社法整備法35条)，株式会社に組織変更したうえで，特別清算手続の申立てを行うことになる。日本にある外国会社が清算手続を開始している場合には，特別清算能力が認められていると解される（会社822条3項)。

### 2 特別清算開始の原因

**特別清算開始の原因**は，清算株式会社において，①**清算の遂行に著しい支障を来すべき事情があること**，または②**債務超過の疑いがあること**，である（会社510条)。すでに清算手続中であるため，支払不能は特別清算開始の原因にはされ

405

ていない。清算の遂行に著しい支障を来すべき事情とは，債権者が多数存在していることにより清算手続を円滑に進めることが難しいような場合である。

## 3 申立権者

申立権者は，債権者，清算人，監査役または株主であり，債務超過の疑いがあるときは，清算人は，特別清算開始の申立てをしなければならない（会社511条）。他の倒産手続のように，債務者会社自身には申立権は認められていない。清算人に申立権限と申立義務を認めていることから，債務者会社に申立権限を認める必要性が乏しいことが理由である。

清算人および監査役が申立てを行う場合は，開始原因事由の疎明は不要であるが，債権者または株主が特別清算開始の申立てをするときは，特別清算開始の原因となる事由を**疎明**しなければならない（会社888条1項）。債権者は，その有する債権の存在をも疎明しなければならない（同条2項）。

## 4 管轄裁判所

**管轄裁判所**は，清算株式会社の本店所在地を管轄する地方裁判所である（会社868条1項）。ただし，清算株式会社の議決権の過半数を有する法人（親法人）について特別清算事件，破産事件，再生事件または更生事件が係属しているときは，清算株式会社は親法人の特別清算事件等が係属している地方裁判所にも申し立てることができる（会社879条1項）。

## 5 予納金と債権者の同意

特別清算開始の申立てをするときは，申立人は，裁判所の定める手続費用額を予納しなければならない（会社888条3項）。多くの裁判所において，申立人に対し，申立て時において債権者から特別清算手続を開始することについての同意書を得て裁判所に提出することを求めている。そして，ほとんどの債権者から当該同意書を得ることができた場合には，予納金を少額とし，そうでない場合には，協定がまとまらなかった場合に**牽連破産**に移行する可能性が高いと考え，その場合の破産管財人費用相当額の予納を求める運用を行っている。

## 6 保全処分

　裁判所は，特別清算開始の申立てがあった場合において，必要があると認めるときは，債権者，清算人，監査役もしくは株主の申立てにより，または職権で，特別清算開始の申立てにつき決定があるまでの間，清算株式会社についての破産手続の中止や，清算株式会社の財産に対してすでにされている**強制執行等の中止**を命ずることができる（会社512条1項）。さらに，特別清算開始の決定の前後を問わず，清算株式会社の財産に関し，その財産の**処分禁止の仮処分その他の必要な保全処分**（会社540条1項2項）や，取締役等の責任に基づく損害賠償請求権につき，当該対象**役員等の財産に対する保全処分**をすることができる（会社542条1項2項）。

# 第4節　特別清算開始の決定

## 1 手続開始の条件

　裁判所は，特別清算開始の申立てがあった場合において，特別清算開始の原因となる事由があると認めるときは，①特別清算の手続の費用の予納がないとき，②特別清算によっても清算を結了する見込みがないことが明らかであるとき，③特別清算によることが債権者の一般の利益に反することが明らかであるとき，または④不当な目的で特別清算開始の申立てがされたときやその他申立てが誠実にされたものでないときのいずれかに該当する場合を除き，**特別清算開始の決定**をする（会社514条）。このうち，③「**債権者の一般の利益に反すること**」でないとは，**清算価値保障原則**が遵守されていることを意味する（清算価値保障原則について，⇨第3章**第13節2**参照）。

## 2 開始決定の効力

### (1) 他の手続の中止等

　特別清算開始の決定があったときは，破産手続開始の申立て，清算株式会社の財産に対する強制執行，仮差押え，仮処分もしくは外国租税滞納処分または

財産開示手続もしくは第三者からの情報取得手続の申立てはすることができず，破産手続，清算株式会社の財産に対してすでになされているこれら強制執行等の手続は中止する（会社515条1項）。特別清算開始の決定が確定したときは，これらの中止した手続または処分は，特別清算手続との関係においては，効力を失う（同条2項）。

(2) **債務の弁済の制限**

債権者は，個別催告に従って債権届出を行い，特別清算手続に参加する中で権利行使することになる。これら債権者の債権は**協定債権**と呼ばれる（会社515条3項参照）。一般の先取特権その他一般の優先権のある債権，特別清算手続のために生じた債権や費用請求権は，協定債権からは除外される。開始後においては，清算株式会社は，協定債権者に対して，その債権額の割合に応じて弁済しなければならない（会社537条1項）。ただし，裁判所の許可を得て，少額の協定債権，清算株式会社の財産につき存する担保権によって担保される協定債権その他これを弁済しても他の債権者を害するおそれがない協定債権にかかる債務について，債権額の割合を超えて弁済することができる（同条2項）。

(3) **相殺の禁止**

特別清算手続においては，破産手続における相殺禁止規定（破71条・72条）と同様の規定を置いている（会社517条・518条）（破産手続における相殺禁止につき，⇨第2章**第11節3**参照）。

(4) **担保権の実行の手続等の中止命令**

破産手続等の「別除権」の概念は特別清算手続では存在しないものの，担保権の行使は制限されていない。ただし，裁判所は，強制執行等の中止命令だけでなく（会社512条1項），債権者の一般の利益に適合し，かつ，担保権の実行の手続等の申立人に不当な損害を及ぼすおそれがないものと認めるときは，清算人，監査役，債権者もしくは株主の申立てにより，または職権で，相当の期間を定めて，**担保権の実行の手続等の中止**を命ずることができる（会社516条）。

## 3 裁判所による監督および調査

　特別清算開始の命令があったときは，清算株式会社の清算は，裁判所の監督に属し（会社519条1項），清算株式会社が，①財産の処分，②借財，③訴えの提起，④和解または仲裁合意，⑤権利の放棄，⑥その他裁判所の指定する行為をするには，**裁判所の許可**を得なければならない（会社535条1項）。

　裁判所は，必要があると認めるときは，清算株式会社の業務を監督する官庁に対し，当該清算株式会社の特別清算手続について意見の陳述を求め，または調査を嘱託することができる（会社519条2項）ほか，いつでも，清算株式会社に対し，清算事務および財産の状況の報告を命じ，その他清算の監督上必要な調査をすることができる（会社520条）。清算株式会社は，株主総会の承認があった後遅滞なく，財産目録等を裁判所に提出しなければならない（会社521条）。

　また，裁判所は，特別清算開始後において，清算株式会社の財産の状況を考慮して必要があると認めるときは，清算人，監査役，債権の申出をした債権者その他清算株式会社に知れている債権者の債権の総額の10分の1以上に当たる債権を有する債権者もしくは総株主の議決権の100分の3以上の議決権を6か月前から引き続き有する株主の申立てにより，または職権で，①特別清算開始に至った事情，②清算株式会社の業務および財産の状況，③保全処分をする必要性があるかどうか等について，調査委員による調査を命ずる処分（**調査命令**）をすることができる（会社522条）。裁判所は，調査命令をする場合には，当該調査命令において，**調査委員**を選任し，調査委員が調査すべき事項および調査の結果の報告をすべき期間を定めなければならない（会社533条）。

　さらに，裁判所は**監督委員**を選任し，清算株式会社が行為をする場合の裁判所の許可に代わる同意をする権限を付与することができる（会社527条1項）。

　ただし，実務においては，調査委員や監督委員が選任されることは稀である。

## 4 清算人

　特別清算手続では，裁判所が選任する管財人による手続ではなく，清算手続にて選任された清算人がその職務である清算事務を行うことを認めている。

　清算人は，債権者，清算株式会社および株主に対し，**公平かつ誠実に**清算事

務を行う義務（公平誠実義務）を負う（会社523条）。これは，清算人が，特別清算手続の手続主体としての機関として職責を負うことを意味する。

　裁判所は，清算人が清算事務を適切に行っていないとき，その他重要な事由があるときは，債権者もしくは株主の申立てによりまたは職権で，清算人を解任することができ，その場合，裁判所は新たな清算人を選任する（会社524条）。清算人は費用の前払および裁判所が定める報酬を受けることができるとされているが（会社526条1項），特別清算手続が私的整理の一態様として利用される場合には，無報酬とされることが多い。

### 5 債権者集会

　特別清算手続の実行上必要がある場合には，清算株式会社は，**債権者集会**をいつでも招集することができるとされており（会社546条），総額の10分の1以上の協定債権を有する債権者にも招集権限が与えられているが（会社547条），協定の決議以外には実際には債権者集会はあまり招集されていない。

## 第5節　和解・協定

### 1 和　解

　私的整理の一態様として，金融債権者のみを協定債権者として特別清算手続が開始された場合には，その申立て前から実施されている当該金融債権者と清算株式会社との間の協議（いわゆるバンクミーティング）や私的整理において，清算株式会社の財産目録や弁済条件案が開示されていることが多く，さらに弁済条件案について清算株式会社と金融債権者との間で合意が成立している場合も少なくない。このような場合には，協定についての債権者集会を招集する手間を省き，協定債権者間において平等な弁済率での弁済条件とした内容の和解条件で，裁判所の許可を得て，全協定債権者との間で同時に，基本的に債権者間にて平等な条件での**個別和解**を実施する対応がよく行われている。協定債権者と清算株式会社間の合意によって，事案に応じた柔軟な換価・弁済条件を設定して和解の内容とすることができ，破産手続に比べた場合に特別清算手続を

第5節　和解・協定

選択する大きな理由となっている。

全協定債権者との間で同時に和解を締結し，その和解金の支払を終了した場合には，協定債権が存在しない状態となるため，裁判所は，特別清算手続の必要がなくなったものとして，特別清算手続終結の決定をする（会社573条）（私的整理における特別清算手続の利用について，⇨ Column 5-1-1 ，第6章**第1節**参照）。

## 2 協　　定

協定債権者から協定認可を得ることについて要望がある場合や，すべての協定債権者において，必ずしも清算株式会社による弁済条件案に応諾している状況ではない場合などでは，清算株式会社は，和解による早期終結ではなく，協定債権者の権利を変更する内容の条項を定めた**協定**を作成し，**債権者集会**に協定の申出を行う（会社563条・564条）。協定による権利の変更の内容は，協定債権者の間で平等でなければならないが，不利益を受ける協定債権者の同意がある場合，または少額の協定債権者について別段の定めをしても衡平を害しない場合その他協定債権者の間に差を設けても衡平を害しない場合は，この限りではない（会社565条）。和解の場合と同様に，破産手続の場合と比べると事案に応じた柔軟な換価・弁済条件を設定することが可能である。必要な場合には，担保権者や一般の先取特権その他一般の優先権がある債権を有する債権者にも，協定への参加を求めることができる（会社566条）。

協定を可決するためには，債権者集会において，①出席した議決権者の過半数の同意と，②議決権者の議決権の総額の3分の2以上の議決権を有する者の同意のいずれもが必要である（会社567条1項）。

協定が可決されたときは，清算株式会社は，遅滞なく，裁判所に対し，協定の認可の申立てをしなければならない（会社568条）。この申立てがあった場合には，裁判所は，①特別清算の手続または協定が法律の規定に違反し，かつ，その不備を補正することができないものであるとき（ただし，特別清算の手続が法律の規定に違反する場合において，当該違反の程度が軽微であるときは，この限りでない），②協定が遂行される見込みがないとき，③協定が不正の方法によって成立するに至ったとき，④協定が債権者の一般の利益に反するとき，という各不認可事由に該当する場合を除き，**協定認可の決定**をする（会社569条）。

認可された協定は確定により，清算株式会社およびすべての協定債権者のために，かつ，それらの者に対して効力を有し，協定債権者の権利は協定の定めに従い変更される（会社570条・571条）。なお，協定の実行上必要があるときは，改めて協定の申出の手続を行うことによって，協定の内容を変更することができる（会社572条）。

協定の認可または不認可の決定に対し，**即時抗告**をすることができ，即時抗告がなされた場合，当該決定の効力は停止する（会社884条）。

## 第6節　特別清算手続の終了

### 1 特別清算手続終結の決定

裁判所は，特別清算開始後，清算人，監査役，債権者，株主または調査委員の申立てにより，①特別清算手続が結了したとき，または②特別清算手続の必要がなくなったときには，**特別清算手続終結の決定**をする（会社573条）。

裁判所は，特別清算手続終結の決定をしたときは，直ちに，その旨の公告をしなければならない（会社902条1項）。特別清算手続終結の申立てについての裁判に対しては，**即時抗告**をすることができる（同条2項）。特別清算手続終結の決定は，確定しなければ効力を生じない（同条3項）。即時抗告がなされない場合，即時抗告期間の経過によって終結決定は確定する。

特別清算手続が終結した場合，清算株式会社はこれを清算事務が終了したものとして，遅滞なく，決算報告を作成し，清算人はこれを株主総会に提出して承認を受けなければならない。この株主総会の承認決議によって，清算人は任務懈怠責任（会社486条）を免除されたものとみなされる（会社507条）。

### 2 破産手続への移行

裁判所は，特別清算開始後，①協定の見込みがない場合，②協定の実行の見込みがない場合，③特別清算手続によることが債権者の一般の利益に反する場合において，清算株式会社に破産手続開始の原因となる事実があると認めるときは，職権で，破産法に従い，破産手続開始の決定をしなければならない（会

社574条1項)。また，裁判所は，特別清算開始後，①協定が否決された場合，②協定の不認可の決定が確定した場合において，清算株式会社に破産手続開始の原因となる事実があると認めるときは，職権で，破産法に従い，破産手続開始の決定をすることができる（同条2項）。

　これらの規定によって破産手続開始の決定があったときは（**牽連破産**），特別清算手続のために清算株式会社に対して生じた債権および特別清算手続に関する清算株式会社に対する費用請求権は財団債権となる（同条4項）。

# 第6章 私的整理

第1節　私的整理の意義
第2節　準則型私的整理の特徴
第3節　各手続の概要

## 第1節　私的整理の意義

### 1 私的整理の概要

　法的整理が，裁判所による主宰の下，破産法等の倒産法規に従って手続を進める制度であるのに対し，**私的整理**は，債権者がお互いをけん制しあい，集団的な債権回収を目的とすることで抜け駆け的行為が制約されている状況下にて，債務者と債権者との集団的な協議によって負債の整理を行う制度である。
　法的整理において，清算を目的とする破産手続等や，再建を目的とする再生手続等があるように，私的整理においても，事業再生を目的とする手続のほか，法人の廃業・清算を目的とする手続がある。また，私的整理の対象は，基本的には法人や個人である事業者，およびそれらの保証人が中心であるが，事業者や保証人以外の個人の債務整理に関しては，弁護士が個々の消費者金融と交渉して弁済条件をまとめる**任意整理**のほか，震災等の自然災害に被災した個人の債務者に対する**自然災害による被災者の債務整理に関するガイドライン**が存在する。
　私的整理が成立するためには，対象となる債権者全員の同意を必要とするため，多数決原理を採用する法的整理や債権者の決議を要件としない破産手続よ

り，成立要件は厳しくなる。そのため，私的整理では，すべての債権者を広範に対象とするのではなく，対象となる債権者の了解を得たうえで，金融債権者に限るなど一部の債権者のみを対象とし，その他の債権者に対しては通常どおりの弁済を実施する取扱いが行われている。

このように金融債権者のみを対象として私的整理を行う場合，債務者からすれば，負債の大半を占める金融負債を圧縮することができ，また，取引債権者を私的整理に巻き込まないことで取引関係に影響が生ずることなく事業活動を行うことができることから，近年では，事業再生手法として再生手続などの法的整理よりも，金融債権者のみを対象とする私的整理を選択する傾向が強い。

なお，清算型法的整理として利用される特別清算手続については，事業譲渡等を私的整理にて実施した後の会社清算方法として利用することがあるほか，バンクミーティングなどの協議を進めたうえで，円滑な会社清算を行うため，最終的に特別清算手続で，債務者が債権者と個別和解を実施して債務整理を実施する方法にて利用されることも少なくないため，特別清算手続についてその利用方法が私的整理として分類されることもある（⇨第5章**第1節**参照）。

> **Column 6-1-1** **個人の債務者に対する私的整理**
>
> 個人が消費者金融やクレジットの負債を整理する方法として，弁護士等が債務者の代理人となって，債権者に対し介入通知書（受任通知書）を送付し，利息制限法に基づく利息再計算をしたうえで，債務者が返済金を払いすぎていた場合はその**過払金**の返還を求め，負債が残る場合には債務者の収入に応じて分割弁済交渉を行う「**任意整理**」が行われている。この場合，債務者の収入による分割弁済が5年を超えるような長期となる場合には，債務者の負担が大きすぎるため，個人再生手続や破産手続などの法的整理を検討することになる。
>
> この任意整理のほか，消費者金融等の債権者との協議を簡易裁判所における**特定調停**や，**公益財団法人日本クレジットカウンセリング協会によるカウンセリング**にて実施することも行われている。
>
> これらの任意整理は，個人の債務者の資産や収入規模以上に負債が膨れ上がってしまったことに対し，債務の弁済を円滑に実施できる内容に整理する手続であるが，震災等に被災した個人においては，もともとあった財産や収入を震災等によって失ったことによって，既存の債務の返済が困難になるだけでなく，日々の生活においても多大な支障が生じている状況に陥るため，通常の任意整理では問題解決に限界がある。そのため，2011年に発生した**東日本大震災の被災者の債務整理**のため，「**個人債務者の私的整理に関するガイドライン**」（個人版私

的整理ガイドライン）が成立し，その後，広く自然災害一般の被災者の債務整理のため，「**自然災害による被災者の債務整理に関するガイドライン**」（**自然災害債務整理ガイドライン**）が成立し，現在は，個人版私的整理ガイドラインは廃止され，東日本大震災の被災者は自然災害債務整理ガイドラインが適用される形で一本化されている。2020年から大流行した新型コロナウイルス禍による被害者も対象としている。

## 2 債権者からみた私的整理

　債務者からの回収を意図する債権者は，本来，私的整理の手続に従うべき義務はなく，他の債権者に抜け駆けて，裁判や強制執行等の法的手段に訴えるなどして債権回収を実施することができる。しかしながら，多くの場合，そのような抜け駆け行為が行われることなく私的整理が成立している。これは，抜け駆け行為が詐害行為取消権の対象となるリスクがあり，また，私的整理が破綻して法的整理となった場合には否認権行使の対象となるリスクがあるほか，法的整理となった場合には，往々にして，債権者の債権回収条件が私的整理よりも悪化するリスクがあるからである。したがって，金融債権者は，債権回収条件が債務者が破産したとき以上であること（**清算価値保障原則**），すなわち**経済的な合理性**が存在することを前提として私的整理に臨んでいる。

　このように，私的整理の方が，法的整理よりも債権者にとって回収条件が良いのであれば，私的整理にて手続を進めることに債権者は積極的姿勢を有することになるが，私的整理はあくまで債務者と多数の債権者等による多数当事者間の協議によって成立することを前提とし，全員が納得して同意することを条件としていることから，例えば連鎖倒産する危険があるため債務免除には絶対に応じられない取引債権者が1名でも協議に加わった場合には，当該私的整理はまとまる余地がなくなってしまう。そこで，私的整理の対象債権者を，財務基盤が安定し合理的な判断が可能と考えられる金融機関のみに絞ることで，まとまりやすい状況を生じさせている。この点，金融機関としても清算価値が保障されている状況においては，金融機関のみを私的整理の対象債権者とすることについて，経済合理性を見出し，私的整理に応じている。

## 第1節　私的整理の意義

### 3 私的整理による事業価値維持の効果

　私的整理の方が法的整理よりも債権回収条件が良くなることが多いのは、法的整理において取引債権も整理の対象とすることによって、取引関係に極度の信用不安が生じ、取引条件が急激に悪化する事態に至るほか、倒産企業というレッテルを貼られることにより**事業価値が大きく毀損する**危険性が生じるからである。そのため、もし、債務者の返済能力が私的整理でも法的整理でも同じであるとすれば、金融債権者にとってみれば、当該債務者に対して一定額の債務免除を実施する場合、取引債権を含めたすべての債権者を対象とする方が債務免除の負担は軽くなるはずであるが、取引債権を対象に含める法的整理よりも金融債権のみを対象とする私的整理の方が、債務者の事業価値の毀損が少なくて済むことから、より多くの弁済が可能となり、結果として、金融債権者の債務免除の負担は軽くなることが多い。

### 4 私的整理の高度化（発展）

　平成12（2000）年に**特定調停法**が施行され、**整理回収機構**は金融再生法の改正により私的整理プログラムを開始し、また、平成13（2001）年に**私的整理に関するガイドライン**（以下、**私的整理ガイドライン**という）が制定された。それまでは、私的整理の手続において決まったルールは存在せず、対象債権者についても金融機関のみとする場合だけでなく、取引債権者も含めた形で実施されることも多かった。

　ガイドライン等の予め定められたルール（準則）の適用がない場合には、**債権者平等原則**が唯一のルールとして機能していた。すなわち、債権者全員が債権額に応じて（または債権者1人1票にて）、平等に取り扱われることを唯一のルールとして、協議が実施され、私的整理が行われていた（このような予め定められたルール〔準則〕の適用がない私的整理を**純粋私的整理**と呼ぶこともある）。

　他方、私的整理ガイドラインが策定されると、金融機関はこのガイドラインに規定されたルール（準則）に従えば、合理的な形にて、金融負債を減免する対応ができるようになった。このように予め決められた手続よって実施される制度化された私的整理を**準則型私的整理**という。しかしながら、これと同時期

に民事再生法が施行され，再生手続が数多く利用されたため，私的整理ガイドラインは当初期待されたほどは利用されなかった。

その後，平成20（2008）年の**リーマンショック**により，多くの中小企業にその影響が生じると，政府は**中小企業金融円滑化法**を制定して金融機関に対して融資取引条件の緩和を容易に認めることを要請するとともに，私的整理にて中小企業の再生支援を行うために全国に**中小企業再生支援協議会**（現在の**中小企業活性化協議会**）を設置し，または，国が主導的に私的整理を進める組織として，**企業再生支援機構**（現在の**地域経済活性化支援機構**〔通称REVIC〕）を立ち上げた。他方，裁判所による調停手続を利用することで多数の私的整理を成立させようとする動きも生じ，平成25（2013）年には日本弁護士連合会によって簡易裁判所にて簡易迅速な特定調停を実現するための手引き（いわゆる**日弁連特定調停スキーム**）が公表された。

さらに近年の**新型コロナウイルス禍**により多くの中小企業が事業活動に支障を生じさせている状況に鑑み，令和4（2022）年には，全国銀行協会が事務局となって**中小企業の事業再生等に関するガイドライン**（いわゆる**中小企業版私的整理ガイドライン**）が作成され，弁護士等の第三者支援専門家による調査等を利用して，金融機関と中小企業が協議する手続が開始している。

現在，事業再生，または廃業・清算のいずれの局面においても，私的整理がその実務の中心となっている。私的整理の種類が増えたことによって，様々な手続選択が可能となり，状況に応じた利用が可能となっている。

> **Column 6-1-2　私的整理の歴史**
>
> 　平成13（2001）年の**私的整理ガイドライン**の成立以降，**準則型私的整理**が様々な形で成立し活用されているが，私的整理ガイドラインの成立以前は，平成12（2000）年に施行された**特定調停法**（**特定債務等の調整の促進のための特定調停に関する法律**）に基づく特定調停手続と整理回収機構による私的整理以外には，準則型私的整理は存在せず，**純粋私的整理**が私的整理の中心であった。
>
> 　純粋私的整理では，債務者代理人となった倒産手続を専門とする弁護士が主導して実施するほか，債権者が債権者委員会を組織して手続を主導するやり方が行われていた。また，中には，弁護士ではないいわゆる**整理屋**と称される第三者が，残された債務者財産から不当な利益を得る目的で，債務者代理人となって関与して債務整理を行うことも少なくなかった。
>
> 　私的整理ガイドライン等の成立以降，準則型私的整理は以下のような経過を

第 1 節　私的整理の意義

たどって発展している。

図表 6-1　私的整理の発展の経過

| | |
|---|---|
| 平成 12（2000）年 | 特定調停法施行<br>金融再生法改正による株式会社整理回収機構の私的整理プログラム（通称 RCC スキーム）開始 |
| 平成 13（2001）年 | 私的整理ガイドライン成立 |
| 平成 15（2003）年 | 産業活力再生特別措置法により中小企業再生支援協議会設置（現在は産業競争力強化法により設置） |
| 平成 15（2003）年<br>～平成 19（2007）年 | 株式会社産業再生機構による再生支援手続 |
| 平成 19（2007）年 | 特定認証紛争解決手続（事業再生 ADR）開始 |
| 平成 21（2009）年 | 株式会社企業再生支援機構設立 |
| 平成 25（2013）年 | 株式会社企業再生支援機構が株式会社地域経済活性化支援機構（通称 REVIC）に社名変更<br>日本弁護士連合会による特定調停スキーム制定<br>経営者保証ガイドライン制定 |
| 令和 2（2020）年 | 東京地裁による特定調停の新運用開始 |
| 令和 4（2022）年 | 中小企業版私的整理ガイドライン制定 |

## 5　法的整理との違い

　私的整理を利用するメリットは，債務者においては取引先を巻き込まないことで事業活動を安定して継続することができ，倒産状態に至った事実の開示が一部の債権者のみに限られることで，「倒産」報道を受けることも少なく，事業価値の毀損を避けることができることである。債権者にとっても，**事業価値毀損を避ける**ことで，法的整理よりもより多くの回収が期待できるほか，対象債権者全員が同意しないと成立しないため，債務者や他の債権者に対して多くの要望を提示し，条件協議を有利に進めることが可能となる。また，法的整理と比べた場合，私的整理は**簡易性**や**迅速性**を有し，さらに債務者と債権者の合意によって成立する点に私的自治による**柔軟性**があると言える。
　他方で，一部の債権者の同意が得られないことで協議内容がすべて成果を見ないという結果となる危険性も秘めている。また，対象債権者に対して十分な情報開示がなされない手続運用によって**不透明性**が生じる危険や，**不公平・不平等な手続運用**がなされる危険が指摘されている。

さらに、債務者が偏頗行為や詐害行為を行っていたり、経営者が損害賠償義務を負うほどの不正行為をしているなど、裁判所の監督の下で是正されるべき事情がある場合には、私的整理ではなく、法的整理にて対応することになる。

## 第2節　準則型私的整理の特徴

### 1 手続の透明性と公平性を確保するための手続機関

多くの**準則型私的整理**においては、手続の**透明性**と**公平性**を確保するため、手続当事者と利害関係のない**第三者機関**が**手続運営を実施**し、債務者企業の財務内容、再生計画案の内容を調査する形式を採用している。

例えば、中小企業活性化協議会による私的整理では、中小企業活性化協議会支援業務部門が第三者機関として、債務者と債権者の協議の機会を設定したうえで、同部門が選任した公認会計士が債務者の財務面や事業面の調査を実施するとともに、同部門が選任した弁護士によって、債務者作成の再生計画案の経済合理性等を調査し、それぞれ債権者に報告することとされている。

### 2 債権者間の平等を担保する一時停止

準則型私的整理においては、通常、債務者による債権者に対する弁済等の行為は債権者間において平等に実施されるべきであるため、債務者によりすべての対象債権者に対し、同時に、弁済等（通常は元金の返済や預金相殺、担保権実行）を行わず、債権残高を維持することを要請する旨を内容とする通知として、**一時停止通知**を発する。

この一時停止が行われた時点は、原則として当該手続の基準時となり、清算価値が保障されているか確認する場合においても、この一時停止時点において当該企業が破産した場合との比較が実施されることが多いが、**清算価値保障**の基準時を一時停止の時と定めない運用も広く行われている。

なお、私的整理において実施された一時停止通知がその後の法的整理において支払停止に該当するか否かについて、しばしば問題となる。この点につき、最判平成24・10・19判時2169号9頁〔百選28②〕須藤正彦裁判官補足意見は、

慎重な判断が必要であるとする。

## 3 準則型私的整理の手続の概要

準則型私的整理は，おおよそ次のような手順にて，手続が進行する。

まず，債務者が当該私的整理の事務局に対し，事前相談のうえで手続開始の申請を行うと，その申請を受理した事務局は債務者と連名にて，対象債権者に対して，私的整理の申請がなされたことと，債権元本残高を維持することを内容とする**一時停止通知**を発送する。

その後，早期段階にて，当該事務局主催の**債権者会議**（バンクミーティング）が開催され，その会議において，債務者からの申請の趣旨が債権者に対して説明され，一時停止の内容が確認されたうえで，債務者の財務・事業内容を調査する専門家アドバイザー（公認会計士等）と，債務者が作成する再生計画案の経済合理性等を調査する専門家アドバイザー（弁護士等）の選任がなされることになる。

第1回債権者会議後においては，**専門家アドバイザー**による財務・事業内容の調査手続と並行して，債務者は再建に向けての事業計画を策定し，または，適切なスポンサーを選定するなどしたうえで，債権者への弁済原資を確保し，**再生計画案**を作成する。この再生計画案に対し，専門家アドバイザーが経済合理性等を調査し，**調査報告書**を作成する。

第2回債権者会議では，専門家アドバイザーの調査報告書をもとに，再生計画案に対する質疑応答など協議が実施される。

これらの会議を経たうえで，最終的に個々の債権者により当該再生計画案に同意するか不同意とするか意見を集約する手続を実施し，債権者全員が同意した場合に当該再生計画は成立することになる。

このようにして成立した再生計画に基づく，債務免除等の権利変更については，他の債権者との間で同一条件にて合意が成立することを条件とした和解契約に基づく効果とする考え方が一般的である。

## 第3節　各手続の概要

### 1 純粋私的整理

　**純粋私的整理**は，私的整理の透明性や公平性を担保するための第三者機関の利用を前提とせず，決められた手続準則に縛られることなく，債権者平等の理念に基づいた債権者と債務者の集団的協議によって，債務者の負債処理を決める手続である。準則型私的整理が整備される前の私的整理はすべてこの形であるが，最近においても債務者代理人弁護士が中心となって債権者との権利調整を行う形で実施されることがある。

### 2 私的整理ガイドライン

　**私的整理ガイドライン**は，第三者機関を利用せず，債務者がそのメインバンク等の主要債権者の協力を得ながら，他の金融債権者に対し，債務者作成の再生計画案に応ずるよう説得する手続である。債権者によって設置された債権者委員会は，再生計画案の調査等を行う専門家（弁護士，公認会計士）を選任し，その専門家の調査報告を参考にして，各債権者が再生計画案に対する同意・不同意の意思表示を実施する。全員から同意を得ることができれば再生計画が成立する。

　私的整理ガイドラインは，最初の準則型私的整理であり，現在においても制度としては残されているものの，メインバンクにおいて債務免除率を多くする取扱い（いわゆる「メイン寄せ」）が行われることがあったことから，当初期待されたほどは利用されなかった。現在は，その後に設置された多用な準則型私的整理の活用により，ほとんど利用されていない。

### 3 事業再生ADR

　**事業再生ADR**は，裁判外紛争解決手続の利用の促進に関する法律（ADR法）に基づく認証を受けた紛争解決事業者による準則型私的整理手続であり（産競47条以下），その手続運営主体たる特定認証紛争解決事業者は，経済産業大臣の

認定のほか，ADR法によって法務大臣の認証を受けている。上場企業を含む比較的大規模な企業に利用されている。

一時停止が実施されたうえで，債権者会議が開催され，その会議で選任された専門家アドバイザーにより，債務者の財務・事業内容の調査や，債務者作成の再生計画案の調査が実施される。その上で，その調査報告書を参考として，最終的に債権者が債務者作成の再生計画案に対する同意・不同意の意思表示を行い，債権者の全員の同意を得ることができれば再生計画が成立することになる。これらの手続については，詳細な手続準則に従って実施される。

特徴的であるのは，債権者全員の同意を得ることができず，その後に再生手続や更生手続に移行した場合に，①商取引債権について，保全処分の禁止の対象外とすることや，少額弁済許可の対象とすること，また再生計画において少額債権として他の債権よりも優遇する取扱いとすること（少額債権を優遇する取扱いについて，⇨第3章第5節**3**，Column 4-5-1 参照）について，裁判所の検討を求める制度（産競59条～65条）や，②簡易再生に移行した場合に円滑に手続を進めるための制度（産競65条の3・65条の4），③事業再生ADR手続において実施されたつなぎ融資（**プレDIPファイナンス**）について，法的整理手続における優先的取扱いの制度（産競56条～58条）などの制度が整備されている点である。これらの制度によって，事業再生ADRが成立しなかった場合であっても，その後の法的整理に迅速かつ円滑に移行することで再生計画の成立可能性が高まり，他方において，法的整理への移行制度が整備されることにより，事業再生ADR手続内での全員同意の可能性が高まることも期待される。

## **4** 中小企業活性化協議会

**中小企業活性化協議会**は，中小企業再生支援業務を行う者として経済産業大臣により認定を受けた商工会議所等により運営されている中小企業の事業再生支援を行う組織であり，各都道府県にそれぞれ設置されている（産競134条・135条）。そのスタッフは各地域の地域金融機関からの出向者や出身者であることが多く，中小企業の私的整理においては一番利用されている制度である。

手続の流れは事業再生ADRとほぼ同様であり，第三者の専門家の調査報告書を参考として，債務者作成の再生計画案に対して債権者全員が同意すれば再

生計画は成立する。これらの手続は，中小企業活性化協議会実施基本要領に基づいて実施される。

なお，事業再生 ADR において，法的整理に移行する場合の措置（①商取引債権の優遇，②簡易再生の円滑化，③プレ DIP ファイナンスの優遇）については，産業競争力強化法各規定において，中小企業活性化協議会にも準用するとされている。

## 5 特 定 調 停

**特定調停法**および**民事調停法**に基づき，簡易裁判所または地方裁判所の調停手続にて実施される私的整理である。

裁判所は，法律，税務，金融，企業の財務，資産の評価等に関して専門的な知識経験を有する**調停委員**（特定調停8条）とともに**調停委員会**を組成して，債務者と債権者間における債務調整を実施する。多くの場合，事業再生を専門とする弁護士が債務者の代理人となり，債務者作成の**調停条項案**を提出し，その内容が協議の対象とされるが，特に地方裁判所における手続では，債務者の財務，事業内容・事業計画を調査するために事業再生の専門家弁護士・公認会計士に対して**調査嘱託**を実施し（特定調停規9条，民調規16条），その**調査報告書**を参考として，債権者は調停条項案を検討することになる。債権者全員が同意した調停条項は，裁判所書記官により**調停調書**が作成され，その内容は裁判上の和解と同一の効力を有することになる（民調16条）。また，裁判所が相当と認める内容を決定し（いわゆる「**17条決定**」。民調17条），その決定書送達から2週間以内に異議が出されなければ，当該決定の内容が裁判上の和解と同一の効力を有することになり（民調18条5項），一部債権者が積極的に同意意思を表明することが困難な場合などに利用されている。

この特定調停は，簡易裁判所においては，従前は個人の消費者金融等の**任意整理**に利用されており，企業の私的整理にはあまり利用されていなかったが，中小企業金融円滑化法の適用が終了する段階において，多くの中小企業の私的整理を迅速に行う必要性から，平成25（2013）年に日本弁護士連合会が，中小企業が簡易裁判所において簡易・迅速に金融機関との債務整理を行うガイドラインを制定・公表したことにより（いわゆる**日弁連特定調停スキーム**），中小企業

の私的整理の手段の一つとなった。

　他方，中規模以上の企業においては，主に東京地方裁判所や大阪地方裁判所において，それほど件数は多くないものの，特定調停による私的整理が実施されていたが，令和2（2020）年に東京地方裁判所はさらにその制度運用を柔軟なものとしたうえで，対象を中小企業に広げる運用整備を行っている。

## 6 中小企業の事業再生等に関するガイドライン

　令和2（2020）年から数年にわたって流行している新型コロナウイルス禍の影響によって，多くの中小企業が窮境状況にあることから，これら多くの中小企業の事業再生および廃業を円滑に実施するため，令和4（2022）年に全国銀行協会が事務局となり，**中小企業の事業再生等に関するガイドライン（中小企業版私的整理ガイドライン）**が制定された。このガイドラインは三部構成となっており，第二部は倒産状況ではない平時における金融機関と中小企業のつきあい方を定め，第三部にて窮境状況の中小企業に対する再建または廃業のためのガイドライン（**中小企業版私的整理手続**）を規定している。

　このガイドラインによる私的整理も事業再生ADR等と似たような構造であるが，他の私的整理と大きく異なる点は，その私的整理の運営を担当する第三者機関が設置されていない点である。私的整理ガイドラインと同様に，第三者の専門家（**第三者支援専門家**）を選任し，その調査報告を受けることで，手続の公平性を担保しており，数多くの案件を扱うことが可能となっている。さらに，事業再生のみならず，中小企業の清算目的での整理手続も規定している。

## 7 経営者保証に関するガイドライン

　経営者保証が，経営者に対して経営への規律付けを行い，さらに中小企業の信用補完となり，中小企業が金融機関から円滑に資金調達を実施することができることに寄与する面がある一方において，経営者がその保証履行を求められることを恐れ，思い切った事業展開や経営が窮境に陥った場合に早期の事業再生を実施することに対する阻害要因になっている。このような経営者保証の問題を解決するため，新しい経営者保証のあり方を示すガイドラインとして，平成25（2013）年に日本商工会議所と全国銀行協会が事務局となって，**経営者保**

証に関するガイドライン（経営者保証ガイドライン）を制定した。

　当該ガイドラインは，融資の際に経営者保証に頼らないこと，経営者保証の内容を適宜見直すことのほか，主債務者が事業再生や清算を行うことによって保証債務の履行が現実化した場合の保証債務整理方針を定めている。

　保証債務の整理における要点は，主債務の整理がすでに行われていること（または主債務の整理手続と同時に行うこと）を前提とし，主債務の弁済条件と保証債務の弁済条件を一体としたうえで，それぞれの清算価値の合計と比べて経済合理性を確認する，すなわち，**主債務と保証債務を一体として，経済合理性を判断する**ものとされている。したがって，経営者が，早期に会社について再生手続を実施したため，金融債権者において，会社が破産した場合よりも多くの弁済を受けることができた場合には，会社の再生手続を決断した経営者にメリットを享受させることができる，という考え方の下で，経営者の保証債務の整理において，経営者が仮に破産した場合に残せる自由財産相当額を残存資産として手元に残すことが可能である。さらに，保証人において華美でない自宅や将来の生計費等の資産を有している場合には，会社からの弁済が破産したと仮定した場合よりも増額した範囲内にて，それらの資産（インセンティブ資産と呼ばれている）をも残存資産とすることが可能である。そのうえで，準則型私的整理手続にて，残存資産を除く資産を保証人は換価処分して保証債務の弁済を行い，その後に残った保証債務の免除を受けることになる。

　このガイドラインが適用されるためには，保証人は，資産内容を開示したうえで表明保証を行うなど，誠実な対応が要請される。

　企業が事業再生や清算を実施する場合，これまではその保証人は保証債務の返済ができず，自己破産をせざるを得ないことが多かった。そのため，企業の事業再生等になかなか踏み切れない経営者も数多くあったが，当該ガイドラインによって，保証人が破産せずに保証債務の整理を行うことが可能となり，さらに自宅を残すこともその条件によっては可能となったことは，保証人の経済的再生に際し極めて大きな効果をもたらしている。

# 第7章
# 倒産処理手続の選択

第1節 多様化する倒産処理手続
第2節 企業が再建をめざす場合の手続選択基準
第3節 企業が廃業・清算をめざす場合の手続選択基準
第4節 個人の倒産手続

## 第1節 多様化する倒産処理手続

### 1 倒産処理手続の多様化傾向

　近年，倒産案件の増加に伴い，倒産処理手続は多様化している。平成12（2000）年以前の，倒産処理手続は**破産手続**，**特別清算**，**更生手続**，**和議手続**，**商法上の会社整理**であった。**私的整理**も盛んに行われていたが，法的整理とは異なり，特に明確な手続ルール（準則）が決められているわけではなく，債務者の代理人となった弁護士が主導する場合のほか，債権者が債権者委員会を組織して対応する場合など様々であった。

　その後，2000年代になると，**民事再生法**が平成12（2000）年に施行されたほか，私的整理の分野においても，平成13（2001）年に**準則型私的整理**として**私的整理ガイドライン**が制定されるなど，法的整理と準則型私的整理のいずれにおいても，ニーズに応じて多様な手続が創設されてきた。さらに，令和4（2022）年にも，「**中小企業版私的整理ガイドライン**」（中小企業の事業再生等に関す

るガイドライン）が新しく制定されるに至っており，この流れはまだ続いている（私的整理の歴史について，⇨ Column 6-1-2 参照）。

## 2 手続選択の重要性

このように多様な倒産処理手続が揃っている状況においては，その倒産案件に一番ふさわしい手続を選択して実施することが重要となる。さらには，ある倒産処理手続を最初に選択して実施したとしても，うまく行かなかった場合には別の倒産処理手続へ移行する，ということも可能な場合が増えており，手続選択も最初の手続だけの問題ではなくなってきている。昨今は，再生手続がうまくいかずに破産手続へ移行する場合に生じる課題の検討のほか，事業再生ADRなどの準則型私的整理から再生手続などの法的整理への移行手続についても課題の検討が進み，産業競争力強化法の改正によって，私的整理から法的手続への移行に関わる法的手当ても充実してきている（⇨第6章**第3節**参照）。

## 3 私的整理第一選択主義

最初に選択すべき手続は，法的整理か私的整理かどちらであろうか。**法的整理**が，各倒産法規によって，原則として債権者平等主義を貫き，すべての債権者を対象とすることと比べ，**私的整理**は，基本的には金融債権者のみを対象とすることから，取引先など債務者の事業活動における関係者を巻き込まずに済み，事業活動に与える影響を最小限に抑えることが可能である。また，法的整理においては，信用情報会社などを通じて，債権者以外にも法的整理を実施した事実が知れ渡ってしまうことによって，債務者の事業活動に風評被害が生じてしまう危険がある。このような点から，特段の事情がない場合には，一般的には，法的整理ではなく私的整理をまず優先的に検討することになる。

しかしながら，私的整理にて再建を図る場合には，すべての対象債権者から手続進行や再生計画案に対する同意を得る必要があるが，対象債権者が多数に及んだ場合には全員の同意を得ることが難しくなる。また，金融機関以外の取引先を私的整理の対象債権者とする場合には，個別取引条件など経済合理性以外の条件が問題となり，調整が困難となる。以上から，私的整理を実施する場合には，対象債権者を金融債権者に絞るか，または，仮に取引債権者を対象債

権者としたとしても，1，2社の特に大口の取引債権者に絞らざるを得ない。したがって，資金繰りの関係等から，これら金融債権者等に対象債権者を絞ることができず，多くの取引債権者への支払も停止して債務整理の対象とする必要がある場合には，私的整理では対応が困難であり，法的整理にて対応することになる。近年は，金融債権者は債務者からの要請によって比較的容易に**元本返済の繰延べ（リスケジュール）**に応じていることから，すでに金融機関からはリスケジュールを受けている状態において，債務者の資金繰りが成り立たない場合には，取引債権者への支払を一時的にでも止める必要があり，そのためには私的整理ではなく，再生手続開始の申立てを実施し，弁済禁止の保全処分命令を裁判所から得ることを検討することになる。

さらに，税金や社会保険料の滞納が多く，これら公租公課の総額が，債務者が返済できる総額を超えてしまうような場合には，公租公課以外の金融債権者等への弁済を行うことができず，再生計画案を策定することができないため，破産手続を実施せざるを得ない。租税公課は再生手続においても一般優先債権として取り扱われるため，その弁済が見込めない場合には，再生債権に対する弁済が不可能であるため，再生計画案を作成することができないことになり，再生手続による再建も難しく，破産手続による対応を検討することになる。

このほか，私的整理の対象債権者を金融債権者等に絞った場合であっても，何らかの理由によって再生計画への同意を得ることが困難な対象債権者が1名でもいる場合には，私的整理の成立は困難であるため，法的整理を選択するか，またはいったん私的整理を実施したうえで，私的整理が成立しなかった場合にはすぐに法的整理に移行することを想定した対応を行わざるを得ない。例えば，対象債権者である金融機関側からすれば，否認権行使の対象となるべき行為が存在したり，経営者によって悪質な不適切会計がなされているなどその法的責任を問う必要がある場合などには，私的整理による対応には同意できない，ということになる。このような場合，債務者は，法的手続を選択するか，または私的整理において可能な限りの是正措置を講ずる対応を行って対象債権者の理解を求める作業を行うが，対象債権者側の態度が変わらない場合には，再生手続開始の申立てを実施することになる。

> **Column 7-1-1** 過大な公租公課が存在する場合の事業譲渡手続
>
> 　私的整理においても法的整理においても，公租公課は原則として債務免除の対象とすることができないため，たとえ債務者の事業を譲り受けようとする意向を有するスポンサーが現れたとしても，その事業譲渡代金を含めた弁済原資の総額が公租公課の総額を上回らない限り，破産手続以外の倒産手続を採用することは困難となる。
>
> 　この場合，事業をしっかりとしたスポンサーへ承継することによって，雇用を維持し，取引先や地域経済との関係性を維持することは大いに意義があるため，破産手続の中で破産管財人によって事業譲渡を実施することになるが，債務者が破産手続に入ったことが取引先等に広まると急速に取引の打切りなどが行われて事業価値が毀損することになるため，早期に事業譲渡を実施する必要がある。
>
> 　破産手続に入ったあとに事業譲渡を実施することには，上記のような課題があるため，債務者は，破産手続開始の申立て前に，裁判所と協議を持ち，すぐに破産手続を開始するのではなく，保全管理命令を発令して保全管理人による管理としたうえで，早期に事業譲渡を実施し，その後に破産手続を開始するという対応を検討する場合もある。
>
> 　なお，公租公課が過大である状況において，再生手続開始の申立てを行い，すぐに**計画外事業譲渡**を実施することも検討対象となるが，当該事業譲渡が実施されたのちには，再生債務者は公租公課の支払もできず，当然ながら再生計画案も立案できない状態となってしまうため，再生手続を廃止せざるを得ないことになる（民再191条1号）。このような状態においても，計画外事業譲渡が可能であるのか，実務上の課題となっている。
>
> 　また，破産手続開始の申立て前に事業譲渡を実施し，その後に破産手続開始の申立てを行う場合は，破産管財人において，当該事業譲渡が否認権行使の対象とすべき詐害行為または偏頗行為となるか否かを検討することになり，場合によっては，事業の譲受先に対して，譲渡代金が廉価であることを理由として，追加の譲渡代金の支払を行うよう求めることになる。

# 第2節　企業が再建をめざす場合の手続選択基準

## 1 再建型倒産手続

　債務超過や支払不能となった企業が再建をめざすために倒産手続を利用する場合，私的整理においては，準則型私的整理として，**私的整理ガイドライン**のほか，**事業再生 ADR**，**中小企業活性化協議会によるスキーム**，**地域経済活性化支**

援機構によるスキーム，**特定調停**（日弁連特定調停スキーム，各地裁による手続），**中小企業版私的整理ガイドライン**が利用可能である。また，これら準則型私的整理によらず，債務者弁護士が主宰するバンクミーティングを重ねて弁済条件の協議を続ける**純粋私的整理**による場合もある。

　前述のとおり，事業価値の毀損を回避するため，債務者は第一にこれらの私的整理の適用を検討することになるが，これらの私的整理が困難と判断された場合には，再建型法的整理である，再生手続または更生手続の利用を検討することになる。

## 2 再建型私的整理の選択基準

### (1) 債務者企業規模による選択基準

　それでは，再建型の私的整理の手法が多様に存在する中で，どの手続がふさわしい手続となるか，また，その手続をどのような基準で選択することになるのであろうか。債務者の事業規模や債務整理の対象負債の規模によって，私的整理の手続選択の一定の基準が存在する。

　まず，事業規模が大きく，負債規模も大きい場合には，比較的手続が厳格に規定されている**事業再生 ADR**が最も利用されている。大規模企業の債務整理を専門とする第三者の手続実施者が存在し，比較的厳格な準則によって私的整理の公平性・透明性を確保する運用がなされている。従前は，**私的整理ガイドライン**も，大規模企業における私的整理として利用されていたが，現在は事業再生 ADR が第一選択となっている。

　つぎに，事業規模が中規模である場合には，事業再生 ADR も検討対象となるが，そのほか，**中小企業活性化協議会**による私的整理が比較的多く利用されている。中小企業活性化協議会は，第三者機関として各都道府県に設置され，第三者の専門家アドバイザーを選任することが可能であり，私的整理の公平性・透明性を確保する運用が行われている。ただし，地域による運用の差があるため，当該運用面を予め確認したうえで，中小企業活性化協議会を利用するのか，それともその他の手続の利用を検討するのか判断することになる。

　中規模企業・中小企業の再建に対しては，中小企業活性化協議会のほか，裁判所の調停手続を利用する**特定調停**や，第三者の専門家による意見を得ながら

*431*

債務者と対象債権者が協議する手続として**中小企業版私的整理ガイドライン**の利用などを検討することになる。特に，資金繰りが半年ももたない場合には，中小企業活性化協議会の準則に従って手続を進めることは難しいため，特定調停や中小企業版私的整理ガイドラインを利用することになる。スポンサーがすでに存在して早期に事業譲渡が可能であるというような場合にこれらの手続を利用して早期の対応を行うことになる。なお，中小企業版私的整理ガイドラインは，比較的新しい手続であるが，第三者支援専門家や外部専門家の費用補助制度があるため，積極的に利用されている。

(2) **債権者の意向**

どの手続で私的整理を行うかを決めるのは債務者であるが，私的整理では当該手続による債務整理を行うことについて対象債権者から同意を得る必要があるため，対象債権者の意向もかなり尊重することになる。

中堅企業については，中小企業活性化協議会のスキーム，地域経済活性化支援機構スキーム，特定調停，中小企業版私的整理ガイドライン等多数の手続がある中で，中小企業活性化協議会のスタッフが当該地域金融機関出身者であることが多いこともあり，中小企業活性化協議会の手続が金融機関にとっては一定の安心感をもって利用されている。したがって，その他の手続の利用件数は中小企業活性化協議会の利用件数に比して多くはない。もっとも，債権額が少ない場合には，金融債権者はあまり積極的に私的整理に関わろうとしないため，債務者が積極的に私的整理を進める必要が生じてくる。その場合には，債務者代理人による選択の中で，簡易迅速に実施することが可能な**日弁連特定調停スキーム**を選択することも少なくない。また，**地域経済活性化支援機構スキーム**は，新型コロナウイルス禍以前は，その再建支援の役割を限定的に運用していたため，他の手続よりも選択の対象となっていない。他方，**中小企業版私的整理ガイドライン**は，金融庁等によって積極的な利用促進策が講じられていることもあり，金融債権者においても受け入れられ，年々利用が増加する傾向にある（⇨第6章**第3節6**参照）。

### (3) 法的手続への移行可能性の検討

　私的整理の成立条件は対象債権者全員の同意であることから，成立させることは容易ではない。したがって，常に不成立となった場合を想定しておく必要がある。私的整理が不成立となった場合に，再建型の法的整理を実施することが可能な状態であれば，直ちに再生手続等を申し立てることになる。なお，近年，事業再生ADRが不成立となったケースにおいて，直ちに産業競争力強化法に規定する手続を経て，再生手続における簡易再生手続を申し立て，金融債権者以外の債権者はすべて民事再生法85条5項後半により弁済を行って対象債権者から外したうえで，債権者集会にて再生計画案が可決され認可を受けた事例がある。

## 3 再建型法的整理の選択基準

　再建型法的整理としては，**再生手続**と**更生手続**がある。更生手続は更生管財人が選任され，担保権者や租税債権者も手続内に取り込む強力な手続であるため，比較的大規模な企業において利用される。また，再生手続も上場企業など大規模な企業によってしばしば利用されるため，大規模企業においては，管財人型の更生手続かDIP型の再生手続のいずれが適しているか，という基準によって，個別事情を踏まえて判断することになる。他方，中小企業においては，簡易・迅速に再建することが相当な場合が多いため，更生手続よりは再生手続を利用する傾向にある。

# 第3節　企業が廃業・清算をめざす場合の手続選択基準

## 1 清算型倒産手続

　清算型倒産手続においても，基本的には，取引債権者を巻き込み，連鎖倒産の危険が生じる法的整理より，私的整理を第一に検討することになる。
　清算型の私的整理としては，**和解型の特別清算手続**，**特定調停**，**中小企業版私的整理ガイドライン**があり，清算型の法的整理には，**破産手続**と**協定型の特別清算手続**がある。

## 2 清算型私的整理の選択基準

　清算型の私的整理の選択基準としては，**中小企業版私的整理ガイドライン**が中小企業しか利用できないことを除けば，特に再建型のような企業規模による明確な手続の利用基準は存在しない。したがって，それぞれの手続の特徴に合わせて手続を選択することになる。

　**和解型の特別清算手続**においては，株式会社のみが利用可能であるが，全員の同意が取れない可能性があったとしても，協定型の特別清算手続に対応を切り替えることができるため，そのような状況を有するケースにおいて選択対象となる。

　また，**特定調停**においても，裁判所から整理案を決定によって示し，当事者がこれに異議を出さない場合は成立する制度（民調17条。いわゆる**17条決定**）を利用することができるため，裁判所の仲裁機能を利用しながら，債権者全員からの積極的な同意を得ることができなくても，最終的には17条決定を利用することでまとめることができそうなケースで選択対象となる。保証人の保証債務を特定調停にて整理する場合には，主債務者についても特定調停にて一体的に対応することが可能となるため，特定調停を検討することになる。

　**中小企業版私的整理ガイドライン**も上記2つの手続と同様に比較的簡易かつ迅速に清算手続を進めることが可能であり，専門家費用の補助制度も利用できるため，積極的に利用されつつある。

　なお，これらの私的整理に対し，金融機関において債務免除を行った場合の税務対応等の事情から，**特別清算手続**（特に**協定型**）の利用を求められることも少なくない。

　清算型私的整理が不成立となった場合には，破産手続または特別清算手続（協定型）に移行することになる。

## 3 清算型法的整理

　**協定型の特別清算手続**においては，株式会社のみが利用でき，多数決原理が採用されている法的整理に分類できるものの，私的整理を実施した最終段階における企業清算手続として利用される場合も多い。したがって，私的整理の延

長線上の手続として，多数決制度による協定型の特別清算手続が利用されるのに対し，破産手続は，当初からすべての債権者を平等に取扱うことを前提として申立てがなされることから，利用場面はまったく異なる。

**破産手続**においては破産管財人が選任され，破産管財人において清算手続を進めるため，債務者経営陣における清算手続の負担は軽くなる。そのため，債務者経営陣において，清算手続の負担から免れる意向が強い場合には，私的整理にも増して破産手続が第一選択となる。他方，破産手続は債権者平等の下で，破産管財人によってある程度，迅速かつ画一的に清算手続を進めるため，例えば，取引先や顧客，さらに従業員への影響をできるだけ軽減しながら当該企業を清算するということは難しい。したがって，そのような配慮をしながら進める場合には，廃業・清算型の私的整理のほか，協定型の特別清算手続が第一選択となる。他方，一般債権に優先する租税公課や労働債権の未払額が多く，資産を換価して生じた弁済原資をもってしても支払いきれない状態にある場合には，破産手続のみでしか対応できない。

## 第4節　個人の倒産手続

### 1　個人の私的整理と破産手続

個人の倒産手続としては，法的整理である**破産手続**，**個人再生手続**および**通常再生手続**と，私的整理として，**弁護士等による任意整理等**や**特定調停**がある。個人の事業者の場合であれば，さらに加えて，**中小企業活性化協議会**や**中小企業版私的整理ガイドライン**の利用が選択肢に入る。

消費者金融等を債権者とする場合には，まずは長期分割弁済契約の締結を検討することになるが，債務者の資産・収入と比べてあまりにも長期分割弁済となってしまう場合には，破産手続や個人再生手続を検討することになる（⇨ Column 6-1-1 参照）。

破産手続を嫌う個人債務者は多く，そのため個人を対象とする場合においても手続選択においては私的整理や個人民事再生を第一選択とすることになる。他方において，私的整理や個人民事再生の権利調整の作業と破産・免責手続と

*435*

を比べた場合に，破産・免責手続の方が簡便な手続となることも少なくないため，破産手続が選択されることも多い。

## 2 保証債務の整理

保証債務を負っている個人の債務整理については，**経営者保証に関するガイドライン**（**経営者保証ガイドライン**）の利用をまずは検討することになる。経営者保証ガイドラインが利用できる場合には，破産手続の自由財産や，さらに自宅や将来の生計費を手元に残すことが可能となるためである。

経営者保証ガイドラインを利用して保証債務の整理を行う場合としては，主債務者たる企業の債務を準則型私的整理によって処理する場合に，その手続と一体として保証債務の整理を行う方法（一体型）のほか，主債務の整理手続とは別に，**特定調停**，**中小企業活性化協議会**にて保証債務整理を行うことになる（単独型）。

経営者保証ガイドラインを利用しない場合には，**破産手続**のほか，負債総額が住宅ローン負債を除いて5000万円以下であれば**個人再生手続**の利用を検討し，または**通常再生手続**の利用を検討することになる。保証債務者が高齢であって，新たな収入が年金しかないような場合には，費用をかけて手続を実施することまでは行わず，金融機関との協議によって，極めて少額の弁済を長期間実施する対応を行うこともある。

# 第8章 倒産犯罪

第1節　総　説
第2節　各種倒産犯罪

## 第1節　総　説

　破産法第14章，民事再生法第15章および会社更生法第13章は，それぞれ「罰則」として破産手続等に関する各種倒産犯罪の類型を定めている（特別清算手続に関しては，会社法第8編「罰則」の規律が適用される）。破産手続等の開始の前後においても当然ながら刑法をはじめとする刑罰法規が適用されるが，併せて破産法等は一定の類型に該当する行為を**倒産犯罪**として特別に処罰の対象としている。このように倒産犯罪が設けられているのは，破産手続等の目的（破1条，民再1条，会更1条）に鑑みて，破産債権者等をはじめとする利害関係人に対する法益侵害を予防するとともに，公正かつ適切な手続の運営・進行を確保するためである。

## 第2節　各種倒産犯罪

　各種の倒産犯罪は，破産債権者等の財産上の利益を保護法益とする実体的犯罪類型と，破産手続等の公正かつ適切な運営・進行の確保という点を保護法益とする手続的犯罪類型とに分類することができ，さらに，これらに加えて破産者等の経済的再生の機会確保を保護法益とする犯罪類型が存在する。なお，平成16（2004）年破産法改正前は，破産犯罪の構成要件がそのまま免責不許可事

由とされていたが，現行法の下では両者は切り離されている。もっとも，なお両者は重複するところが少なくない（⇨第2章**第19節2**(4)参照）。

実体的犯罪類型に分類されるものとして，①詐欺破産罪等（破265条，民再255条，会更266条）および②特定の債権者に対する担保供与罪（破266条，民再256条，会更267条）がある。また，手続的犯罪類型に分類されるものとしては，③破産管財人等の特別背任罪（破267条，民再257条，会更268条），④説明および検査の拒絶等の罪（破268条，民再258条，会更269条），⑤重要財産開示拒絶等の罪（破269条），⑥業務および財産の状況に関する物件の隠滅等の罪（破270条，民再259条，会更270条），⑦審尋における説明拒絶等の罪（破271条），⑧破産管財人等に対する職務妨害の罪（破272条，民再260条，会更271条），⑨収賄・贈賄罪（破273条・274条，民再261条・262条，会更272条・273条）がある。そして，破産者等の経済的再生の機会確保のための犯罪類型として，⑩破産者等に対する面会強請等の罪（破275条，民再263条）がある。

なお，詐欺破産罪等の一定の倒産犯罪については刑法2条・4条に基づき国外犯として処罰される旨の規定（破276条，民再264条，会更274条）が定められている。また，両罰規定として，法人の役員等や従業者が法人等の業務または財産に関して詐欺破産罪等の一定の倒産犯罪行為をしたときは，行為者を罰するほか，その法人等に対しても罰金刑を科する旨が定められている（破277条，民再265条，会更275条）。

## 事項索引

### あ 行

頭数要件 …………………………………… 299
委員会
　株主―― ………………………………… 363
　更生債権者―― ………………………… 363
　更生担保権者―― ……………………… 363
異 議
　破産債権者による―― …………………… 68
意見聴取
　更生手続申立時における―― ………… 349
異時廃止 ……………………………………… 13
　――に関する意見聴取のための集会
　………………………………………… 41, 42
慰謝料請求権（破産手続）………………… 45
移 送
　（破産手続）……………………………… 16
　（再生手続）…………………………… 208
一時停止通知 ……………………………… 420
一括清算条項 ……………………………… 132
一般異議申述期間 ………………………… 324
一般更生債権 ……………………………… 369
一般先取特権 …………………………… 51, 90
一般調査期間（破産手続）………………… 67
一般調査期日（破産手続）………………… 67
一般優先債権（再生手続）…………… 252, 289
委任契約 …………………………………… 131
違約金条項 ………………………………… 125
インセンティブ資産 ……………………… 426
引致（破産者）……………………………… 31
隠匿等の処分
　――をする意思 ………………………… 151
　――をするおそれ ……………………… 150
請負契約 …………………………………… 130
受戻し ……………………………………… 93
　別除権目的財産の―― …………………… 48
打切主義 …………………………………… 173
営業等の譲渡
　（破産手続）……………………………… 48
　（再生手続）…………………………… 233
オンライン申立て …………………………… 7

### か 行

外国倒産処理手続の承認援助に関する法律
　……………………………………………… 8
解雇予告手当 ………………………… 82, 130
解 散
　株式会社の―― ………………………… 403
開始後債権
　（再生手続）……………………… 253, 290
　（更生手続）………………… 369, 379, 389
開始時現存額主義
　（破産手続）……………………………… 59
　（再生手続）…………………………… 241
開始前の罰金等の請求権（更生手続）
　…………………………………… 369, 376
解除条件付債権 ………… 55, 101, 173, 180
解約予告期間条項 ………………………… 125
価額決定請求 ……………………………… 266
価額償還請求権 …………………………… 165
価額の決定請求
　担保権消滅許可制度における―― …… 375
確答催告 …………………………… 113, 120
可処分所得基準 …………………………… 332
株式会社産業再生機構 …………………… 419
株 主
　――の議決権 …………………………… 366
　――の権利 ………………………… 369, 379
　――の権利の変更 ……………………… 389
　更生手続開始の申立権者としての――
　………………………………………… 346
計画外事業譲渡における通知 …………… 368
更生計画提出権限 ………………………… 389
更生手続上の地位 ………………………… 382
財産状況報告集会での意見聴取 ………… 365
特別清算手続

439

## 事項索引

――終結の申立権者 …………………413
――の保全処分の申立権者 …………407
――の申立権者 ………………………406
特別清算の担保権実行手続等の中止命令
　の申立権者 …………………………408
株主委員会 ……………………… 363, 379
株主総会（更生手続における権限） ……382
株主代表訴訟 …………………………137
仮登記担保 ……………………………89
簡易再生 ………………………………307
簡易配当 ………………………………176
管　轄
　（破産手続） ………………………… 16
　（再生手続） ………………………207
　（更生手続） ………………………347
関係人集会 ……………………… 388, 393
監督委員
　（再生手続） ………………………219
　（更生手続） …………………… 352, 359
　（特別清算手続） ……………………409
監督委員兼調査委員 ……………344, 352
監督官庁 ………………………………409
監督命令
　（再生手続） ………………………220
　（更生手続） ………………………352
元本返済の繰延べ ……………………429
管　理
　破産財団の―― ……………………49
管理処分権 ……………………………32
　（破産手続） ………………………… 33
　（再生手続） …………………… 216, 223
　（更生手続） ………………………355
管理命令 ………………………………224
期間方式 ………………………………66
危機時期 ………………………………104
企業再生支援機構 ……………………418
議決権額要件 …………………………299
議決権の行使 …………………………297
期限付債権（破産手続） …………55, 100
期日方式 ………………………………66
キャッシュ・フロー …………………107

給付が不均衡な債務消滅行為（詐害的債務
　消滅行為）の否認 …………………147
給与所得者等再生（再生手続） ………331
給料等の請求権（破産手続） …………81
――に関する特別の弁済許可 ………83
求償権 …………………………………61
共益債権
　（再生手続） ……………………249, 289
　（更生手続） ………………369, 378, 381
　――に基づく強制執行（再生手続） …252
強制執行（再生手続） ………………285
強制執行手続の中止命令（特別清算手続）
　 ………………………………………407
強制執行等の中止命令（再生手続） ……211
行政庁 …………………………………397
　更生計画案に対する―― …………389
協定（特別清算手続） ………………411
協定債権 ………………………………408
協定債権者 ……………………………402
居住にかかる制限（破産者） …………31
金銭化 …………………………… 53, 101
経営会議 ………………………… 350, 381
経営者保証ガイドライン …………425, 435
計画外事業譲渡 ………………………430
経済合理性 ……………………… 416, 426
計算報告集会 ……………………… 41, 42
係属中の執行手続等（破産手続） ……137
係属中の訴訟手続
　（破産手続） ………………………133
　（再生手続） ………………………282
　（更生手続） ………………………384
継続的給付 ……………………………122
現在化 …………………………… 55, 100
原状回復 ………………………………163
原状回復請求権 ………………………125
原状回復費用請求権 …………………125
現存額準則 ……………………………60
現有財団 ………………………… 34, 43, 84
権利の変更
　株主の―― …………………………389
　更生債権者の―― …………………389

440

権利保護条項 …………………………… *394*
牽連破産 ……………… *13, 319, 400, 406, 413*
公益財団法人日本クレジットカードカウン
　セリング協会によるカウンセリング … *415*
交互計算 ………………………………… *132*
公正・衡平の原則 …………… *369, 380, 390*
更生会社
　――財産 …………………………… *363*
更生管財人 ………………… *356, 359, 380*
　　更生計画の遂行 ……………………… *396*
　　事業家管財人 …………… *340, 359, 361*
　　法律家管財人 …………………… *340, 359*
更生管財人室 …………………………… *380*
更生管財人代理 ………………… *361, 380*
更生管財人団 ……………… *357, 360, 380*
更生管財人補佐 ………………………… *361*
更生計画
　――の遂行 ………………………… *397*
　――の変更 ………………………… *397*
　　任意的記載事項 ……………………… *389*
　　必要的記載事項 ……………………… *389*
更生計画案 ……………………… *364, 388*
　　事業の全部廃止を内容とする―― …… *390*
　　更生計画案審議・投票のための集会 …… *362*
更生計画認可の決定 …………… *389, 394*
更生計画不認可の決定 ………………… *394*
更生債権 …………………………… *340, 369*
更生債権者
　――等の権利の変更 ……………… *389*
　　更生計画提出権限 …………………… *389*
更生債権者委員会 ……………………… *363*
更生債権者表 …………………… *396, 399*
更生債権等 ……………………………… *369*
更生債権等調査期間 …………………… *354*
更生裁判所 ……………………………… *357*
更生担保権 ………………… *340, 366, 372*
　――に関する査定手続 ……………… *378*
更生担保権者委員会 …………………… *363*
更生担保権者表 ………………… *396, 399*
更生担保権に関する査定手続 ………… *378*
更生手続 ………………………………… *433*

――終了事由 …………………………… *398*
――の終結 …………………………… *398*
――の廃止 …………………………… *399*
――の目的・特徴 …………………… *339*
更生手続開始の決定 …………………… *354*
更生手続開始の原因 …………………… *353*
更生能力 ………………………………… *346*
公租公課 ………………………………… *430*
公平誠実義務 …………………………… *6*
　（再生手続） ………………………… *217*
　（特別清算手続） …………………… *410*
合理的相殺期待 …………………… *100, 111*
国際倒産 …………………………………… *8*
国税滞納処分 ………………………… *49, 138*
個人再生委員 …………………………… *323*
個人再生手続 …………………………… *435*
個人債務者の私的整理に関するガイドライ
　ン ……………………………………… *415*
国庫仮支弁制度 ………………………… *15*
固定主義 ………………………………… *44*
個別的権利行使の禁止
　（総論） ………………………………… *6*
　（破産手続） ……………………………… *29*
　（再生手続） …………………………… *215*
個別和解 ………………………………… *410*
雇用契約 ………………………………… *129*

## さ　行

再建型（再生型）手続 ………………… *3*
債権者委員会
　（破産手続） ……………………………… *41*
　（再生手続） …………………………… *229*
債権者一覧表（破産手続） ……………… *16*
債権者一般の利益 ……………………… *204*
債権者集会
　（破産手続） ……………………………… *40*
　（再生手続） …………………………… *228*
　（特別清算手続） …………………… *410*
債権者説明会 …………………………… *350*
債権者代位訴訟
　（破産手続） …………………………… *135*

事項索引

　　（再生手続）……………………284
　　（更生手続）……………………384
債権者名簿……………………………187
　　虚偽の――……………………191
債権調査期間
　　（再生手続）……………………247
債権届出期間
　　（破産手続）……………………65
　　（更生手続）……………………376
最後配当………………………………172
　　――に関する除斥期間………173
　　――の実施……………………175
財産状況報告集会………………41, 362, 365
財産状況報告書………………………50
財産処分契約…………………………107
財産的拘束…………………………6, 28
財産の処分禁止の仮処分その他必要な保全
　処分
　　（更生手続）……………………351
　　（特別清算手続）……………407
財産評定
　　（破産手続）……………………50
　　（再生手続）……………………231
　　（更生手続）……………………365
財産分与請求権………………………85
再生管財人……………………………224
再生計画………………………………286
　　――の効力……………………303
　　――の定め……………………305
　　――の条項……………………286
　　――の遂行……………………309
　　――の取消し…………………311, 317
　　――の認可……………………301
　　――の変更……………………310
　　――不認可……………………307
再生計画案
　　（私的整理）……………………421
　　――の可決の要件……………299
　　――の決議……………………297
　　――の作成……………………293, 295
　　――の事前提出………………294

　　――の修正……………………296
　　――を決議に付する旨の決定…296
再生債権………………………………239
　　――に対する弁済許可………242
　　――の確定……………………248
　　――の調査……………………245
　　――の届出……………………245
　　――の免責……………………303
　　一般の――……………………243
　　少額の――……………………242
再生債権者表…………………………305
再生裁判所……………………………227
再生債務者……………………………216
　　――による法律行為の効力…275
再生債務者財産………………………230
再生債務者代理人……………………218
再生債務者等…………………………225
再生手続………………………433, 435
　　――の終結……………………314
　　――の廃止……………………315, 317
再生手続開始の決定………………209, 214
再生手続開始の原因……………………202
再生手続開始の申立て…………………205
　　――の取下げ…………………208
再生能力………………………………198
財団組入金……………………………94
財団債権………………………………74
　　一般の――……………………75
　　特別の――……………………76
　　優先的――……………………78
財団債権者……………………………74
財団債権性の承継……………………79
最低弁済額……………………………327
裁判所
　　（破産手続）……………………39
　　（再生手続）……………………227
　　（更生手続）……………………357
　　（特別清算手続）……………406
裁判所書記官（破産手続）…………40
債務整理開始の通知…………………21
債務超過

442

事項索引

　　（破産手続）……………………19, 21
　　（再生手続）………………………292
裁量免責……………………………193
詐害行為……………………………146
詐害行為取消権……………………143
詐害行為取消訴訟
　　（破産手続）………………………135
　　（再生手続）………………………284
　　（更生手続）………………………384
詐害行為否認………………………146
　　支払停止等の後における――…147
詐害的債務消滅行為………………147
差額償還請求権……………………165
詐欺破産罪…………………………438
差押禁止金銭…………………………46
差押禁止財産…………………………46
差押債権者類似の地位………………36
詐　術………………………………191
時　価…………………………366, 373
資格制限………………………………31
敷金返還請求権
　　（破産手続）………………………127
　　（再生手続）………………………279
事業家管財人……………340, 359, 361
事業経営権……………………355, 380
事業再生 ADR…………………422, 430
事業譲渡………………………367, 388
事業の維持継続……………………388
事業の維持更生…………339, 364, 385
事業の全部廃止を内容とする更生計画案
　………………………………………390
事件記録の電子化……………………8
自己破産…………………………13, 187
　　準――……………………………14
自主再建………………………342, 385
市場の相場がある商品の取引にかかる契約
　………………………………………132
事前協議義務…………………………96
自然災害による被災者の債務整理に関する
　ガイドライン………………………414
質　権…………………………………89

執行可能性……………………………54
執行行為の否認……………………158
私的整理………………………414, 428
　　純粋――…………………422, 433
　　準則型――………………420, 427
私的整理ガイドライン…417, 422, 427, 430
自　認…………………………246, 304
自認債権……………………………246
支払停止（破産手続）……………19, 20
支払停止等……………………147, 156
支払不能……………………………152
　　（破産手続）………………………19
資本金の額の減少…………………292
射幸行為……………………………190
集　会
　　関係人――………………………362
　　更生計画案審議・投票のための――…362
　　財産状況報告――………………362
自由財産………………………………45
自由財産の範囲拡張の決定…………46
17 条決定………………………424, 434
住宅資金貸付債権に関する特則…334
住宅資金特別条項…………………334
重要財産開示義務……………………3
準自己破産……………………………14
準別除権者……………………………92
少額更生債権等への弁済許可……371
少額の再生債権……………………242
小規模個人再生…………………4, 322
　　――再生計画……………………325
商事留置権…………………………140
　　――の消滅請求…………………98
商事留置権の消滅請求……………352
譲渡担保………………………………89
承認援助手続…………………………9
使用人の退職手当の請求権………376
消費者破産…………………………187
情報提供努力義務……………………83
情報の配当……………………………38
将来の請求権………44, 55, 101, 173, 180
除　斥

443

## 事項索引

清算からの——　……………………　405
処分連動方式　……………………　391
所有権留保　………………………　89
人的相対効　………………………　163
新得財産　…………………………　45
信用保証協会　……………………　403
随時弁済（財団債権）　……………　74, 77
スポンサー　………………………　233
スポンサー支援　……………　342, 361, 385
スポンサー選定方法　………………　387
清算型手続　………………………　3
清算価値保障原則
　………　23, 231, 302, 366, 391, 407, 416
清算株式会社　……………………　403, 404
清算からの除斥　……………………　405
清算事業年度　……………………　404
清算人　……………………………　404, 409
清算人会　…………………………　404
整理解雇　…………………………　381
整理回収機構　……………………　417
整理屋　……………………………　418
責任消滅説　………………………　62
説明義務　…………………………　30
善意取引の保護　……………………　140, 276
善管注意義務
　（更生手続）　……………………　359
　（破産管財人）　……………………　33
専相殺供用目的　……………………　107
専属管轄　…………………………　71, 160
全部義務者　………………………　59, 376
専門家アドバイザー　………………　421
相　殺　……………………　99, 114, 115, 279
相殺禁止　…………………　99, 104, 408
　自働債権たる破産債権取得の時期による
　　——　…………………………　104
　受働債権たる債務負担の時期による——
　　　………………………………　104
　破産者に対して債務を負担する者の破産
　　債権取得による——　……………　109
　破産者の債務負担の時期による——　…105
相殺禁止除外事由　………………　108, 110

相殺権
　（破産手続）　……………………　99
　（再生手続）　……………………　268
　（更生手続）　……………………　384
相当対価による財産処分行為　……　149
相当の対価を得てした財産の処分行為の否
　認　………………………………　149
双方未履行双務契約
　（破産手続）　……………………　117
　（再生手続）　……………………　277
即時抗告
　（破産手続）　……………………　28
　監督命令に対する——（更生手続）　…359
　協定の認可・不認可の決定に対する——
　　　………………………………　412
　更生計画認可・不認可決定に対する——
　　　………………………………　395
　更生手続開始の申立てに対する——　…354
　更生手続の保全管理命令に対する——
　　　………………………………　358
　更生手続廃止決定に対する——　………　399
　担保権の目的の価額決定に対する——
　　　………………………………　378
　特別清算手続終結決定に対する——　…413
租税債権　…………………………　340, 369
租税等の請求権　……………………　376
　（破産手続）　……………………　80
　　　………………………………　392
疎　明
　更生手続開始の原因事実の——　………　347

### た　行

対抗要件否認　……………………　156
第三者支援専門家　………………　425
第三者性（再生債務者）　……………　219
代償的取戻権　……………………　87
退職金債権（破産手続）　……………　45, 46
退職手当の請求権　………………　82
代替許可　…………………………　236
第二会社方式　……………………　403
代表清算人　………………………　404

事項索引

代理委員
　（破産手続）…………………………42
　（再生手続）…………………………230
　（更生手続）…………………………363
他の手続の中止等（特別清算手続）……407
他の手続の中止命令（更生手続）………351
他の法的倒産手続との競合 ……………23
担保価値維持義務 ………………………34
担保権消滅許可決定 ……………………96
担保権消滅許可制度
　（破産手続）…………………………95
　（再生手続）…………………………263
　（更生手続）…………………………374
担保権の実行手続の中止命令
　（再生手続）……………………212, 260
　（特別清算手続）……………………408
担保権の目的の価額を決定する手続
　……………………………………377, 378
担保変換 …………………………………374
地域経済活性化支援機構（REVIC）
　……………………………………418, 430
中間配当 ……………………………172, 177
　――に関する除斥期間 ………………178
中止命令 …………………………………341
　（破産手続）…………………………25
　（再生手続）…………………………23
　強制執行手続の―― …………………407
　他の手続の―― ………………………351
　担保権の実行手続の―― ……………408
中小企業活性化協議会 ……………423, 430
中小企業再生支援協議会 ………………418
中小企業の事業再生等に関するガイドライン
　……………………………………418, 425
中小企業版私的整理ガイドライン…425, 431
中小企業版私的整理手続 ………………425
中断した訴訟手続の受継 ………………282
超過配当 …………………………………63
調査委員 …………………………………362
　（再生手続）…………………………226
　（更生手続）…………………………344
　（特別清算手続）……………………409

調査嘱託 …………………………………424
調査報告書
　（私的整理）…………………………421
　（特定調停）…………………………424
調査命令
　（再生手続）…………………………226
　（更生手続）…………………………352
　（特別清算手続）……………………409
調停委員 …………………………………424
調停委員会 ………………………………424
調停事項案 ………………………………424
調停調書 …………………………………424
賃貸借契約 …………………………124, 279
追加配当 ……………………………172, 182
通信の秘密の例外的制限 ………………31
強い振込指定 ……………………………107
DIP型更生手続 ……………344, 352, 361
DIPファイナンス ………250, 321, 360
停止条件付債権 …………55, 101, 173, 180
抵当権 ……………………………………89
転得者に対する否認 ………………159, 167
同意再生 …………………………………307
同意配当 …………………………………177
倒　産 ……………………………………1
倒産解除特約（倒産解除条項）
　（破産手続）…………………………121
　（更生手続）…………………………350
倒産五法 …………………………………3
倒産手続のIT化 ………………………7
倒産犯罪 …………………………………437
倒産法 ……………………………………1
倒産四法 …………………………………1
同時交換の取引 …………………………152
同時処分
　（破産手続）…………………………26
　（再生手続）…………………………214
等質化 ……………………………………54
同時手続参加の準則 ……………………60
同時廃止 …………………………………12
同時履行の抗弁権 ………………………117
特定調停 ……………………431, 433, 435

445

事項索引

特別清算
　　——手続 ……………………………… 401
　　——能力 ……………………………… 405
特別清算開始の決定 ……………………… 407
特別清算開始の原因 ……………………… 405
特別清算手続
　　協定型の—— ………………………… 433
　　和解型の—— …………………… 433, 434
特別清算手続終結 ………………………… 412
特別調査期間（破産手続） ………………… 67
特別調査期日（破産手続） ………………… 67
特別調停 …………………………………… 415
特別の先取特権 ……………………………… 89
取下げ制限
　　更生手続の申立て …………………… 349
取締役 ……………………………………… 389
　　——の権限 …………………………… 355
　　——の事業執行権 …………………… 380
　　会社の業務および財産の状況報告義務
　　　……………………………………… 364
　　更生手続開始までの地位 …………… 358
　　更生手続上の地位 …………………… 382
　　清算株式会社における—— ………… 404
取締役等の退職手当の請求権 …………… 376
取締役の権限 ……………………………… 355
取引停止処分 ……………………………… 21
取戻権 …………………………… 83, 89, 138
　　（再生手続） ………………………… 267
　　（更生手続） ………………………… 384
　　一般の—— …………………………… 84
　　隔地者間売買における売主の—— …… 86
　　財産分与としての金銭に対する—— …… 85
　　代償的—— …………………………… 87
　　問屋の—— …………………………… 86
　　特別の—— ……………………… 84, 86

## な　行

内部者 …………………………… 151, 154, 167
内部者債権 ……………………………… 57, 58
日弁連特定調停スキーム …… 418, 424, 431
任意整理 …………………………………… 414

弁護士等による—— ……………………… 435
任意売却 …………………………………… 93
認　否
　　破産管財人による—— ………………… 68
認否書
　　（破産手続） …………………………… 67
　　（再生手続） ………………………… 246

## は　行

ハードシップ免責 ………………………… 329
配偶者・親権者の財産管理権 …………… 133
廃　止
　　異時—— ……………………………… 185
　　同意—— ……………………………… 185
　　同時—— ……………………………… 184
配　当 ……………………………………… 171
　　——の公告・通知 …………………… 174
配当額
　　——の寄託 …………………………… 179
　　——の定め …………………………… 175
　　——の通知 …………………………… 175
配当財団 …………………………………… 43
配当表 ………………………………… 174, 179
　　——に対する異議 …………………… 174
　　——の更正 …………………………… 174
売買契約 …………………………………… 121
　　所有権留保特約付—— ……………… 123
破産管財人 ………………………………… 32
　　——の換価権 ………………………… 92
破産管財人代理 …………………………… 32
破産債権 …………………………………… 51
　　——届出書 …………………………… 64
　　——届出の追完 ……………………… 65
　　——に関しない訴訟手続 …………… 134
　　——に関する訴訟手続 ……………… 134
　　——の確定 …………………………… 69
　　——の調査 …………………………… 66
　　——の届出 …………………………… 64
　　——の届出・調査・確定 …………… 12
　　一般の—— ……………………… 55, 172, 56
　　無名義—— …………………………… 72

446

事項索引

約定劣後—— ……………………… 58
優先的—— ………………………… 56
有名義—— ………………………… 72
劣後的—— ………………………… 57
破産債権査定異議の訴え …………… 71
破産債権査定決定 …………………… 71
破産債権査定申立て ………………… 71
破産債権者 …………………………… 51
破産債権者表 ………………………… 66
破産財団 ……………………………… 43
　——に関する訴訟手続 …………… 133
　——の換価 …………………… 12, 50
　——の管理 …………………… 12, 49
破産財団からの財産放棄 ………… 46, 49
破産裁判所 …………………………… 39
破産者 ………………………… 12, 28
破産手続 ………………… 10〜, 433, 435
　——開始の登記・登録 …………… 27
　——終結の決定 …………………… 183
　——の失効 ………………………… 183
　——の終了事由 …………………… 183
　——廃止 …………………………… 184
破産手続開始の決定 …………… 11, 26
　——の取消し ………………… 28, 183
破産手続開始の原因 …………… 11, 18
破産手続開始の申立て ……… 11, 13, 152
　（申立権者） ……………………… 13
　（申立権の事前放棄） …………… 14
　（申立権放棄条項） ……………… 14
　——の棄却事由 …………………… 22
　——の取下げ ……………………… 17
破産手続開始申立書 ………………… 16
破産手続への移行 …………………… 318
破産能力 ……………………………… 18
破産犯罪 ……………………………… 437
破産免責 ……………………………… 186
84条報告書 …………………… 362, 364
バンクミーティング ………………… 421
反対給付返還請求権 ………………… 166
反復利用 ……………………………… 192
非義務行為 …………………………… 154

　——に関する特則 ………………… 152
　時期における—— ………… 152, 155
　支払不能前30日以内の——の否認に関
　　する特則 ………………………… 155
　方法における—— ………………… 152
　本来的な—— ……………… 152, 155
非金銭債権 ……………… 54, 101, 102
非控除準則 …………………………… 60
非典型担保 …………………………… 255
　——への担保権の実行手続の中止命令
　　………………………………… 262
否認権 ………………………………… 143
　（再生手続） ……………………… 271
　（更生手続） ……………………… 385
否認権限の付与 ……………………… 272
否認権のための保全処分
　（破産手続） ……………………… 162
　（更生手続） ……………………… 351
否認成立阻却事由 …………………… 147
否認の請求 …………………… 161, 273
　——を認容する決定に対する異議の訴え
　　………………………………… 161
否認の登記 …………………………… 164
非免責債権 …………………………… 195
平等原則
　（再生手続） ……………………… 287
　（更生手続） ……………………… 390
　（私的整理） ……………………… 417
ファイナンス・リース ………… 89, 373
ファイナンス・リース契約 ………… 128
　フルペイアウト方式による—— … 128
フィナンシャルアドバイザー（FA）…386
封印および帳簿の閉鎖 ……………… 50
付議決定
　（再生手続） ……………………… 296
　（更生手続） ……………… 342, 392
　更生計画案に対する—— ………… 389
付随処分
　（破産手続） ……………………… 27
　（再生手続） ……………………… 214
　（更生手続） ……………………… 354

447

事項索引

不足額 …………………………… 91, 291
　――債権 …………………………… 173
不足額責任主義
　（破産手続）……………………………… 91
　（再生手続）…………………… 241, 256, 291
復　権 ………………………………… 196
　裁判による―― ……………………… 197
　当然―― ……………………………… 197
物件検査権 …………………………… 50
不当性 ………………………………… 145
不認可事由（再生計画）……………… 301
プレ DIP ファイナンス ……………… 423
プレパッケージ型 …………………… 387
別除権
　（破産手続）………………… 88, 99, 138
　（再生手続）………………………… 254
別除権協定 ……………………… 258, 259
別除権合意 …………………………… 91, 94
弁済額の寄託 …………………… 102, 127
弁済禁止 ………………………… 356, 370
弁済禁止（等）の保全処分
　（破産手続）…………………………… 25
　（再生手続）………………………… 212
　（更生手続）………………………… 341
弁済停止の通知 ……………………… 21
弁済による代位 ……………………… 79
偏頗行為 ………………………… 145, 151
偏頗行為否認 ………………………… 151
包括的禁止命令 ……………………… 351
　（破産手続）…………………………… 25
　（再生手続）………………………… 212
包括的差押え ………………………… 37
報　酬
　（破産管財人）………………………… 35
法定財団 ……………………………… 43
法の整理 ………………………… 1, 428, 433
法的倒産手続 ………………………… 1
　――の競合 …………………………… 23
法律家管財人 …………………… 340, 359, 360
法律行為の効力 ……………………… 275
法律顧問 ……………………………… 397

保険金請求権（破産手続）…………… 45
保証人 ………………………………… 62
保全管理人
　（破産手続）…………………………… 39
　（再生手続）…………………… 213, 225
　（更生手続）…………… 349, 353, 358
保全管理人室（更生手続）…………… 350
保全管理人代理（更生手続）………… 349
保全管理人団 ………………………… 350
保全管理命令
　（破産手続）……………………… 26, 39
　（再生手続）…………………… 213, 226
　（更生手続）…………… 341, 349, 353, 358
保全処分
　財産の処分禁止の仮処分その他必要な
　　――（更生手続）………………… 351
　財産の処分禁止の仮処分その他必要な
　　――（特別清算手続）…………… 407
　財産――（破産手続）………………… 25
　人的――（破産手続）………………… 24
　否認権のための―― ………………… 351
　弁済禁止の――（破産手続）………… 25
　弁済禁止（等）の――（更生手続）
　　……………………………… 341, 350
　役員責任追及のための―― ………… 351
　役員等の財産に対する――（更生手続）
　　…………………………………… 385
　役員等の財産に対する――（特別清算手
　　続）………………………………… 407
保全措置
　（破産手続）…………………………… 24
　（再生手続）………………………… 210

ま　行

前に生じた原因 ………………… 109, 111
巻戻し ………………………………… 337
みなし申立て ………………………… 187
未払賃金立替払制度 ………………… 82
無償行為否認 …………………… 148, 165
無理算段 ……………………………… 20
メイン寄せ …………………………… 422

免　責
　　——許可の決定 …………………… 193
　　——審尋期日 ……………………… 42
　　——制度 …………………………… 186
　　——手続 …………………………… 186
　　——取消し ………………………… 196
　　——の効力 ………………………… 194
　　——不許可事由 ………………189, 437
　　——不許可の決定 ………………… 193
　　裁量—— …………………………… 193
　　破産—— …………………………… 186
　　非——債権 ………………………… 195
免責許可の申立て …………………… 187
免責審尋期日 ………………………… 189
申立棄却事由
　　（破産手続） ……………………… 22
　　（再生手続） ……………………… 203
申立代理人
　　（破産手続） ……………………… 15
　　（再生手続） ………………… 209, 218
申立手数料
　　（破産手続） ……………………… 16
　　（再生手続） ……………………… 206

　　　　　　や　行

役員（等）の財産に対する保全処分
　　（破産手続） ……………………… 170
　　（再生手続） ……………………… 238
　　（特別清算手続） ………………… 407
役員責任査定決定
　　（破産手続） ……………………… 170
　　（再生手続） ……………………… 237
　　（更生手続） ……………………… 385
　　——に対する異議の訴え（破産手続）
　　　　……………………………………… 170
　　——に対する異議の訴え（再生手続）
　　　　……………………………………… 238
役員責任追及のための保全処分（更生手
　　続） ………………………………… 351
役員の責任の査定手続
　　（破産手続） ……………………… 170

　　（再生手続） ……………………… 238
約定劣後更生債権 …………………… 369
約定劣後再生債権 ……………… 244, 289
約定劣後破産債権 ……………… 58, 172
有害性 ………………………………… 144
優先的更生債権 ………………… 369, 381
優先的財団債権 ……………………… 78
優先的破産債権 ……………… 52, 56, 172
優先弁済（財団債権） …………… 74, 77
郵便物等の管理 ……………………… 50
要許可行為（破産手続） …………… 33, 48
要同意行為 …………………………… 221
予定不足額（破産手続） …………… 92
予納義務（破産手続） ……………… 15
予納金
　　（破産手続） ……………………… 15
　　（再生手続） ……………………… 207
　　（更生手続） ……………………… 349
　　（特別清算手続） ………………… 406

　　　　　　ら　行

ライセンス契約 ……………………… 126
リスケジュール ……………………… 429
留置権
　　商事—— ………………………… 89
　　民事—— ………………………… 90
劣後債 ………………………………… 58
劣後的破産債権 ……………… 57, 81, 172
劣後ローン …………………………… 58
連鎖倒産 ……………………………… 371
労働協約 ……………………………… 381
労働組合 ……………………………… 296
労働組合等
　　計画外事業譲渡における意見聴取 … 368
　　更生計画案に対する意見聴取 …… 389
　　更生計画認可に対する通知 ……… 395
　　財産状況報告集会での意見聴取 … 365
労働契約 ……………………………… 381
労働債権 ……………………………… 370
労働者の退職手当の請求権（債権） …… 381

## 判例索引

松下淳一 = 菱田雄郷編『倒産判例百選〔第6版〕』に掲載されている判例は，その項目番号を示した。例えば，〔百選1〕は，項目番号1の判例であることを表す。

大判昭和4・5・14民集8巻523頁 …………………………………………………104
大判昭和4・10・23民集8巻787頁 ………………………………………………136
大判昭和5・10・15新聞3199号14頁 ……………………………………………104
大判昭和6・9・16民集10巻818頁 ………………………………………………157
大判昭和8・4・15民集12巻637頁 ………………………………………………149
大判昭和8・11・30民集12巻2781頁 ………………………………………………37
大判昭和8・12・19民集12巻2882頁 ………………………………………………37
大決昭和12・10・23民集16巻1544頁 ………………………………………………18
大判昭和14・4・20民集18巻495頁 ………………………………………………134
東京高決昭和33・7・5金法182号3頁〔百選3〕 …………………………………19
最大決昭和36・12・13民集15巻11号2803頁〔百選84〕 ………………………186
最判昭和37・12・13判タ140号124頁 ………………………………………………37
最判昭和38・7・30裁判集民67号175頁 …………………………………………37
最判昭和39・3・6民集18巻3号437頁 ……………………………………………36
東京高決昭和40・2・11下民集16巻2号240頁 …………………………………58
最判昭和40・3・9民集19巻2号352頁 ……………………………………………157
東京地判昭和40・7・31判時441号46頁 …………………………………………71
最判昭和40・11・2民集19巻8号1927頁〔百選66〕 ……………………………110
最判昭和41・4・14民集20巻4号611頁〔百選34〕 ……………………………145
最判昭和41・4・28民集20巻4号900頁〔百選57〕 ………………………………90
最判昭和41・11・17金法467号30頁 ………………………………………………165
最判昭和42・6・22判時495号51頁 ………………………………………………165
最判昭和43・6・13民集22巻6号1149頁 …………………………………………75
最判昭和43・7・11民集22巻7号1462頁〔百選50〕 ……………………………84
最判昭和43・10・8民集22巻10号2093頁 …………………………………………81
最判昭和43・12・12民集22巻13号2943頁 …………………………………………76
最判昭和45・1・29民集24巻1号74頁〔百選A12〕 ……………………………137
最判昭和45・8・20民集24巻9号1339頁〔百選38〕 ……………………………158
最判昭和46・7・16民集25巻5号779頁 ……………………………………………37
最判昭和47・7・13民集26巻6号1151頁 ………………………………………103, 111
最判昭和48・2・2民集27巻1号80頁 ……………………………………………127
最判昭和48・2・16金法678号21頁〔百選15〕 ……………………………………37
最判昭和48・4・6民集27巻3号483頁 …………………………………………157
最判昭和48・11・22民集27巻10号1435頁〔百選42〕 …………………………167

*450*

# 判 例 索 引

| | |
|---|---|
| 最判昭和 49・6・27 民集 28 巻 5 号 641 頁 | *164* |
| 福岡高決昭和 52・10・12 下民 28 巻 9〜12 号 1072 頁 | *21* |
| 最判昭和 52・12・6 民集 31 巻 7 号 961 頁〔百選 69〕 | *104* |
| 大阪高判昭和 53・5・30 判タ 372 号 92 頁〔百選 41〕 | *164* |
| 最判昭和 53・6・23 金法 875 号 29 頁〔百選 79〕 | *131* |
| 最判昭和 54・1・25 民集 33 巻 1 号 1 頁〔百選 74〕 | *140* |
| 福岡高決昭和 56・12・21 判時 1046 号 127 頁〔百選 98〕 | *58* |
| 最判昭和 57・1・29 民集 36 巻 1 号 105 頁〔百選 72〕 | *65* |
| 最判昭和 57・3・30 民集 36 巻 3 号 484 頁〔百選 76〕 | *121* |
| 最判昭和 57・3・30 民集 36 巻 3 号 484 頁〔百選 76〕 | *351* |
| 最判昭和 57・3・30 判時 1038 号 286 頁〔百選 40〕 | *158* |
| 東京高判昭和 57・11・30 判時 1063 号 184 頁〔百選 6〕 | *14* |
| 最判昭和 58・3・22 判時 1134 号 75 頁〔百選 16〕 | *37* |
| 最判昭和 58・10・6 民集 37 巻 8 号 1041 頁〔百選 23〕 | *45* |
| 最判昭和 58・11・25 民集 37 巻 9 号 1430 頁〔百選 29〕 | *144* |
| 最判昭和 59・5・17 判時 1119 号 72 頁〔百選 82〕 | *134* |
| 福岡高判昭和 59・6・25 判タ 535 号 213 頁〔百選 A3〕 | *25* |
| 最判昭和 60・2・14 判時 1149 号 159 頁〔百選 28①〕 | *21* |
| 最判昭和 60・11・15 民集 39 巻 7 号 1487 頁 | *46* |
| 最判昭和 61・4・3 判時 1198 号 110 頁〔百選 43〕 | *165* |
| 最判昭和 61・4・8 民集 40 巻 3 号 541 頁 | *108* |
| 最判昭和 61・4・11 民集 40 巻 3 号 558 頁〔百選 73〕 | *72* |
| 最判昭和 62・4・21 民集 41 巻 3 号 329 頁 | *81* |
| 最判昭和 62・7・3 民集 41 巻 5 号 1068 頁〔百選 36〕 | *148* |
| 最判昭和 62・11・26 民集 41 巻 8 号 1585 頁〔百選 80〕 | *117, 118, 131* |
| 横浜地判昭和 63・2・29 判時 1280 号 151 頁〔百選 90〕 | *194* |
| 最判昭和 63・10・18 民集 42 巻 8 号 575 頁〔百選 65〕 | *109* |
| 最判平成 2・3・20 民集 44 巻 2 号 416 頁 | *188* |
| 最判平成 2・3・20 判時 1345 号 68 頁②事件 | *188* |
| 大阪高決平成 2・6・11 判時 1370 号 70 頁〔百選 85①〕 | *191* |
| 最判平成 2・7・19 民集 44 巻 5 号 837 頁〔百選 30①〕 | *146* |
| 最判平成 2・7・19 民集 44 巻 5 号 853 頁〔百選 30②〕 | *146* |
| 最判平成 2・9・27 家月 43 巻 3 号 64 頁〔百選 51〕 | *85* |
| 最判平成 2・10・2 判時 1366 号 48 頁 | *146* |
| 東京地判平成 3・12・16 金判 903 号 39 頁 | *58* |
| 東京地決平成 4・4・28 判時 1420 号 57 頁 | *19* |
| 最判平成 5・1・25 民集 47 巻 1 号 344 頁〔百選 31〕 | *145* |
| 仙台高決平成 5・2・9 判時 1476 号 126 頁①事件〔百選 85②〕 | *193* |
| 最判平成 5・6・25 民集 47 巻 6 号 4557 頁〔百選 21〕 | *181, 182* |
| 福岡高決平成 5・7・5 判時 1478 号 140 頁 | *193* |
| 最判平成 6・2・10 裁判集民 171 号 445 頁 | *21* |

*451*

判例索引

大阪高決平成6・12・26判時1535号90頁〔百選12〕…………………………………………28
最判平成7・4・14民集49巻4号1063頁〔百選75〕……………………………117, 124, 129
名古屋高決平成7・9・6判タ905号242頁……………………………………………………20
福岡高決平成8・1・26判タ924号281頁〔百選A17〕……………………………………191
東京高決平成8・2・7判時1563号114頁〔百選86①〕……………………………191, 193
最判平成9・2・25判時1607号51頁〔百選91〕……………………………………………195
福岡高決平成9・8・22判時1619号83頁〔百選86②〕……………………………191, 193
最判平成9・12・18民集51巻10号4210頁〔百選35〕……………………………………145
広島地福山支判平成10・3・6判時1660号112頁…………………………………………58
最判平成10・7・14民集52巻5号1261頁〔百選53〕…………………………………89, 98
東京高決平成10・11・27判時1666号141号②事件〔百選55〕…………………………89
最決平成11・4・16民集53巻4号740頁〔百選10〕………………………………………13
最判平成11・11・9民集53巻8号1403頁〔百選A20〕………………………………62, 194
東京地決平成12・1・27金判1120号58頁①事件〔百選22〕……………………………137
最判平成12・1・28金判1093号15頁〔百選88〕……………………………………………195
最判平成12・2・29民集54巻2号553頁〔百選81①〕……………………………………118
最判平成12・3・9判時1708号123頁〔百選81②〕………………………………………117
最決平成12・7・26民集54巻6号1981頁〔百選87〕………………………………………193
東京高決平成13・3・8判タ1089号295頁〔百選8〕………………………………………204
大阪地決平成13・7・19判時1762号148頁〔百選62〕……………………………………264
大阪地判平成13・10・11金法1640号39頁……………………………………………………21
最判平成14・3・28民集56巻3号689頁………………………………………………………127
最判平成14・9・24民集56巻7号1524頁………………………………………………………63
東京高決平成15・7・25金判1173号9頁〔百選95〕…………………………………302, 327
東京高決平成16・6・17金法1719号51頁①事件〔百選25〕……………………235, 237
東京高決平成16・7・23金判1198号11頁〔百選92〕………………………………………301
東京高決平成17・1・13判タ1200号291頁〔百選7〕………………………………………204
最判平成17・1・17民集59巻1号1頁〔百選64〕…………………………………………102, 106
最判平成17・11・8民集59巻9号2333頁〔百選44〕………………………………………163
最判平成18・1・23民集60巻1号228頁〔百選45〕……………………………………45, 115
大阪高決平成18・4・26判時1930号100頁…………………………………………………353
最判平成18・12・21民集60巻10号3964頁〔百選17〕………………………33, 34, 76
東京地判平成19・1・24判タ1247号259頁…………………………………………………219
東京地判平成19・3・26判時1967号105頁〔百選A15〕……………………136, 144, 284
東京地判平成19・3・29金法1819号40頁〔百選26〕………………………………………20
東京地判平成19・3・29金判1279号48頁〔百選26〕………………………………………152
最決平成20・3・13民集62巻3号860頁〔百選93〕………………………………………302
東京高判平成20・4・30金判1304号38頁……………………………………………………195
東京地決平成20・5・15判時2007号96頁①事件……………………………………………353
大阪地判平成20・10・31判タ1300号205頁〔百選19〕……………………………………219
最判平成20・12・16民集62巻10号2561頁〔百選77〕……………………………………121

452

## 判例索引

東京地判平成21・2・13判時2036号43頁〔百選11〕……………………………………15
最判平成21・4・17判時2044号74頁〔百選14〕……………………………………132, 134
大阪高判平成21・6・3金判1321号30頁〔百選60〕…………………………………262
東京高決平成21・7・7判時2054号3頁〔百選61〕…………………………………265
東京地判平成21・10・30判時2075号48頁……………………………………………71
東京地判平成21・11・10判タ1320号275頁〔百選68〕………………………………107
最判平成22・3・16民集64巻2号523頁〔百選46〕…………………………………59, 60
最判平成22・6・4民集64巻4号1107頁………………………………………………90
東京地判平成22・7・8金判1350号36頁………………………………………………20
東京高決平成22・10・22判タ1343号244頁〔百選97〕………………………………325
最判平成23・1・14民集65巻1号1頁〔百選18〕……………………………………34
最判平成23・3・1判時2114号52頁〔百選99〕………………………………………304
名古屋高判平成23・6・2金法1944号127頁〔百選78②〕…………………………125
最判平成23・11・22民集65巻8号3165頁〔百選48①〕……………………………79
最判平成23・11・24民集65巻8号3213頁〔百選48②〕……………………………79, 251
東京地判平成24・2・27金法1957号150頁〔百選A13〕……………………………259
最判平成24・5・28民集66巻7号3123頁〔百選70〕………………………………109
東京高判平成24・6・20判タ1388号366頁〔百選33〕………………………………143
東京高決平成24・9・7金判1410号57頁〔百選9〕…………………………………204
最判平成24・10・19判時2169号9頁〔百選28②〕……………………………………21, 420
最判平成25・11・21民集67巻8号1618頁〔百選49〕………………………………251
東京高判平成25・12・5金判1433号16頁〔百選32〕………………………………150
東京高決平成26・3・5判時2224号48頁〔百選A19〕………………………………193
高松高判平成26・5・23判時2275号49頁〔百選27〕…………………………………20
最判平成26・6・5民集68巻5号403頁〔百選63〕……………………………………259
最判平成26・6・5民集68巻5号462頁〔百選67〕……………………………………109, 111
最判平成26・10・28民集68巻8号1325頁〔百選20〕…………………………………37
最判平成28・4・28民集70巻4号1099頁〔百選24〕…………………………………45
最判平成28・7・8民集70巻6号1611頁〔百選71〕……………………………………100
大阪高判平成28・11・17判時2336号41頁………………………………………………34
広島高判平成29・3・15金判1516号31頁………………………………………………20
最決平成29・9・12民集71巻7号1073頁〔百選47〕…………………………………59, 63
最判平成29・11・16民集71巻9号1745頁〔百選37〕…………………………………149
最判平成29・12・7民集71巻10号1925頁〔百選58〕…………………………………90
最判平成29・12・19判時2370号28頁〔百選A6〕……………………………………146, 151
最決平成29・12・19民集71巻10号2632頁〔百選94〕………………………………326
東京地判平成30・1・31判時2387号108頁……………………………………………54
最判平成30・2・23民集72巻1号1頁……………………………………………………62, 194
金沢地判平成30・9・13金判1556号13頁………………………………………………34
仙台高決平成30・12・11金法2139号88頁………………………………………………14, 22
東京高判平成31・4・17判時2454号21頁………………………………………………45

| | |
|---|---|
| 大阪高判令和元・8・29 金法 2129 号 66 頁 | 64 |
| 東京高決令和 2・2・14 判タ 1484 号 119 頁 | 264 |
| 東京地判令和 2・7・2 LEX/DB25585664 | 217 |
| 最判令和 2・9・8 民集 74 巻 6 号 1643 頁 | 110, 112 |
| 東京地判令和 2・9・30 金法 2162 号 90 頁 | 39 |
| 仙台高決令和 2・11・17 判時 2500 号 66 頁 | 22 |
| 札幌地判令和 3・7・15 判タ 1501 号 206 頁 | 154 |
| 最決令和 3・12・22 LEX/DB25571876 | 302 |
| 最決令和 5・2・1 民集 77 巻 2 号 183 頁 | 33, 94 |
| 大阪高判令和 5・12・19 金判 1692 号 44 頁 | 103 |

【LEGAL QUEST】
## 倒産法

2024 年 12 月 25 日 初版第 1 刷発行

| 著　者 | 杉本和士 |
| | 北島典子 |
| | 髙井章光 |
| 発行者 | 江草貞治 |
| 発行所 | 株式会社有斐閣 |
| | 〒101-0051 東京都千代田区神田神保町 2-17 |
| | https://www.yuhikaku.co.jp/ |
| 装　丁 | 島田拓史 |
| 印　刷 | 大日本法令印刷株式会社 |
| 製　本 | 牧製本印刷株式会社 |
| 装丁印刷 | 萩原印刷株式会社 |

落丁・乱丁本はお取替えいたします。定価はカバーに表示してあります。
©2024, Kazushi SUGIMOTO, Noriko KITAJIMA, Akimitsu TAKAI.
Printed in Japan ISBN 978-4-641-17958-5

本書のコピー，スキャン，デジタル化等の無断複製は著作権法上での例外を除き禁じられています。本書を代行業者等の第三者に依頼してスキャンやデジタル化することは，たとえ個人や家庭内の利用でも著作権法違反です。

JCOPY　本書の無断複写（コピー）は，著作権法上での例外を除き，禁じられています。複写される場合は，そのつど事前に，(一社) 出版者著作権管理機構 (電話03-5244-5088，ＦＡＸ03-5244-5089, e-mail:info@jcopy.or.jp) の許諾を得てください。